A herança de Apolo

Poesia Poeta Poema

Geraldo Holanda Cavalcanti

A herança de Apolo

Poesia Poeta Poema

1ª edição

CIVILIZAÇÃO
BRASILEIRA

Rio de Janeiro
2012

PROJETO GRÁFICO DE MIOLO E CAPA
Regina Ferraz

CIP-BRASIL. CATALOGAÇÃO-NA-FONTE
SINDICATO NACIONAL DOS EDITORES DE LIVROS, RJ

C365h Cavalcanti, Geraldo Holanda, 1929-
A herança de Apolo : poesia poeta poema / Geraldo Holanda Cavalcanti. – Rio de Janeiro : Civilização Brasileira, 2012.

Inclui bibliografia
ISBN 978-85-200-1161-4

1. Mitologia grega na literatura 2. Poesia brasileira (Literatura) I. Título.

12-8389 CDD: 869.91
CDU: 821.134.3(81)-1

Este livro foi revisado segundo o novo Acordo Ortográfico da Língua Portuguesa.

Direitos desta edição adquiridos pela
EDITORA CIVILIZAÇÃO BRASILEIRA
Um selo da
EDITORA JOSÉ OLYMPIO LTDA.
Rua Argentina 171 – 20921-380 – Rio de Janeiro, RJ – Tel.: 2585-2000

Impresso no Brasil
2012

Sumário

Poema

Apresentação

Extratos do discurso com que o crítico literário Eduardo Portella recebeu o autor em sua posse na Academia Brasileira de Letras, em 18 de outubro de 2010.

[...] gostaria de salientar a consistência argumentativa na obra monumental de elucidação reflexiva *A herança de Apolo* (Poesia Poeta Poema), livro substancioso, compêndio involuntário, porém compêndio, em vias de publicação. Todo esse movimento de construção, de desconstrução e de reconstrução da aventura poética chega a seu estuário complexo, culto e compreensivo. Aí se configura e se desfigura exaustivamente o espólio cifrado da metáfora. Essa linhagem que se estende desde os apologistas até os denegadores da ocorrência metafórica, como o grande poeta espanhol Antonio Machado, que não se exime de afirmar: "Bons poetas são parcos no seu uso." Que não ouçam, ou que ouçam essas afirmações, os vates estridentes, servidores insidiosos da poluição sonora. Ainda bem que, ao lado das explosões escandalosamente metafóricas, insistem e persistem as edificações silenciosamente metonímicas.

A herança de Apolo, largo itinerário percorrido por poetas e pensadores na tentativa vã de definir a poesia. Palavras, palavras, acionadas pela ambição malograda. Porque toda definição termina sendo reducionista. Aproximar-se, viver junto, contar com razoável repertório de referenciais vem a ser o modo mais indicado de compreender. É o que faz Geraldo Holanda Cavalcanti nesse empreendimento substancial, astuciosamente culto, constituído por fragmentos da lucidez matizada. Mostra ele os vários cognomes do poeta, mostra, sobretudo, as variações viscerais dessa interminável peripécia, harmoniosamente distribuída entre a poesia, o poeta e o poema.

[...]

Ao falar do poema, previsível morada da poesia intermediada pelo poeta, Geraldo Holanda Cavalcanti faz uma severa advertência: "Deixar a definição do poema aos poetas é rodar num círculo vicioso." É um dos pontos altos dessa articulação persuasiva, ampla, geral e irrestrita, da *Poética* e da *Retórica* de Aristóteles com as inflexões sancionadas pela *Enciclopédia* francesa.

A herança de Apolo é o manual, talvez um pouco volumoso, mas em nenhum momento dispensável, que os poetas deverão carregar consigo. A panteonização precipitada do poeta corre o risco de autorizar o esbanjamento falimentar. A todo instante é urgente tomar decisões sobre o inesperado ou o esperado da palavra caprichosa. Da palavra esquiva e raramente explícita no interior da qual significado e significante pactuam a sua contemporaneidade. A poesia, basta observar atentamente, deve ser a promessa e a instigação que o poeta recolhe e conduz ao poema, no jogo crispado de metáforas e metonímias. Sem concessões à grandiloquência.

O exercício bem-sucedido da consciência crítica, em meio à liberdade conquistada pela linguagem, será certamente um valioso suporte dessa jornada. A liberdade da palavra nunca deixou de existir, nem debaixo das formas paleo ou neoconservadoras. O que se torna inadiável é evitar as derrapagens irracionalistas. O impulso "arrebatador", por exemplo, não pertence à esfera da racionalidade. A oportuna dessublimização deve ser lícita, prudente até, e não escandalosa ou abjeta. Caso contrário, pode cair na vulgaridade.

A busca valéryana da correspondência entre o pensamento e a linguagem logo se transforma em ponto de honra. Responde assim à formulação de Ezra Pound, por ele veiculada, segundo a qual o "poeta precisa conhecer o seu ofício assim como o músico conhece a sua teoria". Fica difícil aprovar as contas do poeta analfabeto, em matéria de poesia. Como não raro acontece.

O poema é o domicílio da poesia. Quem dirige essa arriscada travessia vem a ser o poeta. Se ao condutor faltar aptidão, mesmo tocado pelas melhores intenções, a poesia pode se perder no meio do caminho.

Além do mais, a poesia não envelhece. Já o poema envelhece, está sujeito à esclerose múltipla da palavra. O desequilíbrio entre forma e conteúdo alimenta essa ameaça e pode estimular a agonia. Daí a repulsa que ainda provoca, agora mais do que nunca, a formatização. Já a forma, ao contrário, confere vida ao conteúdo e existe por causa dele.

É mais do que coerente o longo percurso poético de Geraldo Holanda Cavalcanti. Sessenta e tantos anos de reflexão densa, **sobre** e **com** a poesia, da dessacralização da palavra até a desmitificação do poeta.

Os momentos finais de *A herança de Apolo* são incisivos: "Não é por ser poeta" — conclui ele — "que o poeta é superior a quem quer que seja. Muito menos deve sentir-se ele, legitimamente, 'escolhido' por forças superiores para cumprir uma missão em virtude de sua qualidade de poeta. Não existe uma missão do poeta, como não existe uma missão do músico, do pintor, do romancista. Não estão os seus ofícios governados por categorias éticas estranhas ao próprio universo da arte." E acrescenta: "Nenhuma razão existe, pois, para que o poeta se sinta sagrado, divino, profeta, ou o que mais seja, que lhe confira o direito a uma especial reverência por parte dos demais seres humanos."

Palavras introdutórias

Cinquante années de lectures: qu'en reste-t-il?
François Mauriac, em Beauvoir, 1970, II, 160

São, no meu caso, bem mais do que cinquenta os anos de leituras de poesia, ou sobre poesia, e de notas e citações acumuladas, porquanto, sempre que dispunha do lazer para isso, surrupiado ao absorvente exercício profissional, guardei-as em toda espécie de suportes: fichas manuscritas primeiro, folhas datilografadas depois, arquivos eletrônicos finalmente. E ocorre-me a dúvida do escritor no ocaso: terá sido vão todo o labor assim investido?

Com a angústia de quem não quer jogar fora o que penosamente reuniu durante toda uma vida, pensei em recopilar as notas e citações tematicamente, na esperança, ou com a ilusão, de que talvez pudessem proporcionar a algum leitor advertido, pelo menos em parte, o prazer que senti ao transcrevê-las.

Trata-se de um livro com citações, mas não de um livro de citações. O leitor as encontrará sempre alojadas num contexto de reflexão sobre a elusiva conceituação da poesia, o árduo trabalho do poeta e a multifária vestimenta do poema.

Não pretendo fazer deste livro um ensaio. Talvez não seja mais do que um divertimento. Um divertimento do autor que pode ser, também, se suas intenções se concretizarem, um divertimento para o leitor. Tomo como minhas as palavras de Gustavo Adolfo Bécquer em carta a um amigo: "*Tú lo sabes bién: un libro mío no puede ser muy largo. Erudito, sospecho que tampoco. Insulso, tal vez; mas para tí, escrebiéndolo yo, presumo que no lo será; y para tí lo escribo*" (1977, 228).

E por aqui fico, oferecendo, desde já, como antepasto, o que outros, maiores, já o disseram melhor e antes de mim.

> *Je n'ai pas cru nécessaire jusqu'à présent de commenter les vers; mais j'ai mis au net cinq cents pages de notes, qui for-*

ment, comme on le sait, tout le mérite et le volume de la plupart des poèmes modernes.[1]

(Xavier de Maistre, 1943, 142)

In general, when reading a scholarly critic, one profits more from his quotations than from his comments.[2]

(W. H. Auden, 1968, 9)

Esta apresentação não é um prefácio. Estou prevenido quanto ao perigo do gênero, pois conheço as palavras de Jules Barbey d'Aurevilly a respeito dos que escrevia Alexandre Dumas *père*:

Qui se préface, se prélasse.[3]

(Barbey d'Aurevilly, 1908, 203)

E as de Henry Miller a Lawrence Durrell:

Comme de toute façon on vous pissera dessus, commencez donc par dire ce que vous avez à dire.[4]

(Debray-Ritzen, 1979, 205)

---

[1] "Nunca achei necessário comentar os versos, mas acumulei quinhentas páginas de notas, que formam, como é sabido, todo o mérito e o volume da maior parte dos poemas modernos."

[2] "De uma maneira geral, quando se lê uma crítica acadêmica, aproveita-se mais de suas citações do que de seus comentários."

[3] "Quem se prefacia, se pavoneia."

[4] "Como, de qualquer modo, vão te mijar em cima, começa a dizer de uma vez o que tens a dizer."

Poesia

Definição

La poésie est l'art d'écrire en vers.
Louis Quicherat, *Traité de versification française*

Hegel, em sua *Estética*, ao tratar da diferença entre a arte poética e a obra prosaica, inicia suas considerações reconhecendo ser muito difícil saber onde convém buscar a natureza especial da poesia. Talvez possamos resumir sua longa tentativa de definição com duas outras citações tiradas dos capítulos subsequentes de sua obra. Para o filósofo alemão, a poesia, ao contrário da ciência, que busca a generalidade e a abstração, se situa no plano individual e a maneira de encarar "as coisas" é seu próprio conteúdo e modo de expressão. Como todo produto da fantasia, "ela deve apresentar-se sob o aspecto de uma totalidade orgânica, fechada, delimitada e acabada em todas as suas partes" (Charpier, 227 e seg.). Voltaremos a esse último aspecto, salientado por Lessing, mais adiante. Como se pode ver, Hegel começa com uma tentativa de definição e acaba com uma prescrição. Ou seja, termina confundindo poesia com poema. Que é o que quase todos acabam por fazer. "Definir a poesia, ou seja, traçar-lhe as fronteiras" — escreve o crítico italiano Alfonso Berardinelli —, "foi um dos empreendimentos mais apaixonantes e malogrados do pensamento estético. Há anos, tal empreendimento foi abandonado. Deve ter havido uma razão para isso. Tempo perdido, devem ter pensado os filósofos, ou pelo menos os mais racionalistas, os mais honestamente empíricos, os menos teológicos" (2007, 13).

Mas, os poetas? Aparentemente não se cansam e continuam tentando. É fácil verificar que tampouco alcançam dizer o que pensam da essência da poesia senão por fórmulas tão imprecisas que parecem exibidas propositadamente para demonstrar o caráter inefável daquilo de que apenas eles possuem a chave, intransferível para quem não seja poeta.

O conceito de Poesia — diz Robert Graves, entendida a palavra como "o conjunto de casos específicos a partir dos quais cada novo poeta deduz a ideia da poesia" — é progressivamente alargado ao longo dos séculos. Os exemplos são numerosos, variados e contraditórios, tanto quanto o conceito do amor. Mas, da mesma forma como a palavra "amor" tem suficiente força mágica para fazer o verdadeiro amor prevalecer sobre as formas vulgares e os falsos usos, para o verdadeiro poeta o mesmo ocorre com a palavra "poesia" (1958, 471). E isso não é uma definição, mas o reconhecimento de um fracasso. Graves, aliás, deve estar citando Benedetto Croce quando diz que "a poesia foi colocada ao lado do amor, quase como uma irmã, junto a ele, fundidos os dois em uma só criatura [...]. Mas a poesia é, sobretudo, o crepúsculo do amor, enquanto que a realidade se consome inteiramente na paixão, o crepúsculo do amor [se consome] na eutanásia da recordação" (1957, 11), uma ideia recorrente na definição da poesia lírica amatória, como se verá. Croce dirá, pouco mais adiante, que "uma das maneiras de morrer em poesia é cair na realidade".

Mas, os poetas? Voltemos à questão. Que dizem eles que seja a Poesia?

Melhor é não lhes pedir que a definam. Ficaremos mais desorientados do que antes. Vejamos o que diz Haroldo de Campos na tradução do poema de Boris Pasternak que se intitula, precisamente, "Definição de poesia":

Um risco maduro de assobio,
O trinar do gelo comprimido.
A noite, a folha no granizo.
Rouxinóis num dueto-desafio.

Um doce ervilhal abandonado
A dor do universo numa fava.
Fígaro: das estantes e flautas —
Geada no canteiro, tombado.

Tudo o que para a noite releva
Nas funduras da casa de banho,
Trazer para o jardim uma estrela
Nas palmas úmidas, tiritando.

Mormaço: como pranchas na água,
Mais raso. Céu de bétulas, turvo.
Se dirá que as estrelas gargalham,
E, no entanto, o universo está surdo.
(1985, 136)

Cada poeta tem sua "Arte poética". Não vamos colecioná-las. Tomemos uma ou duas ao acaso. A de Borges, por exemplo:

Mirar el río hecho de tiempo y agua
Y recordar que el tiempo es otro río,
Saber que nos perdemos como el río
Y que los rostros pasan como el agua.
("*El hacedor*", 1974, 843)

Ou a de Ungaretti:

poesia
è il mondo l'umanità
la propria vita
fioriti dalla parola
la limpida meraviglia
di un delirante fermento
(1986, 505)

Não mais esclarecedora é a definição que dá Octavio Paz no "*Nocturno de San Ildefonso*":

La poesía:
encarnación
del sol-sobre-las-piedras en un nombre,
disolución
del nombre en un más allá de las piedras.
La poesía,
puente colgante entre historia y verdad,
no es camino hacia esto o aquello:
es ver
la quietud en movimiento,
el tránsito
en la quietud.
(1979, 636-637)

Aliás, é de Octavio Paz, em *El arco y la lira*, a mais longa (e perturbadora) definição de poesia apresentada por um de seus praticantes: "*La poesía es conocimiento, salvación, poder, abandono. Operación capaz de cambiar al mundo, la actividad poética es revolucionaria por naturaleza; ejercicio espiritual, es un método de liberación interior. La poesía revela este mundo; crea otro. Pan de los elegidos; alimento maldito. Aísla; une. Invitación al viaje; regreso a la tierra natal. Inspiración, respiración. Ejercicio muscular. Plegaría al vacío, diálogo con la ausencia; el tedio, la angustia y la desesperación la alimentan. Oración, letanía, epifanía, presencia. Exorcismo, conjuro, magía. Sublimación, compensación, condensación del inconsciente. Expresión histórica de razas, naciones, clases. Niega a la historia: en su seno se resuelven todos los conflictos objetivos y el hombre adquiere al fin conciencia de ser algo más que tránsito. Experiencia, sentimiento, emoción, intuición, pensamiento no-dirigido. Hija del azar; fruto del cálculo. Arte de hablar en una forma superior; lenguaje primitivo. Obediencia a las reglas; creación de otras. Imitación de los antiguos, copia de lo real, copia de una copia de la Idea. Locura, éxtasis, logos. Regreso a la infancia, coito, nostalgia del paraíso, del infierno, del limbo. Juego, trabajo, actividad ascética. Confesión. Experiencia innata. Visión, música, símbolo. Analogía: el poema es un caracol en donde resuena la música del mundo y metros y rimas no son sino correspondencias, ecos, de la armonía universal. Enseñanza, moral, ejemplo, revelación, danza, diálogo, monólogo. Voz del pueblo, lengua de los escogidos, palabra del solitario. Pura e impura, sagrada y maldita, popular y minoritaria, colectiva y personal, desnuda y vestida, hablada, pintada, escrita, ostenta todos los rostros pero hay quien afirma que no posee ninguno: el poema es una careta que oculta el vacío, prueba hermosa de la superflua grandeza de toda obra humana!*" (1981, 13). Ufa!

Herman Broch atribui a Virgílio iguais difusas palavras para falar da poesia: "Ó! A poesia, a casta espera, ela não é ainda a partida, mas um perpétuo adeus, o adeus sem partida, a fuga imóvel." A poesia é "*l'enthousiasme cristalisé*", encontramos em Alfred de

Vigny, refutado por Saint-John Perse, que dirá surpreender-se ao ver críticos apreciarem a poesia como uma cristalização quando, para ele, ela é, sobretudo, movimento. "*Poésie! Poésie! O sublime pourriture* [com o sentido de 'perversão'] *de l'âme!...*", diz Marinetti (1910, 219). "*L'indiavolata*" [a endiabrada] é de Eugenio Montale (1980, 413). "*Accidents du mystère*", de Cocteau (*Opéra*). Uma "descarga de energia", de Charles Olson. O "resultado de uma síntese entre um jacinto e um biscoito", de Carl Sandburg. O "escrito entre linhas", do poeta sueco Gunnar Ekelöf (*Poesia Sempre*, nº 25, 171). "[*L*]*a verdad inventada*", do mexicano Xavier Villaurrutia (1974, 610). O que parece contrariar Octavio Paz (a ele sempre se regressa quando se trata de definir a poesia), que, da maneira mais cautelosa que lhe é permitida pelo recurso ao enigma, esclarece: "*La poesía no es la verdad: es la resurrección de las presencias, la historia transfigurada en la verdad del tiempo no fechado.*" E Luis Cernuda, o exilado espanhol que morreu no México: "É a atitude estética que permite ao poeta, mesmo quando tudo parece conspirar contra ele, reter, pelo menos, a intoxicação dramática da derrota." Palavras, palavras.

Borges não acredita ser possível definir a poesia. Sabemos o que ela é, se sabemos senti-la. Mas não podemos defini-la, tal como não podemos definir, por exemplo, o gosto do café, a cor vermelha ou amarela ou, como Santo Agostinho, o que é o tempo: "Se não me perguntam o que é o tempo, eu sei; se me perguntam o que é, então não sei. [...] Sinto o mesmo em relação à poesia." Mas, assim mesmo, a define: "Poesia é a expressão do belo por meio de palavras habilmente entretecidas" (2001, 26-27).

Falando como teórico, não como poeta, Shelley nos dá a mais sintética definição encontrável: a poesia, de uma maneira geral, pode ser definida como "*the expression of the Imagination*" (em *Defence of Poetry*). É uma definição antiga, parcial e imperfeita, mas tem, pelo menos, o mérito de procurar ser uma definição. Coleridge, seu contemporâneo, com não menor economia de palavras, diz que a poesia é "o equilíbrio ou a reconciliação de qualidades discordantes", "*a more than usual state of emotion with more than usual order*"[1] (em *Biographia Literaria*). Em *Table Talk* é ainda mais sucinto: Prosa é "*words in their best order*"[2] e poesia, "*the best words in the best order*".[3]

Wallace Stevens diz que a poesia é, primordialmente, "*the search for poetry*".[4] A definição termina onde começa, com a pergunta: "*What is poetry?*" E conclui Lloyd Frankenberg, de quem retiramos esta citação, "as definições variam com os poetas, mudam com cada novo poeta". Mais adiante, Frankenberg reiterará esse conceito ao dizer que "cada poeta é algo diferente de outros poetas e de si mesmo em diferentes poemas" (1956, 68 e 400). E aqui recordamos Keats, que, numa carta a Reynolds, em 3 de fevereiro de 1918, escreveu: "A Poesia deveria ser nobre e discreta, uma coisa que penetre a alma sem a surpreender ou assustar", para, três semanas depois, no dia 27, dizer a John Taylor o contrário: "Eu penso que a Poesia deve surpreender por um belo excesso, e não por uma singularidade" (Charpier, 273-274).

Recorramos a alguns brasileiros: Poesia é a "fronteira do dizer", (Horácio Costa, *Poesia Sempre*, nº 25, 87); a "escrita do silêncio" (João Cabral de Melo Neto *apud* Carone, 1979, 100); o "rastro de Deus nas coisas" (Adélia Prado, *Poesia Sempre*, nº 2, 62); o "açoite do êxtase" (Costa e Silva, 2000, 129); um "objeto súbito" (Mário Quintana, *Poesia Sempre*, nº 12, 35); o "espanto" (Ferreira Gullar, ibid.); o "assombro" (Marco Lucchesi, 2000, 19).

Já vimos. Não dá. Não dá para esperar dos poetas alguma palavra que nos permita entender o que eles sentem ou o que eles fazem. Recorramos, pois, aos não poetas. André Gide, por exemplo, dizendo que a poesia é essa magia que consiste em despertar sensações com o auxílio de uma combinação de sons, essa feitiçaria graças à qual nos são comunicadas ideias que recebemos

---

[1] "um mais que usual estado de emoção numa ordem mais que usual".

[2] "palavras em sua melhor ordem".

[3] "as melhores palavras na sua melhor ordem".

[4] "a procura da poesia".

como certezas por palavras que, na realidade, não as expressam como tais.[5]

Começamos este capítulo com as palavras de um filósofo e de um crítico. Terminemo-lo recorrendo às de alguns críticos e filósofos. Não são de muita ajuda.

Babette Deutsche diz que a poesia é algo que se encontra entre a música e o silêncio. Já para Louis Zukofsky ela é uma função que se limita em cima com a música e embaixo com a fala (*El poeta*, III, 48). A crítica atual procura ser mais analítica. José Guilherme Merquior, em citação tomada de Ivan Junqueira (1988, 222), diz que "a poesia é o tipo de mensagem linguística em que o significante é tão importante quanto o significado, isto é, em que a carne das palavras é tão importante quanto o seu sentido".

Heidegger diz que a poesia é "o fundamento que suporta a História" (*El poeta*, I, 17), "a instauração do ser pela palavra" (*El poeta*, II, 24). Jacques Maritain, ser a poesia algo que é imanente e consubstancial com o conhecimento por meio de conceitos e ideias abstratas, no inconsciente espiritual do intelecto, conhecimento preconceitual (*preconceptual*) ou não conceitual (*nonconceptual*), conhecimento em ato, mas, de qualquer forma, conhecimento (1955, 80). E Raïssa, sua mulher: "A poesia é o fruto de um contato do espírito com a realidade em si mesma, inefável, e com sua fonte, que cremos ser o próprio Deus, no movimento do amor que o leva a criar imagens de sua beleza." Uma realidade que Eliot, embora católico, não confundia, como Raïssa, com a beleza expressada pelo amor de Deus, mas não menos inefável. "*Human kind / Cannot bear very much reality*", diz o poeta no primeiro dos seus quartetos ("Burnt Norton").[6] "O que é concebido nos retiros misteriosos do ser exprime-se com uma certa ilogicidade saborosa, que não é o *nonsense* [a falta de sentido], mas a superabundância de sentido" (Charpier, 684).

---

[5] André Gide, comentando uma ideia de poesia de Théodore de Bainville, no nº 3 de *Poésie 41*, cit. por Aragon (1966, 146).

[6] "O gênero humano não pode suportar tanta realidade" (na tradução de Ivan Junqueira, em Eliot, 2004, 335).

Há definições mais sucintas e inerrantes. Vejamos duas delas, a de Louis Quicherat, no seu *Traité de versification française* (1850), que já citamos em epígrafe: "*La poésie est l'art d'écrire en vers*", e, numa fórmula ainda mais compacta, a de Wallace Stevens: "*Poetry is the subject of the poem*"[7] (Merrill, 1995, xi). Claro que, assim vestidas, essas definições caminham na direção do que diz o senso comum, que confunde poesia com poema. Para efeitos práticos, porém, parecem suficientes.

Ou, então, com ela façamos o que Marco Antônio fez com Marco Emílio Lepidus, divertindo-se à custa do colega de triunvirato, bêbado, durante um jantar na galeota de Pompeu, ao largo de Misenum, ao explicar-lhe o que era um crocodilo:

> *Lepidus: What manner o' thing is your crocodile?*
> *Antony: It is shaped, sir, like itself, and it is as broad as it hath breadth; it is just as high as it is, and moves with its own organs; it lives by that which nourisheth it, and the elements once out of it, it transmigrates.*
> *Lepidus: What colour is it of?*
> *Antony: Of its own colour too.*
> *Lepidus: 'Tis a strange serpent.*
> *Antony: 'Tis so, and the tears of it are wet.*[8]
>
> (Shakespeare, *Antony and Cleopatra*, Act II, scene VII)

Voltaremos ao assunto mais adiante.

---

[7] "Poesia é o assunto do poema".

[8] Lépido: De que jeito é o vosso crocodilo?
Antônio: Parece-se muito consigo mesmo, senhor, e é da largura que lhe é própria. Sua altura não passa da que ele tem, movimentando-se ele com seus próprios membros. Vive do que o alimenta e, uma vez dispersados os elementos, transmigra para outra parte.
Lépido: De que cor é ele?
Antônio: De sua própria cor.
Lépido: É uma serpente muito esquisita.
Antônio: Perfeitamente, e suas lágrimas são úmidas.
(Tradução de Nélson Jahr Garcia, posta à disposição pelo autor na internet.)

Natureza

I think poetry is fundamentally frivolity.
W. H. Auden, em "*Table talk*"

Podemos abordar o problema da definição por outro viés, ou seja, procurando cerceá-lo pela exploração de sua natureza.

"A poesia é uma metafísica instantânea", diz Gaston Bachelard (1979), um conceito que encontramos quase com a mesma formulação concisa em imemoriais textos mahayanas. Um texto budista fala da *asrayaparavrtti*, um "súbito momento de irreversível intuição" (Sanskrit, 1977, 18). Bachelard não fala como poeta, mas como filósofo. E, ao dizê-lo, está reconhecendo na poesia uma forma de conhecimento que se aproxima daquela que vimos esboçada em Jacques Maritain (Bachelard, 1979, 103). À diferença do filósofo, porém, não sabe o poeta definir a fonte de seu conhecimento supernatural. Randall Jarrell diz mesmo que ele não pode fazê-lo, sob pena de secar a fonte de sua visão poética. Em um ensaio sobre a poesia de Auden, afirma: "As fontes da poesia — das quais eu, da mesma forma como você, pouco sabemos, exceto que elas são delicadas e inexplicáveis e abrem-se e fecham-se sem nenhuma razão aparente — são não apenas detidas, mas secam completamente se a elas aplicamos rigorosa supervisão" (1975, 14). Para o poeta, a poesia existe fora dele, como um ente real, embora inapreensível em toda a sua dimensão, portanto indefinível. Privilegiado, por Deus, pelos deuses, pelo fado, por potências inidentificáveis, o poeta é o único ser humano que tem permissão para vislumbrá-la. A poesia não está nas coisas, ela é as coisas, ou uma maneira de as coisas se mostrarem em intimidades que só o poeta, e apenas em certos momentos, a ela tem permissão de aceder. Esse potencial do poeta o distingue dos demais mortais e o nobilita. Se o poeta é vaso que recolhe os lampejos da poesia internada nas coisas, é o leitor quem, potencialmente, tem a capacidade e o privilégio de comungar da sua visão e, dessa forma, ser também bafejado por ela. Assim, se o leitor alcança partilhar, mesmo que pouco, do êxtase do poeta, seu espírito igualmente se eleva, se bem que jamais à mesma altura.

Essa maneira de entender a poesia é tão antiga quanto a própria poesia escrita pelo primeiro poeta letrado. Já Confúcio, que viveu entre os séculos VI e V antes da era presente, dizia a Po Yu, seu filho, que o homem que não lesse o *Livro dos cantos*, a coletânea de poesia chinesa cujas origens podiam remontar aos inícios da dinastia Chou (1112-249 a.C.), era como "a pessoa que tivesse sua face contra o muro" (Payne, 1947, 23).

Para outros poetas, a poesia não é algo estranho a eles, que aspiram a ver, conhecer, dela participar ou nela se fundirem. Mas o resultado de um processo que se realiza no interior do próprio poeta. Confrontado com a imperfeição das coisas, do mundo, o poeta busca, por assim dizer, completar a realidade tornando perfeito o que é imperfeito. Para Baudelaire, a emoção suscitada por uma bela poesia não é a prova de um excesso de prazer (*d'un excès de jouissance*), mas, antes, o testemunho "de uma natureza exilada no imperfeito e que desejaria empossar-se, imediatamente, aqui mesmo na terra, de um paraíso revelado" (1976, 334).

Ou é ainda, a poesia, uma tentativa de dar forma ao desconhecido, "um nome dado ao vaporoso nada", "*the airy nothing*", nas palavras do mestre absoluto da metáfora que é Shakespeare, em *A Midsummer Night's Dream*?[9]

"Uma confortável peça de ficção", diz Mencken ("A ficção suprema", Wallace Stevens, em "*A high-toned old Christian woman*", citado por Blackmur, 1957, 213). "*Maladresse feinte*",[10] diz Cocteau (Borgal, 1990), o que nos faz lembrar Descartes dizendo do romance ser "*histoire feinte*".

Ou um mero divertimento, e poderíamos regressar à epígrafe desta seção e dar-lhe, como seguimento, as palavras de outro poe-

[9] "*The forms of things unknown, the poet's pen / Turns them to shapes, and gives to airy nothing / A local habitation and a name*" [A coisas até então desconhecidas, / A pena do poeta lhes dá vida / E ao que era vácuo um nome dá / e um lugar fixa] (Shakespeare, *A Midsummer Night's Dream*, Ato V, cena I).

[10] "inépcia fingida".

ta inglês, Basil Bunting, citado por Philip Larkin em sua antologia: "*Poetry? It's a hobby, / [...] It's not work. You don't sweat. / [...] What do you do? / Nasty little words, nasty long words, / it's unhealthy. I want to wash when I meet a poet*"[11] (Larkin, 1985, 332). Quanto a Auden, excelente poeta como sempre foi, tinha um censor embutido que não lhe deixava sucumbir ao palavrório com que em geral os poetas se confundem e confundem o leitor ao tentar definir a poesia ou o seu ofício. São conhecidas as suas palavras ao dizer serem as sentenças com que Shelley conclui sua famosa *Defence of Poetry* — "*Poets are the unacknowledged legislators of the World*"[12] — "uma das mais bobas observações jamais feitas sobre os poetas". Talvez exista outra ainda mais boba, e isso digo eu, a que pode ser encontrada no parágrafo imediatamente anterior do celebrado texto: "*Poets are the hierophants of unapprehended inspiration*",[13] o que quer que isso queira dizer em inglês ou em qualquer outro idioma.

Inesperadas, nesse contexto, serão as palavras do Rimbaud mercador de armas, citadas por Jean-Marie Carré, em *Lettres de la vie littéraire de Arthur Rimbaud*, recolhidas por Roland Barthes, que dos versos disse serem "criancices absurdas e de mau gosto" (Barthes, 2001, 152).

Mas termino com uma palavra de confiança no valor da poesia encontrada na boca de um personagem do qual o leitor talvez menos a espere. Trezentos anos antes de Rimbaud, Cervantes faz Dom Quixote dizer, entre outras mui sensatas considerações sobre a poesia, que ela era "*una alquimia* [...] *y de tal virtud, que quien la sabe tratar la volverá em oro purísimo*" (Cervantes, 2004, 666).

---

[11] "Poesia? É um passatempo. Não é trabalho. Você não sua. [...] O que é que você produz? irritantes palavras pequenas, irritantes palavras longas; é insalubre. Tenho vontade de lavar as mãos quando encontro um poeta".

[12] "Os poetas são os irreconhecidos legisladores do Mundo".

[13] "Os poetas são os hierofantes da inspiração inapreendida". Hierofante: sacerdote que, nas religiões de mistérios da Grécia antiga, notadamente em Elêusis, instruía os futuros iniciados, mostrando-lhes solenemente os objetos sagrados (Houaiss).

Poesia e beleza

... historically viewed, it has been the office of art to educate the perception of beauty.

Emerson, 1947, 194

Beauty is the marking-time, the stationary vibration, the feigned ecstasy of an arrested impulse unable to reach its natural end.[14]

T. E. Hulme, 1960, 266

Há toda uma tradição que liga o sentimento poético à percepção da Beleza. Tzvetan Todorov a data mais precisamente do século XVIII, quando foram abandonadas as concepções de que o objetivo da poesia era imitar a natureza ou instruir moralmente. O Iluminismo laicizou a ideia da divindade na poesia, transferindo seu objetivo para a fruição gratuita do belo. Isso não significa, esclarece, a completa autonomia dos valores estéticos. A palavra "estética", literalmente "ciência da percepção", é, aliás, de formação contemporânea do Iluminismo, criada por Alexandre Baumgarten num tratado de 1750. Todorov cita Shaftesbury, um dos primeiros teóricos da nova ciência: "O processo de percepção e a ação dos sentidos não esgotam a experiência dita estética, e menos ainda porque a arte considerada habitualmente como exemplar, a poesia, não é em sua essência relativa à visão, nem à audição, mas exige a mobilização do espírito: a beleza da poesia sustenta-se em seu sentido e não pode ser separada de sua verdade" (2009, 54). Continuava presente, mesmo já desprendida de suas raízes teológicas, a ideia de que havia uma harmonia essencial entre as ideias do Belo, do Bem e da Verdade. "O que é belo é harmonioso e proporcional. O que é harmonioso e proporcional é verdadeiro e o que é ao mesmo tempo belo e verdadeiro é, por consequência, agradável e bom", é ainda Shaftesbury quem escreve. Encontramos o mesmo no *Zibaldone* de Giacomo Leopardi: "*Non il Bello ma il Vero* [...] è

[14] A Beleza é o marcado instante, a vibração estacionária, o fingido êxtase de um impulso detido, incapaz de alcançar o seu fim natural.

l'oggetto delle Belle arti." O *Vero*, para Leopardi, é a "*più perfetta imitazione della Natura*" (Guerini, 2007, 93, 97).

Não é uniforme a posição iluminista sobre a matéria. Gothold Lessing, um dos mais férteis comentadores do fenômeno estético entre os iluministas, observa, em *Lacoonte* (1766), que preferiria que se atribuísse o nome de obras de arte apenas àquelas nas quais o belo tenha sido o exclusivo objetivo do autor. Se, além desse, outro objetivo teve, a obra torna-se impura, não é mais "arte por si mesma", talvez a origem da expressão "arte pela arte", comenta Todorov. Já Mme de Staël, no seu livro *De la littérature dans ses rapports avec les institutions sociales*, de 1799, defende a íntima conexão entre os escritos filosóficos e as obras de imaginação, delas separando apenas as que tratem das ciências físicas (Todorov, 2009, 56-60).

O Belo sempre gozou de uma certa autonomia e já a encontramos autorizada em Aristóteles. A laicização do divino na poesia o que faz é torná-la mais livre de preocupações de ordem ética.

Se a poesia deixa de ser didática no plano moral, vê-se ainda identificada, no plano filosófico, com a Verdade, e veremos Keats proclamar, no século XIX, que "*Beauty is truth, truth beauty, — That is all / Ye know on earth, and all ye need to know*"[15] (1966, 118).

A fórmula é bonita, mas a ideia não é clara.[16] De que verdade fala o poeta? Da realidade sensível? Da natureza das coisas tal como a persegue o filósofo? Assim não parece. A realidade dos sentidos é, precisamente, a que o poeta considera insatisfatória por não representar o âmago das coisas, aquele núcleo do real que transcende sua aparência e suas manifestações ao qual ele ape-

---

[15] "Beleza é verdade, verdade é beleza — isso é tudo o que você sabe na terra, e tudo o que precisa saber".

[16] Este capítulo já estava escrito quando encontrei entre minhas notas a seguinte observação de T. S. Eliot sobre o verso de Keats, citada por Cleanth Brooks: "*This line strikes me as a serious blemish on a beautiful poem: and the reason must be either that I fail to understand it, or that it is a statement which is untrue*" [Estas palavras me afetam como uma séria desfeita a um belo poema: e a razão deve ser ou que eu não consiga entendê-lo, ou que o que ali está dito não é verdadeiro] (Brooks, 1947, 152). Brooks não cita a fonte, mas sua idoneidade é indiscutível, o que me trouxe a tranquilidade de não estar dizendo uma tolice.

nas, e nem mesmo o filósofo, tem acesso. Não é sem razão que Coleridge afirma ser essencial uma "*willing suspension of disbelief*"[17] para se manter a "fé poética". O que Guy Dumur afirma, com palavras mais descritivas, no texto "*Mandiargues ou le droit de l'imagination*", com o qual apresenta *Le Musée Noir*, na edição da Bibliothèque 10/18: "*La réalité, elle aussi, s'invente, sauf que ce pouvoir n'est pas donné à tous. Voir c'est l'affaire de choix, de sensibilité et d'intelligente volonté*".[18] Outra forma de dizer o que já havia dito ninguém menos do que o filósofo Kant: "A imaginação é a rainha do verdadeiro", ou, como o fez numa carta a Toussenel:[19] "A imaginação é a *mais científica* das faculdades, porque apenas ela pode compreender a *analogia universal*" (Todorov, 2009, 63). Poderíamos encerrar este desfile de citações com a que Auden faz de Nietzsche como epígrafe de seu *The Dyer's Hand*, que estabelece a rutura completa com o adágio de Keats: "*We have Art in order that we may not perish from Truth*".[20]

Keats deixou-nos outro verso imortalizado: "*A thing of beauty is a joy for ever*",[21] com que inicia o poema "*Endymion*". E nele, também, coloca a beleza como o objetivo, o metro, do mais elevado e puro prazer. Yeats, porém, e só posso pensar que explicitamente, quase dois séculos depois, num poema intitulado "*Never give all the heart*", dirá o oposto: "*Everything that's lovely is / But a brief, dreamy, kind delight*"[22] (1970, 38). Rilke, cujos anos de vida quase que coincidem com os de Yeats, também tinha da Beleza, que perseguia com todas as forças da alma, uma dúbia relação. Bem no início da sua "Primeira elegia", encontramo-lo dizendo, na tradução de J. B. Leishman: "*For Beauty's nothing / but beginning of*

---

[17] "voluntária suspensão da descrença".

[18] "A realidade, também ela, se inventa, salvo que esse poder não é conferido a todos. Ver é questão de escolha, de sensibilidade e de vontade inteligente".

[19] Ênfases no original. Todorov não esclarece quem é esse Toussenel. Certamente não pode ser o mais conhecido desse nome, Alphonse Toussenel, que nasceu um ano antes da morte do filósofo alemão.

[20] "Temos a Arte para não perecer com a Verdade".

[21] "Uma coisa bela é uma alegria para sempre".

[22] "Tudo o que encanta não é mais do que prazer breve e fantasia".

Terror we're still just able to bear, / and why we adore it so is because it serenely / disdain to destroy us"[23] (Rilke, 1948, 25). Versos que nos fazem recordar um pensamento do personagem de Kobo Abe, no romance *The Face of Another*: "*What we call beauty is perhaps the strength of our feeling of resistance to destructibility*"[24] (1970, 68). O poeta contemporâneo chinês Yang Lian diz, num poema intitulado "Onde o mar não chega": "Não há poesia que não seja cruel / [...] não há beleza que não seja cruel" (*Poesia Sempre*, nº 27, 30-31). Verdade antiga. Há 22 séculos já o dizia Meleagro de Gadara (sec. I a.C.): "*Apprends, ô ma pauvre âme, à craindre la beauté*"[25] (Yourcenar, 1979, 125).

Tais são os casos em que a beleza ameaça o poeta. Ela pode, ocasionalmente, ser de tal ordem excessiva que chega a paralisá-lo. É o que narra Basho, que, certa vez, em Yoshimo, "*overwhelmed by the scene*" da natureza, não foi capaz de escrever um só poema (1966, 84). Outros se queixam de ser ela esquiva. Diz Leopardi falando do poeta: "[...] *Te punge e muove / Studio de' carmi e di ritrar parlando / Il bel che raro e scarso e fuggitivo / Appar nel mondo*", na tradução bastante livre de Mariajosé Carvalho: "Da poesia te impele o gosto pois / De extrair com palavras a beleza, / Que rara, escassa, esquiva há no mundo" (Canto XIX, *Al Conte Carlo Pepoli*, 1966, 93-94).

Sem falar da beleza transcendental que parece ser a que persegue, atemoriza ou empolga o poeta, Camus diz da beleza aparente, do sentimento acessível ao comum dos mortais da "*faiblesse devant la beauté*",[26] "*qu'elle nous amollit tous plus ou moins, et délicieusement d'ailleurs, et qu'elle contribue à rendre le monde supportable*"[27] (1994, 131). Da outra beleza, a que está além da be-

[23] "Porque a Beleza não é mais do que o começo do Terror que mal podemos suportar e a razão pela qual a adoramos é porque ela serenamente desdenha destruir-nos".

[24] "O que chamamos de beleza é, talvez, a força de nosso sentimento de resistência à destrutibilidade".

[25] "Aprende, ó minha pobre alma, a temer a beleza".

[26] "fraqueza diante da beleza".

[27] "que ela nos amolece a todos mais ou menos, aliás deliciosamente, e contribui para tornar o mundo suportável".

leza aparente, diz Emerson: "*Everything is beautiful seen from the point of the intellect, or as truth. But all is sour, if seen as experience*".[28] E continua: "Não podemos alcançar a beleza [...]. Que outra coisa poderia estar querendo dizer Jean-Paul Richter quando implorou à música: '*Away! Away! Thou speakest to me of things which in all my endless life I found not, and shall not find*'".[29] O mesmo se observa em qualquer obra de arte. A estátua se torna bela quando começa a ser incompreensível. O mesmo ainda se aplica à pintura. "*And of poetry, the success is not attained when it lulls and satisfies, but when it astonishes and fires us with new endeavours after the unattainable*"[30] (1947, 99, 104).

Da poesia ao poema

Não vamos falar de inspiração. Vejamos apenas como alguns poetas descrevem ou evocam o momento em que a poesia começa a se transformar em poema.

Em *A nuvem de calças*, diz Maiakovski: "Dantes pensava / que os livros eram feitos assim: / o poeta chegava, / entreabria ligeiramente a boca, / e começava a cantar, inspirado simplório — / e já estava! / Mas acontece / que antes de começar, / se põe a caminhar, incitado com a agitação, / e revolve-se no lodo do coração / o néscio peixe da imaginação. Entretanto fervem e saltam as rimas / de amor aos rouxinóis e outras bagatelas, / e a rua se contrai em pantomima —" (Seabra, 1995, 77-79).

Para Marina Tsvietáieva, os versos nascem como as estrelas ou as rosas. "*Nous dormons et voici entre les dalles de pierre / Le visiteur du ciel à quatre feuilles*"[31] (Lossky, 1994, 202). Anna Akhmá-

---

[28] "Tudo é belo visto do ponto de vista do intelecto ou como verdade, mas tudo é amargo se visto como experiência".

[29] "Afasta-te! Afasta-te! Tu me falas de coisas que em minha interminável vida não encontrei e não irei encontrar".

[30] "E, da poesia, não se alçança o sucesso quando ela nos acalma e satisfaz, mas quando nos assombra e insula a novos esforços para atingir o inalcansável".

[31] "Dormimos e eis que de entre as lajes de pedra surge o visitante celestial de quatro folhas".

tova, num poema intitulado, precisamente, "Criação", que merece ser citado na íntegra (na tradução francesa de Eliane Bickert, em Lossky, 1994, 208), explica:

Cela se passe ainsi: une certaine langueur;
Les heures sans arrêt sonnent à mes oreilles;
Un roulement de tonnerre au loin s'assourdit
De voix inconnues, de voix prisonnières
Je crois entendre les soupirs et les plaintes
Un cercle mystérieux se rétrecit.
Mais dans ce gouffre qui murmure et qui tinte
S'élève un son unique dominant tous les autres
Autour de lui, un tel silence irrémédiable,
Que l'on entend pousser l'herbe dans la forêt,
Marcher le Mal sur terre, chargé de sa besace
Mais voici que, déjà, des mots se font entendre
Et les signaux sonores de rimes légères;
Alors je commence à saisir, à comprendre,
Et les lignes qui me sont ainsi dictées
Se couchent dans mon cahier immaculé.

Em outro poema, um pouco mais tarde, a mesma poetisa escreve:

Si vous saviez de quels rejets
Naissent les poèmes, sans pudeur aucun
Comme feuilles d'arrache ou de bardane
Ou sous les grilles d'un pissenlit

Cri de colère, odeur de goudron frais,
Mystère de moisissure au mur...
Et déjà le vers chante, hardi et tendre,
Pour faire votre joie et la mienne.
(ibid., 203)

O poeta recebe esses ditados numa língua inexistente e seu dever é traduzi-los para sua língua nacional (ibid., 205-206). Véronique Lossky observa a frequência de descrições semelhantes e conclui: "A inspiração não é para os poetas senão sonora e ela se recheia pouco a pouco de palavras, sem que se possa estabelecer uma cronologia entre o fundo e a forma, o significante e o significado" (ibid., 209). Gesualdo Bufalino o confirma: "*Il n'y a rien qui me flatte plus l'esprit qu'un mélange de sens et de sons dans une tasse de syllabes d'or*"[32] (2000, 109).

"Como nasce a poesia?" — pergunta-se Gottfried Benn, e ele mesmo responde: "Primeiro há um surdo gérmen criador, uma matéria psíquica; depois as palavras que o poeta sabe manejar; depois o fio de Ariadne que leva a poesia já terminada dentro do poeta, que ainda não conhece o seu texto, à sua expressão escrita" (*El poeta*, II, 1980, 74).

Miguel Torga, quando começa a sentir poeticamente o mundo em volta, maravilha-se com os passos cautos e soalheiros de uma lagartixa, os trâmites de uma flor a abrir, a caminhada espessa e morosa de uma nuvem" (s.d., v. II, 51).

Jaime Torres Bodet descreve o momento de hesitação do poeta antes de entregar-se ao convite da poesia: "*Era, primero, un temblor / confuso del corazón, / una duda de poner / sobre los hielos del agua / el pie / desnudo de la palabra*" (Cuesta, 1985, 150-151).

O poema não é senão um dos alojamentos possíveis da poesia. Nem sequer, necessariamente, o melhor. Falaremos disso em outra parte deste livro. "A poesia é uma hóspede invisível; só percebemos que visitou, num frêmito, o corpo do texto quando já foi embora; o vestígio de sua passagem é o poema", diz Antonio Carlos Secchin (2010, 227).

Prosa e verso

Em um ensaio de 1938, intitulado, expressivamente, "*Is verse a dying technique?*", Edmund Wilson sustenta que a palavra "poesia" já não significa hoje a mesma coisa que em outros períodos históricos. Assim, por exemplo, a distinção entre prosa e verso, que permitia, em tempos antigos, reservar para a categoria de verso o que hoje chamamos poesia, tornou-se obsoleta (1976, 20).

---

[32] "Não há nada que me lisonjeie mais o espírito do que a mistura de sentidos e sons numa taça de sílabas de ouro".

Com os românticos o conceito de poesia foi redefinido e Coleridge, em *Biographia Literaria*, exclui do seu domínio os textos em verso de natureza didática ou científica. Poema, diz Coleridge, é aquela espécie de composição que se opõe aos escritos científicos ao propor o prazer, não a verdade, como seu objetivo imediato; e acrescenta, refinando ainda mais o conceito, que o poema se propõe um prazer (*delight*) no todo compatível com uma gratificação distinta em cada parte componente, requerendo do leitor uma atenção contínua e igual (ibid., 17). O poema longo, estando geralmente associado a objetivos extrapoéticos, estaria fadado a desaparecer, o que, aliás, predica Poe.

Esse desprendimento da tradição iniciada com os gregos e os latinos e epitomado em Pope suscita a interminável busca de uma definição de poesia apropriada para o poeta e inteligível para o leitor. Poe a aproxima da música (assim Verlaine, em sua *Art poétique*, mas que tudo seja *nuance*); Matthew Arnold nela encontra necessária a profundidade moral; Eliot a explica como "*a superior amusement*";[33] Housman prefere confessar que não sabe como definir o que seja a poesia, apenas a pode reconhecer pelos sintomas que produz: "A experiência me ensinou que, quando estou me barbeando de manhã, devo estar atento aos meus pensamentos, porque se uma linha de poesia vagueia (*strays*) pela minha memória, minha pele se eriça (*bristles*) de tal forma que a navalha cessa de atuar." Esse sintoma particular se acompanha de um calafrio que desce pela espinha, seguido de outro que é uma contração na garganta e uma precipitação aquosa nos olhos; e há mesmo um terceiro que eu só poderia descrever tomando emprestada a frase de uma carta de Keats na qual diz, referindo-se a *Fanny Brawne*, "tudo o que me faz recordá-la me atravessa como uma espada. A sede dessa sensação é no fundo do estômago".[34] Ora, diz Wilson, "muito do que escreveu Joyce pode perfeitamente ser transcrito em linhas como versos,

[33] "um divertimento superior".

[34] Para outros poetas a sensação é na cabeça: "*If I feel phisically as if the top of my head were taken off, I know it is poetry*" [Se eu sentir, fisicamente, como se o tope da minha cabeça tivesse sido arrancado, sei que é poesia], diz Emily Dickinson (cit. em Garben, 9).

embora esteja impresso como prosa. Quando o lemos, podemos nos perguntar como é possível pensar que apenas na 'poesia' em verso se possa encontrar aquele '*sense of novelty and freshness with old familiar objects*' [sentido de novidade e frescor com velhos objetos familiares], de que fala Coleridge; a '*indefiniteness of music*' [a indefinibilidade da música], de Poe; a '*natural Magic*', de Arnold; a '*nuance*', de Verlaine; a '*unearthliness*' [irrealidade], de Eliot; e aquela '*bristling of the beard*' [eriçado roçar da barba], de Housman, que não estejam contidas completamente no capítulo [ou *Canto*, como faz questão de explicitar Wilson] de *Anna Livia Pluribelle*?" O fato é que, se limitarmos hoje o campo da poesia aos poetas que escrevem em verso, "*one excludes too much of modern literature, and with it too much of life*".[35] Recentemente as técnicas da prosa e do verso "*have been getting mixed up at a bewildering rate — with the prose technique steadily gaining*"[36] (Wilson, 1976, 20, 24, 25).

Função da poesia

É esta uma pergunta que se deva fazer? Para que servem a arte, em todas as suas formas, a filosofia e o que mais seja fora das ciências físicas e naturais e das artes produtivas? E, no entanto, essa é uma questão que os próprios poetas se põem e, por vezes, com dilacerante apreensão.

Ovídio se pergunta de que vale escrever (*cur igitur scribam?*) se nenhum proveito e só males seus poemas lhe trouxeram. E conclui que o faz porque só isso sabe fazer quem é poeta. De tais exercícios sem utilidade logra tirar o esquecimento de seus males. E conclui satisfeito: "Já é suficiente" (1997, 83). Essa função meramente utilitária do ponto de vista de apaziguamento das angústias do poeta vamos encontrá-la outras vezes, se bem que raras. Está em Coleridge: "Não espero de meus escritos nem dinheiro nem fama; e me

[35] "exclui-se demasiado da literatura moderna, e, com isso, demasiado da vida".

[36] "têm se misturado a taxas desnorteantes — com a técnica da prosa ganhando vantagem consistentemente".

considero amplamente pago sem qualquer um deles. A poesia tem sido para mim sua própria recompensa: tem mitigado minhas aflições, multiplicado e refinado minhas alegrias, tornada estimável minha solidão, e me deu o hábito de desejar descobrir o bem e o belo em tudo que me vem e me cerca" (s.d., 4).

Os poetas se tornam todos líricos quando se trata de falar da função da poesia. Poderíamos considerar isso normal. Mas é surpreendente quando um teórico da poesia, e é esse o caso de Roman Jakobson, um analista por vezes de uma secura enervante,[37] afirma: "Da mesma forma como a função poética organiza e dirige a obra poética sem ser necessariamente saliente e sem saltar aos olhos como um *affiche*, a obra poética, no conjunto dos valores sociais, não predomina, não se impõe sobre os outros valores, mas nem por isso é menos importante como organizadora fundamental da ideologia, constantemente orientada na direção de seus fins. É a poesia que nos protege contra a automatização, contra o enferrujamento que ameaça nossa fórmula do amor e do ódio, da revolta e da reconciliação, da fé e da negação" (1977a, 47). O mesmo Jakobson, que em 1921 dissera: "*La poésie c'est le language dans sa fonction esthétique*"[38] (em *Ensaios poéticos*), catorze anos mais tarde, no contexto de uma defesa da tese de que toda obra artística coalesce em torno de uma dominante, refraseia sua afirmação anterior dizendo: "*Une œuvre poétique ne saurait se définir comme une œuvre qui remplirait exclusivement une fonction esthétique*".[39] Embora possa ela, paralelamente, ter outras funções, filosófica, ética etc., "*l'œuvre poétique doit en réalité se définir comme un message verbal dans lequel la fonction esthétique est la dominante*"[40] (1977a, 80).

---

[37] O próprio Roman Jakobson, como que se defendendo, afirma que "entre os pesquisadores da literatura de diversos países nunca faltaram os que viam na análise estrutural dos versos uma irrupção criminosa da linguística em uma zona proibida" (1977 b, 213).

[38] "A poesia é a linguagem na sua função estética".

[39] "Uma obra poética não deveria ser definida como uma obra que preencha exclusivamente uma função estética".

[40] "a obra poética deve, na realidade, definir-se como uma mensagem verbal, na qual a função estética é a dominante".

"*L'appétit d'écrire enveloppe un refus de vivre*",[41] diz Sartre. E, de forma similar, é possível dizer, de boa parte da poesia lírica universal, que ela exerce a função vicária e paliativa de recompensar o poeta de frustrados amores, reais ou imaginários. "*He dado al arte / [...] la indistinta memoria / de amores incompletos*", escreve o poeta grego Constantino Cavafis (1979, 27). "Escrevo estes versos pensando em ti, / cobrindo-te a luminosa nudez / com a roupa da metáfora abusiva", diz Fernando Namora (1984, 135). Encheríamos um volume com semelhantes lamentos ou confissões de poetas conferindo ao poema a função subalterna, extrapoética, de fazê-lo suplente da vida.

Auden diz que a poesia não faz nada acontecer, mas torna o sofrimento suportável ao dar-nos a possibilidade de olhá-lo esteticamente, o que já é uma forma de substituir o sofrimento real por uma fruição abstrata. O que não impede que, mesmo para ele, o sofrimento possa ter a autenticidade do sentido que à palavra dá Kierkegaard, de tribulação espiritual. Segundo Babette Deutsche, Auden admirava particularmente Kierkegaard pela distinção que fazia entre "tribulação" e "tentação". A primeira trata das angústias e dos sofrimentos que nada pode alterar; a segunda, de conflitos de base ética nos quais a escolha é possível. O objetivo da ciência, segundo Auden, é transformar as tribulações em tentações. A poesia, ao contrário, "*makes nothing happen*", mas torna o sofrimento suportável se o contemplamos esteticamente (1963, 432).

"O papel da poesia não é embelezar a vida como querem os estetas, nem melhorá-la, como querem os moralistas, mas tornar sagrado o Mundo!", diz Octavio Paz, numa dessas frases que só fazem sentido para os próprios poetas.[42]

Talvez a mais famosa definição da função do poeta seja o citadíssimo verso de Mallarmé no soneto "*Le tombeau d'Edgar Poe*": "*Donner un sens plus pur aux mots de la tribu*".[43] Essa citação, que

[41] "O apetite de escrever envolve uma recusa de viver".

[42] Octavio Paz, "Poesía de soledad y poesía de comunion", em *El hijo pródigo, Revista Literaria*, ano I, n° 5, agosto de 1943.

[43] "Dar um sentido mais puro às palavras da tribo".

encontraria seu lugar mais apropriado na terceira parte desta obra, aqui vai como exórdio à apresentação da função da poesia, tal como a percebem os próprios poetas que, de uma forma ou de outra, a relacionam com um modo especial de uso da palavra. É nele que se manifesta o sentimento poético, que pode confundir-se com o sentimento estético que ilumina todas as artes.

A natureza especial da palavra na poesia foi sempre um tema recorrente na análise que fizeram, ao longo dos tempos, os próprios poetas sobre a transitividade da linguagem poética. Com os formalistas russos a angústia sobre a possibilidade de comunicação poética através da palavra encontra repouso numa negação absoluta do seu poder. Todorov resume o estado atual da questão dizendo: "Concorda-se hoje que as imagens poéticas não são descritivas, que devem ser lidas ao puro nível da cadeia verbal que constituem, em sua literalidade, e não realmente naquela de sua referência. A imagem poética é uma combinação de palavras, não de coisas, e é inútil, ou melhor, é prejudicial, traduzir essa combinação em termos sensoriais. [...] Tal é o paradoxo da linguagem literária: é precisamente quando as palavras são empregadas em sentido figurado que devemos tomá-las literalmente" (1975, 67, 69).

O perigo de tomar ao pé da letra o sentido dado à palavra no poema, oriundo do formalismo russo, é cair na intransitividade absoluta, seja ela na forma da acumulação de palavras oriundas de uma *stream of conscience* (praticada pelos surrealistas), seja na acumulação de imagens obscuras (algo que já vinha dos simbolistas e agravou-se com a poesia enigmática dos pós-modernistas), seja na transformação das palavras em meros signos gráficos (a contribuição dos concretistas). Quando aqui chegamos, aliás, a palavra se despe de qualquer referência, lógica ou poética, e se transforma em mero sinal. Sinal que nada sinaliza, pois ele, também, não tem referencial. Umberto Eco tem a formulação definitiva para definir a chamada poesia concreta: "Um diálogo absurdo entre um sinal que não é mais do que ruído e uma recepção que não é mais do que delírio solipsista" (1965, p. 136).

Guido Ceronetti, no seu mordaz pessimismo, duvida de que no mundo contemporâneo ainda seja possível encontrar esse lugar imaterial, mas real, onde os poetas possam buscar, e encontrar, a forma de suas visões: "Haverá ainda um pouco de poesia neste nosso inferno?" Quando ele procura, como os demais poetas, penetrar no paraíso das visões poéticas, onde os outros vão buscar suas imagens, é na *noche oscura* que frequentava São João da Cruz que encontra as palavras de que necessita, mas elas serão também opacas e intransformáveis em palavras polidas. Se fossem claras, fáceis, seriam verdades omissas e contraditórias (1998, 161-162). De quantos poetas desde os fins do século XIX até hoje não é possível encontrar a mesma atitude e, talvez até, a mesma justificativa para seus enigmas!

Nada melhor para procurar entender o que Octavio Paz quer dizer com o caráter sagrado da poesia do que servir-se de outro poeta. E é o que faço recorrendo às palavras de Auden na aula inaugural da cátedra de poesia da Universidade de Oxford, em 11 de junho de 1956.[44]

Começa Auden por dizer que tinha um respeito sagrado pelas palavras antes mesmo de se interessar por poesia. O sagrado, para o jovem Auden, já se apresentava como o certo e o belo. O feio era um pecado. A ignorância uma impiedade. Mais tarde, Auden refinará seu entendimento, valendo-se da distinção entre a Imaginação Primária e a Imaginação Secundária (respeito todas as maiúsculas do texto) que encontra na *Biographia Literaria* de Coleridge, a primeira voltada para o sagrado e a segunda para o belo e o feio.

> O interesse [*concern*] da Imaginação Primária, seu único interesse, é com as coisas sagradas, os eventos sagrados. O sagrado é aquilo a que o homem se sente obrigado a responder; o profano é aquilo a que não pode responder e, por conseguinte, escapa ao seu conhecimento. O profano é objeto do conhecimento de outras faculdades do espírito, mas não da Imaginação Primária. O sagrado não pode ser previsto; tem de ser encontrado. Ao en-

[44] O texto da aula foi incluído, com o título "*Making, Knowing, and Judging*", no livro de Auden *The Dyer's Hand and Other Essays* (1968, 31-60).

contrá-lo, a imaginação não tem outra opção senão a de responder ao seu chamado. [...] A impressão produzida na imaginação por qualquer coisa sagrada é de uma irresistível, embora indefinível, importância. [...] 'Eu-sou-aquele-que-é' é o que toda coisa sagrada parece dizer. A resposta da imaginação a essa presença é de paixão e reverência. Essa reverência pode ter vários graus de intensidade e variedade, indo do jubiloso assombro ao terror pânico. Uma coisa sagrada pode ser atrativa ou repulsiva — um cisne ou um polvo — bela ou feia — uma desdentada bruxa ou uma formosa criança — boa ou má — Beatriz ou a *Belle Dame sans Merci* — um fato real ou uma ficção — uma pessoa encontrada no caminho ou uma imagem provinda de um sonho — uma nobre ação ou algo que não pode ser mencionado num salão, pode ser o que quiser, com uma única condição, e essa condição é absoluta: que desperte temor reverencial.

A Imaginação Secundária é de outra natureza e de outro nível mental. É ativa, e não passiva, e suas categorias não são o sagrado e o profano, mas o belo e o feio. [...] O belo e o feio pertencem ao reino da Forma, e não do Ser. A Imaginação Primária reconhece apenas uma espécie de ser, o sagrado, mas a Imaginação Secundária reconhece tanto o belo quanto o feio. Para a Imaginação Primária, o ser sagrado é aquilo que é. Para a Imaginação Secundária, uma bela forma é como deve ser, uma forma feia é como não deve ser. Observando o belo, ela experimenta sentimentos de satisfação, prazer, ausência de conflito; observando o feio, são contrários os seus sentimentos. Ela não deseja o belo, mas uma forma feia nela desperta o desejo de corrigi-la e torná-la bonita. Ela não adora o belo; ela o aprova e pode dar as razões pelas quais o aprova. A Imaginação Secundária, pode-se dizer, tem uma natureza burguesa. Aprova a regularidade, a simetria espacial e a repetição temporal, a lei e a ordem. Desaprova os fios soltos, a irrelevância e o caos.

Por último, a Imaginação Secundária é social e anseia por concordância com outros espíritos. Se eu acho que uma forma é bela e você acha que é feia, a única coisa em que podemos concordar é que um de nós está errado, enquanto que, se eu acho que alguma coisa é sagrada e você acha que ela é profana, nenhum de nós dois acha que vale a pena discutir o assunto.

Ambos os tipos de imaginação são essenciais para a saúde do espírito. Sem a inspiração da reverência ao sagrado, as belas formas logo se banalizariam, seus ritmos se tornariam mecânicos; sem a atividade da Imaginação Secundária, a passividade da Primária desabilitaria o espírito; cedo ou tarde seus entes sagrados dela se apossariam e ela viria a pensar de si mesma ser sagrada, excluindo o mundo exterior como profano, e assim enlouquecer."

A citação é longa, mas pertinente. Não é preciso chegar ao extremo de Hölderlin. São encontradiças formas mais moderadas de loucura entre os poetas.

Poesia e música

All art constantly aspires towards the condition of music
Walter Pater

Our poetry is haunted by the music it has left behind
George Steiner, *Errata*, 1997, 66

Heard melodies are sweet, but those unheard.
Are sweeter[45]
John Keats, "*Ode on a Grecian urn*"

Nunca a linguagem poderá chegar perto do essencial da música, escreve Nietzsche (Beranger, 1946, 31). Podemos acoplar a essa frase as de George Steiner: "Descrevê-la (a música) é expor-se ao embaraço" (1991, 215). Toda descrição da experiência musical não é senão palavrório (ibid., 236).

A metáfora de Keats, se não é incompreensível, é, pelo menos, temerária. O poeta se refere, é claro, à melodia que ele imagina suave (*soft*) e estaria sendo tocada pelos músicos representados na

[45] Uma boa tradução do verso de Keats me parece impossível, dada a ampla gama de sentidos que tem a palavra *sweet*. Basicamente o que diz o poeta é que, se nos dão prazer as músicas que escutamos, maior prazer nos dariam as que não chegamos a ouvir.

urna grega que tem como modelo. Mas sua apresentação aforística sugere uma generalização que equivaleria a uma comparação entre diferentes qualidades de apreciação estética. A aproximação entre a poesia e a música só pode ser tentada em termos de estrutura da obra dentro da linguagem própria de cada uma. A questão da musicalidade do poema, de que trataremos na terceira parte desta obra, nada tem a ver com o aspecto que estamos abordando. Do que se trata aqui é da capacidade de produzir no autor, no leitor, no ouvinte, o transe estético. Keats compara em seu verso a melodia ouvida à melodia imaginada. Mas, se a melodia imaginada não corresponder a uma melodia já ouvida, ou, no caso de um compositor, a uma melodia por ele concebida, a comparação deixa de fazer sentido.

Talvez seja o caso de introduzir neste ponto uma breve reflexão sobre o que é que produz, no poema, ou na música, a desejada emoção estética que lhe é peculiar. Recorro a Cleanth Brooks, no seu admirável ensaio *The Well-wrought Urn – Studies in the Structure of Poetry*. Diz o crítico americano que a estrutura essencial de um poema, distintamente da estrutura racional ou lógica que dele se possa abstrair, assemelha-se à das outras artes, mas em particular à da música, por seu caráter temporal. Se tem de comum com as artes plásticas inserir-se num sistema (*pattern*) de resoluções, de equilíbrios e de harmonia, tais qualidades se realizam não de forma estática, mas estão elaboradas dentro de um esquema temporal. Dá razão, pois, ao filósofo Kenneth Burke quando diz que o poema é um "*mode of action*" e a R. P. Blackmur quando o aproxima de um gesto (*a gesture*), "*the outward and dramatic play of inward and imagined meaning*".[46] E aqui podemos citar Saint-John Perse quando diz que, para ele, a poesia é, sobretudo, movimento. Mas é em Suzane Langer que Brooks vai encontrar a descrição que pensa mais se acomodar às suas próprias concepções sobre a estrutura do poema, quando dela cita o que escreve em seu conhecido livro *Philosophy in a New Key*: "embora o *material* da poesia

---

[46] "o jogo aparente e dramático do significado imaginado e interno".

seja verbal, seu sentido não é a asserção literal contida nas palavras, mas o *modo de proferi-las*, e isso envolve o som, o tempo, a aura de associações das palavras, as sequências longas ou curtas das ideias, a riqueza ou a pobreza das transientes imagens que as contêm, a súbita interrupção da fantasia pela apresentação dos fatos, ou a dos fatos pela fantasia, o suspense causado pelo adiamento da resolução da ambiguidade causada por um entendimento literal e o elemento unificador e envolvente do conjunto através do ritmo" (Brooks, 1947, 203-204n; e Langer, 1951, 199 e seg.).

A Musa do poeta

A Musa do poeta antigo era uma deusa. Ou melhor, eram deusas as musas do poeta. Algumas mencionadas pelo nome. Muitas sumiram durante a longa noite dos tempos medievais até que a Renascença voltou a apelar para elas. Para os leitores da língua portuguesa, a que ficou na memória foi Calíope, a da bela voz, e não por ser a mãe de Orfeu, mas por ser a musa de Camões.

O Renascimento encarna a Musa e Beatrice, "*quella che imparadisa*" a mente de Dante (*Paradiso*, Canto XXVIII, 3), é seu arquétipo.

O poeta romântico ainda a musas se refere. Mas já com nostalgia. Diz Hölderlin: "*Götter wandelten einst bei Menschen, dir herrlichen Musen*"[47] (1994, 115). A musa romântica é mulher, física, orgânica. "*¡La mejor musa es la de carne y hueso!*", diz Ruben Darío (1984, 356), a amada individual do poeta, a única, permanente, ou a do turno, a que lhe inspira, traz-lhe alegria e dor no momento. O poeta antigo também tinha suas amadas. Mas por musa não as chamava.

Robert Graves dedicou sua terceira palestra como professor de poesia na Universidade de Oxford, em 1961, ao tema "The Personal Muse" (1962, 66-93). Diz Graves que, nos últimos trezentos anos, a inspiração que acompanha o transe poético tem sido atribuída a uma personagem (*character*) chamada de "Musa" e lamen-

[47] "Outrora deuses, musas senhoris entre os mortais andavam".

ta que a palavra tenha perdido o sentido original.[48] Musa, ou a Deusa da Montanha, a Tríplice Deusa Lunar, que os pré-clássicos gregos veneravam no monte Olimpo, no Hélicon ou no Parnaso, não é essa figura que aparece à luz da vela no ático onde o poeta escreve o seu poema. Era uma deusa real, venerada coletivamente, cujo poder sobrenatural e profético guiava os que a invocavam. Profeta, é bom lembrar, e o diz Graves, é, no sentido original da palavra, "aquele que fala em nome de Deus", e não aquele que prediz o futuro. A presença da Musa, dessa musa ideal e primitiva, se detecta quando o poeta, com suas imagens memoráveis, seus ritmos de forte personalidade, sua sintaxe peculiar, transcende, com a força da emoção que produzem, a mais respeitada retórica. Qualquer poeta honesto reconhece, imediatamente, a presença da Musa em um volume de versos de outro poeta, mesmo desconhecido. Reconhece a presença da Musa em sua própria criação. Fica com os cabelos em pé, os olhos molhados, a garganta apertada, a pele eriçada, quando escreve ou lê um poema verdadeiro (sintomas que já vimos evocados por Edmund Wilson citando Housman), ou da forma como o descreve Keats: "*Everything that reminds me of her goes through me like a spear*",[49] a que, igualmente, já nos referimos. Num parêntese, talvez seja mais apropriada a metáfora de Anatole France quando diz que "[*u*]*n beau vers est comme un archet promené sur nos fibres sonores*"[50] (1921, 73). Retomando Graves, aquela capacidade vem da importância primitiva da *White Goddess*, a Deusa primitiva, anterior ao patriarcado, que aos poucos usurpa os seus poderes, sob o manto da cultura religiosa hebraica e cristã. O amor absoluto do poeta, sua disposição

[48] O sentido que lhe dava Homero quando, na corte de Alcino, pai de Nausica, se dirige ao poeta cego Demódokos dizendo-lhe, na bela tradução para o inglês de Robert Fitzgerald: "*All men owe honor to the poets — honor / and awe, for they are dearest to the Muse / who puts upon their lips the ways of life*" [Todos os homens devem honra aos poetas — honra / e reverência, pois são eles os mais caros à Musa / que põe nos seus lábios os caminhos da vida] (Homer, 151). Na tradução de Odorico Mendes: "Os poetas venera e afaga a terra, caros à Musa, que os doutrina e inflama".

[49] "Tudo o que dela me lembra atravessa-me como uma espada".

[50] "Um belo verso é como um arco de violino que passeie sobre nossas cordas sonoras".

de entregar-se à vontade da amada, é o restabelecimento de elementos místicos da antiguidade, resulta de nela encontrar uma reencarnação da Musa como Deusa. A Musa, a Deusa, toma em sua poesia os nomes de Verdade, Beleza, Natureza, Poesia, mas é sempre o feminino, a Mulher, apenas transientemente representada na amada eventual do poeta. A musa moderna não é mais a Deusa, embora dela conserve, ainda, certas qualidades que dão ao poeta a possibilidade de usá-la por substituição, permitindo-lhe aceder à "certeza" de que necessita quanto ao valor de seu verso. Qualquer que seja a forma que tome, deusa ou mulher, a Musa é, para o poeta, o símbolo da graça divina que permite a inspiração e desencadeia a criação, diz Véronique Lossky (1994, 194). Para Anna Akhmátova, é ela quem dita o poema ao poeta (Lossky, 198).

The White Goddess, de Graves (1958, 1ª ed. de 1948), foi, desde seu lançamento, um livro polêmico. Recusado por dois editores, foi Eliot quem lhe reconheceu os méritos e o publicou. A recepção crítica não foi favorável e Randall Jarrell, à época consultor de poesia para a Library of Congress, em Washington, acusou Graves de haver elaborado uma fantasia pessoal de grotesco *nonsense* com o intuito de justificar uma religião matriarcal. Graves apresenta sua defesa em artigo que tem o mesmo título do livro e que foi publicado pela revista *The New Republic*. "Meu propósito, ao escrever *The White Goddess*, foi produzir uma gramática do mito poético para uso dos poetas, não planejar sabás de feiticeiras, compor litanias ou desenhar vestimentas para alguma nova seita orgiástica, nem mesmo pregar o matriarcado [...]. Penso, é certo, ser necessário que se tenha uma abordagem crítica quanto ao tema da Deusa, não fosse por outras razões porque a poesia [...] não pode ser escrita por retóricos ou cientistas apolíneos. [...] Como a fonte do poder criativo na poesia não é a inteligência científica, mas a inspiração, por que não atribuí-la à Musa Lunar, o mais antigo e mais conveniente termo para a fonte em questão?"[51]

[51] *The New Republic*, 24/6/1957, p. 12.

Em *The White Goddess* (o livro), Graves diz estas palavras reveladoras: "*Apollo, though the God of Poetry and the leader of the Muses, did not yet, however, claim to* inspire *poems: the inspiration was still held to come to the poet from the Muse or Muses*"[52] (1958, 434). No momento em que o poeta está oferecendo de forma absoluta o seu amor a uma mulher específica, a Musa o habita. Mas, se o amor termina ou para outra mulher individual se transfere, nada impede que nesse outro amor o poeta possa reconhecer, novamente, a presença da Musa. Diz Graves, aliás, que a Musa, a *White Goddess*, é sempre "*the other woman, and her part is difficult indeed for a woman of sensibility to play for more than a few years*"[53] (1958, 503-504). É sempre a *belle dame sans merci*,[54] de Keats (1958, 477).

Musset sabia que a Musa, no seu tempo, já não era mais do que o pretexto para o verso do poeta. Muitos o disseram, na modalidade mais comum de transformar em verso o desejo contido ou o amor frustrado. Musset o faz brilhantemente e com a mais ampla generalização:

> *Qui va toujours traînant en chemin, c'est ma muse.*
> *Elle s'en va là-bas quand je la crois ici.*
> *Une pierre l'arrête, un papillon l'amuse.*
> [...]
> *Qu'importe leur valeur* [dos versos]. *La muse est toujours belle,*
> *Même pour l'insensé, même pour l'impuissant;*
> *Car sa beauté pour nous, c'est notre amour pour elle.*
> (s.d., 271, 273)

Essa invariável beleza da musa individual refere-se, normalmente, à beleza física, mas não raro, igualmente, se aplica a suas qualidades morais. Raríssimas vezes às intelectuais. Pouco conser-

---

[52] "Apolo, embora Deus da Poesia e líder das Musas, não se arrogou, no entanto, ser o inspirador de poemas: a inspiração continuou tida como dada ao poeta pela Musa ou pelas Musas".

[53] "a outra mulher, e o seu papel é, na verdade, difícil para uma mulher de sensibilidade desempenhar por mais do que uns poucos anos".

[54] "bela dama sem misericórdia".

va a história do que foram na realidade as musas dos poetas, mesmo dos grandes. E, muitas vezes, dando razão a Musset, a imagem recuperada pelo pesquisador nem sempre oferece um retrato lisonjeiro daquela que a obsessão amorosa, a irreprimível veneração ou o compulsivo desejo do poeta o levam a esperar poder passar ao leitor idênticos sentimentos.

O poeta sabe, igualmente, que nem sempre é possível abordar na realidade a musa inspiradora e se conforma, frequentemente, em contatá-la em seu versos. Inundaríamos o texto com citações apropriadas. Fiquemos com a sintética formulação de Flaubert: "*Ah! poètes, vous vous consolez dans la littérature... votre lyrisme n'est qu'un échauffement d'amour détourné*".[55] Ou com a divertida variação dada ao *topos* por Boris Pasternak. O poeta pode transferir a amada de um gênero literário para outro no qual possa ter maior oportunidade de com ela conviver: "Vou despedir-me do verso, minha mania. / Arranjei um jeito de encontrar você num romance" ("*Unsad Garden 27*", em *Themes and Variations*).

Em *Le jardin d'Épicure*, comenta Anatole France que nada é mais justo do que o poeta louvar a sua amada: "*La mieux aimée sera toujours la plus belle*".[56] Mas, "[*q*]*uant à faire confesser au publique que celle qu'on a choisie est incomparable, cela est plutôt d'un chevalier errant que d'un homme sage*"[57] (1921, 74).

Uma versão moderna da musa inspiradora, distante, inalcançável, mas presente na sua imaginação, cada vez que o poeta quiser evocá-la, é a das atrizes de cinema. Talvez não seja tão moderna assim. Mal começava o cinema falado quando, em 1931, Giovanni Papini faz o narrador de seu mais famoso livro conhecer Gog num manicômio particular onde havia ido visitar um jovem poeta dálmata que ali delirava por uma estrela de cinema de cujos sorrisos na tela se apaixonara (1984, 232).

---

[55] "Ah! poetas, vós vos consolais na literatura... vosso lirismo não é mais do que a exaltação de um amor desviado". Flaubert, carta a Louise Colet, 1/6/1853.

[56] "A mais amada será sempre a mais bela".

[57] "quanto a confessar de público que a escolhida é incomparável, isso é mais de um cavaleiro errante do que de um homem sábio".

É o caso de Frank O'Hara. Lana Turner e Carole Lombard não chegam a ser musas declaradas, mas quando o poeta vê numa manchete "*Lana Turner collapsed*" imediatamente escreve o poema com o mesmo título no qual apela para a atriz: "*Oh Lana Turner we love you get up.*" Da mesma forma, ao saber da morte de James Dean, em setembro de 1955, para o ator escreve um grupo de elegias numa das quais se dirige a Carole Lombard, como se uma deusa fosse, pedindo-lhe que o acolha bem "lá em cima": "*This is / James Dean, Carole Lombard. I hope / you will be good to him up there*".[58] René Char dedica a Marilyn Monroe o epicédio "*Red Hinger*": "*You died, a finger upon your mouth / In a noble movement, / To cut effusion short. / You were so beautiful that no one noticed your death. /* [...] *Be at rest*" (1996, 810).[59] A Marilyn dedica Murilo Mendes um poema em prosa (ou uma prosa poética), que tem o nome dela por título, no qual a descreve como "frágil e formidável no sexo, paisagem da coxa ao seio, do ventre ao lábio debruado [...] aquela que estendia o corpo público a tantos olhos eréteis — mesmo escondendo-lhes *l'immortel pubis*" (1972, 100).[60]

A musa pode ser tão fugaz quanto a mulher que passa e logo não se vê mais. Assim fala Rilke num poema a respeito de um encontro fortuito com uma mulher em Capri, em março de 1907: "[...] *blissfulness // infinite, uncontracted, was imparted / to me one day that was so quickly done, / and that your being into mine had darted / out of your eyes while I had scarce begun // to see you? More of you I don't know; / but, at all costs, your coming had to be, / And there's an empty place in me, as though / for all of you that's unbek-*

[58] "Este é James Dean, Carole Lombard. Espero que você cuide bem dele lá em cima".

[59] "Você morreu, um dedo sobre os lábios, num nobre gesto para abreviar a efusão. Você era tão bonita que ninguém notou sua morte. Descanse em paz". O poema foi escrito diretamente em inglês. A alusão ao dedo sobre o lábio é, evidentemente, à conhecida fotografia feita por Milton Greene pouco antes da morte da atriz.

[60] Murilo Mendes cita aqui Mallarmé. Já vimos que o poeta acrescentou, em declarações prestadas na Itália, à "Microdefinição do Autor", com que introduz seu livro *Poliedro*, a esperança de "sumir com Marylin para um universo subtraído à explosão atômica" (com a chance, talvez, de, na eternidade, poder avistar-lhe *l'immortel pubis*).

nown to me" (na tradução de J. B. Leishman, 1959, 87).[61] O poeta parece ter sido particularmente afetado por essas vertiginosas aparições da musa. Numa carta escrita de Paris a Lou Andreas Salomé, em 11 de outubro de 1913, faz referência à visão fugitiva de uma passante em Rouen e diz que isso o perturbou de tal modo que após esse encontro "*I could see almost nothing, could not collect myself for anything*".[62] E, mais adiante: "*I am frightened when I think how I have been living away from myself, as though always standing at a telescope, ascribing to each woman who came a bliss that was certainly never to be found in any of them*"[63] (1945, v. II, 96).

A musa pode muitas vezes ser de segunda mão. Efraín Huerta declara-se amoroso da *Dama de Elche* (não me surpreende), que desde o século IV (ou V) a.C. nos fixa com o ímã de seu olhar de aço e de sua boca de dissimulada sensualidade: "*La Dama de Elche / Mi adorada Señora / La de mis tiernos homenajes / Se me quedó mirando / Desde el fondo de siempre / Y sentí que me dijo tristemente: / ¿Por qué tardaste tanto, miserable mexica? / Tengo veinteséis siglos esperándote*" (1986, 31). Mas o poeta a traía com *Diana Cazadora*, a obra monumental do escultor mexicano Juan Fernando Olaguíbel, cuja sensualidade perturbadora era objeto da fúria da Liga de la Decencia e, por essa razão, esteve itinerante em vários lugares públicos da Cidade do México, retocada por um *taparrabos* de bronze (mais indecoroso do que os véus que Daniel Volterra, *Il Braghetonne*, teve de aplicar sobre os nus de Michelangelo, no *Juízo Final* da Capela Sistina, a mando do papa Paulo IV), até que, dele livre quase vinte anos depois, Diana pôde fixar-se soberanamente na glorieta do *Paseo de la Reforma*. A ela dedicou Huerta

[61] Em tradução livre: "beatitude, infinita, livre, foi-me concedida um dia, tão fugazmente, teu existir em mim quando teus olhos me flecharam, mal tinha eu começado a olhar-te? Mais de ti não sei; mas, custasse o que fosse, tua vinda tinha que ser. E agora há um espaço vazio em mim, como de tudo de ti que desconheço".

[62] "Eu não conseguia ver quase nada, não conseguia me recompor."

[63] "Eu me assusto quando me dou conta de que tenho vivido longe de mim mesmo, como se estivesse diante de um telescópio, atribuindo a cada mulher que me surja em frente uma bem-aventurança que, certamente, nunca poderia ser encontrada em qualquer uma delas."

seu poema "*Estrela en el alto*",[64] quando ainda esplendia em sua primeira parada, à entrada do Bosque de Chapultepec: "*Muy buenos días, oh selva, laguna de lujuria, helénica y ansiosa.* / [...] / *flechadora del alba, diosa de los crepúsculos!* / [...] / *Dejo a tus pies un poco de anhelo juvenil y en tus ombros, apenas,* / *abandono las alas rotas de este poema*" (1985b, 67).

E assim seguirá sendo, em qualquer roupagem em que a veja, a mulher que o poeta ama, admira ou deseja, até mesmo a "Musa de *collant*" que faz ginástica, "inteiramente pública, áspera, ofegante", como a descreve o poeta Felipe Fortuna, citado por Antonio Carlos Secchin (1996, 153).

Algumas musas

Muse! Contemple ta victime!
Lamartine[65]

Para o poeta, a musa, em muitos casos mais do que inspiradora, se transforma em sua criatura. Dela pode dispor nos seus versos, com os quais pretende imortalizá-la. Shakespeare o disse em seus sonetos.[66] No XVIII: "*So long as men can breathe, or eyes can see.* / *So long lives this, and this gives life to thee.*" No XIX: "*Yet do thy worst, old Time, despite thy wrong,* / *My love shall in my verse ever live young.*" No LV: "*Not marble, nor the gilded monuments* / *Of princes, shall out-live this powerful rime.*" No LXXXI: "*You still shall live — such virtue has my pen —* / *Where breath most breathes — even in the mouths of men*" (s.d. 2, 967, 982, 992).[67]

---

[64] O nome real da estátua é *La Flechadora de las Estrellas del Norte*, donde o título do poema, de 1956, e, de fato, a personagem assesta a flecha para o alto. Vingou, porém, o nome dado pelo povo de *Diana Cazadora*.

[65] Epígrafe do poema "*Le Poète*", das *Odes*, de Victor Hugo.

[66] Permita-me o leitor deixar sem tradução os versos que se seguem, para os quais não encontrei versão portuguesa que lhes fizesse jus.

[67] Não posso deixar de registrar aqui minha profunda reprovação à apreciação que Paul Claudel faz dos sonetos de Shakespeare numa nota ao prefácio que escreveu para uma *Anthologie de la Poésie Mexicaine*: "*Il faut bien avouer que les Sonnets de Shakespeare ne*

Mas o que está imortalizado não é a musa, e sim a criatura do poeta, vestida na beleza de suas imagens.

Quem foi ou foram as pessoas que Shakespeare imortalizou com os seus sonetos? O que delas se sabe, se nem o nome ficou? E, se o nome sobrevive, como o da Celia de Thomas Carew, o que dela sabemos senão que o poeta um dia a amou e, talvez, depois, desamou, e a ameaçou com apagar sua memória, ou, mesmo, nem assim se chamava, ou tudo não passou de um divertimento seu?

Quem foi a Laura a quem Petrarca dedicou nada menos do que 366 poemas (263 em vida e 103 após a morte dela) em seu *Il Canzonieri*? Laura de Noves, mulher do conde Ugo de Sade (ancestral do "divino marquês")? Há quem duvide até de sua existência, pois tudo o que dela se conhece é o que Petrarca escreveu nos seus versos. Mesmo assim, encontra-se quem diga que ela nasceu em 1310 e morreu em 1348, durante a grande peste, no mês, dia e hora em que se comemorava o encontro do poeta com a musa vinte anos antes, em Avignon, onde ela morava e ele a havia conhecido, Petrarca ainda em vestes eclesiásticas. E que tivera 11 filhos, com o marido, é claro, pois, com o poeta, pelo que se sabe por ele próprio, as relações entre ambos permaneceram platônicas. Na verdade, um caso intempestivo de *amour courtois*. De qualquer forma, à parte ser loura e bela (mas todas as musas o são, não disse Musset?), de seu físico sabe-se apenas que tinha a tez *piu bianca e piu fredda* [!] *che neve* (poema XXX), *le treccie d'or, le braccia gentili, bel giovani petto* (XXXVII), e um *bel pie*, esse último detalhe mencionado no soneto CVIII, que sugere haver o poeta e a musa se encontrado, pois fala do local onde Laura para ele se virou em um *cortese giro*. Deixei para um parágrafo separado os olhos que reaparecem a todo instante: "*ove I raggi d'Amor si caldi sono / che mi fanno anzi tempo venir meno*" (XXXVII); "*duo begli occhi, che legato m'hanno*" (LXI); "*I' non poria già mai / imaginar, non che*

---

nous procurent d'autre sentiment qu'un profound ennui" [É mister confessar que os Sonetos de Shakespeare não nos aportam outro sentimento senão os de um profundo tédio]. Quanto aos meus sentimentos a respeito da poesia de Paul Claudel, já disse o que tinha a dizer no meu ensaio sobre *O cântico dos cânticos* (2005).

narrar gli effetti / che nel mio cor gli occhi soavi fanno" (LXXIII); "*questi son que' begli occhi che mi stanno / sempre nel cor colle faville accese; per ch'io di lor parlando non mi stanco*" (LXXV); "*quei begli occhi / Che fur mio sol!*" (CCCLIX) (*Canzoniere – Rerum vulgarium fragmenta*). A natureza platônica se evidencia pelas numerosas referências às qualidades morais da amada, seus *atti*, seu *portamento*. Dela Petrarca louva a *gentilezza*, a *cortesia*, a *pietà*, a *onestate* e, no belo soneto CCCLI, as "*dolci durezze, e placide repulse, / pienne di casto amore e di pietate*", com que ela rejeita seu desejo inflamado e insensato (Petrarca, 1969).

E quem foi a Beatrice de Dante? Dela se diz que pode ter sido Bice Portinari, florentina, esposa de Simone De' Bardi, falecida aos 24 ou 25 anos, em 1290. Harold Bloom admite que se possa duvidar de sua existência histórica (1994, 77). Dante, no entanto, a ela dedica uma breve biografia, a *Vita Nuova*, na qual os fatos são raros e a intenção hagiográfica é evidente.

Dante tinha 9 anos "*quando a li miei occhi apparve prima la gloriosa donna de la mia mente, la quale fu chiamata da molti Beatrice*". Beatriz tinha igualmente 9 anos. Dela se enamora instantaneamente e por toda a vida: *D'allora innanzi dico che Amore segnoreggiò la mia anima, la quale fu sì tosto a lui disponsata, e cominciò a prendere sopra me tanta sicurtade e tanta signoria per la vertù che li dava la mia imaginazione, che me convenia fare tutti li suoi piaceri compiutamente*. A *Vita Nuova* é a história desse amor integral de Dante, que sobrevive à morte da amada, às 9h do dia 9 do nono mês do ano, o que leva Dante a daí deduzir, usando de uma caprichosa numerologia, "*questa donna fue accompagnata da questo numero del nove a dare ad intendere ch'ella era un nove, cio è uno miracolo, la cui radice, cio è del miracolo, è solamente la mirabile Trinitade*" (*Vita Nuova*, XXIX). Personagem real ou figurada, o que sobrou de Beatriz foi somente o mito da figura angelical, ou, poder-se-ia mesmo dizer, divina, pela associação que Dante dela faz com a figura de Cristo. Beatriz não é a musa individual do poeta, mas um ser beatífico que pode beneficiar a toda a humanidade.

E dela Dante é o profeta, o centro de uma gnose poética, segundo Curtius, ou a platonização da Cristandade, nas palavras de Santayana (Bloom, 1994, 92).

A essas musas potencialmente imaginárias podemos confrontar duas certificadamente reais: a Clódia, de Catulo, e a Lou, de Apollinaire. E, enquanto aquelas repontam espiritualizadas, habitantes etéreas da imaginação do poeta, essas o escravizam ou torturam por sua lubricidade ou a do poeta. E é essa uma distinção importante. Clódia, a Lésbia do poeta romano, é a *belle dame sans merci* e Catulo o seu capacho; Lou é o objeto sensual do poeta francês, não o atiça, mas é-lhe indispensável para povoar-lhe a imaginação nas trincheiras, evocando as cenas reais ou imaginárias de sadismo que ela seria capaz de permitir-lhe.

Clódia vinha de uma das mais famosas, arrogantes e violentas famílias de Roma. Era bela, segundo testemunhos unânimes, talentosa, apreciava a poesia e era dona de uma sensualidade que exerceu com a mais incontida amoralidade. Passa por ter tido relações incestuosas com o irmão Clodius, o mesmo personagem que, conta a história, disfarçado de mulher (como se isso fosse necessário), tentou seduzir César, e por ter tido alguma parte na morte súbita de Metellus, seu esposo, o que a deixou livre e rica para a vida de deboche que, depois de conduzi-la de amante a amante, terminou por fazê-la prostituta amadora, conhecida por toda a Roma. Quando, já no estado mais avançado de sua vida dissoluta, Clódia processou um de seus amantes, Marcus Cællius, acusando-o de haver tentado envenená-la, coube a defesa de Cællius a Cícero, em um de seus mais admiráveis discursos pela primorosa articulação da oração, a fina ironia, a controlada mordacidade, o devastador retrato daquela que chamou de *meretrix* (Cícero, 1948, 157-197). Essa é a Clódia histórica que, com o nome de Lésbia, vive há dois mil anos cantada nos versos de Catulo, o eterno aspirante dos favores que ela dispensava a granel pelas ruas de Roma e cujo frustrado amor fez de sua pena brotar alguns dos poemas amatórios mais belos de toda a história da literatura.

E permitiu-lhe, também, trazer para o vocabulário do amor nas línguas latinas a palavra "beijo" (*basium*), provavelmente de origem celta, que encontra no poema "*Vivamus, mea Lesbia, atque amemus*" (Catulo, 1948, 6-8) seu mais eloquente uso (Highet, 2539, 45-51).[68]

O caso de Apollinaire é paradigmal. Quantas foram as musas do poeta? Mia, Mareye, Yvette, Lorie, Annie, Marie (Marie Laurencin, a pintora, com quem tem uma relação de 1907 a 1911), as que deixaram nome, e quantas permaneceram no anonimato, como a quase totalidade das musas individuais de todos os poetas? Mas duas nele se implantaram obsessivamente: Louise de Coligny-Châtillon, a Lou de seus poemas, e Madeleine Pagès. Mas quem foram essas duas mulheres pelas quais Apollinaire chegou aos cimos de sua poesia lírica e aos abismos de uma linguagem e de uma imagística que beirava a obscenidade?

Lou vinha de uma família aristocrática, estava divorciada, tinha um amante confesso e esplendia em Nice, em 1914, sua fascinante personalidade: "*Spirituelle, dégagée, frivole, impetueuse, puérile, sensible, insaisissable, énervée, um peu éperdue en quelque sorte*",[69] como a descreve André Rouveyre (ver a introdução de Michel Décaudin em *Lettres à Lou*, de Apollinaire, 1990, ii-iii). Apollinaire se exaure na tentativa de conquistá-la e dela só recebe os ansiados favores quando, desiludido, se alista no exército francês e está a ponto de partir para a guerra. Num rompante, Lou a ele se entrega num encontro de oito dias no Grand Hôtel du Midi et de La Poste, no *square* de *La Couronne*, em Nîmes, que guarda do encontro uma placa memorial onde se lê: "*Ici Guillaume Apollinaire aima Louise de Coligny-Châtillon qui lui inspira l'œuvre immortelle des*

---

[68] O compositor alemão Carl Orff dedicou um dos dramas cênicos da trilogia *Trionf*, aos poemas de Catulo (*Catulli Carmina. Ludi scænici*, 1943), no qual estão presentes alguns dos mais belos textos do poeta dedicados a Lésbia. Desde então, são os *Catulli Carmina*, seguramente, os maiores responsáveis pela revelação e divulgação universal das obras-primas do poeta romano.

[69] "Espirituosa, desinibida, frívola, impetuosa, pueril, sensível, inapreensível, enervada, um pouco perdida de alguma maneira".

Poemes a Lou 1914-1915". Não devem ser muitas no mundo as placas comemorativas de uma semana de amor. E nesse breve encontro ficou a relação física entre os dois que, no entanto, manterão uma intensa e fogosa correspondência erótica até 1916. Pouco tempo depois, já no trem que o leva para o cenário da guerra, Apollinaire conhece Madeleine Pagès, uma francesa argelina (nas fotos, bem mais bonita do que Louise), com quem terá uma breve relação física e uma longa correspondência, simultânea à que entretinha com Lou, e a ela, como a Lou, escreve poemas apaixonados das trincheiras, nos quais lamenta o estado de castidade ao qual se vê obrigado e que explica, talvez, a acendrada lubricidade de seus poemas e, sobretudo, das suas cartas às duas mulheres. Neles e nelas, Apollinaire, com a imaginação transfigurada pelo insaciado desejo da carne, deleita-se em fazer, como nos antigos *blasons*, o inventário dos corpos das amadas, no qual imagens sublimes se acantonam ao lado de grosserias e vulgaridades, e em fantasiar, no caso de Lou, os episódios de sadismo sexual de que o priva a distância na solidão das trincheiras. Raymond Jean, querendo preservar o conceito literário de que goza o poeta, diz que para que a enumeração das qualidades do corpo feminino não caia no escabroso, nem na indecência anatômica, "*il faut bien qu'elle soit soutenue par uma langue érotique d'une exceptionelle abondance métaphorique*",[70] ou seja, uma linguagem de celebração que alguém chamou de enumeração idólatra (1974, 360). E, mais adiante: "*Nommer, dire,* proférer *les choses avec une violence poétique et une impudeur éclatante, surtout si elles sont secrètes, cachées, voilées, marquées de tous les tabous de la décence et de la fausse honte, c'est les faire exister, leur conférer une présence réelle. La parole est vraiment acte d'amour et possession*"[71] (ibid., 361).

[70] "é bem necessário que ela se sustente numa linguagem erótica de uma excepcional abundância metafórica".

[71] "Nomear, dizer, proferir as coisas com uma violência poética e uma impudência estridente, sobretudo se elas são secretas, escondidas, veladas, marcadas por todos os tabus da decência e do falso pudor, é fazê-las existir, conferir-lhes uma presença real. A palavra é verdadeiramente ato de amor e de possessão".

E ainda: "[Apollinaire] *accomplit par la plume l'amour parfait et total. La fête spirituelle en même temps que la fête charnelle. L'ivresse de l'âme en même temps que le déchainement, sauvage, des sens*"[72] (ibid., 366). São conhecidos os argumentos com que se defende o erotismo na literatura e desconhecidos os seus limites.

O que há de comum nesses quatro casos? A relativa pouca importância das qualidades físicas ou morais da musa, cuja construção no poema é função das aspirações reais ou frustradas do poeta. Por outras palavras, a musa, real ou imaginária, só existe enquanto criatura do poeta, que pode cancelá-la com, simplesmente, retirá-la de seus versos, como diz o poeta renascentista inglês Thomas Carew, o amante da Célia a que nos referimos no início desta nota, no belo poema "*Ingrateful Beauty Threatened*":

Know Celia, since thou art so proud,
'Twas I that gave thee thy renown;
Thou hadst, in the forgotten crowd
Of common beauties, liv'd unknown,
Had not my verse exhal'd thy name,
And with it imp'd the wings of fame.

That killing power is none of thine,
I gave it to thy voice, and eyes;
Thy sweets, thy graces, all are mine;
Thou art my star, shin'st in my skies;
Then dart not from thy borrow'd sphere
Lightning on him that fix'd thee there.

Tempt me with such affrights no more,
Lest what I made, I uncreate;
Let fools thy mystic forms adore,
I'll know thee in thy mortal state;
Wise poets that wrapp'd Truth in tales,
Knew her themselves, through all her veils.

[72] "[Apollinaire] alcança realizar pela pena o amor perfeito e total. A festa espiritual e ao mesmo tempo carnal. A exaltação da alma ao mesmo tempo que o desencadeamento selvagem dos sentidos".

Poesia e metáfora

> O poema é o lugar onde todos os tropos e metáforas querem ser levados ao absurdo.
>
> Paul Celan, *El poeta*, II, 57

> *Lenguaje y mito son varias metáforas de la realidad.*
>
> Octavio Paz, 1981, 34

> *Quizá la historia universal es la historia de la diversa entonación de algunas metáforas.*
>
> Borges, citado por Ramón Xirau, 1978, 43

O usual é dizer que a metáfora é o domínio da poesia. Em um filme de Michael Radford, intitulado *Il Postino* [O carteiro e o poeta], de 1994, Philippe Noiret, representando Pablo Neruda no exílio, em ermo lugar da Itália, assim o ensina ao carteiro (Massimo Troisi) que lhe faz a entrega diária da abundante correspondência recebida pelo poeta. Estando apaixonado o carteiro por uma beleza local, a quem não sabe conquistar, pensa lográ-lo escrevendo-lhe poemas, razão, acredita, do sucesso do destinatário regular das cartas que entrega. Compadecido do carteiro pelo insucesso amatório, Neruda dá-lhe instruções sobre como escrever um poema, dizendo-lhe consistir basicamente em metáforas, palavra que impressiona vivamente o rústico mensageiro.

Curiosamente, Aristóteles, que diz da metáfora ser própria da poesia (Cap. IV, 2), não é na sua *Arte poética* que trata do tema, e sim na *Retórica*, e, assim mesmo, quando fala das quatro causas que dão "frieza" ao estilo (III, 4), referindo-se à prosa (1944, 323 e 325).

Ora, a metáfora não é o domínio exclusivo da poesia. É mesmo, como já dizia Nietzsche, a forma corrente de toda a linguagem. O homem, diz o filósofo, é um *animal metafórico*; "ser verídico quer dizer empregar as metáforas usuais". Todorov informa que, na aurora da linguagem, os tropos — que ele reduz a quatro formas fundamentais — a metáfora, a metonímia, a sinédoque e a ironia — constituíam a única forma de se exprimir, de uma maneira "simples e comum", e o que chamamos por esses nomes, e usamos de forma elaborada e exclusiva, é de construção tardia (1979, 11, 13). George Lakoff e Mark Turner escreveram todo um livro apenas para demonstrar que a metáfora não é instrumento peculiar da poesia, mas que essa nela encontra apenas o refinamento de um processo que é a base mesma da linguagem comum e, que, para entender a metáfora na poesia, temos de começar por entendê-la na linguagem convencional. Descobertas recentes sobre a natureza da metáfora sugerem que ela está longe de ser "periférica à vida do espírito. Ela está no centro de nosso processo de compreensão de nós mesmos, de nossa cultura e do mundo como um todo". O que faz a metáfora poética é dar-nos a possibilidade de estender, para além dos limites das metáforas comuns a que estamos habituados, a compreensão do mundo. "[*F*]*ar from being ornamentation,* [a metáfora na poesia] *deals with central and indispensable aspects of our conceptual system*"[73] (Lakoff, 1989, 214-215). Particularmente incisivo é Richard Boyd, que reconhece para a metáfora uma função essencial na transmissão de novas ideias no discurso científico que ele denomina de "*theory-constitutive*", uma função que nem sempre pode ser assumida pela linguagem literal (Ortony, 1979, 401 e seg.).

Claude Esteban nos dá uma interpretação mais rica e nobre do que seja a metáfora, que não seria um mero mecanismo da linguagem, mas algo que, no seu mais puro estágio, se aproxima de uma epifania. A imagem poética não pode simplesmente ser tida como equivalente à metáfora. Essa não é, comumente, mais do que a translação de materiais inertes, o deslocamento de resíduos fossilizados nas camadas antigas da consciência. A metáfora pressupõe uma história, um passado cultural do qual essa operação essencialmente retórica tira um partido já codificado. A imagem poéti-

---

[73] "Longe de ser ornamento, a metáfora na poesia ocupa-se de aspectos centrais e indispensáveis de nosso sistema conceitual".

ca, ao contrário, é uma súbita e imprevisível epifania da palavra, segundo a expressão mesma de Bachelard, "um novo ser da linguagem" (Esteban, 1987, 113). Uma nova metáfora? Assim, pelo menos, parece entender Susan Sontag, quando diz que o grande poeta é aquele que contribui para aumentar o nosso *stock* de metáforas (2007, 217).

Antonio Carlos Secchin sintetiza o papel da metáfora na poesia num texto lido durante o VII Encontro de Poetas do Mundo Latino, na Cidade do México, em 1992. Diz ele: "A poesia não se compromete com a Verdade, pois um de seus atributos é exatamente o de prover um circuito clandestino de sentidos que faça oscilar o terreno sólido onde versões da verdade se sedimentaram. Nessa operação, a metáfora ocupa um posto privilegiado. Ao aproximar elementos em geral dissociados, ela desencadeia conexões encobertas pela anestesia do discurso normativo, guardião feroz da (utópica) univocidade. [...] A ordem do discurso poético se abastece na desordem sob controle que a metáfora introduz: ela desencadeia, no interior do poema, mecanismos de significação dificilmente localizáveis fora dele, sabotando a expectativa de uma comunicabilidade tácita" (1996, 18-19).

William Empson escreveu um exaustivo ensaio indispensável como complemento a qualquer exame crítico da questão da metáfora na poesia: *7 Types of Ambiguity – A study on its effects in English verse*. Seria abusivo determo-nos aqui na caracterização de cada um dos sete tipos por ele identificados. Mas é importante tentar resumir o essencial de suas reflexões, pela luz que elas trazem à questão da metáfora na poesia.

Para bem aclarar seu pensamento, comecemos pela definição que dá à palavra "ambiguidade" tal como será usada no seu estudo: "[ambiguity is] *any verbal nuance, however slight, which gives room for alternative reactions to the same piece of language*"[74] (1955, 5). Empson se pergunta: "*Is all good poetry supposed to be ambi-*

[74] "a ambiguidade é qualquer nuance verbal, não importa quão tênue, que abre espaço a reações alternativas para a mesma peça de linguagem".

guous?"[75] E responde, taxativamente: "*I think that it is*"[76] (xvii). Empson assenta sua argumentação precisamente sobre o aspecto que já analisamos de que a linguagem convencional é já por si metafórica e a poética o é em grau superior. Fundamentalmente, chamemo-la de ambígua ou não, diz Empson, a linguagem é conotativa e a palavra se oferece a diferentes sentidos simultaneamente. Essa "*machination of ambiguity*" está na própria raiz da poesia (5). "*Ambiguity itself can mean an indecision as to what you mean, an intention to mean several things, a probability that one or other or both of two things has been meant, and the fact that a statement has several meanings*"[77] (8). O poeta jogará com todas as possibilidades para produzir a ambiguidade: polissemia da palavra, sinestesias, comparações, sinédoques, homonímias, metáforas. O importante é que elas não sejam inócuas, vagas (31, 211), peremptas (Empson fala de "*dead metaphors*" (metáforas mortas), 30) ou indecifráveis (35, 181) e que não perturbem a unidade do poema (264-266!). O ritmo (37), a prolação (21, 167), a atmosfera do poema podem servir de chaves (*clues*) para desfazer a ambiguidade (21, 24).

Roman Jakobson diz mesmo que a ambiguidade é uma propriedade intrínseca, inalienável, de toda mensagem centrada em si mesma; em suma, é o corolário obrigatório da poesia (Eco, 1965, 66).

Umberto Eco levanta uma questão radical sobre a natureza, ou a presença, da metáfora na linguagem literária: é ela "*uno scarto* [refugo?] *rispeto a una litteralità soggiacente o il luogo di nascita di ogni grado zero della scrittura*"? Ou, numa linguagem menos técnica: o problema não é tanto "*di vedere che cosa la metafora creativa faccia di una lingua che è già constituita*", mas como a língua já constituída pode assimilar, no dicionário que a explica, a presença "*del bricolage metaforico*" (2003, 269-270).

---

[75] "Deve-se supor que toda boa poesia deva ser ambígua?"

[76] "Acho que sim".

[77] "A ambiguidade pode significar uma indecisão quanto ao que se pretende comunicar, uma intenção de emprestar-lhe diversos sentidos, a probabilidade de que uma ou outra ou ambas de duas coisas tenham sido a intenção de comunicar, e o fato de que uma afirmação possa ter múltiplos sentidos".

O estudo de George Lakoff e Mark Turner sobre o emprego da metáfora na poesia tem hoje o reconhecimento geral de quem se interessa pelo assunto. Não menos relevante, porém, é o pouco conhecido livro do filósofo australiano Colin Murray Turbayne *The Myth of Metaphor*, publicado em 1962 pela Universidade de South Carolina, nos Estados Unidos.

O estudo de Turbayne é mais amplo. Aborda a metáfora como categoria do pensamento, da qual a metáfora poética não é senão um caso particular. No entanto, algumas de suas considerações mais abrangentes mostram-se apropriadas à sua análise na poesia. Basicamente, a preocupação de Turbayne é desfazer a atribuição a ela dada de ser uma forma de apreensão da realidade. Turbayne a vê constituir-se em três estágios sucessivos: o primeiro, correspondente ao mecanismo usual da linguagem, ocorre quando se aplica a uma coisa um nome que pertence a outra categoria (o homem é um lobo, de Sêneca; o mundo é uma máquina, de Descartes). Nesse estágio, a distinção entre o uso literal e o metafórico permanece intacta. Num segundo estágio, a confusão das categorias se torna lugar comum e é aceita como uma realidade (a cortina de ferro, a vibração sonora). Na terceira etapa, por um mecanismo que Berkeley chamou de "falácia redutiva", invertem-se os termos da metáfora e é o sentido não literal que predomina como principal (a metáfora da máquina do mundo se transforma em afirmação do mecanismo do mundo). O homem já não usa a metáfora, mas é a metáfora que o usa. A vítima não apenas tem um enfoque particular do mundo, mas o tem como o único verdadeiro (1982, 38-42). Nesse estágio, a metáfora perde a funcionalidade e agride o conhecimento. Trata-se de uma metáfora morta. Ela só corresponde à sua definição tradicional, como justaposição de conceitos de categorias distintas para exprimir uma ideia nova, enquanto mantivermos a clara percepção de que os termos separados da justaposição preservam cada um o seu sentido literal (1982, 34-42, 122).

A argumentação de Turbayne coloca a questão no plano filosófico. Se a transplantarmos para o domínio da poética, podemos verificar que o poeta pretende que a metáfora seja uma revelação e, como tal, lhe permite apresentar, com palavras, a visão de uma realidade inapreensível pela razão. É mais do que Voltaire quis dizer quando afirmou que toda espécie de emoção viva pode produzir uma percepção imagista que se exprime através da metáfora (Morier, 1961, 258-259). É dizer que o poeta teve acesso a um contato com a realidade transcendente e logra descrevê-la através da metáfora.

Numa linguagem contemporânea, C. Day Lewis comenta que, através da metáfora, "*we find poetic truth struck out by the collision rather than by the collusion of images*"[78] (Preminger, 1973, 495). Ou talvez, para ser mais moderno, pudéssemos falar de "fusão" das imagens, de preferência a "fissão".

Como em tudo o mais que se refere à poesia, nunca a unanimidade é encontrada. Contra tudo o que ouvimos outros poetas dizerem, Antonio Machado recomenda ao poeta ser restrito no uso da metáfora. "Bons poetas são parcos no seu uso" (Gibbons, 163).

Poesia e filosofia

Tratarei desse ponto com maior extensão na segunda parte deste trabalho, quando falar das faculdades das quais o poeta se arroga. Não quero deixar passar, porém, a oportunidade de evocar uma obra pouco conhecida de Cioran, o amargo filósofo existencialista romeno, publicada em Bucarest, em 1936, quando o autor tinha apenas 25 anos. Refiro-me a *Cartea amăgirilor*, segundo e último livro do autor escrito em romeno, pois, no ano seguinte, mudou-se para Paris e passou a escrever apenas em francês, inclusive na sua correspondência com os parentes. O livro só foi traduzido para o francês, com o título de *Le livre des leurres*, em 1992, três anos antes da morte do filósofo.

[78] "encontramos a verdade poética atingida pela colisão, mais do que pela colusão de imagens".

Na discussão sobre as relações entre a poesia e a filosofia, Cioran se coloca abertamente do lado do poeta, embora fosse filósofo, e não poeta, herdeiro do pessimismo de Nietzsche quanto à natureza humana, da aflição existencialista com o uso alienado da razão, que ele descreve como a substituição do êxtase da vida pela consciência da vida. E é nessa frase que está todo o fundamento de sua reflexão sobre as relações entre a poesia e a filosofia. "Não se pode voltar da poesia, da música, para a filosofia. É evidente que elas a deixam para trás. Um poeta, um compositor ou um místico filosofam apenas nos momentos de fadiga, que os forçam a regressar a um estado inferior. Apenas eles se dão conta de que não é uma glória ser filósofo, apenas eles compreendem a que ponto a filosofia — sem falar da ciência — sabe pouco das coisas. O que é o pensamento em comparação com o êxtase ou o culto metafísico comparado com a nuance que define toda poesia?" (1995, 232, 190). Palavras que, interpretadas literalmente, por muitos poetas, levam-nos a confundir sabedoria com conhecimento e a se autoatribuírem uma primazia intelectual sobre os pensadores metafísicos que não está em jogo quando se fala de concepções sobre o cosmos, a natureza da vida e o destino humano.

Leopardi, citado por Frank Kermode, exprimia algo dessa condescendência do poeta com relação ao filósofo ao dizer que "a Filosofia, esperando e prometendo, de início, curar todos os nossos males, fica reduzida, no fim, a desejar, em vão, remediar a si mesma".[79] Richard Rorty, filósofo, por outro lado, citado no mesmo artigo, reconhece na filosofia não sistemática de um Kierkegaard, um Nietzsche, um Wittgenstein e um Heidegger a intenção de abrir espaço para "*the sense of wonder which poets can sometime cause*".[80]

---

[79] Frank Kermode (1919), notável crítico literário britânico, em artigo publicado na *London Review of Books*, de 17 de agosto de 1983, p. 8. Richard Rorty (1931-2007), prolífico escritor e ensaísta americano.

[80] "a sensação de extremo prazer e admiração que os poetas podem às vezes causar".

Poesia e religião

Ao tratarmos da natureza da poesia vimos George Steiner dizer, a propósito de uma sugestão de Baudelaire de que podíamos ver no poeta uma natureza exilada no imperfeito e que desejaria empossar-se aqui mesmo na terra de um paraíso revelado, "não está aqui ainda uma tentativa de autopersuasão em epílogo ao eclipse de toda experiência religiosa autêntica?" (1991, 12). Essa observação nos remete a um pouco atrás no tempo e a recordar a opinião de Santayana, para quem, ao contrário do que diz Steiner, a experiência poética é da mesma natureza da religiosa, a tal ponto que o filósofo recusa autenticidade à poesia que não seja de inspiração religiosa. Santayana avisa, desde o prefácio de seu livro *Interpretations of Poetry and Religion*, que, para ele, a poesia "tem uma função universal e moral". Da mesma forma como a religião, a poesia é desviada de seu curso quando é confundida com o mero reconhecimento do direito natural, é detida no seu desenvolvimento se permanece como um jogo da fantasia, sem significação e sem relevância para os ideais e propósitos da vida. É nessa relevância que reside seu mais elevado poder. Para ele, tem o homem esferas concêntricas de conhecimento: a dos sentidos, que organizamos com a inteligência; a da imaginação, com a qual suprimos o que não alcançamos com a inteligência; e a *divination*, com a qual, por seu turno, suprimos o que não alcança a razão. A imaginação, quando a ela se apela para antecipar ou corrigir as conclusões da razão, nada tem a ver com o que normalmente dela se dá o nome. A distinção entre imaginação e inteligência é ideal. Surge quando discriminamos várias funções vitais que são dinamicamente uma só. A imaginação é um recurso da inteligência; requer uma mente mais profunda, capaz de perceber e sentir verdades maiores do que as que os meros sentidos percebem na chamada realidade das coisas. A intuição, que não pode ser usada pela ciência, é que conduz a imaginação para os caminhos da religião, da filosofia e da poesia. O profeta, o verdadeiro profeta, é o homem cuja visão miraculosamente espelha a verdade.

Santayana aproxima a poesia da religião em mais de um aspecto. A propósito de Homero e de seus deuses, diz que a religião grega não era mais do que poesia, nada além do que a imaginação tinha acrescentado aos rudimentos da ciência. A diferença entre religião e poesia reside em que a fé religiosa "reage diretamente sobre a vida, é um fator da conduta", enquanto que a "mera poesia é uma sombra ineficiente" (1957, vi, 4-7, 24-25; é importante datar a primeira edição da obra, que é de 1900).

Não é a mesma coisa, mas está na linha do que um século antes dizia Coleridge, representando basicamente o pensamento romântico inglês, e não só ele: "*It has pleased Providence, that the divine truth of religion should have been revealed to us in the form of poetry*"[81] (cit. em Spender, 1962, 25).

A meio caminho entre essa vinculação estreita das motivações da poesia com o sentimento religioso, Matthew Arnold admite que "*most of what now passes with us for religion and philosophy will be replaced by poetry*"[82] (cit. em Wimsatt, 88). Uma reflexão que será extremada um século depois por Jean Cocteau, quando diz que "*la poésie est une religion sans espoir*"[83] (*Journal d'un inconnu*, citado em Manguel, 2006, 211).

Poesia e ética

Qualquer discussão desse tema tem de começar com Platão. E, dizendo isso, tenho de reconhecer que, quase sempre, começa com uma simplória e desvirtuada noção do pensamento do filósofo.

Platão fala da poesia no contexto da educação da alma e do controle das paixões numa sociedade ideal na qual prevaleçam a verdade e a justiça. Todo o diálogo se insere numa condenação do

---

[81] "Aprouve à Providência que a divina verdade da religião nos tenha sido revelada na forma da poesia".

[82] "a maior parte do que hoje se nos oferece como religião ou filosofia será substituída pela poesia".

[83] "a poesia é uma religião sem esperança".

conceito atribuído em seu tempo a Homero como o grande propedeuta inspirador da juventude. "Ouvimos dizer", comenta Platão, "que os poetas não apenas possuem o conhecimento de todas as artes, mas, ainda, de tudo o que se relaciona à virtude e ao vício e até mesmo às coisas divinas", o que seria, aliás, uma necessidade de sua arte (*Platon*, I, 1977, 1209-1210). Platão o nega. "Todos os praticantes da poesia são imitadores de simulacros da virtude, assim como das outras coisas de que tratam seus poemas" (ibid., 1212). Sua crítica tem um alvo muito particular, que é a poesia trágica, que apela para os sentimentos de empatia do ouvinte, pois Platão chega a referir-se especificamente ao efeito deletério que se estabelece especialmente nas representações diante de uma quantidade numerosa de espectadores (e com isso antecede de mais de dois mil anos a psicologia das multidões de Gustave le Bon) entre público e atores na exposição de sentimentos de dor ou violência.

Em sua obra monumental sobre o pensamento grego, Werner Jaeger observa que, do ponto de vista da história da *paideia* grega, *A República* representa um marco divisório na história da luta entre a verdade e a aparência. A aparência, no pensamento de Platão, é o que chamamos comumente de realidade. Como se sabe, para ele a verdadeira realidade está nós arquétipos, dos quais a realidade material não é mais do que uma semelhança, uma imitação. O artesão, que constrói realidades baseadas nesses modelos, é um imitador de segundo grau. E o artista, que "copia" os modelos aparentes, um imitador de terceiro grau. É o caso do poeta. Distancia-se, destarte, do verdadeiro ser, satisfazendo-se com o grau mais remoto de sua imitação. A essa consideração de ordem filosófica acresce uma de ordem psicológica: o poeta não se dirige à parte mais nobre do ser humano, sua alma, mas a seus instintos e suas paixões. Impele o homem a entregar-se com toda intensidade à simpatia com os sentimentos de dor, sofrimento e angústia, em vez de dedicar-se com a maior rapidez possível a usar a razão para curar-se dessas sensações. Pragmaticamente, pergunta-se Platão se alguma vez o poeta "melhorou alguma cidade, como os antigos legisladores, aperfeiçoou as suas instituições, ganhou uma guerra ou beneficiou aos homens em suas vidas privadas" (*Platon*, 1211; Jaeger, 768).

Platão deixa aberta uma porta para a apresentação de contra-argumentos convincentes ao concluir que, "no entanto, fique bem claro: caso a poesia imitativa, que visa ao prazer, tenha qualquer razão a fazer valer quanto à necessidade de sua presença num Estado regido por boas leis, seria com alegria que nós pelo menos a acolheríamos, tendo bem presente a consciência do encantamento (*charme*) que ela representa para nós pessoalmente" (ibid., 1222).

O platonismo poético era utópico e, como a República do filósofo, não se realizou, não teve consequências práticas. Mas a noção de que o poeta tem uma responsabilidade ética e que a poesia deve ser útil à sociedade de uma forma ou de outra tem tido seus defensores ao longo dos séculos, embora o modernismo do século XX a tenha quase que completamente exterminado.

Chistopher Merrill vê em Horácio um forte abrandamento do conceito da utilidade social da poesia. Segundo ele, para o poeta romano "escrever bem, com tanta coragem, profundidade, honestidade, paixão e musicalidade quanto lhe seja possível, é a maneira como o poeta pode contribuir para a saúde cultural, espiritual e política de uma sociedade" (1995, xii).

A exclusiva responsabilidade do poeta com a qualidade estética de sua obra já está exposta na *Retórica* de Aristóteles, quando ele diz que a imitação é agradável "ainda quando o objeto imitado não o é em si mesmo", o que vamos encontrar por igual, em latim, na Suma Teológica de São Tomás de Aquino: "*Imago dicitur esse pulchra, si perfecte representat rem, quamvis turpem*",[84] e, em alexandrinos perfeitos, em *L'Art poétique* de Boileau: "*Il n'est point de serpent ni de monstre odieux / Qui par l'art imité, ne puisse plaire aux yeux*".[85] Ou, dele ainda: "*D'un pinceau délicat l'artifice agréa-*

[84] "A imagem pode-se dizer ser bela se com perfeição representa a coisa, ainda que torpe".
[85] "Não há serpente ou monstro odiento que, pela arte imitado, não possa ser agradável aos olhos".

ble / Du plus hideux objet fait um objet aimable".[86] Hölderlin, em *An dir jungen Dichter*, aconselha: "não moralize" (1974, 19). Salvatore Quasimodo afirma: "A Poesia se transforma em ética precisamente por sua beleza. Sua responsabilidade está na proporção direta de sua perfeição" (1961, 14). Wallace Stevens diz: "Se há algo que concerne à poesia na qual todos estão de acordo é que o papel do poeta não se encontra na moral. [...] (S)ua função é fazer com que sua imaginação se converta na de seus leitores, [...] se torne luz nas mentes de outros" (*El poeta*, II, 81, 82). Mas nenhum poeta precisou chegar à precisão negativa com que o crítico francês do século XIX Ferdinand Brunetière declarou, em sua obra *L'Art et la morale*, de 1898: "*Dans toute forme ou toute espèce d'art il y a comme un principe ou un germe secret d'immoralité*"[87] (Wimsatt, 1958, 384). Poderíamos recuar mais e chegar a Diderot, para quem "*c'est la peine qui rend le plaisir piquant, c'est l'ombre qui fait valoir la lumière;* [*u*]*n bonheur que rien n'altère devient fade;* [*o*]*n ne fait guère des tableaux tranquilles et froids avec la vertu. C'est la passion et le vice qui animent la composition du peintre, du poète et du musicien*"[88] (*Cahiers*, 41-42).

Num ensaio intitulado "*Poetry and Morals*", incluído no livro *The Verbal Icon - Studies in the Meaning of Poetry*, W. K. Wimsatt Jr. observa que a crítica recente (o livro é originalmente de 1954) nota que o poema moderno tende a ser produzido sob uma forte tensão, "*an ironically suspended judgement rather than a commitment to solutions; and this view would seem to put the poem clearly in the realm of the amoral or premoral*".[89] Wimsatt discorda e alega que "*a poem has a presiding idea, attitude, and coherence and thus*

---

[86] "Com um pincel delicado, o artifício agradável, do mais horrendo objeto, faz um objeto amável".

[87] "Em toda forma ou espécie de arte existe algo como um princípio ou um germe secreto de imoralidade".

[88] "é o sofrimento que torna picante o prazer, é a sombra que dá valor à luz; uma felicidade que nada altera torna-se insípida; não se fazem quadros tranquilos e frios com a virtude; é a paixão e o vício o que anima a composição do pintor, do poeta e do músico".

[89] "um irônico julgamento em suspenso, mais do que um compromisso com soluções; e essa maneira de ver poria o poema, claramente, no domínio do amoral ou premoral".

at least a tendency to an assertion",[90] retomando, assim, a ideia de Kant de que o artista literário expressa, inevitavelmente, "*implicit moral judgements*". Nessa linha, conclui dizendo: "*Poetry value, though different from moral value, cannot thereby be considered as something autonomously remote from the rest of human experience. In the total of any concrete human situation* [...] *there are multiple values inviting recognition or choice. The moral value in any given situation, what is right,* [...] *is known by rule and conscience*"[91] (1958, 100, 90, 98).

Wimsatt fala de "*rule and conscience*" e podemos presumir que exija a concordância das duas. O poeta moderno tende a separá-las e, nesse sentido, podemos considerar mais representativo da atitude do poeta que procura se inserir na tradição (ao contrário dos das distintas vanguardas novecentistas), mas recusa subordinar a poesia a uma regra moral que lhe seja independente e superior, o pensamento de Jean Cocteau quando diz: "*La poésie est une morale. J'appelle une morale un comportement secret, une discipline construite et conduite selon les attitudes d'un homme refusant l'impératif catégorique*".[92] Não está em Czeslav Milosz um eco desse pensamento?: "Poemas devem ser escritos raramente e com relutância, / sob insuportável pressão [*duress*] e somente com a esperança / de que os bons espíritos, não os maus, nos escolham para seus instrumentos" (Milosz, 1994, 56).

[90] "um poema tem uma ideia, uma atitude, uma coerência dominante, e, assim, pelo menos uma tendência a uma asserção".

[91] "O valor da poesia, embora diferente do valor moral, não pode, por essa razão, ser considerado como algo remotamente autônomo com respeito ao resto da experiência humana. Na totalidade de qualquer situação humana concreta [...] há múltiplos valores apelando para reconhecimento ou escolha. O valor moral em qualquer circunstância dada, o que é correto [...] se conhece pela regra e pela consciência".

[92] "A poesia é uma moral. Chamo uma moral um comportamento secreto, uma disciplina construída e conduzida segundo as atitudes de um homem que recusa o imperativo categórico".

Poeta

Divino

> *El poeta del siglo pasado, por lo menos, de los primeros treinta años de este siglo,* tiende *a sacralizar, dubitativamente muchas veces, la obra, el poema, el mundo creado por un poeta-dios o pequeño dios.*
>
> Ramón Xirau, 1980, 25

De nenhum outro agente, em toda a gama de vocações e profissões, se ouviu, ao longo da história, uma tal pletora de hiperbólicos autoelogios. Tão grande é o poeta que não é a Deus que o compara um de sua estirpe, mas Deus é que é ao poeta comparado: "*God is the perfect poet // Who in his person acts his own creations*",[1] põe Robert Browning na boca de Aprile, em *Paracelsus* (1835, 71), não sei se citando, implicitamente ou não, o neoplatônico florentino renascentista Cristóforo Landino, que escreveu "Deus é o poeta supremo e o mundo é seu poema". No mesmo século XV, dizia Nicolau de Cusa: "O homem é um outro Deus [...] enquanto criador de pensamento e das obras de arte." E Leon Battista Alberti, contemporâneo de ambos, dizia dos artistas serem outros deuses entre os mortais (Todorov, 2009, 47). Ronsard, no século XVI, dando ao poeta a liberdade, necessária, "*de ne suivre jamais pas à pas la verité, mais la vray-semblance*",[2] diz que "*tel art plus divin qu'humain est particulier aux Poëtes*"[3] (segundo prefácio a *La Franciade*, 1587, Holyoake, 212). O conceito procede diretamente do pensamento aquiniano, que Jacques Maritain, no século XX, repete quase que com as mesmas palavras de Nicolau de Cusa: "*Poetry is engaged in the free creativity of the spirit. In this respect the poet is like a god. And in order to discover the first essential of poetry there is nothing better for us to do than to look for the First Poet*"[4] (1955, 81).

---

[1] "Deus é o poeta perfeito, aquele que, na sua pessoa, atualiza as próprias criações".

[2] "de não seguir jamais, passo a passo, a verdade, mas a verossimilhança".

[3] "tal arte, mais divina que humana, é peculiar aos poetas".

[4] "A poesia se compromete com a livre criatividade do espírito. Nesse sentido, o poeta é como um deus. E para descobrir o que é o mais essencial da poesia nada existe melhor para nós do que olhar para o Primeiro Poeta".

Imortal, como os deuses, é o poeta. "Poupado da morte por Zeus, por ter dos deuses sido ensinado / Em sua arte divina" são palavras de Homero, ele próprio elevado à categoria de primogênito de Deus ("*fils ainé de Dieu*") por Michelet (Debray-Ritzen, 114). Para o poeta, criou Deus a fantasia do universo: "*Nur mir dem Einsamen / Scheinen des Nachts die unendlich Sterne*"[5] faz Herman Hesse dizer o poeta (1982, 36). E Abraham Cowley, que teve sua fama, no século XVII, no grupo dos poetas metafísicos, afirma, no poema "*On the death of Mr. Crashaw*": "*Poet and Saint! to thee alone are given / The two most sacred Names of Earth and Heaven*".[6]

Talvez ninguém outro, salvo Deus, possa sentir-se como William Blake descreve o poeta em "*Auguries of Innocence*", um de seus mais conhecidos poemas líricos: "*To see a world in a grain of sand / And a heaven in a wild flower, / Hold infinity in the palm of your hand / And eternity in an hour.*"[7] Só pode ser, portanto, em tom de ironia que Blake se atreve a uma heresia quando diz que se Milton "*wrote in fetters*" (escrevia contido, cauteloso) quando falava de Deus ou dos anjos e com a maior liberdade quando do diabo e do inferno, era porque "*he was a true Poet, and of the Devil's party without knowing it*"[8] ("*The Voice of the Devil*"). Estaria Blake com a visão do epônimo poeta, que Virgílio comanda a Dante honrar ("*Onorate l'altísimo poeta*", no Canto IV, 80, do *Inferno*), ao apresentar-lhe, no recanto mais tranquilo do primeiro círculo, Homero, Horácio, Ovídio e Lucano, para sempre privados da beatífica visão do criador — e lembremos que foi Deus, ainda com o nome de Zeus, que a eles ensinou a divina arte da poesia — simplesmente porque não haviam sido batizados! Estavam os quatro nem tristes nem contentes (que fazer?), mas Virgílio faz questão de ressaltar ao turista ilustre que ciceroneia:

---

[5] "Só para mim, ser solitário / Brilham sempiternas as distantes estrelas".

[6] "Poeta e Santo! A ti somente são dados os nomes mais sagrados da Terra e do Céu".

[7] "Ver um mundo em um grão de areia, e a eternidade em uma hora".

[8] "ele era um poeta verdadeiro, e do partido do Diabo, sem sabê-lo".

Desde que cada um deles detém
os mesmos dotes co' os quais fui saudado,
recebo sua honraria como convém.

E (modestamente!) acrescenta:

Assim o belo grupo vi formado
Da escola do senhor do excelso canto:
Cujo voo, como d'águia, é incontestado.

Longo foi seu colóquio, e entretanto
Acenavam a mim, e eu vi o prazer
No sorriso do Mestre meu, porquanto

O privilégio iriam me conceder
Da acolhida em sua comunidade.
E assim fui sexto entre tanto saber.
(*Inferno IV*, 91-102, em Mauro, 2001)

Hölderlin, ainda jovem, vê-se lançado "nos braços do infinito" (1974, 79, "*An die Natur*"). Maduro, implorará às parcas um verão a mais, ou um outono, para que possa escrever o poema que descansará sua alma por ter nele alcançado a ventura de, pelo menos uma vez, ter sentido viver como os deuses vivem: "*Einmal / Lebt ich, wie Götter, und mehr bedarfs nicht*"[9] (*An die Parzen*, 1961, 12-13).

Talvez ninguém mais do que Rilke se sentiu alçado ao empíreo por sua qualidade de poeta. Ao Elísio, onde os poetas habitam, como diz Keats: "*Poets are seated in Elysian lawns*" (cit. em Spender, 1962, 101). Para ele, o canto do poeta não é algo que se alcance com a paixão ou o empenho. "*Gesang ist Dasein*", o Canto é Ser, diz, comunhão com o objeto. E em seguida vem, talvez, a mais pretensiosa sentença pronunciada por um poeta nesse contexto: "*Ein Gott vermags*",[10] (1961, 6-7). Rilke chega mesmo a criar uma palavra — *Weltinnenraum* — para designar o espaço da poesia, uma espécie de quinta dimensão à qual só o poeta (e Deus tam-

[9] Tradução livre: "Vivi uma vez, como os deuses vivem, e isso me bastou".
[10] "Um Deus pode alcançá-lo".

bém, supõe-se) tem acesso (1952, 242). Rilke não poupava Deus. "*Was wirt du tun, Gott, wenn Ich sterbe?*",[11] pergunta-se ou pergunta a Deus em um de seus poemas de *O livro das horas*. Não tinha a modéstia de Mme Deffand, que, em carta a Voltaire, reconhecia: "*Mon Dieu, que vous êtes heureux et que vous êtes en bonne compagnie, étant seul avec vous-même*"[12] (cit. em Dufreigne, 1955). De Rilke, ainda, cita Michel Hamburger o que o poeta diz de si mesmo no conto de natureza autobiográfica "Ewald Tragy": "*I am my own legislator* [pensando em Shelley?] *and King; there is no one above me, not even God*"[13] (1972, 112). Hipérbole que vamos encontrar, também, no poeta brasileiro Tasso da Silveira, que, no poema "Sonho", de sua primeira coletânea, *Fio d'água*, vê o poeta maior do que os deuses (2003, 13-14).

Baudelaire supera Keats e não hesita em colocar o poeta explicitamente na corte angelical, entre os Tronos, as Virtudes e as Dominações: "*Je sais que vous gardez une place au Poète / Dans les rangs bienheureux des saintes Légions, / Et que vous l'invitez à l'éternelle fête / Des Trônes, des Vertus et des Dominations*"[14] (1980, 9).

Lucrécio não acreditava em qualquer tipo de interferência divina. Para ele, o poeta, como não importa qualquer outro ser humano, estava só na terra, sem a mão protetora de qualquer entidade celestial. Temos de aceitar que os deuses existem, observa, porque sobre eles pensamos e cada pensamento deriva de uma imagem e cada imagem de um objeto real (curioso argumento, que daria existência real a grifos e sereias!). Mas os deuses não se metem em nossos assuntos; não têm nenhum desejo de fazê-lo. Preferem conversar entre si, em grego. A conversação é o mais suave dos praze-

---

[11] "Que farás, Deus, quando eu morrer?"

[12] "Meu Deus, como sois feliz, e como estais em boa companhia, estando só convosco mesmo".

[13] "Eu sou meu próprio legilador e rei; não há ninguém acima de mim, nem mesmo Deus".

[14] "Eu sei que reservais um lugar para o Poeta nas radiantes fileiras das santas Legiões, e que vós o convidareis à comunhão secreta dos Tronos, das Virtudes, das Dominações" (trad. de Ivan Junqueira, em Baudelaire, 1985, 109).

res e o grego é uma língua divina. Imóveis, imortais e eternamente felizes, os deuses habitam as regiões entre os mundos onde nada alcança perturbá-los (Bergson, 1959, 56).

E é talvez essa a atitude mais corrente entre os poetas que passaram o cabo dos movimentos insurgentes do início do século XX. "Os poetas, se quisermos dizer a verdade, têm passado mais tempo pensando no que está por debaixo de uma saia ou por dentro das calcinhas de alguém do que em deus", diz Charles Simic, o poeta laureado sérvio-americano consultor da Library of Congress, num artigo sobre Joseph Cornell em *The New York Review of Books* (27/4/2000). O que talvez se aplique à poesia de todos os tempos.

Entre nós, Jorge de Lima, no poema "A vida incomum do poeta", de *A túnica inconsútil*, se reconhece como "um anjo de Deus. / (que)... sem pedir foi enviado ao mundo" e, em outro poema do mesmo livro, "O poeta no templo", diz sentar-se "com Cristo à direita do Pai." Não bastasse, diz ainda que o poeta usa duas coroas, "uma de espinhos, outra de Rei do mundo" (1949, 387, 342). Vítima da perseguição inclemente do regime soviético, o poeta Yuri Galanskov publica na revista clandestina *Fenix* o poema "Um manifesto humano" — que será traduzido e impresso em inglês na revista *The Guardian*, em abril de 1963 — no qual se apresenta, com seu desentendido clamor por paz e justiça, "*like an appearance of Christ*".

Se não é divino, é pelo menos santo. Dante Milano parece hesitar entre as duas hipóteses. Em carta ao amigo Celso Antonio, quando ainda não havia completado os 21 anos, escreveu: "Tendo na boca a palavra dos deuses, entoemos o nosso cântico de fé e entremos pelo Céu da Glória, seguindo a réstea de luz que os Deuses nos deixaram — é a escada de Jacó dos verdadeiros artistas — e, subindo pelos degraus, ergamo-nos, como semideuses, à nossa verdadeira pátria" (2004, 490). Mais tarde escreverá: "Ninguém como os poetas se entrega tão sem defesa, ninguém se absorve no êxtase [salvo os santos seus irmãos], ninguém se lança com mais ímpeto nos abismos do arroubo ilimitado" (ibid., 423).

Sagrado. Sacerdote

Já vimos Octavio Paz dizer que o papel da poesia é tornar sagrado o Mundo. Pode-se supor que o poeta mexicano tivesse em mente algo como o que o filósofo alemão Martin Heidegger expressou ao dizer que a função do poeta é "dar nome ao sagrado", o que "não consiste meramente em designar algo já conhecido, uma vez que é somente quando o poeta pronuncia a palavra significativa e dá nome, assim, pela primeira vez, ao ser [ente] naquilo que ele é que esse é reconhecido como ser. A poesia é a instauração do ser pela palavra" (*El poeta*, IV, 29). Nesse papel, o poeta exerce, nas palavras de Paul Valéry, em carta a André Gide, "*le suprême sacerdoce d'une religion exquise*"[15] (Gide, 1955, 63). Essa atribuição não é nova. "*Musarum sacerdos*" (sacerdote das musas), disse Horácio de si mesmo (*Odes* III, i). Na mesma ode confessa o poeta latino: "*Odi profanum vulgus et arceo*",[16] deixando bem claro como sua qualidade sagrada o aparta do mundo real. E Flaubert, que não era poeta, mas convivia com a poesia, disse numa carta a Louise Colet (1/6/1853) que, para ele, o verdadeiro poeta era como um sacerdote; desde que vestisse a sotaina, tinha de deixar a família.

Hölderlin, que vivia no clima dos eleitos dos deuses, disse dos poetas serem "os vasos sagrados, onde conserva o elixir da vida o espírito dos heróis" (1974, 175). Ronsard, na elegia *Le don de poésie*, já falava da "*frayeur et crainte*" com que os mortais olhavam o poeta, vendo-lhe "*la flamme sainte*" (1963b, 431). Verlaine, no prólogo aos *Poèmes saturniens*, fala do tempo em que "*la terre et la mer et le ciel, purs encor / Et jeunes* [...] *entendaient* [...] *Les Poètes sacrés chanter les Guerriers saints / Ce pendant que le ciel et la mer et la terre / Voyaient, — rouges et las de leur travail austère, — S'incliner, pénitents fauves et timorés, / Les Guerriers saints devant les Poètes sacrés!*"[17] (1973, 58). Spender afirma sua convicção radi-

[15] "o supremo sacerdócio de uma religião requintada".

[16] "Odeio o vulgo profano e dele guardo distância".

[17] "a terra e o mar e o céu, ainda puros e jovens, [...] escutavam [...] os Poetas sagrados louvar com seus cantos os santos Guerreiros, enquanto o céu, o mar e a terra viam —

cal de que a vocação do poeta é uma vocação sagrada, como a de um santo ("*like a saint's*"). "Embora seja verdade que os poetas podem ser presunçosos e vaidosos, suas ambições e vaidades são as mais puras a que se pode alcançar neste mundo. O que almejam é serem reconhecidos naquilo que realmente são, em última análise, tal como revelado por suas mais íntimas experiências, suas mais afinadas percepções, seus sentimentos mais profundos, seu inexcedível sentido da verdade, em sua poesia" (1962, 58, 59). Vaidades "puras", pergunto-me se não se trata de um oximoro. Saint-John Perse, ao preencher um formulário de entrada em um país que minha fonte não cita qual foi, colocou como resposta à pergunta sobre o endereço onde iria ficar: "*J'habiterai mon nom*".[18] Pensava eu tratar-se de um caso único na história da imigração (Caillois, 1978, 124). Mas não. Há outro, similar, o de Oscar Wilde, que à pergunta feita pelo agente da alfândega nos Estados Unidos sobre se tinha alguma coisa a declarar, respondeu: "Nada, exceto o meu gênio" (Highet, 1959, 25).

Hölderlin era um homem do século XVIII, Verlaine do século XIX, mas Spender é do século XX. Perdura, pois, mesmo depois de todas as revoluções literárias que abarrotaram o século passado, essa concepção do poeta como um ser de natureza especial, que o coloca sobre imaginários pedestais de cujo alto, se assim se dignarem, podem conduzir ou meramente contemplar o rebanho indistinto dos desprivilegiados. Mesmo um poeta comunista pode usar de expressões parecidas. Pablo Neruda refere-se, em suas memórias, ao "*santo trabajo*" que é o ofício do poeta. O poeta de hoje deve retomar sua função antiga, seu sacerdócio (Neruda, 1994, 364, 367). E, para melhor fazer entendida a sua prédica, esclarece: "*La burguesía exige una poesía más y más aislada de la realidad. El poeta que debe llamar al pan pan y al vino vino es peligroso para el agonizante capitalismo. Más conveniente es que el poeta se crea, co-*

---

corados e cansados de seu trabalho austero — inclinarem-se, fulvos e tímidos penitentes, os Guerreiros santos diante dos poetas sagrados!"

[18] "Habitarei meu nome".

mo dijera Vicente Huidobro, 'un pequeño dios'. Esta creencia o actitud no molesta a las clases dominantes. El poeta permanece así conmovido por su aislamiento divino, y no se necesita sobornalo o aplastarlo, él mismo se ha sobornado al condenarse al cielo. Mientras tanto, la tierra tiembla en su camino, en su fulgor" (ibid., 404).

Não era a convicção de seu colega de ofício e de partido Paul Eluard, para quem a poesia "não é uma espécie de rito sagrado. Ao contrário, ela deve a todo preço tornar-se comum, banal. As maiores maravilhas podem ser transmitidas pela linguagem comum" (1979, 110). Mas Eluard faz parte da "imensa minoria" que assim pensa, ou, pelo menos, que assim diz.

Essa reiteração da palavra "sacerdócio" faz-me evocar um tema marginal àquele de que trata o presente capítulo, mas que, ao sabor da natureza mesma deste livro, talvez não pareça de todo inoportuno aqui. A noção de que a poesia é um sacerdócio, como vimos em Flaubert (e como a praticava Rilke), nada tem a ver com a questão da compatibilidade entre a vocação poética e a vocação sacerdotal eclesiástica. Como, porém, embora raros, bem raros, sejam os casos de poetas sacerdotes religiosos ou religiosos sacerdotes poetas, vale a pena a observação feita por Robert Graves sobre a dificuldade, senão a incompatibilidade, entre os dois "ofícios". Diz Graves: "A rachadura [*rift*] que separa o cristianismo da poesia é a mesma que dividiu o judaísmo do culto da deusa Astarte depois da reforma pós-exílica. O culto à Virgem Maria e a contribuição dos trovadores [ver *The Wandering Scholars*, de Helen Waddell] deixaram sua marca na liturgia e na doutrina da Igreja, seguida, porém, de uma forte reação puritana." Tornou-se impossível combinar as funções antes idênticas de sacerdote e poeta sem causar violência a uma ou a outra vocação, como se pode ver nas obras dos poetas ingleses que continuaram a escrever poesias após suas ordenações sacerdotais — John Skelton, John Donne, William Crashaw, George Herbert, Robert Herrick, Jonathan Swift, George Crabble, Charles Kingsley, Gerald Manley Hopkins. "O poeta sobreviveu com vigor apenas nos casos em que a ele foi mostrada a porta de saída, como ocorreu com Skelton, ao sinalizar sua independência da disciplina eclesiástica fazendo bordar na sua batina, com seda e ouro, o nome de sua musa, Calíope, ou quando Herrick provou sua devoção à mítica poética dando a beber cerveja, numa taça de prata, a um alentado porco. Nos casos de Donne, Crashaw e Hopkins, o duelo entre o padre e o poeta foi travado no nível místico mais elevado. Mas pode-se preferir, de John Donne, os *Divine Poems*, escritos após a morte de sua musa Ann More, sua única musa, aos admiráveis poemas amatórios de *Songs and Sonnets*? Ou pode-se encomiar [*commend*] o angustiado Hopkins por haver submetido seus êxtases poéticos à aprovação num confessionário?" (1958, 475-476).

Vate. Profeta

Profeta, diz a etimologia, é aquele que fala por outro, que ao outro empresta a sua voz. No caso dos poetas, a voz que se escuta pela boca do profeta ou é angelical ou divina e assume, assim, o papel de uma revelação. Mas, não raramente, e veremos isso adiante no caso de versos de Antonio Machado e de Cocteau, o sentido que o poeta empresta à palavra "profeta" é o de anunciador divinatório. O mesmo sentido que, como já vimos, Robert Graves empresta à palavra.

A autoproclamação dos dons da profecia é recorrente entre os poetas. Na elegia que dedica a Jacques Grévin, intitulada *Le don de poésie*, diz Ronsard que, aos poetas, "*Dieu les tient agités et jamais ne les laisse; / D'un aiguillon ardent il les pique et les presse*"[19] (1963b, 433), pensamento que completa em outro poema autobiográfico ("*L'appel de la Muse*"), no qual diz que quando o homem é atingido pelos "*poignants aiguillons de sa divinité* [...] *il devient un prophète*"[20] (ibid., 464).

[19] "Deus os mantém agitados e jamais os dispensa; de um aguilhão ardente os pica e apressa".

[20] "lancinantes aguilhões de sua divindade [...] ele se torna um profeta".

Michel Hamburger, na introdução à já citada antologia bilíngue dos poemas de Hölderlin, diz que os poetas atuam como mediadores entre os deuses e os homens, transmitindo à comunidade a revelação a eles concedida. Essa função é tanto sacerdotal quanto reminiscente daquela dos profetas do Antigo Testamento (Hölderlin, 1971, xviii). Essa é uma recorrente autoatribuição do poeta. Diz Keats num poema intitulado, precisamente, "*The poet*": "*To his sight / The hush of natural objects opens quite / To the core: /* [...] *Making him see, where Learning hath no light*"[21] (1966, 51). Num poema inspirado em Isaías (6:1-11), diz Pushkin, na tradução para o francês feita por Marina Tsvietáieva: "*Et le Seigneur me dit alors: / Debout Prophète! Vois, écoute! / Emplis ton être de ton Dieu! /* [...] *Et que ton verbe soit de feu!*"[22] (Lossky, 1994, 85-86).

Robert Graves, na conferência inaugural como poeta laureado, lida na Universidade de Oxford (1962, 11 e seg.), encontra uma maneira original de evocar essa qualidade profética do poeta. Narra Graves: "Apolo, o deus da Ciência, tendo articulado uma conspiração palaciana com seu meio-irmão Hermes, deus da Política, e seu tio Plutão, deus da Riqueza, emasculou o todo poderoso Zeus". O triunvirato forma um Conselho de Regência, mas, envolvidos nas mútuas suspeitas, os deuses se tornam descuidados da humanidade. A civilização se larga de suas amarras e os valores se confundem. E quem se apercebe de tudo isso? O poeta, com mais clareza até, talvez, do que os historiadores e os antropólogos.

Graves distingue os "*Musepoets*" dos "*Apollonian poets*": "A poesia apolínea é composta na parte frontal da mente, com espírito, se a ocasião o permite, sempre de forma razoável, seguindo um plano preconcebido, apoiada no conhecimento seguro da retórica, da prosódia, dos exemplos clássicos e da moda contemporânea. [...] O poeta apolíneo não permite que emoções particulares causem

---

21 "À sua visão, o silêncio dos objetos naturais abrem-se até o âmago [...] fazendo-o ver onde o estudo não penetra".

22 "E o Senhor me diz então: De pé, Profeta! Vê, escuta! Preenche teu ser de teu Deus! [...] e que teu verbo seja de fogo".

obstrução ou que incidentes inesperados quebrem o suave fluir musical de seu verso. O prazer que ele oferece é conscientemente estético. [...] Já o poeta das musas compõe os seus versos no fundo da mente [*at the back of the mind*]: o produto inexplicável de um transe no qual as emoções de amor, medo, raiva ou sofrimento estão profundamente engajadas, embora, ao mesmo tempo, fortemente disciplinadas. Na sua poesia, a intuição reina de forma supralógica e o ritmo pessoal subjuga a métrica aos seus propósitos. [...] O efeito dessa poesia sobre o leitor é aquilo que os franceses chamam de *frisson* e os escoceses de *grue*, ou seja, o choque provocado por uma experiência assustadora ou sobrenatural [*the shudder provoked by fearful or supernatural experiences*]" (Graves 1962, 19-20).

Evidentemente, para Graves só o "*Muse Poet*" é o verdadeiro poeta. E o "*Muse Poet*" não é outro senão o Vate. Vate com maiúscula, assim como o Poeta. E o que é o Vate? "Um Vate é um profeta, possuído por deus [*divinely possessed*], alguém que deve dizer a verdade, não importa quanto ela possa ser estranha ou desgostante, a quem às vezes é dado ter grandes visões, tanto do futuro quanto do passado." Deveríamos, pois, olhar o poeta e esperar sua fala. O poeta entende melhor as coisas; pode nos esclarecer. Tem visões da verdade; pode nos iluminar. Mas, quando abre a boca, ele não traz respostas, ele nos propõe charadas e sorri malicioso, dizendo que elas têm uma solução com "sim" e outra com "não", como uma equação do segundo grau. E, com razão, "o bem supremo a ele conferido pela Musa é o do humor poético, a capacidade de perceber a identidade dos opostos". A essa altura, Graves se acode ao grêmio dos que aos poetas se referem como hierofantes (sumos sacerdotes), Shelley à cabeça: "*The poets are the mirrors of the gigantic shadows which posterity cast upon the present*"[23] (Isaacs, 1958, 30). O poeta é "legislador e profeta", "participa do eterno, do infinito, do um", afirma em sua famosa *Defence of Poetry* (§§ 28 e

---

[23] "Os poetas são os espelhos das sombras gigantescas que a posteridade lança sobre o presente".

31). "*Was bleibet aber, stiften die Dichter*",[24] é a vez de Hölderlin afirmar (1994, 143). E, de René Char: "*Le poète, conservateur des infinis visages du vivant*"[25] (1996, 461).

Vate, profeta, antena da raça, descreve Ezra Pound. Rimbaud o proclama, falando de si mesmo: "*C'est oracle, ce que je dis*",[26] em "*Mauvais sang*" (*Une saison en enfer*) (1976, 95). E Victor Hugo, em "*Les rayons et les ombres*", exorta os simples mortais a que não o esqueçam: "*Peuples! Écoutez le poète! / Écoutez le rêveur sacré! / Dans votre nuit, sans lui complète, / Lui seul a le front éclairé* [...] *Il rayonne! il jette sa flamme / Sur l'éternelle vérité!* [...] *Car la poésie est l'étoile / Qui mène à Dieu rois et pasteurs!*".[27] Entre nós, Jorge de Lima também vê o poeta aureolado de antenas: "Não procureis qualquer nexo naquilo / que os poetas pronunciam acordados, / [...] / Eles possuem, porém, milhões de antenas / distribuídas por todos os seus poros / onde aportam do mundo suas penas."

Antonio Machado adverte: "*Tu profecia, poeta. / — Mañana hablarán los mudos: / el corazón la piedra*" (1976, 245). Cocteau o diz de uma maneira divertida: "*Le poète se souvient de l'avenir*".[28] E Saint-John Perse, com bíblica entonação que recorda os grandes profetas do Antigo Testamento, ao receber o Prêmio Nobel de Literatura, em 1960, no fim de seu discurso: o poeta é "a má consciência de seu tempo" (1972, 446).

Mas ouçamos Léon Bloy, com o costumeiro látego de sua verve: "O signo do grande poeta é a inconsciência profética, a perturbadora faculdade de proferir, por acima dos homens e dos tempos, palavras inauditas das quais ele próprio ignora o alcance."

Tanto é repetida essa ideia de que há no poeta a encarnação do vate, e com tantos prementes foros de autenticidade, que quase

---

[24] "Somente o poeta é capaz de criar o que para sempre há de ficar", na tradução de Antônio Medina Rodrigues.

[25] "O poeta, conservador das infinitas faces do vivente".

[26] "É oráculo, o que eu digo".

[27] "Povos! Escutai o poeta! Escutai o sonhador sagrado! Na vossa noite, sem ele completa, ele apenas tem iluminada a fronte [...] irradia! Lança sua flama sobre a verdade eterna. [...] Porque a poesia é a estrela que conduz a Deus reis e pastores!"

[28] "O poeta se lembra do futuro".

todo poeta se sente obrigado a incorporar o epíteto e a imagem, por vezes com resultados desconcertantes. O festejado poeta catalão Pere Gimferrer publicou, aos 18 anos, em seu primeiro livro, *El mensaje del tetrarca*, o poema "*Retornos*", no qual diz: "*Palabras de verdad para vosotros tengo. / [...] Es llegada la hora del heraldo / Del que difunde nuevas en el viento. / Es llegada la hora de abrir ojos y oídos. / [...] ¡De nuevas de verdad soy mensajero!*" (Batllò, 1977, 14-15). Paradoxalmente, no mesmo volume, o profeta parece descobrir que não é nada disso e confessa, no poema intitulado "*Inventario*": "*He creído vivir. Nada poseo. / Nada supe. No fui. No dije nada*" (ibid., 54). Três anos depois, aos 21 anos, no seu segundo livro, *Arde el mar*, com o qual recebeu o Premio Nacional de Poesía, da Espanha, volta a lamentar-se "*Tanto he escrito, y entonces tanto escribí. No sé / se valía la pena o la vale*" ("*Oda a Venecia ante el mar de los teatros*", ibid., 74). Mas lamentar-se é, também, um *topos* poético, como veremos adiante.

Richard Ellmann cita de Auden uma frase bem representativa da autoironia de que fazia prática o poeta inglês: "*Poetry had value as recreation rather than as revelation*"[29] (*The New York Review of Books*, 23/10/1980), recusando, assim, a qualidade profética de seus versos. Da poesia, dirá ainda, em outra ocasião, ser mera "futilidade". Algo muito parecido vamos encontrar em Montaigne, quando fala das mulheres que querem pousar de literatas (as futuras *précieuses ridicules* de Molière?). Se elas "*veulent par curosité avoir part aux livres, la poésie est un amusement propre à leur besoin; c'est un art follastre* [uma arte frívola] *et subtil, desguisé, parlier, tout en plaisir, tout en montre, comme elles*"[30] (Livro III, Capítulo III, 1982, II, 242-243).[31]

[29] "A poesia é mais recreação do que revelação".

[30] "Se elas quiserem, por curiosidade, ter acesso aos livros, a poesia é uma distração adequada às suas necessidades; é uma arte frívola, e sutil, e fantasiada, toda de palavras, toda de prazer, toda de exibição, como elas são". Uso aqui a tradução de Rosa Freire d'Aguiar para a coleção Clássicos, da Penguin / Companhia das Letras, 2010, p. 243.

[31] Palavras de um Montaigne cansado? Veremos, mais adiante, como no Livro I tinha ele um bem elevado respeito pela boa poesia, a "divina", "acima das regras e da razão".

Vidente. Visionário

É curta a distância entre o vate e o vidente, entre o vidente e o visionário.

Já vimos William Blake dizer ser o poeta capaz de captar a eternidade num momento. É dele, no mesmo poema, a revelação: "*My vision is ripe, to each glance like a bride / comes softly the thing that was willed*".[32] E, do livro intitulado *The Marriage of Heaven and Hell*, a conhecida citação da qual retirou Aldous Huxley o título da sua obra sobre o uso das drogas alucinógenas: "*If the doors of perception were cleansed everything would appear as it is, infinite. For man has closed himself up, till he sees all things thru' narrow chinks of his cavern.*"[33]

O poeta português José Gomes Ferreira também vê no escuro o que os outros homens não veem: "Poeta o que é? / Um homem que leva / o facho da treva / no fundo da mina / — mas apenas vê / o que não ilumina" (Costa e Silva, 1999, 43).

Seria o poeta, assim, detentor de antenas especiais, dádiva ou não divina, mas, de qualquer forma, dom que o separa dos demais mortais e sobre eles o eleva, ao permitir-lhe atravessar a pele dos objetos ou dos eventos e vislumbrar-lhes as entranhas ou, ainda, o que, por trás de tais objetos ou fatos, está acontecendo ou por acontecer. Mas nem sempre está o poeta certo de que o que ele vislumbra seja visão ou visagem. O poeta pode, às vezes, ter consciência de que o que ele pensa ver, ou procura ver, para além do que lhe permitem os cinco sentidos, pode mesmo não existir. Diz Bécquer ter o poeta "*memoria y deseos, / de cosas que no existen*". O mesmo Bécquer cita uma poesia popular que exprime com simplicidade idêntico sentimento: "*Yo no sé lo que yo tengo / ni sé lo*

[32] "Minha visão é madura, a cada relance, como uma noiva, recebe suvemente a coisa desejada".

[33] "Se as portas da percepção fossem limpadas, cada coisa iria aparecer como é, infinita. Porque o homem fechou-se a si mesmo, e tudo vê apenas pelas estreitas fissuras de sua caverna".

que a mí me falta; / que siempre espero una cosa / que no sé cómo se llama" (1977, 90 e 264).

Esse sentimento um tanto ingênuo não satisfaz o Grande Poeta. Para o Grande Poeta, tais coisas "*que no existen*" não só existem, de verdade, como são as mais importantes que se possa querer vislumbrar. Vejamos o que diz Shelley, por exemplo, o Shelley que "*walk(s) in the visions of Poesy*", no poema "*The Mask of Anarchy*": "*Nor seeks nor finds he* [o poeta] *mortal blisses, / But feeds on the aerial kisses / Of shapes that haunt thought's wildernesses.* [...] *more real than living man, / Nurslings of immortality.*" E o que ele cria, a partir de sua imaginação, são formas mais reais do que a própria realidade, "crias da imortalidade", como diz, literalmente, no poema "*On a Poet's Lips I Slept*", de *Prometheus Unbound.*

Com mais realismo, Gide pondera: "[*l*]*es choses sont laides, je sais, mais elles s'efforcent vers des choses superbes, qu'elles ne seront jamais, mais que nous voyons, poètes, au travers d'elles*"[34] (1955, 128). Uma experiência que Edward von Keiserling prosaicamente demonstra ser possível no romance *Une expérience amoureuse*, ao fazer a personagem Cláudia dizer ao narrador: "*Il ne faut pas, comment dit-on, matérialiser les visions... n'est-ce pas? Les visions sont trop irresponsables*"[35] (1995, 51).

Para Victor Hugo, o poeta é o homem das utopias: "*Les pieds ici, les yeux ailleurs*"[36] ("*À un poète*"). Ora, a utopia não é uma realidade. Bem ao contrário, pode representar o máximo das aspirações quanto ao belo, ao bom, à perfeição. Mas não deixa de habitar apenas a imaginação.

As possibilidades ilusórias de sua visão podem fazer o poeta temer as armadilhas que se escondem por trás da visão que a qualidade de poeta permite alcançar no interior dos objetos ou por detrás deles. É o sentimento que Jean-Marc Debenedetti descreve

---

[34] "As coisas são feias, reconheço, mas se esforçam na direção de coisas soberbas, o que elas nunca serão, mas que nós, poetas, vemos por seu intermédio".

[35] "Não devemos, como se diz, materializar as visões... não acha? As visões são por demais irresponsáveis".

[36] "Os pés aqui, a cabeça longe".

quando diz: "*Je vis toujours dans la terreur qu'apparaisse soudain ce qui se cache derrière le bleu du ciel*"[37] (1988, 22). Num outro registro, não estamos longe dos sentimentos que Péguy descreve com palavras similares: "*Je ne m'attaque jamais à un oeuvre nouvelle que dans le tremblement. Je vis dans le tremblement d'écrire. Et plus on va, je crois, plus on a peur*"[38] (Sábato, 1963, 132).

Se o poeta se crê, realmente, um vidente, isso é o resultado de um profundo desequilíbrio de personalidade. Rimbaud, que na sua poesia, já vimos, se dizia oráculo, em correspondência privada afirmava que o poeta se torna vidente "pelo desregramento *de todos os sentidos*" e, para que não restasse dúvida, deixa grifadas essas últimas palavras (1976, 249 e seg.).

Estamos chegando perto, pois, de equiparar a visão do poeta a um desregramento da mente. Shakespeare, como sempre, o diz de forma exemplar:

The lunatic, the lover, and the poet,
Are of imagination all compact.
One sees more devils than vast hell can hold,
That is, the madman: the lover, all as frantic,
Sees Helen's beauty in a brow of Egypt:
The poet's eye, in fine frenzy rolling,
Doth glance from heaven to earth, from earth to heaven;
And as imagination bodies forth
The forms of things unknown, the poet's pen
Turns them to shapes and gives to airy nothing
A local habitation and a name.[39]

[37] "Vivo permanentemente no terror de que me apareça de repente o que se esconde por detrás do azul do céu!"

[38] "Eu não me envolvo jamais em uma nova obra sem estremecimento. Vivo no tremor de escrever. E quanto mais se avança, creio, mais se tem medo".

[39] "O amante, o lunático e o poeta / São de imaginação somente feitos. / Um vê mais diabos do que cabe o inferno, / Assim é o louco: e também o amante, / Vê a bela Helena num semblante egípcio. / O olho do poeta, delirante vaga, / Passa da terra ao céu, do céu à terra, / E enquanto dá contorno à fantasia / A coisas até então desconhecidas, / A pena do poeta lhes dá vida / E ao que era vácuo um nome dá / e um lugar fixa" (William Shakespeare, *A Midsummer's Night Dream*, v. I. Tradução do autor).

Possuído

Vate, profeta, o poeta é, de alguma forma, possuído. Uma voz fala por sua boca, escreve por sua pena. Médium ou ventríloquo. Usam-no os deuses, o anjo, o demônio, o duende.

Já o dizia Sócrates, pela boca de Platão, em *Apologia de Sócrates*: "*Ce n'était pas en vertu d'une sagesse qu'ils* [os poetas] *composent, mais en vertu de quelque instinct et lorsqu'ils sont possédés d'un Dieu... ce sont là des gens qui disent de belles choses, mais qui n'ont aucune connaisance precise sur les choses qu'ils disent*",[40] palavras bem semelhantes às que o mesmo Sócrates pronuncia em *Ion* (1777, 155, 65).

"*As the grapes come to the vine, / The fruit to the tree; / As the wind comes to the pine, / And the tide to the sea; /* [...] *So comes to the Poet his songs /* [...] *For voices pursue him by day, / And haunt him by night, / And he listens, and needs must obey, / When the angel says: 'Write!'*",[41] diz Longfellow, no poema "*The poet and his songs*" (s.d., 674). O anjo, aqui, se confunde com a musa, que não é, necessariamente, a *White Goddess* de Robert Graves, nem o eterno feminino da maioria dos poetas. O termo não encontra definição precisa e abrange todo o indizível, o incompreensível que provoca a inspiração do poeta e lhe traz as palavras com que busca expressar a experiência estética. O anjo de Rilke é um ser muito mais complexo. Não é a musa de Longfellow, nem tem nada em comum com as entidades angelicais do Cristianismo, entre as quais Baudelaire colocou, metaforicamente, o poeta. Muito se tem discutido sobre a natureza exata da figura que o poeta invoca em sua primeira elegia. Sabe-se que Rilke declarara ter "recebido"

---

[40] "Não era em virtude de uma sabedoria que os poetas compõem [*sic*], mas em virtude de uma espécie de instinto e quando possuídos por um Deus... são eles pessoas que dizem coisas belas, mas que não têm a menor consciência das coisas que dizem".

[41] "Assim como as uvas vêm para o vinho, a fruta para a árvore; como o vento para o pinheiro, e a maré para o mar; [...] Assim vêm para o poeta os seus cantos [...] Pois vozes o perseguem de dia e o obcecam de noite, e ele as escuta e tem que obedecer, quando o anjo diz: Escreva!"

o verso enquanto caminhava pela escarpada escadaria que ligava o castelo de Duíno ao mar. O incidente é relatado nas memórias da princesa Marie von Thurn und Taxis, que ouviu do poeta ter o verso "se formado a si mesmo, sem qualquer intervenção de sua parte".[42]

Rilke fez questão de esclarecer a uma de suas tradutoras que seu anjo nada tinha a ver com o da tradição cristã, e sim com o da tradição islâmica. Aparentemente, sob a influência de Lou Andreas Salomé, cujo marido Friedrich Carl Andreas era um estudioso do islamismo, o poeta teria se interessado pelo assunto e feito uma viagem pela Espanha moçárabe, durante a qual dedicou-se à leitura do Alcorão e à da vida do Profeta. Teria, então, tomado conhecimento da figura do anjo islâmico. Esse, ao contrário do anjo cristão, não é um intermediário entre Deus e o homem, mas um ser destinado à pura adoração da glória divina. Feito inteiramente de luz, podia deslocar-se com a velocidade dela e, como a luz, é uma ponte entre o visível e o invisível. Para compreender o anjo de Rilke, diz o teólogo islamita francês Henry Corbin, seria preciso conhecer a cosmologia do poeta. Rilke não via separação entre a terra e o céu, que constituiriam, na verdade, um *continuum*. Todos os mundos do universo caminham para o mergulho final no invisível como sua segunda realidade. O poeta tem a intuição dessa transformação como experiência pessoal. O anjo é o ser que permite a experiência inefável do poeta, daí porque "terrível", pois faz o poeta reconhecer-se ainda vinculado à realidade do visível quando se depara com a possibilidade do invisível.[43]

Se o anjo de Rilke pode ter sido uma imagem poética, o de William Blake era absolutamente real, se é que se pode falar de

---

[42] "*Rilke's Last Encounter With an Angel*", artigo de Scott Horton, *Harpers Magazine*, 21/10/2007.

[43] Essa é uma tentativa, certamente canhestra, de interpretar o pensamento de Henry Corbin (1903-1978), renomado estudioso moderno do misticismo islâmico. O leitor interessado pode nele aprofundar-se acedendo ao blog "The Legacy of Henry Corbin", em http://henrycorbinproject.blogspot.com/2008/11/henry-corbin-and-american-poetry.html.

uma realidade angelical. Diz o poeta inglês ter tido seus poemas ditados por um anjo, num estado (o poeta) de total inconsciência, a ponto de não reconhecer o que havia escrito ao retornar de seu êxtase (Caillois, 1978, 134).

Se consultarmos no dicionário Houaiss a palavra "demônio", vamos encontrar, como primeira acepção: "Espírito sobrenatural que na crença grega apresentava uma natureza intermediária entre a mortal e a divina, frequentemente inspirando ou aconselhando os humanos." O mesmo no Aurélio: "[n]as crenças da Antiguidade e no politeísmo, gênio inspirador, bom ou mau, que presidia o caráter e o destino de cada indivíduo; alma, espírito." Não assim a evoca o uso corrente. Mas não é incomum encontrar, quando se fala da natureza da poesia e de como o poeta a recebe, a menção aos demônios que lhe servem de inspiradores ou de veículos de inspiração. A tradição começa, talvez, com Platão, no discurso que Diotima faz, a pedido de Sócrates, sobre a natureza do amor, em *O banquete*. O amor é um demônio, um grande demônio, diz Diotima, e explica que demoníaco é tudo aquilo que faz a intermediação entre os mortais e os imortais. Os demônios transmitem a Deus o que vem dos homens e aos homens o que vem de Deus. Sua função é "complementar", de modo a pôr "o Todo em ligação consigo mesmo" (1977, 735).

Um mesmo demônio benfazejo vamos encontrar já quase moderno no ensaio "*The Poet*", do filósofo americano Ralph Waldo Emerson. Para ele, sobre cada coisa paira um demônio, que é a sua alma. Ao poeta é dado, por vezes, vislumbrar esse invisível e quando isso ocorre, assim como os olhos recebem a imagem do visível, recebe ele, pela alma, a impressão dessa realidade inefável que vai tentar transcrever no poema. Na medida em que alcança aproximar-se da impressão recebida, o poeta se rejubila e não deseja mais do que não deixar que ela se desvaneça. No íntimo sabe, porém, que o que ele está escrevendo não é dele (*it is not his*) e o máximo a que pode aspirar é que seu futuro leitor ou ouvinte experimente idêntica sensação. É a voz do demônio benevolente de que fala André Chénier nos versos que Louise Colet tomou como epígrafe para seu poema "*L'inspiration*": "*L'harmonieux démon descend / et m'environne*"[44] (Paraf, 174).

Emerson diz não ser de excluir-se que a experiência poética possa ter as características de uma epifania e que a fruição do poeta possa ser legítima. Se se atenta, porém, para a maneira como, em geral, os poetas descrevem seu ofício como martirizante, pode-se deduzir que esse vislumbre gratuito que da realidade "invisível" lhe é dado atingir tem, para ele, mais a marca de um estupro mental do que a de um benfazejo gozo. Tomemos como representativo o poema "*The Dæmon*", de Louise Bogan, no qual o caráter monstruoso do demônio inspirador não poderia estar mais bem descrito: "*Must I tell again / In the words I know / For the ears of men / The flesh, the blow? // Must I show outright / The bruise in the side, / The halt in the night, / And how death cried? // Must I speak to the lot / Who so little bore? / It said Why not? / It said Once more*"[45] (1968, 114).

Lorca veria o duende por trás desse poema. Em conferência pronunciada em Madri, em 1933, sob o título de "*Teoría y juego del duende*", explica o poeta, com todo o duende de sua voz, o que entende pelo termo. Diz que, ao contrário do anjo e da musa, que vêm de fora, o duende é uma experiência interna. "*El ángel deslumbra, pero vuela sobre la cabeza del hombre, está por encima, derrama su gracia, y el hombre, sin ningún esfuerzo, realiza su obra o su simpatía o su danza.*" Por sua vez, a musa "*dicta, y, en algunas ocasiones, sopla*", mas pouco pode "*porque ya está lejana y tan cansada*". Já o duende desperta por dentro, "*en las últimas habitaciones de la sangre*". Não há como buscá-lo. "*Para buscar al duende no hay mapa ni ejercicio. Solo se sabe que quema la sangre como un tópico de vidrios, que agota, que rechaza toda la dulce geometría aprendida, que rompe los estilos.*" Com ideias, com sons, com gestos, o duende assume os limites de quem possui e não há como detê-lo.

[44] "O amoroso demônio desce e me envolve".

[45] "Devo eu dizer novamente, nas palavras que sei, para o ouvido dos homens, a carne, o golpe? Devo mostrar de uma vez a marca deixada, a noite estancada, e o grito da morte? Devo falar à malta, à qual tão pouco importa?"

O anjo e a musa se conformam com uma melodia, um ritmo. O duende fere. O sangue que jorra não pode ser estancado enquanto o duende não completa sua obra. Numa comparação bem espanhola conclui o poeta: "*Se puede tener musa con la muleta y ángel con las banderillas y pasar por buen torero, pero en la faena de capa, con el toro limpio todavía de heridas, y en el momento de matar, se necesita la ayuda del duende para dar en el clavo de la verdad artística.*"

Deuses, anjo, demônio ou duende, provavalmente nenhum deles, mas alguma alma penada ditava os alexandrinos perfeitamente hugoanos que se produziam nas "*tables tournantes*" durante o exílio do poeta na ilha de Guernesey (Caillois, 1978, 134).

Mágico

> Mágico da insegurança, tentando fixar o transitório, o poeta.
>
> Luis Cernuda

Em uma de suas palestras em Harvard feitas entre 1967 e 1968, só recentemente recuperadas e traduzidas, sugere Borges que as palavras nas sociedades primitivas tinham, provavelmente, um valor mágico, identificando-se com o objeto ou o fenômeno que representavam e só o tempo, com a evolução da linguagem, delas retirou essa função e transformou-as, progressivamente, em conceitos abstratos. Ao recuperar a identidade da palavra com a coisa, o poeta está, de certa forma, reconduzindo-a, pela poesia, a seu estatuto mágico original (2001, 60 e 97).

Essa questão da restauração da identidade da palavra com a coisa tem sido central para o entendimento da função da poesia e do poeta na sociedade nos últimos 150 anos. Está preconizada por Mallarmé no seu superabundantemente citado verso de "*Le tombeau d'Edgar Poe*". Mas em que consiste, precisamente, esse "*sens plus pur*" a que se refere o poeta? Um sentido novo que o distinga da polissemia da palavra no seu uso corrente? Não pode ser isso e as experiências nesse sentido feitas por futuristas e modernistas redundaram todas em fracasso. Restabelecer a palavra no seu sentido original? Não são poucos os poetas e críticos que assim o entendem. Mas, com absoluta isenção de qualquer preconceito favorável ou desfavorável às posições diversas, por vezes divergentes, que se manifestam na crítica literária, o que quer dizer, exatamente, sentido original de uma palavra? Em que momento e de que forma foi a "coisa" pela primeira vez pronunciada pelo homem e vestida com uma palavra?

Talvez se possa admitir, com modéstia e racionalidade, que não é nem um sentido mais puro, nem o sentido original o que o poeta procura, mas, simplesmente, usando as palavras da tribo, e as organizando em imagens e ritmos, transmitir, da forma mais aproximada possível, uma determinada experiência estética.

Robert Graves observa que a prática contemporânea da escrita de poesia às vezes recorda as experiências fantásticas, e destinadas ao fracasso, dos alquimistas, que pretendiam transformar metais em ouro, com a diferença de que os alquimistas, pelo menos, sabiam distinguir o resultado de seus experimentos e terminaram por concluir que apenas ouro pode transformar-se em ouro. Semelhantemente, diz, apenas poesia pode transformar-se em poesia (1958, 4). Não existe a tão propalada alquimia do verbo. E, para começar, não existe a palavra, como unidade semântica. O poema não é feito com palavras, mas com a linguagem. A isso voltaremos oportunamente.

A questão do restabelecimento do sentido original da palavra nos remete à questão muito mais ampla do significado da tradição na evolução da poesia. E não estamos nos afastando do tema, que é a do poeta como mágico.

Numa reflexão semelhante à de Borges, com a qual iniciamos estas considerações, o famoso crítico britânico I. A. Richards, no ensaio "*Science and Poetry*", de 1926, diz parecer evidente que a Poesia veio à luz com a Visão Mágica que tinha do mundo o homem primitivo, anterior à visão científica. Por Visão Mágica, esclarece, entende a crença em um mundo de Espíritos e Potências (respeito todas as suas maiúsculas) que controlam os eventos e que podem ser invocados e, até certo ponto, controlados por atos humanos. A crença na Inspiração e nos rituais que a promovem é representativa dessa visão. Há pelo menos três séculos vem sendo erodida, mas sua decadência definitiva começou há uns sessenta anos.[46] Sobrevivem vestígios dessa visão do mundo, mas ela já não faz parte do que um espírito informado possa facilmente aceitar. E é nesse contexto que aparece a conclusão inesperada: "Há uma certa evidência de que a Poesia, assim como as demais Artes, surgiu com a Visão Mágica. É uma possibilidade a ser seriamente considerada que a Poesia possa desaparecer com ela" (cit. em Spender, 1962, 21). Richards vê, porém, uma chance para que a Poesia sobreviva, se o poeta tiver a sensibilidade para perceber que tem de criar a sua obra dentro de uma nova ordem, a ordem instituída sobre as bases racionais de uma visão científica da realidade.

Spender critica a posição de Richards que ele diz separar o poeta de Deus e do passado (da Tradição, na verdade) e o insere na jaula das atitudes contemporâneas, as quais estão condicionadas pelo que o próprio Richards chama de "natureza neutralizada", ou seja, uma situação na qual o homem é livre apenas para ajustar-se às condições proporcionadas pela ciência (1962, 25).

Richards escrevia sob o impacto dos movimentos de vanguarda que pulularam nos inícios do século XX, em particular os futurismos italiano e russo, o primeiro querendo inserir a poesia na realidade concreta de uma civilização urbana e materialista, o segundo acreditando que a revolução social e a poética representavam o mesmo impulso de instituição de uma nova ordem (Maiakovski). Na busca de uma libertação do passado, do corte radical com a Visão Mágica, foram surgindo outros movimentos, como os dadaísmos suíço-francês e alemão e suas ramificações e, mais tarde, o concretismo, tão fertilmente aclimatado no Brasil.

É difícil hoje fazer uma avaliação correta da previsão do crítico britânico, embora não sejam poucos os seus colegas que anunciam

---

[46] Curiosamente, quase que podemos datá-la do ano da composição de "*Le tombeau d'Edgar Poe*", em 1871, por ocasião da inauguração, na cidade de Baltimore, do monumento ao poeta homenageado no soneto de Mallarmé.

a morte da poesia. Veremos Edwin Muir, mais adiante. Nem é este o momento e lugar para analisar a poesia contemporânea e tecer reflexões sobre seus possíveis caminhos futuros. De qualquer forma, é certo que a Visão Mágica não desapareceu nos poetas modernos. Tomo como representativo Octavio Paz. Se bem que o cerne da obra crítica do escritor mexicano se situe, basicamente, em torno dos segundo e terceiro quartéis do século XX, ela é representativa de uma corrente que ainda vê o poeta inserido na tradição da Visão Mágica. Vejamos o que ele diz em *El arco y la lira*, cuja primeira edição é de 1956, embora o próprio poeta advirta, na edição de 1967, que desde aquela primeira impressão muitos de seus conceitos haviam sido alterados, mas, ao que tudo indica, não os que figuram no capítulo intitulado "*El ritmo*", do qual extraímos as citações que se seguem.

Diz Paz: "*Nadie puede subtraerse a la creencia en el poder mágico de las palabras.* [...] *La fé en el poder de las palabras es una reminiscencia de nuestras creencias más antiguas: la naturaleza está animada; cada objeto posee una vida propia; las palabras, que son los dobles del mundo objetivo, también están animadas.* [...] *La operación poética no es diversa del conjuro, el hechizo y otros procedimientos de la magia. Y la actitud del poeta es muy semejante a la del mago. Los dos utilizan el principio de la analogía con fines utilitarios e inmediatos: no se preguntan qué es el idioma o la naturaleza, sino se sirven de ellos para sus propios fines. No es difícil añadir otra nota: magos y poetas, a diferencia de los filósofos, técnicos y sabios, extraen sus poderes de sí mismos. Para obrar no les basta poseer una suma de conocimientos, como ocurre con un físico o un chofer. Toda operación mágica requiere una fuerza interior, lograda a través de un penoso esfuerzo de purificación. Las fuentes del poder mágico son dobles: las fórmulas y demás formas de encantamiento, y la fuerza psíquica del encantador, su afinación espiritual que le permite acordar su ritmo con el del cosmos. Lo mismo ocurre con el poeta. El lenguage del poema está en él y sólo a él se revela. La revelación poética implica una búsqueda interior. Búsqueda que no se parece en nada a la introspección o al análisis; más que búsqueda, activi-*

dad psíquica capaz de provocar la pasividad propicia a la aparición de las imágenes." E segue por essa linha, resumindo de forma incisiva as tensões com que o mago se defronta, e conclui: o poeta não é um mago, mas sua concepção da linguagem o acerca da magia. Embora o poema não seja um feitiço ou um sortilégio, o poeta, como o mago, desperta as forças secretas do idioma e encanta a linguagem por meio do ritmo (1981, 51 a 56).

Não é diferente o que encontramos Gide dizer da poesia ser "essa magia que consiste em despertar sensações à base de uma combinação de sons, essa feitiçaria graças à qual nos fazem ter como coisas certas o que nos comunicam com palavras que não as exprimem" (citado por Aragon, 1966, 146).

Louco

Such harmonious madness
From my lips would flow.
Shelley, "*To a sky lark*"

Neste texto, temos procurado dar a palavra de preferência aos poetas, quando falam de si mesmos e de sua profissão. Mas não podemos deixar falarem os poetas sem dar permissão a que falem igualmente seus leitores. A isso teremos de voltar oportunamente. Por enquanto, citemos, apenas, o que tem Macauly a dizer: "Talvez ninguém possa ser poeta, ou mesmo simplesmente amar a poesia, sem um certo grau de insanidade mental" (Frankenberg, 1956, 71). Esse desvio da razão é, para alguns, uma forma de possessão, não diabólica, mas divina, uma "insanidade divina", como proclamava Sócrates, nas palavras a ele atribuídas por Platão no *Ion*: "O poeta é, de fato, coisa leve, coisa alada, coisa santa, e não é capaz de criar até que se torne o homem no qual habita um Deus, que tenha perdido a cabeça, que seu próprio espírito já não esteja com ele" (Platon, 1977, 63).

Mas os próprios poetas se dão conta de que há algo de desequilibrado com sua razão e não se pejam de o reconhecer: "Com um tanto de loucura em mim / que é a Poesia", já dizia Basho, a caminho de Nagoya (1966, 59). E Li Po a Tu Fu pergunta: "Estarás sofrendo de novo do mal da poesia?" Desse mal, aliás, morre Tu Fu, afogado, ao pretender abraçar o reflexo da lua num lago, segundo história largamente repetida, mas provavelmente lendária (Cadaxa, 1998, 62, 57).

"*Such harmonious madness / From my lips would flow*",[47] diz Shelley (1820). E Verlaine: "*Le poète est un fou... / Extasié le jour, halluciné la nuit / Ou reciproquement*"[48] ("Torquato Tasso", 1973, 21). O que, aliás, já havia sido dito por Longfellow no poema "*The poet and his songs*": "*For voices pursue him by day / And haunt him by night*", como já vimos. "*The passionate heart of the poet is whirl'd into folly and vice*"[49] é de Alfred Tennyson, o poeta que dizia não escrever poemas que não pudessem ser lidos por uma colegial. E Babette Deutsche cita, de Mark van Doren: "O poeta vive num diapasão que está próximo da loucura" (1963, 237). Em "A nuvem de calças", Maiakovski diz à musa da vez: "As amantes de Maiakovski / são uma dinastia / de rainhas entronizadas no coração de um louco" (Seabra, 1995, 85). Num poema intitulado "Cântico negro" proclama José Régio: "Eu tenho a minha Loucura! / Levanto-a, como um facho, a arder na noite escura, / E sinto espuma, e sangue, e cântico nos lábios..." (2001, 82). Perto de nós, temos Chico Alvim reconhecendo "[o] louco em mim / o muito doido" (1981, 11).

O controvertido psiquiatra sul-africano David Cooper, que, juntamente com D. Laing, Thomas Szasz e Michel Foucault, criou o movimento antipsiquiátrico, dizia que a loucura e a psicose eram produtos da sociedade. "A poesia" — diz ele — "qualquer que seja sua qualidade, nunca é apreciada pela sociedade e se o poeta fala alto termina em tratamento psiquiátrico" (1972, 12). Já o filósofo Gaston Bachelard parece concordar com os poetas que se dizem loucos (1984, 147): "O que é um belo poema senão uma loucura

[47] "Uma tal harmoniosa loucura, de meus lábios fluiria".

[48] "O poeta é um louco... Extasiado de dia, alucinado à noite".

[49] "O coração apaixonado do poeta é lançado na loucura e no vício".

retocada? Um pouco de ordem poética imposta a imagens aberrantes?" Octavio Paz afirma em *El arco y la lira* que sabemos todos que os poetas, como os loucos, "*aprehenden al mundo en un acto de participación irreductible al razonamiento lógico*" (1981, 120).

"*Garde tes songes*" — diz Baudelaire. — "*Les sages n'en ont pas d'aussi beaux que les fous*".[50] O que nos faz lembrar um comentário publicado na revista *Time* (18/1/1971), numa resenha sobre a biografia de Ossip Mandelstan, escrita por sua mulher, Nadiejda Mandelstan: "'A loucura nos grandes homens não deve ser descurada', disse Claudius ao mandar Polonius espionar Hamlet. O príncipe da petulância tinha lá os seus problemas, o menor dos quais não era o de ser um excelente poeta que não sabia manter a boca fechada. Pôr compulsivamente a verdade em imagens e ritmos inesquecíveis é, de fato, uma forma de loucura que os tiranos sempre temeram."

O ensaio de Thomas Macaulay, que já vimos citado acima por Lloyd Frankenberg, é evocado por Sérgio Paulo Rouanet no capítulo dedicado ao ensaísta, historiador e político inglês no seu livro *Os dez amigos de Freud*. Diz Rouanet: "Macauley escreve: 'A poesia é a arte de empregar palavras de modo a produzir uma ilusão da imaginação.' Surge com isso uma certa ligação entre a poesia e a doença mental. O poeta e o apreciador de poesia precisam acreditar na realidade de uma narrativa que eles sabem ser fictícia. Sem dúvida, a 'verdade' é essencial à poesia, mas é 'a verdade da loucura'. Acreditar nessas falsidades pressupõe 'uma perturbação temporária da inteligência'. A poesia é uma *fine frenzy*, uma bela demência, mas demência, apesar de tudo" (Rouanet, II, 2003, 49). *Fine frenzy*, vimos acima, quando falamos do poeta como vidente, é a expressão usada por Shakespeare, pela boca de Teseu, em *Sonho de uma noite de verão*.

Podemos encarar a questão por um lado pragmático e fazer algumas considerações sobre a "real" insanidade do poeta.

---

[50] "Guarda teus sonhos: Os sábios não os têm tão belos quanto os loucos!" (trad. de Ivan Junqueira, em Baudelaire, 1985, 551).

Vimos Li Po perguntar a Tu Fu se ele sofria do "mal de Poesia". É a Poesia uma afecção patológica, cuja causa ou cura ainda não seja conhecida? Em todo caso, sabe-se que poetas não frequentam psicólogos, e muito menos psicanalistas, com receio de sair "curados". Umberto Saba, por exemplo, que chegou a tratar-se com o psicanalista Edoardo Weiss, em Trieste, viu-se contente quando o médico foi transferido para Roma e o tratamento teve de ser interrompido, pois temia, precisamente, que a cura de suas instabilidades emocionais secasse-lhe a fonte de inspiração poética (2001, lxxxii). O psicanalista Lawrence Kubie desabona essa teoria. "A neurose" — diz ele — "corrompe, danifica, distorce e bloqueia a criatividade em todos os campos. Ninguém deve recear que a melhoria de uma neurose possa causar-lhe uma atrofia do ímpeto [*drive*] criador. Esse ilusório temor repousa sobre o errôneo pressuposto de que é o que está no nosso inconsciente que nos torna criativos, quando, na realidade, o inconsciente é que é a nossa camisa de força, o que nos torna estereotipados e estéreis, repetitivos, como, precisamente, nos faz a neurose" (Sanskrit, 1977, 7).

Dante Milano parece dar razão a Saba. O louco, afirma, é mais poeta do que o homem normal ou o mau poeta. E os poetas que se "curam" é porque não eram poetas (2004, 423-424).

Grandeza

A medicina psicanalítica identifica um estado psicopático, ao qual dá o nome de "ilusão de grandeza", que o dicionário diz consistir na convicção ilusória da autoimportância, do autopoder ou do autoconhecimento ou ainda do relacionamento especial com a deidade ou alguém famoso, mal que parece endêmico entre os poetas. De quantos poetas necessitaríamos para comprová-lo? Fiquemos com uma meia dúzia, entre os maiores. Hölderlin, por exemplo: "*Souvent, ivre de pleurs et d'amour, / pareil aux fleuves qui ont beaucoup erré / et aspirent à se perdre dans l'océan, / je me plongeais dans ta plénitude, beauté du monde! / En communion avec tous les êtres, / échappant joyeux à la solitude du Temps, / tel un pèlerin qui revient au palais paternel, / je me jetais dans le bras de l'Infini*"[51] (na tradução de Geneviève Bianquis, 1974, 79). Ou Verlaine, no mesmo prólogo já referido: "*Le poète, l'amour du beau, voilà sa foi: / L'azur, son étendard, et l'idéal, sa loi! / Ne lui démandez rien de plus, car ses prunelles, / Où le rayonnement des choses éternelles / A mis des visions qu'il suit avidement, / Ne sauraient s'abaisser une heure seulement / Sur le honteux conflit des besognes vulgaires / Et sur vos vanités plates*"[52] (1977, 60). Ou Baudelaire: "*Le Poète* [...] */ Exilé sur le sol au milieu des huées, / Ses ailes de géant l'empêchent de marcher*"[53] ("*L'Albatros*", 1980, 9). Ou Rilke: "*De quelle attente, de quel / regret sommes-nous les victimes, nous qui cherchont des rimes / à l'unique universel? // Nous poursuivons notre tort / en obstinés que nous sommes; / mais entre les torts des hommes / c'est un tort tout en or*"[54] (na tradução de Guillermo Banda, 1986, 194). Rilke é perfeito para citações adequadas. Já o vimos preocupado com o que iria acontecer com Deus quando ele (Rilke) morresse. Numa carta-poema para Alma Johanna Koening, escreve (na tradução de J. B. Leishman): "*I dwell, as you know, in withinness, / where nothing to grasp can be found*"[55] (1959, 230). Ou Herman Hesse: "*Nur mir dem Einsamen / Scheinen des Nachts die unendlich Sterne*"[56] ("*Der Dichter*"; 1982, 38). Ou Apollinaire:

---

[51] "Frequentemente, ébrio de pranto e de amor, como os rios que muito vagaram e aspiram perder-se no oceano, eu mergulhava em tua plenitude, beleza do mundo! Em comunhão com todos os seres, escapando feliz da solidão do Tempo, como um peregrino que retorna ao palácio paterno, eu me lançava nos braços do infinito".

[52] "O poeta, o amor do belo, eis sua fé: o azul, seu estandarte e o ideal, sua lei! Não lhe exijais mais do que isso, pois suas pupilas, onde o brilho das coisas eternas pôs visões que ele segue avidamente, não se rebaixariam, uma hora que fosse, ao nível do vergonhoso conflito das obras vulgares e de vossas chãs vaidades".

[53] "O poeta [...] Exilado no chão em meio à turba obscura, as asas de gigante impedem-no de andar" (trad. de Ivan Junqueira, em Baudelaire, 1985, 111).

[54] "De que expectativa, de que desgosto, somos as vítimas, nós que buscamos rimas para o único universal? Prosseguiremos, obstinados que somos, na nossa desrazão, mas, entre as desrazões dos homens, a nossa é toda de ouro".

[55] "Resido, como você sabe, na minha interioriade, onde nada apreensível pode ser en contrado".

[56] "Apenas para mim, o ser solitário / brilham sempiternas as estrelas".

"*Fondés en poésie nous avons des droits sur les paroles qui forment et défont l'Univers*"[57] (1998, 60). E, para terminar, Maiakovski: "Nós, cada um de nós [os poetas], temos as rédeas de todos os mundos; o sol se eclipsaria diante do ouro que temos nas almas" (na tradução de Seabra, 1995, 85).

Entre nós, e por causa de Castro Alves, que, aos 20 anos, escreveu, no poema "Quem dá aos pobres empresta a Deus", o verso "Eu sou pequeno — mas só fito os Andes" (1953, 34). Essa ilusão de grandeza tomou o nome de condoreirismo.

Criador

Voltemos, um pouco, às etéreas regiões onde o poeta prefere habitar.

O grande apanágio do poeta é o seu poder "criador". É ele que o faz "divino".

Podemos olhar essa função do poeta de duas maneiras. Uma, a que lhe é preferida e repetidas vezes formulada: o poeta replicando, pela criação, um atributo divino. Outra, mais pedestre, dando à criação poética uma dimensão realista, nada de muito diferente do que seja a criação nas demais formas de arte que fazem apelo à invenção, à imaginação. Ora, a verdadeira criação é a que se faz *ex-nihil* e dessa nenhum artista é capaz. Falar de criação com convicções transcendentais é puro delírio. A menos que se dê à palavra seu sentido mais corrente de produção de algo que não existia antes, usando, forçosamente, elementos da própria realidade, o que é a mais completa platitude. O artista fala com o estoque de sensações, sentimentos, informações, intuições, todos consistindo em elementos "reais", que lhe chegam do exterior, do seu corpo, e do interior, de sua mente, através da percepção que lhe acode de sua presença no mundo e na história. Sua criatividade é uma faculdade que se insere numa escala de valores que é um *continuum*, indo

---

[57] "Fundados em poesia, temos direitos sobre as palavras que formam e desfazem o Universo".

do artesão ao artista. Em que exato estágio, nessa escala indefinida, aparece o verdadeiro artista, o grande poeta, aquele que pode merecer os elogios e títulos que tantos se autoatribuem?

Vimos acima exemplos vários de manifestações próprias, ou de terceiros, que conferem ao poeta a qualidade de "criador supremo". Anandavardhana, crítico literário indiano do século IX, escreveu: "Neste mundo sem limites de transmigração, o poeta é o único criador. Todas as coisas do mundo assumem o caráter que ele lhes deseje atribuir" (Sanskrit, 1977, 28). Apenas os poetas criam o que para sempre vai ficar, diz Hölderlin nove séculos depois ("*Andeken*", 1994, 143). Estamos ainda no passado. Mas, em nosso tempo, encontramos Dylan Thomas dizendo que um bom poema é "uma contribuição para a realidade". Frase acaciana, se interpretada literalmente. Mas o poeta não se contém e acrescenta: "O mundo não será o mesmo desde que um bom poema tenha a ele sido acrescentado. Um bom poema ajuda a modificar o significado do universo, contribui para estender a compreensão que cada indivíduo tem de si próprio e do mundo à sua volta" (1968, 170). E isso já é puro delírio. Pode-se perguntar de onde ele deduz tal poder exclusivo dos grandes de sua arte em comparação, por exemplo, com outros grandes artistas, da palavra, do pincel, do cinzel, do pentagrama. O que tem um bom poema para mudar o mundo a mais do que um romance de Proust, um quadro de Cézanne, uma escultura de Rodin ou uma sinfonia de Mahler, para ficarmos apenas com alguns artistas gênios mais perto cronologicamente do poeta galês?

Mesmo quando parece querer se apequenar, continua o poeta a apresentar sua forma de "criação" como qualitativamente diferente e superior àquela dos praticantes das demais artes. Ouçamos Salvatore Quasimodo, por exemplo, quando afirma que o poeta não "diz"; mas reassume sua alma e sua consciência e faz "existirem" seus segredos, forçando-os a sair do anonimato para uma presença real (1977, 284). Não é isso o que faz qualquer artista, não importa qual o meio de expressão? Ou Claude Esteban, quando diz que "o poeta sabe que ao produzir o poema ele inventa o nome e a coisa, como o criador, ele produz a aparição de uma morfologia e de uma sintaxe do mundo que não se reproduzirão jamais de maneira idêntica" (1987, 166). E o que fizeram de diferente Proust, Cézanne, Rodin ou Mahler? Pode-se excluir dos resultados de suas obras uma modificação ainda mais aparente e difundida da "morfologia e da sintaxe" do mundo?[58]

Bem razão tem Eduardo Portella quando diz que a poesia é uma energia que precede sua materialização na forma de uma produção artística, seja ela qual for no campo das artes, formulação mais ampla e mais compreensiva do que a de Augusto de Campos ao afirmar que o poema materializa a energia latente da linguagem.[59]

Valéry diz que a função do poeta não é "*ressentir*" o estado poético, mas criar esse estado no leitor (Terrés, 1980, 78). Temos aí, talvez, uma chave, não para descobrir por que o poeta "cria", mas para entender por que ele publica aquilo que cria, "publicar", nesse caso, entendido no mais lato sentido de expor, ou, ainda mais objetivamente, comunicar. É preciso cuidar bem da palavra. Escrevo "comunicar", e não "comunicar-se". Na verdade o poeta não dialoga com o leitor. Não despreza o prazer ou a glória que lhe vem do reconhecimento. Mas o que lhe é essencial é que sua criação seja objetivada num produto. Deixemos de lado as palavras pretensiosas daqueles que dizem que o poema pede para ser escrito. Exige. E o poeta se transforma numa espécie de presa do poema, até que dele se liberte escrevendo-o. Mas é verdade que sua liberdade só se consuma quando ele o entrega, quando o poema passa de sujeito da sua criação a objeto, coisa completa, fora do autor. Max Ernst costumava dizer que "*le regardeur*", a pessoa que contemplava um quadro, participava da sua feitura tanto quanto o pintor (Esteban, 1987, 32). Claro que isso não pode ser dito de qualquer *regardeur*

---

[58] Lembro aqui que, na velhice, Tiziano chamava suas pinturas de *poesie*.

[59] Conceito expresso por Eduardo Portella numa aula de pós-graduação em teoria literária proferida no Colégio do Brasil, em 16 de agosto de 2010.

ou de qualquer leitor. Mas é no momento em que um leitor, seja ele quem for, recebe do poema a energia nele recolhida pelo autor, sinta-a reverberar e dominar-lhe emocionalmente de forma incontida, que o poema completa o seu ciclo, fazendo-se real novamente, como foi e é real para o autor. Nesse sentido, e apenas nele, o poema permanece potencial, como desejaria Hölderlin.

Sonhador (memória e imaginação)

Até que ponto existe, é real, essa "realidade", invisível ao comum dos mortais, que só o poeta vislumbra e é capaz de articular em palavras, mesmo que, sendo inefável, as palavras com que tenta descrevê-la muitas vezes se pareçam com enigmas ou puras fantasias inarticuladas? É o momento de nos referirmos ao papel da imaginação no fazer do poeta.

Shelley nos oferece um verdadeiro teorema da fenomenologia ao dizer que a imaginação é capaz de "fazer-nos criar o que vemos", escreve Gaston Bachelard (1982, 29). É o que pensa fazer o poeta com o que vê com os olhos e o que vê com a imaginação. Por isso disse Natsume Soseki que o poeta que não escreveu nenhum livro e o pintor que não pintou nenhum quadro são mais felizes do que o milionário, o príncipe, a celebridade, porque são capazes de construir dentro de si mesmos um universo (1987, 8).

Voltemos, por instantes, a Gaston Bachelard, que lembra, muito lucidamente, a estreita ligação existente entre memória e imaginação. De fato, com que elementos trabalha a imaginação senão com o que a memória acumulou de percepções e possibilidades? Quanto mais nos voltamos para o passado, tanto mais aparece como indispensável o misto psicológico memória-imaginação. A memória-imaginação nos faz viver situações que não correspondem a eventos, numa espécie de existencialismo do poético que dispensa os acidentes (1984, 103). Na verdade, é o que já havia dito Beaudelaire em suas *Curiosités esthétiques*, mas no sentido inverso: "*La véritable mémoire... ne consiste, je pense, que dans une imagination très vive*".[60] O que nos leva à repetida reflexão sobre o papel da infância na criação literária do adulto. E é ainda Gaston Bachelard que o diz sinteticamente (1984, 85): "*Un excès d'enfance est un germe de poème*".[61]

Tudo serve de pretexto ao poeta para diferençar o mundo em que vive, e que tenta exprimir, da realidade cotidiana em que se consome o resto da humanidade. Soseki o diz de maneira simples e direta: "Chamamos mundo real o lugar onde vemos passar os trens" (1987, 165). Refere-se à realidade do comum dos mortais. A poeta argentina Olga Orozco, à maneira do Grande Poeta, chama de realidade aquela que só os poetas conhecem: "*La realidad, sí, la realidad, / ese relámpago de lo invisible / que revela en nosotros la soledad de Dios*" (Borda, 1985, 268).

Herói

Não é de hoje que o termo "herói" vem sendo usado de forma abusiva, aplicado despropositadamente até a cavalos de corrida, como já vi numa manchete de jornal. Talvez a prática esteja legitimada pela cláusula de escape que Carlyle, o especialista da matéria, deixou explícita em sua definição: "O Herói pode ser Poeta, Profeta, Rei, Sacerdote [Ah! As maiúsculas!] *or what you will* [o que quer que você deseje], conforme a espécie de mundo onde ele tenha nascido."

Marguerite Yourcenar nos recomenda estar atentos ao "heroísmo secreto do poeta, que é preciso jamais esquecer" (1980, 27). Mas onde se situa esse heroísmo, em que consiste? Tal como o propõe Marguerite Yourcenar, fica perto do lugar-comum anódino da alusão ao heroísmo de viver e, nesse sentido, trocada em miúdos, a expressão não significa mais do que a persistência na adversidade para alcançar um objetivo definido. Nem é preciso dar um

[60] "A verdadeira memória... não consiste, penso, em mais do que uma imaginação bem viva".

[61] "Um excesso de infância é um germe de poema".

conteúdo moral a esse objetivo, como vimos pela definição de Carlyle: os jogadores de futebol, os atletas olímpicos e os sobreviventes do Big Brother Brasil podem ser considerados legitimamente habilitados ao epíteto na categoria "*what you will*".

Afonso Arinos (Melo Franco, 2007, 163) procura dar substância à apelação ao aplicar o qualificativo aos próceres inconfidentes da intentona mineira de 1789. Diz o escritor: "A ideia é a verdadeira orientadora da ação política. Sem uma, a outra não passará de reflexo inoperante e desgovernado. Por isso os grandes, os temíveis revolucionários são os intelectuais e, dentre esses, especialmente os poetas. A poesia, com ser a forma elementar, sintética, de expressão da verdade, é, também, o método de realização de todos os sonhos. Para o poeta, não há impossíveis, e como a ação, também para ele, se confunde com o próprio pensamento, pensar, divagar, sonhar transformam-se numa forma de agir. [...] Direta ou indiretamente, a poesia é que tem revolucionado o mundo. Da poesia dos evangelistas resultou o cristianismo; da poesia dos humanistas, a reforma; da poesia dos enciclopedistas, a democracia. A que absurdos não nos leva a preocupação de negar valor à obra dos poetas! Aí estão os três maiores movimentos históricos do mundo, ligados às suas causas ideológicas, às suas origens feitas de imaginação e de poesia. Os poetas da Arcádia Ultramarina, futuros mártires da ideia de um Brasil livre, não foram, assim, grandes porque heróis. Foram grandes porque poetas. Ou melhor, foram heróis porque poetas." Nessa confiança irrestrita no poder da palavra poética para reformar o mundo, o escritor mineiro não está sozinho.

Para Hölderlin, no poema "*Buonaparte*" (1974, 155), os poetas "são vasos sagrados / onde conserva o elixir da vida / o espírito dos heróis". O poeta romântico (Shelley, Hugo, Byron) via-se como herói, sucessor de Prometeu. Mesmo rejeitado pela sociedade, acreditava-se escolhido para aportar-lhe grandes benefícios, trazendo inspiração, sabedoria, propondo-se como líder político e profeta por sua clarividência e eleição (Cohen, 1959, 11-13). O filósofo William Barrett vê em Rimbaud o herói existencialista por antonomásia, por encarnar "*Absolute Decision, Resoluteness, Choice of Oneself*"[62] tudo em maiúsculas, como é de bom-tom quando se fala do Grande Poeta (1964, 104). E até o psicanalista tem uma explicação para o direito do poeta de arvorar o epíteto e aqui segue uma nova longa citação autoexplicativa: "Freud, em *Totem e tabu*, mostra como o espaço tradicional da arte se substitui à religião e repete de forma diferencial a festa totêmica, isto é, o assassinato do pai e sua divinização. O *primeiro poeta* épico seria um homem que se teria destacado da coletividade por assumir a responsabilidade do assassinato coletivo do pai; ele é o *primeiro herói*. Um dos fatores do prazer estético se encontra na identificação do espectador com esse herói porque, inconscientemente, em nossos sonhos, cometemos todos esses assassinatos. O prazer só se torna possível porque, graças à magia da arte, ao mesmo tempo reconhecimento e desconhecimento desse crime, o artista assume sozinho a culpabilidade coletiva. Nessa perspectiva, a obra de arte é como um regalo feito à mãe, cúmplice permanente da morte do pai: esse presente é o 'filho' que o artista oferece à sua mãe" (Delacampagne, 1980, 144, ênfases acrescentadas). O que me faz lembrar a revulsão fingida e jocosa com que Ariano Suassuna, ainda estudante na Faculdade de Direito de Recife, dizia ter horror à ideia de consultar um psicanalista porque, inevitavelmente, ele iria acusá-lo de querer matar o pai para dormir com a mãe.

Filósofo. Cientista

Topos do poeta sobre o poeta é dizer que o tipo de conhecimento que sua intuição alcança é superior ao que a razão permite aos filósofos e cientistas. A função do poeta é ver que o existente seja bem interpretado, diz Hölderlin (*El poeta*, I, 28). Essa percepção é geralmente endossada pelos teóricos da poesia e tem a melhor tradição. "A poesia é mais filosófica e de um caráter mais elevado

[62] "Decisão Absoluta, Resolução (Resolucionabilidade?), Escolha de Si Próprio".

do que a história, porque a poesia fica no geral e a história não estuda senão o particular", diz Aristóteles na sua *Arte poética* (Cap. IX, 3; 2004, 449).[63] E Coleridge: "Nenhum homem jamais alcançou ser um grande poeta sem, ao mesmo tempo, ser um profundo filósofo" (*Biographia Literaria*). O poeta alemão Gottfried Benn chega a dizer que "quinhentas páginas de meditação sobre a verdade podem ser equilibradas com três estrofes de poesia" (*El poeta*, IV, 91). E Bachelard: "A poesia é uma metafísica instantânea" (1979, 103).

Os filósofos divergem entre si. Croce, adotando uma postura diametralmente oposta à de Aristóteles, dirá que a filosofia "não tem qualquer poder sobre a poesia [*Sorbonæ nullum jus in Parnasso*], que nasce sem ela e antes dela" (1957, 12). Já Descartes nos surpreenderá ao encontrar pensamentos profundos nos versos do poeta, mais até do que nos escritos dos filósofos, a explicação estando em que os poetas escrevem movidos pelo entusiasmo e pela força da imaginação. "Há no homem sementes de ciência, como no sílex, que os filósofos extraem por meio da razão, enquanto que os poetas, pelo recurso à imaginação, as fazem brotar (jorrar?) e mais ainda brilhar" [*Cogitationes privatæ*]. Moralista, autor de um livro de pensamentos, publicado em 1888, Joseph Joubert escreve: "Os poetas têm cem vezes mais bom-senso do que os filósofos. Buscando o belo, eles encontram mais verdades do que são capazes de encontrar os filósofos em busca do verdadeiro" (*Pensées*, 1888, citado por Colette Coman).[64] Fazer referência aqui ao desconhecido Joseph Joubert não tem outra razão senão mencionar que, em seu tempo, mereceu a atenção de Proust, que o cita duas vezes na sua obra, primeiro em *Jean Santeuil*, quando Darlu, professor de Jean,

---

[63] Gilbert Murray adverte virem sendo interpretadas erroneamente as palavras do filósofo em virtude de uma equivocada tradução do grego. Sobre a verdade na poesia, o que diz Aristóteles é que nela "é melhor escrever impossibilidades plausíveis do que o improvável, embora verdadeiro". E acrescenta, por sua conta, que o poeta nada mais tem a fazer do que expressar seus sentimentos; se a isso acrescenta considerações sobre o real ou especulações de ordem filosófica, o melhor que teria a fazer seria "calar a boca" (*shut up*) (Murray, 1957, 116-118).

[64] Colette Coman, Les pensées de Joubert, livre de chevet proustien?, *The French Review*, v. 56, n° 5, abril de 1983, p. 696.

lhe faz o "*don spirituel*" do livro de Joubert, como digno de leitura para sua formação, e, muitos anos mais tarde, em *À la recherche du temps perdu*, quando Legrandin pergunta a Madame de Villeparisis se já havia lido o mesmo livro que servira de edificação para Jean Santeuil. Mas, dessa vez, deixa Proust perceber que está depreciando o moralista ao observar, pela boca do insignificante Legrandin, que o livro não tinha a grandeza de espírito da marquesa, mas tinha algo de suas graças (ver Proust, 1964, tomo II, 201). Na verdade, Joubert não passava de um Conselheiro Acácio. A essas palavras de Joubert podemos contrapor as de Eliot, para quem quando o poeta "*ventures into aesthetics, he is likely to be less, rather than more competent than the philosopher*"[65] (1961, 18).

No prefácio ao livro de Bergson sobre Lucrécio, diz Wade Baskin que, do conjunto dos escritos do filósofo francês, é possível deduzir que, para ele, o verdadeiro artista é capaz de captar e comunicar o padrão evolutivo das coisas, seu fluxo e sua transformação, enquanto o cientista limita-se a captar as manifestações discretas e estáticas. Bergson estava se referindo a suas próprias ideias sobre a transiência do real, um conceito fortemente influenciado pela teoria evolucionista de Darwin (1959, 8).

A poesia "compreende toda a ciência e toda a ciência a ela se reporta", diz Shelley, em *Defence of Poetry* (§ 279), "ela é, ao mesmo tempo, o centro e a circunferência de todo o conhecimento", uma ideia que reponta em Hugo quando afirma que o verdadeiro poeta contém a suma de todas as ideias de seu tempo (prefácio a *Les rayons et les ombres*). Também William Wordsworth diz que "a Poesia é o princípio e o fim de todo conhecimento" (Murray, 1957, 117 n.) e Novalis, "[s]ó a poesia trata do autêntico real absoluto" (Martins, 1949, 32). Em nossos dias, já ouvimos de Heidegger que "[a] poesia é o fundamento que sustenta a história" (1973, 179). "Onde param os historiadores, não sabendo mais o que dizer, surgem os poetas e adivinham" (*les poètes apparaissent et dévinent*), diz Barbey d'Aurevilly ("*Une page d'histoire*").

---

[65] "se aventura pela estética, é provável ser menos, do que mais, competente que o filósofo".

"Para conhecer tudo e não ter glória / Veio ao mundo o poeta", afirma Iessiênin, no que me parece uma falsa queixa, pois é precisamente o privilégio de melhor e mais profundamente conhecer a realidade o que eles se dizem possuir e deles se diz que possuem, conferindo-lhes, portanto, uma glória que deprecia a dos que se apoiam, sobretudo, na inteligência da razão (Campos, 1985, 222).

Uma palavra cautelosa é geralmente atribuída a Matthew Arnold através de uma citação incompleta. Assim, a ele se atribui dizer que o poeta não vê em profundidade, mas em extensão ("*not deep the Poet sees, but wide*"). A citação faz parte do poema "*Resignation – to Fausta*", incluído em *The Strayed Reveller, and Other Poems*, de 1859, e se insere no seguinte contexto: "*Deeply the Poet feels; but he / Breathes, when he will, immortal air, / Where Orpheus and where Homer are. In the day's life, whose iron round / Hems us all in, he is not bound / He escapes thence, but we abide / Not deep the Poet sees, but wide.*"[66]

E, para concluir estas considerações, citemos duas visões divergentes do que deve fazer o poeta ao qual se queira atribuir o uso da razão lógica como faculdade que lhe seja inerente. Diz Salvador Dalí, de quem menos podia se esperar, que o poeta "deve, antes de quem quer que seja, provar o que ele afirma". Ao que poderíamos confrontar as palavras de René Char, em *La parole en archipel*: "Um poeta deve deixar os traços de sua passagem, não as provas. Apenas os traços fazem sonhar [*font rêver*]."

Com tantas abonações, quase não surpreende que muitos poetas se julguem autenticamente possuidores da onisciência ou superciência que tantas personalidades ilustres conferem à sua raça.

Tudo o que ouvimos os poetas dizerem de si próprios como capazes de uma percepção da realidade mais aguda do que a dos filósofos não nos deixa de estranhar, haja vista Salvatore Quasimodo, em seu *Dircorso sulla Poesia*, de 1953, iniciando sua fala com as palavras: "*I filosofi, I nemici naturali dei poeti*" (1971, p. 281). No

---

[66] "O poeta sente profundamente; mas respira, quando o quer, o ar imortal, onde estão Orfeu e Homero. No aro de ferro do cotidiano que nos circunda, não está preso, dele escapa, mas nós nele vivemos. Não em profundidade, vê o poeta, mas em extensão".

mesmo sentido, encontramos Robert Graves dizendo, em *The Case for Xanthippe*, que a Filosofia é antipoética. Comece você a filosofar e estará pondo de parte sua individualidade, o que o poeta não pode deixar que aconteça sem prejudicar-se, sem destruir-se. É obrigação do poeta proteger as instituições poéticas contra as investidas da racionalidade mecanizada, insensata, inumana e abstrata. Blackmur confirma: não se pode converter o pensamento em poesia, exceto a expensas de ambos (1957, 223).

Giambattista Vico, que escreveu *A ciência nova* no alvorecer do iluminismo, afirma: "É impossível ao homem ser ao mesmo tempo poeta e metafísico sublime [Ah! Coleridge]; a razão poética se opõe a que isso ocorra; de fato, enquanto a metafísica separa o espírito dos sentidos, a faculdade poética quer, ao contrário, mergulhá-lo neles; enquanto a metafísica se eleva às ideias universais, a faculdade poética se dedica aos casos particulares" (Todorov, 2009, 55).

Creio haver deixado bem entendido que em nenhuma das afirmações acima está uma defesa da poesia metafísica, uma especialidade que parece ter sido inglesa. Dessa diz Dr. Johnson, seu contemporâneo, que embora seus ensinamentos instruam, e suas sutilezas surpreendam, o leitor comum acha alto o preço de sua contribuição moral ou filosófica (Deutsche, 1963, 227).

Presunçoso

Ao poeta falta precisamente a humildade do cientista. Einstein pode dizer que a imaginação é o verdadeiro terreno da germinação científica, reconhecendo, assim, que o raciocínio dedutivo pode desbordar no irracional, seja nas origens ou nas conclusões. Mas a "visão artística" que o filósofo ou o cientista alcança não é uma criatura da imaginação, nem apenas uma figuração simbólica da imaginação. O irracional ou foi o pretexto que motivou a inteligência ou é somente, se vem ao cabo do processo, a aura que sugere possibilidades não sujeitas ainda, ou talvez para sempre, a confirmações. Mas o cientista não abandona a esperança de penetrar o mistério, mesmo à custa do risco de retirar a beleza com que sua imaginação completou a explicação já alcançada. Porque o cientista busca o real e não o prazenteiro, sua "visão artística" não é, como interpreta o poeta, uma "criação", mas um retrato, e, para o cientista, ela será tanto mais bela quanto mais "real". Em contraposição, o poeta tende a se julgar vidente. Conviva dos deuses, é-lhe dado poder ver por trás da aparência das coisas e dos fatos a realidade íntima que só aos eleitos é dado alcançar e, quanto mais se sente, ele próprio, limitado na capacidade de transmitir, ou exibir, aos outros a inefabilidade de sua visão, mais se exalta a si mesmo pelo privilégio que o separa e coloca acima do homem comum. Até o ponto de achar que a palavra que ejacula, ao transpor para o poema sua visão, adquire, assim, a condição de uma realidade mais real do que a realidade aparente em que vem situar-se. "Pois se a poesia não é, como dela já se disse, o 'real absoluto', dele é a mais próxima avidez [*convoitise*] e a mais próxima apreensão, ao limite extremo de cumplicidade onde o real no poema parece se informar a si mesmo" [*à cette limite extrême de complicité où le réel dans le poème semble s'informer lui même*], diz Saint John Perse, em "*La Mission du Poète*" (discurso de aceitação do Prêmio Nobel de Literatura, em 1960). Mas ao poeta não basta que a poesia seja o abre-te sésamo da verdadeira realidade. Assim como de sua cadeira ele alcança, completo, pela visão direta, o que o cientista, com imenso esforço de laboratório ou de quadro-negro, apenas vislumbra, e imperfeitamente, ele, sem precisar deixar as dimensões do seu quarto, salva o divino do esquecimento e o humano da destruição. "Quando as mitologias se desmoronam, é na poesia que se refugia o divino." E o poeta carregará o divino nos ombros, através do caudal dos mitos em enxurrada, para colocá-lo na outra margem enxuta da história. O poeta será o levedo que irá fermentar a revolta destruidora dos mitos, os mesmos mitos que ameaçam o divino que será resgatado ainda pelo poeta. "Mas nada conserva suas formas e medidas sob o incessante afluxo do ser. [...] A inércia, apenas, é a ameaça. O poeta é aquele que a rompe."

Se aí tivesse ficado Saint-John Perse! Ele mesmo não já se havia limitado? Não disse primeiro que a poesia moderna nada tem de oracular ("*il n'est rien de pythique dans une telle poesie*")? Não negou depois que fosse puramente estética ("*Elle n'est point art d'embaumeur ni de décorateur*")? Simpatizo mais com aquele seu lado que repete, sem qualquer originalidade, nada humano ser estranho ao poeta ("*Et rien du drame de son temps ne lui est étranger*") ou que descobre, para o poeta, a função de ser a consciência pesada de sua época ("*Et c'est assez, pour le poète, d'être la mauvaise conscience de son temps*").

As duas primeiras décadas após o término da guerra haviam trazido ao foro íntimo de todos os intelectuais a questão de suas responsabilidades na criação de uma nova ordem social. Dois problemas principais assumiam a dianteira dessas preocupações: como assimilar ao banquete da civilização as populações marginalizadas que o colonialismo europeu havia deixado afundarem-se na pobreza e na ignorância e como evitar que a civilização desaparecesse sob um novo holocausto nuclear. A Saint-John Perse revolta o espetáculo de "*une communauté sans communion*", à qual chegamos através das vicissitudes da história, e vemos nele uma simpatia confessa pelos povos "*en quête de clarté*" [em busca de claridade]. Essa posição do poeta era ainda a dos bem-intencionados fundadores da Unesco, que acreditavam, equivocadamente, que o caminho para a incorporação das populações marginadas passava, prioritariamente, pelo acesso às luzes do iluminismo europeu quando, para três quartas partes da humanidade, o problema não era, e não é ainda, o de participar do banquete das ideias, mas o de ter o que comer para continuar simplesmente vivendo mais um dia. Talvez, porém, essa lenta destruição da humanidade não fosse mais do que uma manifestação do "*incessante afluxo do ser*" (algo do qual o poeta — percebe-se do contexto de seu discurso — tem o privilégio da visão direta). Já a destruição nuclear lhe aparece como a verdadeira ameaça, pois anuncia o desaparecimento do próprio ser. Mas não lhe falta a solução, tanto melhor quanto é, ao mesmo tempo, resolução e chave de ouro para o seu caprichoso texto: "*Face à l'energie nucléaire, la lampe d'argile du poète suffira-telle à son propos? Oui, si d'argile se souvient l'homme*".[67]

As reflexões acima reproduzidas encontrei-as, quase literalmente (nelas não havia, por exemplo, a referência à Unesco, de cujas vicissitudes teóricas e práticas só vim a tomar conhecimento quando junto a ela fui designado embaixador em 1978), em um diário que mantive intermitentemente até os anos 1980. Datam do início de 1961, quando tive acesso ao texto integral do discurso de Saint-John Perse, pelo número da revista francesa *L'Exprès* de 15/12/1960. Curiosamente, redescobri-as 12 anos depois, num momento em que lia *Poliedro*, o então mais recente livro de Murilo Mendes, que me levara a Hong Kong José Mindlin, no qual encontro o poeta dizer, na sua "Microdefinição do autor", sentir-se "compelido ao trabalho literário", entre outras coisas, porque teme "o dilúvio de excrementos, a bomba atômica, a desagregação das galáxias, a explosão da vesícula divina, o julgamento universal" (Mendes, 1972, xvii). Nas anotações que guardei após a leitura do livro figuram declarações do poeta, feitas em Roma em 14 de fevereiro de 1970, nas quais o encontro dizendo ser tarefa urgente do "todos os homens conscientes, em particular os escritores", a luta contra a guerra, a massificação e a bomba atômica. E como iria o poeta executar essa tarefa? "Ao nos lembrar da argila", ao nos ensinar as microlições de coisas, de animais, de pessoas. A alusão ao discurso de Saint-John Perse é evidente. Mas, sem a contenção bem-comportada do guadelupino de "carrière", o juiz-de-forano coroa suas lições com um texto délfico de desenfreada exuberância tropical: "Ser hostil ao movimento, como a tartaruga; passar longas horas no alto da girafa (o puro clima lá reinante protege os brônquios e a elevação permite de lá convocar o congresso universal da paz que determinará a destruição em massa de todas as bombas atômicas — e, quem sabe, também dos percevejos [que em *Poliedro* ele chama de 'este micronapalm', p. 28]; enviar tele-

---

[67] "Em face da energia nuclear, a lâmpada de argila do poeta será suficiente para os seus objetivos? Sim, se da argila recordar-se o homem".

gramas a Nixon, Brejnev, Pompidou, Chou EnLai e Heath com os dizeres: 'Rogo não perturbar o repouso da criação', datados do sétimo dia e assinados 'Deus'; fazer novenas a Santa Filomena; reencarnar as armaduras perfiladas no Museu de Armería de Madrid; sumir com Marilyn Monroe para um universo subtraído à explosão atômica [com a chance — recordemos — de, na eternidade, poder avistar-lhe '*l'immortel púbis*']; virar Ieti, algólida; ou pedir aos chineses que construam, para substituir definitivamente a outra, uma bomba minúscula, belíssima, própria para destruir formigas azuis e moscas verdes. O antidragão. Uma bomba de jasmim-porcelana, com *sexappeal*." Não encontrei a fonte dessa citação, cuja linguagem inconfundível só pode ser do próprio Murilo, e que aborda muitos dos temas tratados em *Poliedro*, textos que o poeta escreveu nos anos 1965/66 na capital italiana, onde residia. O poeta, aliás, tinha a mania de passar telegramas facetos, o mais conhecido dos quais é o que enviou a Hitler, como ele próprio narra, após a ocupação de Salzburgo pelas tropas nazistas: "Em nome Mozart protesto contra invasão militar alemã. a) Murilo Mendes." Pode-se, legitimamente, duvidar de que tanto os telegramas quanto as demais armas sugeridas pelo poeta possam ter tido, ou poderiam ter tido, qualquer impacto sobre o desenrolar dos acontecimentos que pretendiam afetar.

Predestinado

Diz Boileau, em sua *Arte poética*: "*C'est en vain qu'au Parnasse un téméraire auteur / Pense de l'art des vers atteindre les hauteurs* [...] / *Si son astre en naissant ne l'a formé poète*".[68] Cervantes faz Dom Quixote dizer: "*Según es opinión verdadera, el poeta nace: quieren decir que del ventre de su madre el poeta natural sale poeta, y con aquella inclinación que le dio el cielo, sin más estúdio ni artifício*" (2004, 667). Com a mesma convicção afirmou Saint-John Perse,

[68] "É em vão que um temerário autor pensa alcançar o Parnaso com seus versos se, ao nascer, seu astro não lhe tenha formado poeta".

em discurso no Congresso Internacional pelo 7º Centenário de Dante, em Florença, ser o poeta "soberano de nascença" (ibid., 456).

Como sabê-lo? Como explicá-lo? Haverá um gene da poesia? Se é que existe, certamente não é hereditário. Basta um exame sumário da biografia dos grandes poetas.

Ben Johnson tem sobre a questão uma posição oposta, que ele expõe no poema "*To the Memory of My Beloved, The Author, Mr. William Shakespeare*": "*A good poet's made, as well as born.*"

De qualquer forma, congênito ou adquirido, "o prurido literário é incurável", como diz Trigorine, o herói de *A gaivota*, de Tchekhov.

Inspirado

Talvez, após a questão não resolvida da predestinação do poeta, siga-se logicamente a do papel da inspiração na produção de sua obra. Muita tinta já foi despendida sobre esse assunto.

Existe algo a que se possa chamar de inspiração e que determine o momento e a natureza da produção do poema?

Diz Nietzsche, de Schiller, que, antes de escrever, "ele experimentava não uma série de imagens logicamente conectadas, porém, mais exatamente, uma espécie de *sentimento musical*" e cita: "Uma certa descrição musical puramente intelectual vem primeiro e é depois seguida da ideia poética" (1956, 37). A frase com que Joyce descreve o sentimento de Little Chandler, ao perceber que estava a ponto de escrever seu primeiro poema, aqui se encaixa como sequência natural: "Não estava seguro da ideia que queria expressar, mas o pensamento de que uma ideia poética acabava de tocá-lo adquiriu vida dentro de si como uma esperança em botão" (1989, 79).

Alain, ao procurar analisar a diferença entre a prosa e a poesia, recorda o dia em que, sentado à sombra das árvores de um campo, pensava nas coisas que o cercavam, o sol a pino, as formigas atarefadas e incomodadas com sua presença, sem que os pensamentos coalescessem em nada significante. Lembrou-se de um poema de Goethe. Mas nada ao seu redor lhe dizia mais do que a platitude de um dia comum que o persuadia, felizmente, a nada desejar ou esperar. Foi então que outra lembrança lhe veio à mente, como uma flechada: "Verão, rocha de puro ar". Tudo estava dito e seus pensamentos eram como um grande cristal, que alcançasse os confins daquele céu imutável. Sentiu-se tocado pela poesia e era como se agora estivesse claramente vendo. Alain não cita o nome do autor. Diz apenas que, com a lembrança do verso, sentiu-se "diante de um começo", algo que explode (*éclate*) repentinamente, depois de um longo silêncio, um súbito acordo do ser com todo o seu ser, como um despertar indivisível" (1978, 869-870).

A ideia de que o poema "explode" dentro do poeta nos remete ao que diz Heine sentir no momento da composição poética (*Nocturne* 5, do álbum *Jungen Leiden*, s.d. 1, 101): "*Was treibt und tobt mein tolles Blut?*"[69] Outros poetas se sentem simplesmente envolvidos ou empossados. André Chenier sente descer o "harmonioso demônio" que o cerca (Paraf, 1947, 174).[70] Antonio Machado diz que seu verso "brota de um manancial sereno" (1976, 17). Longfellow é possuído. O poema lhe vem de fora e irrecorrível, "como a fruta para a árvore" e "a maré para o mar" (s.d., 674).

Quem quer que lide com a poesia já ouviu algum poeta evocar a Fonte Castália como sede dos poderes da inspiração. A história é conhecida e bem representada na arte. Apolo se apaixona pela ninfa Castália e a persegue pelo Parnaso. Mas a ninfa é empedernida na sua virgindade. Livra-se do abraço divino e se joga numa fonte à qual o deus enamorado dá o nome da sua amada e confere o poder da inspiração. Real de início e metaforicamente para sempre, tornou-se a fonte Meca dos poetas em busca de inspiração (Brandão, 2002, II, 88). Fui conhecê-la como turista, meio século faz. Não era a prístina da lenda, nem a que evoca o poeta Alceu, entre os séculos VII e VI a.C. ("*Castalie aux eaux pures*", em Your-

---

[69] "Por que meu sangue se agita com tanto furor?"

[70] Epígrafe ao poema "*L'inspiration*", de Louise Colet.

cenar, 1979, 65), mas já a Castália turística que descreve Pausânias no segundo século da nossa era. Os tempos modernos não lhe fizeram bem. O local nada mais tinha de inspirador, nem mesmo de fonte. Fedia a mijo e a fezes, como o descrevo no poema "Turismo cultural", incluído na coletânea *Restolho*: "Na Fonte Castália respira-se urina fresca / e merda ressecada. Um exemplar de *Le Monde* / atesta o destino final de todas as letras" (1998, 200).

Alternativamente, autores há reticentes, senão cautelosos, com o que se chama inspiração. Ou a admitem apenas como um primeiro impulso ou movimento para o verdadeiro trabalho do poeta que é um esforço consciente e governado pela inteligência tanto ou mais do que pela emoção. "A inspiração não é mais do que a recompensa do trabalho quotidiano", diz Maurice Ravel, e ninguém está mais perto do poeta do que o músico compositor, e nada mais perto da poesia do que seu insuperável poema sinfônico *La valse*.[71] E já um poeta, William Blake, dizia: "Nem uma única linha é traçada sem intenção" (Jakobson, 1977, 27).

A inspiração existe, diz Lorca, mas não é o melhor momento para escrever o poema (*El poeta*, *I*, 13). Por essa razão, Maiakovski guardava as poesias inspiradas numa gaveta para revê-las a frio. Paul Eluard desloca completamente o eixo da questão: "O poeta é aquele que inspira, muito mais do que aquele que é inspirado" (1979, 102). Podemos complementar essas palavras com outras por ele pronunciadas numa palestra que fez em Praga, em 1946: "O poeta é dirigido. Não faz o que quer, mas o que pode. As circunstâncias impõem-se a ele de uma maneira imprevisível. Quer falar da mulher que ama e lhe saem pássaros, quer falar da guerra e lhe saem palavras de amor. Dessa forma, o poeta não sabe o título do poema que escreve senão depois de acabá-lo" (ibid., 110). Para Longfellow, já vimos, mesmo se do anjo vem a ordem "Escreva", o poema chega como a fruta na árvore, a onda no mar.

[71] Originalmente escrito para orquestra como *poème choréographique* em 1919-1920, *La valse* foi arranjada por Ravel para dois pianos em 1921, um arranjo que nada perde da névoa onírica da introdução e do brilhantismo suntuoso do fim da composição original (Chwiatkovski, 1996, 1013).

Khliébnikov admite ocorrer essa quase que escrita automática. Surpreende-se ao verificar, em 1912-1913, que um seu poema, intitulado "A cigarra", escrito em 1908, continha a repetição, em palavras muito próximas, dos sons derivados das letras *k*, *r*, *l* e *u*, o que lhe conferia uma estrutura sonora que o revigorava. Ora, essa repetição não havia sido buscada ou trabalhada conscientemente quando de sua composição. Surgiu, por assim dizer, sozinha. Narrando o episódio, Roman Jakobson observa que, assim fazendo, Khliébnikov juntava-se a todos os poetas que admitiram existir um mecanismo linguístico complexo inerente à escritura de uma obra independentemente da apreensão que dele tenha o autor ou de sua vontade (1977, 11). Jakobson certamente não daria a esse mecanismo o título de "inspiração". Em todo caso, tratar-se-ia de algo que não deriva da vontade explícita do poeta, mas lhe vem sorrateiramente e de forma autônoma. Recorro a outro músico, Stravinski, que em seus textos teóricos sobre a composição musical afirma: "A inspiração não é de modo algum uma condição prescrita da arte criativa, mas, sobretudo, uma manifestação cronológica secundária" (1956, 51). O que talvez seja o mesmo que Max Jakob queria transmitir ao dizer que a inspiração não é o calor do espírito: esse leva à eloquência; ela é "*un sang-froid qui se déplace*" (Charpier, 1951, 466).

Talvez seja este o melhor momento para citar Eliot, dos grandes poetas do século XX seguramente o que deixa uma imagem de maior "frieza", ou seja, de controle emocional no que escreve. Diz Eliot, em um ensaio de 1922, intitulado "*Tradition and the Individual Talent*": "*Poetry is not a turning loose of emotion, but an escape from emotion; it is not the expression of personality, but an escape from personality. But, of course, only those who have personality and emotions know what it means to want to escape from these things. The emotion of art is impersonal. And the poet cannot reach this impersonality without surrendering himself wholly to the work to be done.*"[72]

[72] "A poesia não é um largar solta a emoção, mas um escapar da emoção; não é a expressão da personalidade, mas um desfazer-se da personalidade. É claro, porém, que ape-

Depois de tantas palavras sobre a inspiração como fonte do impulso que leva o poeta ao poema, talvez valha a pena citar o que dela diz um dos maiores do ofício, Baudelaire, no preâmbulo à publicação da tradução de *O corvo*, feita por Mallarmé, referindo-se à *Filosofia da composição* e a seu autor: "*Il* [Poe] *avait certes un grand génie et plus d'inspiration que qui que ce soit, si par inspiration on entend l'énergie, l'enthousiasme intelectuel, et la faculté de tenir ses facultés en éveil*"[73] (1976, 343). E o que diz Roland Barthes, numa de suas admiráveis aulas no Collège de France (12/1/1980), quando, examinando a dialética entre o que ele chama de Livro (o romance, por exemplo) e de Álbum (o diário, o livro de fragmentos), afirma que a inspiração não passa da "miraculosa ausência de indefinição" do autor no instante em que começa a obra (Barthes, 211, 192).

Místico

Em alguns casos, a inspiração é descrita quase com a linguagem dos místicos, equiparada ao repentino arrebatamento do ser por uma luz sobrenatural que, ao mesmo tempo em que apaga os sentidos, abre um clarão no entendimento da realidade que não tem como ser descrito por palavras. Aquilo que Rilke chamou de imersão do ser no Ser. Essa espécie de "iluminação" era conhecida dos mais antigos poetas do oriente. Já citamos o conceito budista de um súbito surto de "irreversível intuição". Mais perto de uma linguagem moderna, encontramos George Steiner tentando descrever o fenômeno. Para ele, a experiência estética é, assim como certos modos de experiência religiosa e metafísica, a mais penetrante injunção de transformação a que pode ser submetida a experiên-

nas aqueles que têm personalidade e emoções sabem o que significa escapar delas. A emoção na arte é impessoal. E o poeta não consegue alcançar essa impessoalidade sem render-se completamente ao trabalho por executar."

[73] "Ele [Poe] tinha seguramente um grande gênio e mais inspiração do que quem quer que seja, se por inspiração entendemos a energia, o entusiasmo intelectual e a faculdade de mantê-las despertas".

cia humana. A imagem resumida é a de uma "Anunciação", de um apossamento pela "beleza terrível" de que fala Yeats (1991, 176). E Rilke, poderíamos acrescentar.

Léon Bloy, o poeta possuído da fúria religiosa, recorre à imagem no sentido reverso, aproximando o místico do poeta. Assim, diz de seu *alter ego* Cain Marchenoir, o "desesperado", que a leitura de certos místicos lhe havia deixado na memória "*des brulûres d'enthousiasme et des ecchymoses de poésie*".[74] O exaltado misticismo de Marchenoir e de sua companheira Véronique (*alias* de Anne-Marie Roulé), diz o narrador, que trazia consigo "*la concuspiscence de la Douleur et la convoitise d'un paradis de tortures*",[75] representava uma "*dangereuse pédagogie de l'Abîme*".[76] Seus cuidados maiores eram com Véronique, temendo "*un éclatement de ce vase* [...] *trop fragile pour résister longtemps cette exorbitante pression de l'infini*"[77] (1983, 63, 61, 86 e 130). De fato Anne-Marie não resistiu e enlouqueceu.

Bloy era um grande fazedor de frases, aqui conservadas no frescor original. Mas, se recordarmos muito do que os poetas disseram do sofrimento de assim serem ou terem nascido, quantas vezes não vamos encontrar linguagem semelhante? Como Anne-Marie, alguns enlouqueceram (Hölderlin, Dino Campana e eu acrescentaria aqui, como uma homenagem, Mozart Lopes de Siqueira, grande e desconhecido poeta pernambucano, que a loucura arrebatou antes que pudesse trazer a público sua poesia desesperada e tão cromática quanto os últimos quadros de Van Gogh). Outros levaram sua incapacidade de resistir "à pressão do infinito" que guardavam dentro de si ao extremo ato do suicídio. Voltaremos ao assunto mais adiante.

---

[74] "queimaduras de entusiasmo e esquimoses de poesia".

[75] "a concupiscência da Dor e a avidez por uma paraíso de torturas".

[76] "uma perigosa pedagogia do Abismo".

[77] "um estilhaçamento desse vaso [...] demasiado frágil para resistir por muito tempo a essa exorbitante pressão do infinito".

Sofredor

There is a thousand times more experience
in pain than in pleasure.
Bertrand Russell[78]

Most wretched men
Are cradled into poetry by wrong,
They learn in suffering what they teach in song.[79]
Shelley, "*Julian and Maddalo*"

Toda arte nasce de um desequilíbrio, de uma "*disaptitude à vivre*" (desaptidão de viver; o neologismo é do original) ou "*difficulté d'être*", diz Sartre. Onde termina a melancolia do poeta e começa a depressão patológica?, pergunta-se Pierre Debray-Ritzen em sua obra *Psychologie de la création* (1979, 187). O problema é comum a todos os artistas, assim parece. O poeta, talvez por seu instrumento ser a palavra, é, porém, aquele de quem mais se ouve o queixume pelo sofrimento como resultado de sua própria natureza de poeta, ou pelo que lhe custa o seu ofício. Esse lamento, em muitos casos, tem todas as características de ser fingido. Sofrer parece representar o sinal de uma elevação de *status*. Como ocorre com o místico. Nesse há mesmo um gozo espiritual no sofrimento que o poeta inveja.

---

[78] "Há mil vezes mais experiência no sofrimento do que no prazer." Em carta a Lucy Martin Donnelly, de 23/5/1907. Na mesma carta, o filósofo escreve: "*I wonder whether you realise the degree of self-sacrifice (and too often sacrifice of others), of sheer effort of will, of stern austerity in repressing even what is intrinsically best, that goes in writing a book of any magnitude*" [Eu me pergunto se você se dá conta do grau de autossacrifício (e muitas vezes sacrifício de outros), da força de vontade, da rigorosa austeridade em reprimir até o que seja intrisecamente melhor para você, que acompanha escrever um livro de qualquer magnitude] (1968, 217). Flaubert a Louise Colet fala da *labeur atroce* que representou para ele sua vida de escritor; "*J'ai passé ma vie à priver mon cœur*" [Eu passei minha vida a privar meu coração] (1972, 133). Assim o filósofo, assim o romancista, assim o poeta.

[79] "Muito homens infelizes se acolhem na poesia sem razão, Eles aprendem sofrendo o que ensinam em canção."

Do que se lamenta o poeta? De tudo. De sua condição humana, existencial; de suas frustrações amorosas; de sua luta corporal com a palavra; de sua incapacidade de tornar claro no poema sua experiência inefável; de ser incompreendido, de ser ignorado.

No primeiro caso, o poeta lamenta ser homem, estar prisioneiro no envelope transitório de carne e espírito do qual faz parte toda a humanidade, o ser incompleto e finito que tem a intuição de que existe algo maior do que ele, que não sabe o que é, nem como encontrar, mas que precisa, é seu dever, alcançar. "Uma / aflição / que repousa / num corpo", na admirável síntese de Ferreira Gullar (2010, 75). Diferentemente do comum dos mortais, foi-lhe dado o dom de, por vezes, vislumbrar o inefável e isso, antes de ser motivo de regozijo, traz-lhe profunda angústia. É o poeta misantropo. Lamenta ter nascido. Já o encontramos anônimo na Antologia Palatina, no século III a.C.: "*Je suis mort sans laisser de fils, et regrettant / Que mon père avant moi n'en eût pas fait autant*"[80] (Yourcenar, 1979, 309). E lancinante no Livro de Jó: "Pereça o dia em que eu nasci / a noite em que se disse: 'Um menino foi concebido'. / [...] / que não se some aos dias do ano, / que não entre na conta dos meses! / [...] / Por que não morri ao deixar o ventre materno / ou pereci ao sair de suas entranhas?" (Cap. 3).

O poeta toma sua condição como uma sina. Dela não pode livrar-se. "*Yo nací un día / que Dios estuvo enfermo, / grave*", afirma Cesar Vallejo no poema "Espergesia" (1980, 91). Ou, de forma ainda mais radical, é o que diz Segismundo em *La vida es sueño*, de Calderón de la Barca: "*Pues el delito mayor / del hombre es haber nacido*" (1977, 34). Nosso Carlos Drummond de Andrade começa seu primeiro livro, *Alguma poesia*, de 1930, com o famoso "Poema de sete faces", cujo terceto inicial todo mundo conhece e cita erradamente: "Quando nasci, um anjo torto / desses que vivem na sombra, / disse: 'Vai, Carlos!, ser *gauche* na vida'" (2001, I, 3). Natália Correia, poeta portuguesa, confessa, num poema intitu-

80 "Morri sem deixar filhos, e lamentando que meu pai, antes de mim, não tivesse feito o mesmo".

lado "A defesa do poeta": "Senhores jurados, sou um poeta / ... um defeito / ... um vestíbulo do impossível, um lápis / de armazenado espanto" (Costa e Silva, 1999, 141-142). Marco Lucchesi pede um remédio "para curar-me do mal de ter nascido" (2006, 46). Dante Milano se fustiga: "Sou um homem culpado de ser homem" (2004, 19).

Esse sentimento metafísico é universal e podemos encontrá-lo expresso nas mais variadas latitudes e no mais amplo espectro temporal e de gêneros. Citemos o exempo de Nezahualcoyotl, rei de Texcoco, que, meio século antes da chegada de Cortez ao México, deixou conservados na lingua nahuatl poemas que expressam profunda angústia existencial e o lamento próprio do poeta diante do mistério da vida. Grande chefe, administrador e pensador, disse de si mesmo: "*Yo soy Nezahualcoyotl y lloro*"; "*Cuando canto sufro en la tierra, yo soy poeta y de dentro me sale la tristeza*" (1980, 208).

No segundo grupo se enquadra toda a poesia lírica, da antiguidade aos tempos modernos. Seria uma perda de tempo citar exemplos. Fiquemos com uma frase paradigmática de Cioran que dizia amar Heine por sua capacidade de "fazer com seus grandes sofrimentos pequenas canções".

No terceiro se enquadram os poetas que lastimam a impossibilidade de encontrar a palavra justa para a expressão das elevadas percepções que têm do que há de inefável no real. É vasto o elenco. Citaremos alguns adiante.

No quarto, finalmente, estão os que deploram o sacrifício a que se submetem, de tempo, de energia, de vida, na busca do vaso lexical, prosódico, semântico, sintático, rítmico e rímico, elegante e musical, no qual possam verter suas rarefeitas intuições.

As duas primeiras espécies de sofrimento podem dizer mais da pessoa que as experimenta do que do poeta que as exprime. É um sofrimento do poeta enquanto homem, e não enquanto poeta. Ainda que, muitas vezes, esse sofrimento seja também um artifício literário, e não um lamento genuíno. É um sofrimento que poderíamos qualificar de "genérico", embora manifestado de forma individual. Mencionamos acima o caso de Nezahualcoyotl. Poderíamos citar, igualmente, o do príncipe anônimo que deixou seu lamento em quéchua antes da destruição da cultura incaica por Pizarro e do assassinato do líder Ataualpa, em 1533. Os *arawikus*, poetas por assim dizer oficiais, oriundos da aristocracia incaica, tinham os poemas conservados em quipos, fios nos quais eram feitos nós cuja sequência e cujos intervalos permitiam aos *quipokamayoqs* (os "mestres dos quipos") interpretá-los. Os *quipokamayoqs* eram funcionários governamentais encarregados de "ler" os hinos e poemas, daquela forma conservados, por ocasião das cerimônias religiosas. Todo o acervo dessa "literatura" primitiva foi perdido com a destruição de seus suportes e alguns de seus textos só precariamente recuperados através da tradição oral, pelos próprios colonizadores ou por nativos aculturados, como foi o caso de Garcilaso de la Vega. Aqui estão alguns versos do mencionado príncipe: "*La pesadumbre me consume, / mis lágrimas no tienen fin / He de acabar por maldecir mi corazón. / He aquí mi canto de expiación. / Casa de los cautivos, / casa de las cadenas, / ¡dame la libertad!*" (Poesia quechua, 1990, 24).

Falo desses dois poetas não literários para mostrar que o sentimento de angústia existencial não é exclusivo do homem dito civilizado, inserido na tradição ocidental de raízes judeo-cristãs. Mudando de hemisfério e de contexto cultural, já encontramos Basho, poeta e monge budista nascido em Tóquio, no século XVII, lamentar-se: "*Indeed, ever since it began to write poetry, it has never found peace with itself, always wavering between doubts of one kind or another*",[81] "*It*" aí é o próprio Basho, que de si dizia ser um saco "com cem ossos e nove orifícios" (1996, 71).

Nas literaturas ocidentais o tema é um *topos* recorrente. Baudelaire abre as *Flores do mal* (em "*Bénédiction*") com o grito lancinante: "*Je sais que la douleur est la noblesse unique*".[82] Mas a permanência do convívio com a dor faz o poeta ter com ela cuidados

---

[81] "Na verdade, desde que começou a escrever poesia, ele nunca mais teve paz consigo mesmo, sempre oscilando entre dúvidas de uma natureza ou outra".

[82] "Eu sei que a dor é a única nobreza".

quase paternais: "*Sois sage, ó ma Douleur, et tiens toi plus tranquille* / [...] *donne-moi la main; vient par ici*" ("*Recueillement*").[83]

O poeta se declara triste. "*Yo fui un mísero afligido desde mi mocedad, siempre lleno de espanto, lleno de tristeza...*", diz José Agustín Goytisolo, na epígrafe ao seu livro de poemas intitulado *Autobiografía* (Batlló, 1977, 96). Jaime Sabines lamenta-se: "*Estoy triste, apagado, triste de mí, / pero triste como un perro triste, / como un buey herido*" (1977, 184). Carlos Nejar confessa: "A felicidade não é a minha ilha / nem minha linguagem" (1980, 67). Ungaretti abunda em explicar-se: "A experiência poética é exploração de um continente pessoal de inferno e o ato poético, no cumprir-se, provoca e libera, a qualquer preço que isso possa custar, sentir que somente na poesia é possível buscar e encontrar liberdade. Continente de inferno, disse, por causa da absoluta solidão que o ato de poesia exige, por causa da singularidade do sentimento que se experimenta de não ser como os outros, mas um ser à parte, como um condenado, e como sob o peso de uma responsabilidade especial, a de descobrir um segredo e de revelá-lo aos outros" (1986, 505).

Babette Deutsche, pertinente, observa que, em quase todos os poetas, pelo menos naqueles que levam a sério o atributo do sacrifício pela poesia, é importante que o sofrimento seja uma vocação assumida: "*It has been contended that passive suffering doesn't make for poetry*"[84] (1963, 4).

O sofrimento do qual queremos nos ocupar aqui é outro: o do poeta enquanto autor, na sua luta pela obra, no esforço por colocar na forma do poema o sentimento que o afoga e, sobretudo, o de dar a forma precisa que para ele espera a fim de que seja mensagem e joia. Talvez tenha sido o de Basho nos versos que citamos acima. É o de Heine ao dizer: "*Tag und Nacht hab ich gedichtet, / Und hab'doch nichts ausgerichtet*"[85] (s.d., II, 285). A angústia de

[83] "Sê sábia, ó minha dor, e queda-te mais quieta. [...] Dá-me, ó Dor, tua mão; vem por aqui" (trad. de Ivan Junqueira, em Baudelaire 1985, 471).

[84] "Estabeleceu-se que o sofrimento passivo não produz boa poesia".

[85] "Dia e noite componho versos / sem chegar a nada".

Mallarmé quando fala "*du vide papier que la blancheur défend*".[86] A de João Cabral, em "A lição de poesia": "Toda a manhã consumida / como um sol imóvel / diante da folha em branco" (1979, 354). E em outro poema, "Diante da folha branca": "A folha branca é a tradução / mais aproximada do nada" (1985, 89). Antonio Candido, a propósito do poema "A folha branca", de Antônio Feijó, diz em prosa ser ela "o limite contra o qual os poetas lutam" (2010, 24), o que Ivan Junqueira diz em verso: "Assusta-me essa inóspita brancura / com que o mudo papel me desafia". Em outro poema exclama: "Branca é a página onde escrevo / com ódio, amor, desespero" (1999, 241, 194). É a de Eliot: "*Twenty years largely wasted, the years* entre deux guerres — / *Trying to learn to use words, and every attempt* / ; *Is a whole new start, and a different kind of failure*",[87] no mesmo Quarteto em que lamenta "*the intolerable wrestle / with words and meaning*".[88] É a de Rilke quando, ao observar, nos *Cadernos de Malte Laurids Brigge*, que dizem pouco os versos do poeta jovem, porque a eles falta a memória, explica que, para o poeta, "não é suficiente ter memórias. É preciso antes esquecê-las, quando são muitas, e ter a paciência de esperar que elas regressem. Porque não são memórias até que se tenham transformado em sangue dentro de nós, em vislumbre e gesto, inominadas e já indistinguíveis de nós mesmos — não são ainda memórias até esse momento quando então pode ocorrer, e nas mais raras ocasiões, que a primeira palavra de um verso surja em meio delas e o poeta possa continuar a partir daí" (1958, 26-27).

"*It is death to mock a poet; / Death to love a poet, / Death to be a poet*",[89] diz Robert Graves (1962, 90). Shelley, em "Julian and Mandalo", comenta que os poetas "*learn in suffering what they teach in song*".[90] Já vimos que Longfellow se vê assediado por vozes de dia,

[86] "do vazio papel que a brancura protege".

[87] "Vinte anos a rigor desperdiçados, os anos de entre as duas guerras. — Tentando aprender como empregar as palavras, e cada tentativa é sempre uma nova partida, e uma diversa espécie de fracasso" (na tradução de Ivan Junqueira, em Eliot, 2004, 354).

[88] "[uma] luta insuportável com palavras e significados" (ibid., 349).

[89] "É mortal zombar do poeta, mortal amar o poeta, mortal ser um poeta".

[90] "aprendem sofrendo o que ensinam em canto".

obcecado de noite. "Mamãe, já passou o tempo; tuas lágrimas me fizeram poeta", lacrimeja Delphine Gay, que Pierre Paraf (1947, 166) inclui na sua *Anthologie du romantisme*. Desconhecida hoje, Delphine Gay, Girardi pelo casamento, foi uma autora prolixa e desempenhou papel influente na vida literária de Paris no início do século XIX, seu salão sendo frequentado pela elite das letras francesas: Théophile Gautier, Honoré de Balzac, Alfred de Musset, Victor Hugo, Marceline Desbordes-Valmore, Alphonse de Lamartine, Alexandre Dumas, père, e George Sand, entre outros.

Salvatore Quasimodo impreca um Deus inclemente: "*Il tuo dono tremendo / di parole, Signore, / sconto assiduamente*" (1999, 90). Abgar Renault exclama: "Em quantas mil palavras me consumo!" (1972, XXV). Maiakovski via-se com o "coração torturado de rimas" (Campos, 1985, 189). "*Me sangra la poesía por la boca*", queixa-se, em "Carta de enero", o poeta argentino Francisco de Madariaga (Borda, 1985, 354). "Quando o poeta pinta o inferno, pinta sua vida", descreve Hugo em "Après une lecture de Dante". Nenhum poeta deixa mais do que uma meia dúzia de poemas verdadeiros e, em torno deles, "os trinta, os cinquenta anos de ascese, de dor, de luta", diz o poeta expressionista alemão Gottfried Benn. Bilac diz que o poeta "[t]rabalha, e teima, e lima, e sofre, e sua!" ("A um poeta", em *A Tarde*, 1919). Ao queixume quanto ao esforço que representa a criação não resistem nem mesmo os poetas mais ascéticos. João Cabral, num poema-carta dedicado a Augusto de Campos, refere-se ao "nosso ofício ou esforço (que), / tão pra nada, dá-se tanto / que chega quase ao vicioso" (*Poesia Sempre*, nº 19, 55).

Às vezes, mais do que sofrimento, o que o poeta sente é frustração. Quer escrever e nada lhe vem à imaginação. Ouçamos Yeats: "*All day in one chair / From dream to dream and rhyme to rhyme I have ranged / In rambling talk with an image of air: / Vague memories, nothing but memories*"[91] (1970, 76 e 47). Mas, em verdade, não estaria o poeta confessando apenas uma certa indolência criativa?

---

[91] "O dia inteiro numa cadeira, de sonho em sonho, de rima em rima, alinhei, em errante colóquio com uma imagem de ar, vagas memórias, nada senão memórias".

Pois ele mesmo admite que "*all things can tempt me from this craft of verse*".[92]

Para Samuel Butler ("*Fragments*"), "*poets by their suffering grow, — / As if there were no more to do, / To make a poet excellent. / But only want and discontent*"[93] (Frankenberg, 1956, 75).

Rilke é o campeão dos poetas lamurientos e, na verdade, pode servir de ilustração para todos os tipos de sofrimento. Com respeito, por exemplo, ao sofrimento existencial, à angústia intelectual, tomemos, apenas, o autor das *Elegias de Duíno*. Já na primeira delas exclama: "A Beleza não é mais do que o início do Terror [*Schrecklichen Anfang*] e se a amamos é porque ela serenamente desdenha destruir-nos". E na nona: a felicidade é "o benefício prematuro da perda iminente [*dieser voreilige Vorteeil eines nahen Verslusts*]". Rilke via na mulher com quem cruzava nas ruas a oportunidade não colhida de um amor, amor que era, também, sofrimento, perda, como todo amor. Nada vem mais a propósito do que os versos iniciais do poema "Man muss sterben weil Man sie kent" de seus *Poemas esparsos*, que Karlos Rischbieter traduziu como: "Conhecê-las é morrer. Morrer / da indizível flor do sorriso. Morrer / pelas suas leves mãos. Morrer / de mulheres" (1993, 133). Evocando uma dessas situações de intimidade amorosa perdida, lamenta: "Nós, desperdiçadores de mágoas". A uma jovem mulher escreveu: "Somente da perspectiva da morte (quando a morte não é aceita como extinção, mas imaginada como uma insuperável intensidade), somente dessa perspectiva, creio, é possível fazer justiça ao amor". Essa e outras citações fazem dele dizerem os tradutores das *Elegias* para o inglês, J. B. Leishman e Stephen Spender, que o amor, como a morte, era por ele concebido como uma extensão da vida humana para o infinito. Sua paixão e sua fome não podem e não devem ser satisfeitas pelo objeto que o desperta; ele se dirige para algo infinito, que se estende para além do lado visí-

[92] "tudo tenta afastar-me deste ofício do verso".

[93] "os poetas crescem com seu sofrimento, como se não houvesse outra coisa para tornar um poeta excelente senão penúria e descontentamento".

vel da vida, o invisível lado que chamamos morte. Diz Rilke na nona elegia que nada nos acontece, senão apenas o sofrimento: "Acima de tudo, a dureza da vida, a longa experiência do amor; de fato, coisas puramente indizíveis". Poderíamos observar que tudo isso é sofrimento humano, e não poético, mas isso nada significaria para um homem que foi o poeta por antonomásia.

Sobre a íntima conexão entre o sofrimento pessoal e a obra de arte são significativas as palavras por ele escritas num caderno de notas enquanto preparava os textos da décima e da quinta elegias: "A arte não pode ser útil por meio de nossos esforços para ajudar-nos e, especialmente, ocupar-nos com o sofrimento dos outros, mas, na medida apenas em que suportamos apaixonadamente nossas próprias aflições, damos, vez por outra, um sentido mais claro à palavra resignação e desenvolvemos, para nós próprios, os meios para expressar o sofrimento interior" (1948, 25, 83, 85, 91, 151, 152 Appendix II "Love and death" e 16). Era constante em Rilke a agonia da criação. Estão os "Cadernos de Malte Laurids Brigge" repletos de passagens nas quais o poeta expressa o sofrimento que representa para ele escrever o poema (1958).

Cada poeta falará do sofrimento com uma nota pessoal, de tristeza, de frustração, de amargura, de sentimento de impotência ou de incompreensão por parte do público, quantas sejam suas experiências particulares. Em comum é o apresentarem-se sacrificados. No limite como o "homem das dores", de Ungaretti, incorporando a citação proléptica de Isaías (Isaías 53:3-4). Baudelaire deu a sua contribuição ao escrever numa carta a Sainte-Beuve: "*Poète, est-ce une injure ou bien un compliment?*",[94] quando ele próprio tem de longe a resposta, pela boca da mãe, no poema "Bénédiction", que narra o nascimento do poeta: "*Ah! que n'ai-je mis bas tout un nœud de vipères, / Plutôt que de nourrir cette dérision!*"[95] (1961, 35 e 165).

---

[94] "Poeta, é isso uma injúria ou um cumprimento?"

[95] "Ah! tivesse eu gerado um ninho de serpentes / Em vez de amamentar esse aleijão sem graça!" (trad. de Ivan Junqueira, em Baudelaire, 1985, 105). As amargas palavras atribuídas por Baudelaire à sua mãe são, evidentemente, uma imagem poética. Não assim, porém, as que a mãe de Cioran a ele dirigiu vendo-o tão permanentemente dominado

Leopardi fala do "crime abominável de nascer" (1986, 58). A propósito, diz a poeta americana Denise Levertov que o poeta dá à luz o poema como num parto (*El poeta*, III, 79). A obsessão do poeta pelo sofrimento é de tal ordem que Gesualdo Bufalino chega a ter "pânico de não se sentir sofredor"! (2000, 157).

Lamento específico do poeta é a reiteração do sofrimento que lhe causa a busca da palavra certa para o verso que compõe. Donde chamar Cioran o poeta de "fátuo monstro, torturador, mártir do adjetivo" (o que nos faz lembrar as palavras de Cocteau em "*Secrets de beauté*": "*Les poètes doivent craindre l'adjectif comme la peste*").[96] Como quer que seja, o poeta termina por escrever o poema e, como diz Antonio Candido, evocando a noção de échec, de Mallarmé, "a redenção do malogro é o relato do malogro, isto é, o poema feito..." (2010, 26).

Outros levam menos a sério o labor do ofício. Para Dylan Thomas, o poeta não é mais do que um *jongleur* de palavras. Bachelard, com a autonomia que lhe dava não ser poeta, pode diminuir o esforço que os poetas fazem na composição de sua obra: "*Les mots*" — diz Bachelard — "*sont de petites maisons avec cave et grenier* [...] *Monter et descendre dans les mots, c'est la vie des poètes*"[97] (Esteban, 1987, 112, 113). Vicente Huidobro diz: "*Manicura de la lengua es el poeta*" (1976, 61). Citando Huidobro, temos de parar um instante porque nele encontramos uma bela mistura de angústia existencial, expressa, talvez, com suficiente autoironia e complacente aceitação do caráter parodístico, e mesmo histriônico, que pode assumir a linguagem poética. Na poesia desse chileno esdrúxulo bem se reflete o homem que era, "*rico, ególatra, genial, loco, desbordado, verborreico, artista del mito, arbitrario, profundo, grotesco, superficial, discípulo de los franceses, igual de los franceses, jefe de escuela, chileno y francés, generoso y repelente, lúcido y*

---

por uma tristeza existencial sem limites, o que, por algum tempo, não fez mais do que exacerbar a angústia existencial do filósofo e levá-lo mesmo a pensar em suicídio.

96 "Os poetas devem temer o adjetivo como a peste".

97 "As palavras são casinhas pequenas com adega e celeiro [...] subir e descer pelas palavras é a vida dos poetas".

oscuro, ético y antiético, desgarbado, grandioso" como o descreve Eduardo Lizalde, na introdução à edição canônica de *Altazor*, seu livro-poema mais conhecido. Do homem, diz Huidobro ser um "[*a*]*nimal metafísico cargado de congojas*"; da loucura atribuída ao poeta: "*Se yo hiciera por lo menos una locura por año, me volvería loco*"; do poema: "*Un poema es una cosa que será. Un poema es una cosa que nunca es, pero que debiera ser. Un poema es una cosa que nunca ha sido, que nunca podrá ser*". Às vezes se queixa de que tudo é poesia: "*Demasiada poesía / desde el arco iris hasta el culo pianista de la vecina*". Outras, lastima a gravidade excessiva de certos poetas formalistas e declama: "*Todas las lenguas están muertas // Muertas en manos del vecino trágico / Hay que resucitar las lenguas / Con sonoras risas / Con vagones de carcajadas / Con cortacircuitos en las frases / Y cataclismo en la gramática / Levántate y anda* / [...] / *Una bella locura en la vida de la palabra / Una bella locura en la zona del lenguaje*" (1976, 7, 13, 33, 61, 63-64).

Na sua introdução ao livro *Philosophy and Poetry*, de Henri Bergson, na qual o filósofo francês, então com 25 anos, faz uma ampla análise da famosa obra de Lucrécio *De Rerum Natura*, escreve o prolífico historiador da filosofia Wade Baskin um comentário que bem poderia ter servido de epígrafe a toda a seção que agora encerramos: "Embora as ideias de Bergson sobre o assunto não tenham sido elaboradas senão muitos anos mais tarde, seu estudo de Lucrécio indica claramente a direção que seu pensamento iria tomar. No estudo, ele se refere, por exemplo, às 'nobres ansiedades' do homem. A ansiedade é o produto da sua liberdade; a habilidade de orientar-se no processo de escolha, mesmo que a escolha final, contemplada retrospectivamente, pareça ter sido determinada por causas exteriores, é o que põe o homem acima do animal [*the beast*]; causa ansiedade porque é criação, e criação é labuta [*toil*]." Por outro lado, é a consciência moral do poeta, sua corajosa persistência na autodeterminada tarefa de "servir à humanidade", o que lhe permitirá retirar consolo do reconhecimento da própria impotência (Bergson, 1959, 6, 53).

Um claro exemplo de sofrimento fingido é o do poeta que se queixa da monotonia da vida. Laforgue (1986, 112, 62) o representa com finura em "*Complainte sur certains ennuis*": *Ah! que la Vie est quotidienne...*";[98] ou em "*Complainte d'un autre dimanche*": "*Ah! qu'est-ce que je fais, ici, dans cette chambre! / Des vers. Et puis, après?* [...] *Quoi! la vie est unique, et toi, sous ce scaphandre, / Tu te racontes sans fin, et tu te ressasses!*"[99] Anatole France desfaz do tédio dos poetas: "*L'ennui des poètes est un ennui doré, ne le plaignez pas trop; ceux qui chantent savent charmer leur désespoir; il n'est telle magie que la magie des mots. Les poètes se consolent, comme les enfants, avec des images*"[100] (1921, 116).

Caso especial da monotonia malsinada pelo poeta é a incomodidade provocada pela vida doméstica. Já a vimos descrita por Laforgue. Dele ainda são os versos: "[...] *mes grandes angoisses métaphysiques / Sont passées à l'état de chagrins domestiques*"[101] (1986, 170). Baudelaire, radical, resume: "*La monotonie, cette moitié du néant*"[102] (1961, 213). William Empson, escrevendo sobre Dylan Thomas em *The New Statesman* (29/10/1965), narra como o poeta achava "*frightening* [...] *to have nothing to do next day; sometimes, he said, I buy a Mars Bar* [barra de chocolate], *and I think tomorrow I will eat that so then I can go to sleep because I have a plan*".[103] Seamus Heaney confessa, num poema de *Wintering out* (1972): "*I feel lost, / Unhappy and at home*"[104] (1999, 63). Em outro poema, esse de *Field Works* (1979), se pergunta: "*What is my apology for poetry?*"[105]

[98] "Ah! Como a vida é cotidiana..."

[99] "Ah! o que é que eu faço aqui, neste quarto! Versos. E daí? O quê! A vida é única, e tu, dentro desse escafandro, tu te descreves sem fim, e tu te repetes".

[100] "O tédio dos poetas é um tédio dourado, não o lamenteis demasiado; aqueles que cantam sabem dar charme aos seus desesperos; não há magia que se compare à das palavras. Os poetas se consolam, como as crianças, com imagens".

[101] "minhas grandes angústias metafísicas passaram ao estado de desprazeres domésticos".

[102] "A monotonia, essa metade do nada".

[103] "assustador... não ter nada a fazer no dia seguinte; algumas vezes, disse, eu compro uma barra de Mars e me digo "amanhã eu vou comê-lo" e então posso dormir porque tenho um plano".

[104] "me sinto perdido, infeliz e em casa".

[105] "Qual é a minha desculpa para a poesia?"

E a razão da pergunta parece estar no poema "*An afterwards*", da mesma coletânea, no qual o poeta narra o que deve ter sido um penoso diálogo com a esposa a propósito, exatamente, dessa questão. O poeta a acusa: "*She would plunge all poets in the ninth circle*".[106] Mas abre espaço, honestamente, para as razões das queixas da esposa e dá-lhe a palavra no poema: "*And she: 'I have closed my widowed ears / To the sulphurous news of poets and poetry. Why could you not have, oftener, in our years / Unclenched, and come down laughing from your room / And walked the twilight with me and your children* — [...] *You aspired to a kind, Indifferent, faults-on-both-sides tact. / You left us first, and then those books, behind*'"[107] (1988, 117 e 119). Philip Larkin exprime semelhante sentimento em "*Poetry of Departure*": "*Sometimes you hear, fifth hand, / As epitaph: / He chucked up everything / And just cleared off, and always the voice will sound / Certain you approve / This audacious, purifying, / Elemental move. / And they are right, I think / We all hate homes / And having to be there*".[108] E no poema "*Want*" diz claramente que, para além de toda a rotina doméstica, "*Beyond all this, the wish to be alone*"[109] (*in* Alvarez, 1986, 90 e 102). De quantos outros poetas e esposas de poetas não seria possível ouvir o mesmo diálogo?

A comunhão do poeta com o seu poema é íntima, profunda e, às vezes, quase mística. Não me contradigo. Quando ironizei a empáfia dos poetas que se julgam eleitos das musas, ou dos deuses, queria apenas ressaltar que nem toda construção poética resulta de um êxtase, nem pode o poeta considerar-se um profeta ambu-

---

106 "Ela colocava todos os poetas no nono círculo".

107 "E ela: 'Fechei minhas orelhas viúvas às sulfurosas novidades dos poetas e à poesia. Por que você não pôde mais vezes, em nossos anos, relaxado, descer do seu quarto rindo e ir passear ao pôr de sol comigo e as crianças (?) ... Você esperava uma espécie de conversa indiferente tipo houve-falta-de-ambos-os lados. Você nos deixou primeiro, e então aqueles livros, para trás'".

108 "Algumas vezes você escuta, de quinta mão, como epitáfio: Ele jogou a toalha para tudo e mandou-se, e sempre a voz soará como se, certamente, você aprovasse esse gesto audacioso, purificador, elementar. E estão certos, penso, Nós todos odiamos lares, e ter que viver neles".

109 "Além disso tudo, o desejo de estar só".

lante porque lhe ocorre ver, e dizer o que vê, com uma riqueza metafórica que nem sempre traduz uma visão privilegiada, mas é, em uma boa maioria dos casos, apenas uma especial habilidade de juntar palavras. Heine o disse, à sua maneira: "*Und als ich euch meine Schmerzen geklagt, / Da habt ihr gegähnt und nichts gesagt; / Doch als ich sie zierlich in Verse gebracht, / Da habt ihr mir grosse Elogen gemacht*"[110] (s.d., II, 45).

Muitas vezes o poeta se confessa frustrado pelos sacrifícios que fez e os sofrimentos que suportou para manter-se fiel à sua vocação. Os exemplos são muitos. Fiquemos com Ronsard, que tão bem os exprimiu. No "*Dialogue du poète et des muses*", de 1556, a elas pergunta: "[...] *quelle récompense aurai-je de tant suivre / Vos danses nuit et jour, un Laurier sur le front? / Et cependant les ans, auxquels je dusse vivre / En plaisirs et en jeux, comme poudre s'en vont!*"[111] (1963b, 451). As Musas lhe dirigem palavras animadoras que o poeta parece aceitar, mas, poucos anos depois, em 1560, vamos encontrá-lo, num poema intitulado "La vocation", lamentar-se amargamente da vida que levou, "*Caressé d'Apolon et des Muses aimées*": "*Pour elles à trente ans j'avais le chef grison, / Maigre, pâle, défait, enclos en la prison / D'une mélancolique et rhumatique étude, / Renfrogné, mal courtois, sombre, pensif et rude, / Afin qu'en me tuant, je pusse recevoir / Quelque peu de renom pour un peu de savoir*",[112] apresentando, em conclusão, o veredito: "*Laisse ce froid métier qui jamais en avant / N'a poussé l'artisan, tant fût-il bien savant, / Mais avec sa fureur qu'il appelle divine, Meurt toujours accueilli d'une pâle famine*"[113] (1963b, 461).

---

[110] "Quando vos falei de meus sofrimentos, bocejastes, sem responder; quando os pus em versos elegantes, me fizestes grandes elogios".

[111] "[...] que recompensa terei de tanto seguir vossas danças noite e dia, uma coroa de louros na testa? E, enquanto isso, os anos que eu devesse ter vivido em jogos e prazeres, como pó se esvaem!"

[112] "Por causa delas, aos trinta anos, eu tinha a cabeça grisalha, magro, pálido, desfeito, fechado na prisão de um melancólico e reumático estudo, contraído, descortês, sombrio, pensativo e rude, a fim de que, em me matando, pudesse receber algum renome por um pouco de saber".

[113] "Larga esse frio ofício que nunca avante empurrou o artesão, fosse ele o mais sábio, mas, com o seu furor, que ele diz divino, morre sempre acolhido pela pálida fome".

Desse generalizado lamentar-se do poeta, Goethe dirá, mais tarde: "Os poetas escrevem todos como se estivessem enfermos e o mundo inteiro fosse um hospital. Todos falam das dores e misérias da terra e das alegrias do além, e, descontentes como o são, se excitam mutuamente a ver quem seja o mais infeliz" (Charpier, 1951, 187).

Solitário. Incompreendido

O trabalho do poeta é eminentemente solitário. Nada, ninguém deve perturbá-lo enquanto escreve. Na verdade, longe de realizar-se o poema num surto de palavras que lhe chegam oportunas e de enxurrada, o poeta — o verdadeiro poeta — entra num corpo a corpo com a linguagem que mais se assemelha à luta de Jacó com o emissário celeste (o próprio Deus?).

Em seu já citado *Psychologie de la création*, diz Pierre Debray-Ritzen que o artista tem com sua obra uma ligação de amante, clandestina, de vício privado. Trabalha no isolamento, com tenacidade e abnegação. Nada mais verdadeiro no caso do poeta, insisto, do poeta verdadeiro (1979, 199, 201).

"A escrita de poemas requer paz e solidão", disse Ovídio (1997, 45). Solidão, sim. Paz? Claro que Ovídio quer referir-se à disponibilidade para a escrita, à não interferência de ruídos e preocupações que lhe dispersem a concentração. Paz interna, espiritual, certamente não, pois sofre com as exigências da obra que compõe. Nesse momento, sua concentração é tal que não se pode crer possa ele dedicar qualquer migalha de tempo a outros assuntos. Já falava Baudelaire, citando La Bruyère e Pascal, no capítulo XXIII de *Le Spleen de Paris*, precisamente intitulado "La Solitude", do primeiro, aquele "*grand malheur de ne pouvoir être seul*"[114] e, do segundo, "[*p*]*resque tous nos malheurs nous viennent de n'avoir pas su rester dans notre chambre*"[115] (1980, 314), uma lição que Xavier de Maistre soube aplicar com tão bons resultados.

---

[114] "aquela grande infelicidade de não poder estar só".

[115] "quase todos os nossos males nos veem de não sabermos ficar quietos em nosso quarto".

Conta-nos Gaston Bachelard que Jean Cassou tinha ganas de dirigir-se a Milosz com a pergunta: "*Comment se porte Votre Solitude?*", com o que estaria, precisamente, reconhecendo a grandeza do poeta. Numa reflexão sobre o ato solitário do escritor, diz Bachelard, em outra parte da mesma obra, que "*la solitude s'accroit si, sur la table éclairée par la lampe s'étale la solitude de la page blanche*"[116] (1980, 53 e 108). O poeta japonês Taro Yamamoto (não confundir com seu homônimo ator) compara a solidão do poeta à do farol, que dá título, precisamente, a um de seus poemas, "*Poets resemble lighthouses / experiencing anguish / they build their solitude // Because their light / is always stolen by the distance / their interior / is deeper than any darkness*"[117] (Poesia japonesa, 1972).

Entre aqueles assuntos que não devem perturbar a solidão do poeta, sobretudo nos momentos em que a voz da criação lhe fala, incluo a aceitação do que escreve para um futuro público. Creio, firmemente, que essa é uma preocupação que não pode interferir no processo de criação. Vejo um pintor, por exemplo, fazendo um quadro pensando no eventual comprador, acomodando-se a um estilo, a uma escola, que lhe sejam receptivos, de olho, por assim dizer, no mercado. O poeta não deve e, mais do que isso, não pode preocupar-se com o valor de mercado do seu poema. E isso, entre muitas razões, a maior das quais é a inteira independência e liberdade que lhe é indispensável para sua realização pessoal como artista e sua missão como poeta, e porque — e disso muitos já se lamentam — a poesia já perdeu, na sociedade contemporânea, o status social e cultural que já foi seu no passado longínquo e lhe assegurava uma certa clientela pela qual tinha respeito e com a qual se sentia comprometido. Voltaremos a isso oportunamente.

[116] "a solidão se acresce se, sobre a mesa iluminada pela lâmpada, expõe-se a página em branco".

[117] "Os poetas se assemelham a faróis, experimentando sua angústia, eles constroem sua solidão, porque sua luz é sempre roubada pela distância, seu interior é mais profundo do que qualquer escuridão".

"*Tu te sens seul au coeur de la beauté du monde*",[118] mais uma vez Hölderlin (1974, 453). A beleza é exigente com o artista, quer-se vivida por ele com exclusividade em relação a qualquer outro sentimento. É o que sente e diz o poeta mexicano Efraín Huerta: "*Oscuramente bella la soledad germina en torno de mi cuerpo*" ("*Estrella en alto*", 1985, 161).

O grande poeta exalta a própria solidão como apanágio. Vejamos Saint-John Perse (sempre ele!) que vê a si próprio "*étranger sur toutes grèves de ce monde, sans audience ni témoin*",[119] "*hôte précaire à la lisière de nos villes*",[120] algo difícil de acreditar sincero em quem foi diplomata de êxito, secretário-geral do Quai d'Orsay e ganhador do Prêmio Nobel de Literatura. A essa pretendida modéstia prefiro a sinceridade de quem diz: "*Tout grand poète ayant une vive imagination est timide, c'est-à-dire qu'il craint les hommes pour les interruptions et les troubles qu'ils peuvent apporter à ses délicieuses rêveries*".[121] Falo de Stendhal que, por acaso, não era poeta (1965, 59-60). Ou, mais "prosaicamente", de Guido Ceronetti, quando pergunta: "*Ci sarà ancora un po' di poesia in questo nostro inferno?* [...] *Quando mi metto, costretta ogni altra cosa alla calma, a comporre versi, sento di chiudere veramente la porta alla canaglia e ai rumori, ai cattivi spiriti, alle cose bastarde e alle impurità, e di aprirne un'altra su una pulita notte che il coltello della storia umana non ha ferito*" (1988, 161).

Mas há de tudo, entre os poetas. Em "*I wandered lonely as a cloud*", Wordsworth fala da "*bliss of solitude*" e chega a dizer que "[*a*] *poet could not but be gay*"[122] na companhia de si próprio! (2004, 7). Já Baudelaire, ao contrário, chega à plenitude da abjeção: "*Je suis un cimetière abhorré de la lune*"[123] (1961, 175).

---

118 "Tu te sentes só no coração do mundo".

119 "estrangeiro em todas os recantos do mundo".

120 "hóspede precário nos subúrbios de nossas cidades".

121 "Todo grande poeta, tendo uma grande imaginação, é tímido, quer dizer, teme os homem pelas interrupções e os problemas que podem aportar a seus deliciosos devaneios".

122 "[um] poeta não pode ser alegre".

123 "Eu sou um cemitério odiado pela lua" (trad. de Ivan Junqueira, em Baudelaire, 1985, 293).

Nietzsche media o valor de um homem pela quantidade de solidão que podia suportar, recorda-nos Ortega y Gasset (1975, 82). Talvez seja essa a medida, também, para reconhecer o verdadeiro poeta.

Compensações. Alegria

> Meus versos são uma astúcia inocente, um colorido acrescentado aos objetos que passaram frente a meus olhos e que eu gostaria de ter apreendido ou fixado para dar encanto, por um momento, a meus sensabores e àqueles dos outros.
>
> Byron, cit. em Charpier, 1951, 401

Na contramão dessa litania de lamentações, poucos são os poetas que têm a sinceridade de dizer que a alegria de ver sua obra completada mais do que compensa os sofrimentos que acompanharam o seu trabalho. Coleridge teve essa compensação, como já vimos ao tratar da função da poesia. Dylan Thomas parece dizer o mesmo, em suas memórias: "A Poesia, para o poeta, é o mais compensador trabalho que existe." E daí segue o texto que já conhecemos, aqui repetido pelo sentido que dá à citação como um todo: "Um bom poema é uma contribuição para a realidade. O mundo jamais será o mesmo desde que um bom poema lhe tenha sido acrescentado. Um bom poema ajuda a modificar o significado do universo, ajuda a alargar o conhecimento que cada um tem de si mesmo e do mundo à sua volta" (1968, 169). Em *El libro de arena*, diz Jorge Luis Borges do poeta: "*Escribirás poesías que te darán un agrado no compartido*" (1977, 11). De Auden temos a jocosa confissão: "*Miss God appears to have decided that I am to be a writer and have no other fun*".[124] É ambígua a sentença e, provavelmente, não é um

---

[124] "Miss God aparentemente decidiu que eu deva ser um escritor e não ter outra alegria". A frase consta de uma carta de Auden a Rhoda Jaffe, que por alguns anos teve um *affair* sexual com o poeta, e é citada por Richard Ellman em artigo publicado em *The New York Review of Books* (23/10/1980). Observa Ellman que a implícita queixa de Auden pode ter a ver com o fato de que, sendo ele homossexual, estava impedido de

queixume com relação à poesia. Ao contrário. Talvez queira o poeta dizer que, sentindo-se frustrado na vida privada sentimental, na poesia encontrou consolação.

William Carlos Williams diz que o poeta é o mais feliz dos homens. "[P]enso que uma fé básica no mundo, um real amor pelo mundo, para ser breve: a felicidade é o terreno essencial para a criação do poeta. Não creio que a infelicidade induza a cantar ou a construir algo." O poeta quer um mundo melhor do que o que vê ao seu redor. "É tarefa do artista fazer o mundo melhor." É aí que o poeta moderno difere de seus "desesperados confrades do passado" (*El poeta*, IV, 134-135).

Talvez porque o poeta é suposto sofrer, ele esconde o prazer que lhe dá escrever o poema. É o que diz a grande poeta americana Denise Levertov no texto intitulado "Trabalhando e sonhando": "Há um segredo que os artistas compartem — mas é tão secreto que sequer o mencionam entre si — e é a estranha felicidade e o prazer que têm no seu trabalho. Quando dá completamente certo é como se um pênis ereto penetrasse numa vagina totalmente preparada para recebê-lo." O sofrimento todo do poeta — ou quase todo — é por outras coisas. Pode ocorrer que em algum momento se sinta ansioso porque uma interrupção, uma distração, o faça perder alguma coisa que estava por vir e desapareceu. É uma vergonha que o poeta esconda a própria facilidade de escrever para justificar a pena que tenham dele, o que muitas vezes ocorre porque na nossa sociedade supercompetitiva o trabalho que não seja suado não é valorizado. O difícil para o poeta não é "a luta pela expressão", mas "focalizar a atenção no que lhe é dado" (*El poeta*, II *47*, 45, 46, 53, 54).

---

ter relações sexuais devido às sequelas de uma rutura no ânus, detalhe que contraria tudo o que o poeta poderia desejar fosse divulgado. Em uma resenha sobre a obra do Autor, publicada no número de *Time Magazine* de 6/7/1970, ele é citado dizendo que biografias e autobiografias "são sempre supérfluas e usualmente de mau gosto. Um escritor é um fazedor, não um homem de ação. Sua vida privada não é, ou não deveria ser, objeto das atenções de quem quer que seja, exceto ele próprio, sua família e seus amigos".

É nesse contexto que podemos entender o que disse o poeta português Miguel Torga: "É feliz o poeta / Que ninguém lê" (s.d., ii, 51).

Não é de um poeta a citação com que pretendo encerrar estas considerações, mas do tenebroso Léon Bloy. Escreve ele a Juana Molbech que a alegria "*es el signo más infalible de la presencia de Dios*". Como autêntico filho do Midi, sente-se "*saturado de vida sensual, ávido de alegrías exteriores*", mas confessa ser "*naturalmente triste, como se es bajo o como se es rubio. He nacido triste, profundamente triste*". Mas, ele próprio reconhece, "*tal vez se mescle sin que yo sepa a la expresión de mis penas un poco de* literatura". Aliás, ele diz que não seria o que é, um escritor, se "*esta perra de la literatura no interviniera en los movimientos más ingenuos de mi corazón*" (1944, 83, 104, 154, 175). O poeta, quem sabe, muitas vezes estará *fazendo literatura* ao escrever sobre suas penas. E vem-nos à mente Verlaine: "*Et tout le reste est littérature.*"

Caso especial é o do poeta com a missão de trazer alegria. Aparentemente isso só ocorre na poesia dos inocentes úteis do regime soviético. Assim, podemos escutar Neruda dizendo: "*Las cosas cambiaron porque el mundo cambió. Y los poetas, de pronto, encabezamos la rebelión de la alegría. El escritor desventurado, el escritor crucificado, forman parte del ritual de la felicidad en el crepúsculo del capitalismo. Hábilmente se encausó la dirección del gusto a magnificar la desgracia como fenómeno de la grande creación. La mala conduta y el padecimiento fueron considerados recetas en la elaboración poética.* [...] *El dogma fue que este camino de espinas debía ser la condición inherente de la producción espiritual.* [...] *Lo extraño es que estas ideas de la antigua y ríspida burguesía continúen vigentes en algunos espíritus.* [...] *Los poetas tenemos el derecho a ser felices, sobre la base de que estamos férreamente unidos a nuestros pueblos y a la lucha por su felicidad*" (Neruda, 1994, 363-364). Neruda cita em abono o testemunho de Ilya Ehrenburg, que sobre ele escrevera: "*Pablo es uno de los pocos hombres felices que he encontrado.*"

Cecília Meireles prefere dizer: "Não sou alegre, nem sou triste: / sou poeta" (2003, 134). Rilke desconstrói por completo o conceito de "felicidade" ao escrever, na "Nona elegia", ela nada mais ser do que "*the premature profit of imminent loss*"[125] (1948, 83).

Mentiroso. Fingidor

J'ose seulement dire (si mon opinion a quelque poix) que le Poëte qui escrit les choses comme elles sont ne merite tant que celuy qui les feint & se recule le plus qu'il luy est possible de l'historien.
Ronsard, primeiro prefácio a *La Franciade*, 1572 (Holyoake, 210)[126]

La tromperie et la mystification non seulement sont inévitables, mais forment l'honnêteté de l'écrivain, la part d'espérance et de vérité qu'il y a en lui.[127]
Maurice Blanchot, *La part du feu*

As musas do Olimpo, filhas de Zeus, gabavam-se de poder "contar mentiras em tudo parecidas com a realidade", narra Hesíodo (1977, 33). Horácio, em sua *Arte poética*, na tradução da marquesa de Alorna, diz: "Poetas e pintores têm licença, / ora lha damos, ora lha pedimos, / de fingir o que mais agradar possa", o que leva Francisco de Holanda a comentar: "Muita mor falsidade é pôr uma coisa certa fora de seu lugar que não uma inventada no lugar que a está pedindo" (1955, 69 n. e 71). Marc Fumaroli vê no verso "*quidlibet audendi potestas*" [essa inteira liberdade de ousar] a permissão que Horácio estende aos poetas (1994, xix). Platão os excluía da sua República. As obras do poeta "estão de três graus afastadas do real [...] são aparências, não realidades". "De pleno direito, a poesia deve ser expulsa de nosso Estado em razão de seu caráter"

125 "a prematura vantagem de uma perda iminente".

126 "Ouso apenas dizer (se minha opinião tem qualquer peso) que o Poeta que escreve as coisas como elas são não merece tanto quanto aquele que as finge & se afasta, o mais que lhe é possível, do historiador."

127 "A mistificação e o embuste não apenas são inevitáveis, mas compõem a honestidade do escritor, a parte de esperança e de verdade que ele tem em si."

(1977, 1210 e 1221). Maomé recomendava cuidado com os poetas. "Só os homens que erram põem fé nas palavras do poeta" — advertia — "não vês que passam a vida a dizer o que não sentem?" (Alcorão, XXVI-224-226, Savary, 1948, 380).[128] Jorge Manrique, no século XV, nas *Coplas a la muerte de su padre*, dizia dos "famosos poetas": "*No curo de sus ficciones, / que traen yerbas secretas / sin sabores*". Lembremos que, na linguagem medieval, *yerbas secretas* queria dizer venenos secretos (1980, 18). Ronsard, um século depois, em "*L'appel de la Muse*", explica que foi de seu mestre, Dorat, que aprendeu a poesia, "*et (il) me montra comment / On doit feindre, et cacher les fables proprement, / Et à bien déguiser la vérité des choses / D'un fabuleux manteau dont elles sont encloses*"[129] (1963 b, 465). La Fontaine (1966, 73) dizia que a poesia vivia de mentiras: "*Le mensonge et les vers de tout temps sont amis.*" [A mentira e os versos sempre foram amigos]. "Poeta, e não homem honesto", disse Pascal duas vezes na introdução aos seus famosos *Pensamentos* (1964, *Articles* I.30 e I.38, 80 e 82). Nietzsche, pela boca de Zaratustra, se diz fatigado dos poetas: "Mentem demais. [...] Para mim são todos superficiais. [...] Perturbam as águas para dar-lhes a impressão de profundas." "Falso pobre, falso rico", reconhece Verlaine (1973, 527). Falam "de memórias e desejos de coisas que não existem", diz Gustavo Adolfo Bécquer (1977, 90); ou as "dizem de maneira certa, mas com palavras que não as exprimem", comenta Gide,[130] segundo uma citação de Aragon, o mesmo Aragon que, em *Les yeux d'Elsa*, no poema "Plainte pour le quatrième centenaire

---

[128] Teoricamente o Alcorão é intraduzível, por não admitir interpretações à palavra divina, expressada em árabe. A tradução no texto é a de M. Savary para *Le Koran*, da Garnier Frères. Mais fluente é a redação dada por René R. Khawan em *Les délices des cœurs* (Al-Tifachi, 1981, 11 e 108): "*Seuls les hommes qui errent ajoutent fois aux propos des poètes. Ne vois-tu pas que les poètes divaguent dans chaque vallée et qu'ils passent leur temps à dire ce qu'ils ne font pas?*" [Apenas os homens que erram põem fé nas palavras dos poetas. Não vês tu que os poetas divagam em toda parte e passam o tempo a dizer o que eles mesmos não fazem?].

[129] "e ele me mostrou como se deve fingir e esconder as fábulas adequadamente, e a bem disfarçar a verdade das coisas com um manto fabuloso que as encubra".

[130] Gide, a propósito de uma ideia de poesia de Théodore Bainville, citado por Aragon no nº 3 da revista *Poésie*, Paris, 1995, p. 146.

d'un amour", pergunta: "*N'aimes-tu pas le velours des mensonges?*" (1966, 63). Ou veja-se o que diz Leopardi, no *Zibaldone*: "*Si il poeta non può illudere, non è più poeta* [...] *una poesia ragionevole è lo stesse che dire una bestia ragionevole*". Em *La mort de Virgile*, Herman Broch faz o poeta romano dizer que apenas a mentira traz glória ao poeta e põe na boca de Lucius, um dos amigos que tentam dissuadir o autor moribundo da intenção de destruir o manuscrito da *Eneida*, a observação de que falar de sinceridade na arte é expor-se a um declive escorregadio (1984, 15 e 235). O que nos leva a uma oportuna reflexão de Harold Bloom. Ao citar a afirmação de Oscar Wilde de que "toda má poesia é sincera", comenta o crítico inglês: "Sem dúvida seria errado dizer que toda grande poesia é insincera, mas claro que toda ela necessariamente conta mentiras, ficções essenciais à arte literária. A literatura autêntica, grande, depende do tropo, um desvio não só do literal, mas de tropos anteriores" (2002, 20).

Camões sabia o que dizia quando escreveu: "O poeta não doma as lágrimas / senão com fabricar na fantasia / fantásticas pinturas de alegria" (1994, 164). "*Maladresse feinte, boiterie savante, signe des grands poètes et sans lesquelles il n'existe que platitude*",[131] diz Cocteau. Parafraseando-o, observa Jean-Marc Debenedetti que a poesia não é apenas uma mentira que diz a verdade, mas a verdade vestida numa mentira.[132] Por outras palavras, é o mesmo que encontramos no poeta mexicano Xavier Villaurrutia: "*La poesia es la verdad inventada*" (1974, 610). O poeta italiano Gesualdo Bufalino, ao fim da vida, dizia de si mesmo: "Tu mentiste, e como, mas quase nunca por da mentira tirar proveito, e sim para embelezar com redundância e panache a nudez das coisas, sua horrível algidade" (2000, 184). Francisco Alvim confessa: "Dizem que quem cala consente / eu por mim / quando calo dissinto / quando falo / minto". Auden racionaliza

---

[131] "Inépcia fingida, coxear esperto, signo dos grandes poetas e sem os quais não existe senão platitude". Cocteau citado por Clément Borgal, em *Jean Cocteau ou De la claudication considérée comme l'un des beaux-arts*, Paris, PUF, 1990.

[132] Jean-Marc Debenedetti, em *Poesie 1, Le magazine de la poésie, Dossier: les poètes et l'écriture*, setembro de 1997, p. 8.

a questão e diz que na poesia os fatos deixam de ser falsos ou verdadeiros e tornam-se apenas possibilidades interessantes (1968, 19).

Depois de tanta autoflagelação, bom é recordar as palavras de sensatez do linguista alemão Harald Weinrich, tão pouco conhecido no Brasil: os poetas descobriram a mentira como tema literário e a transformaram em sua bem consistente província literária. Mas não será isso o resultado de uma involuntária, ou mesmo voluntária, perversão no uso do conceito recoberto pela palavra "mentira"? Ao retrocedermos a discussão do estágio em que se debate se o poeta mente ou não para o nível da discussão filosófica do que é a mentira, podemos chegar à conclusão de que todas aquelas asserções sobre a mentira dos poetas, ou da poesia, não passam de vãs palavras. Weinrich toma como ponto de partida a definição de "mentira" dada por Santo Agostinho. Se bem que formulada inicialmente para definir o pecado, presta-se a uma aplicação pragmática moral e linguística: "A mentira é qualquer enunciação que se acompanhe da intenção de enganar". Ora, argumenta Weinrich, sempre que a mentira estiver acompanhada de um "sinal" que transmita a quem a receba a notificação de que se trata de uma falsidade, ela perde a condição de mentira. O "sinal" desfaz a intenção malévola. Na conversação, esse sinal pode até ser apenas fisionômico. Na literatura, ele já está dado desde que a obra seja apresentada como ficção. Na poesia, já é admitido por definição. À luz dessas reflexões, adquire todo o seu valor a frase de Herder: "Somente um louco [*a fool*] confundiria a poesia com a mentira"; ou a de Nietzsche: "A Arte trata da *ilusão* como *ilusão*, portanto não deseja enganar; é verdade" (2005, 65, 74 n. 20 e 71).

Antonio Machado não tem dúvidas a respeito do que seja a verdade: "*La verdad es la verdad, dígala Agamenón o su porquero*" (1976, 13).

Poderíamos seguir indefinidamente, ora louvando ora deslouvando a poesia e o poeta. Mas uma vez que já demonstramos, com o apoio dos depoimentos de tantos nomes ilustres, a tese de que o que caracteriza o poeta é o uso consciente do fingimento lúdico e a esperança, ou a certeza, de que encontrará no leitor um conivente voluntário, e mesmo ávido, terminemos nossa litania com a mais conhecida de todas as citações, a inevitável tirada do grande Fernando Pessoa que do poeta disse ser "um fingidor. / Finge tão completamente / Que chega a fingir que é dor / A dor que deveras sente" ("Autopsicografia", 1960, 97). Ana Cristina Cesar, que aos 16 anos já teria lido todo o Fernando Pessoa, escreve num soneto, intitulado simplesmente "Soneto": "[...] finjo fingir que finjo / adorar o fingimento / Fingindo que sou fingida" (Cesar, 1985, 38).

Fingimento, pois, o do poeta. Mas nos perguntamos se não será esse fingimento uma maneira de poder encarar a realidade que em sua nudez seria demasiado ofuscante para o nosso entendimento. "Temos a arte para não ter de morrer com a verdade", diz Nietzsche, citado por Auden (1960, epígrafe).

Sedutor

A essa seleção de poetas fingidores podemos fazer suceder aqueles que, com sinceridade, ou apenas querendo fingir que não levam a sério a poesia à qual, no entanto, com fidelidade se dedicam, dela escarnecem ou dela fazem pura diversão.

"Já tive muitas namoradas / bonitas / — todas as que eu quis. / As mulheres / amam os poetas", escreveu Maiakovski no poema "Carta de Paris ao camarada Kostrov sobre a essência do amor" (Campos, 1985, 205). Já Amiel alertava serem os poetas celibatários "*une peste publique*", porque perturbam, até mesmo sem o saber ou querer, todos os corações femininos desempregados (*Journal intime*, 12/7/1866). Dizer isso Amiel em pleno apogeu do romantismo (1866) não parece despropositado. Sabemos todos da fama que tinham os poetas românticos, e não só na França, onde o comportamento desses perigosos sedutores servia de modelo para a juventude de todos os demais países vivendo culturalmente na periferia de Paris. Mas Maiakovski estava falando em 1928, em plena eflorescência do regime soviético, o que quer dizer que pelo menos em seus primeiros anos podia um poeta na União

Soviética "viver de mulheres" (e estou parodiando aqui, vê-se, Rilke, que, como alternativa, desejava "morrer de mulheres"). Modesto Don Juan, Maiakovski não diz quantas elas foram, se as mil e três de que fala Lorenzo da Ponte pela boca de Leporello ou as quatro prováveis do Don Juan Tenorio de Zorrilla. Na verdade, a crer em C. M. Bowra (s.d., 110), o poeta russo teve quatro grandes paixões amorosas, mas de todas fugiu com receio de que o amor fosse funesto para seus dons de criação poética, que nele eram um vulcão incessante e arrasador. Certa ocasião, quando se vê apaixonado, brada que quer escapar da prisão das próprias costelas, mas cai sempre de volta e lamenta ser impossível pular fora do próprio coração: "*Let me escape from my ribs for a start. I jump! I jump!", I jump! I jump! / I crashed back. You cannot jump out of your heart!*" (Bowra, s.d., 104).

Orgulhoso. Vaidoso

Orgulho e vaidade são primos entre si. Com uma diferença: há o bom e o mau orgulho, mas não existe a boa vaidade. Quando falamos de poetas, é às vezes difícil saber por onde andamos nessa escala de valores.

Existem apenas, entre os homens, três seres respeitáveis: o sacerdote, o guerreiro e o poeta, diz Baudelaire em uma de suas mais famosas citações (*Jornaux intimes, Mon cœur mis à nu*, XIII; 1980, 684).

Mallarmé acha pouco que o poeta seja orgulhoso e o incita a ser desdenhoso: "*Poètes, vous avez toujours été orgueilleux; soyez plus, devenez dédaigneux*" (1979, 256). Já vimos Verlaine afirmar que os poetas não deveriam rebaixar-se ao nível das obras vulgares e das chãs vaidades. E temos de relembrar aqui o que dizia Horácio já citado acima: "*Odi profanum vulgus et arceo*". Didático, ensina Gide que o poeta deve orgulhar-se de sua condição, ainda que esconda seu orgulho. Para ele, mesmo que a realidade seja feia, "nós", os poetas, vislumbramos através dela uma perfeição que o homem comum jamais poderá alcançar (1955, 136). Em um ensaio sobre Jorge de Lima, que se julgava embaixador de Deus, diz Ledo Ivo: "Nenhuma criação artística se assenta e prolifera sem o fermento das presunções arrebatadoras" (1994, 140).

Já Lautréamont, e aqui citado por Paul Eluard, disse: "*Parce que vous écrivez en vers est-ce une raison pour vous séparer du reste des hommes?*"[133] (1952, ix). Czeslaw Milosz não compreende a razão de tanto orgulho. De onde tanta certeza? "É difícil entender de onde derivam tal orgulho / quando tão facilmente são expostos ao vexame / de verem-se revelados em toda sua fragilidade" (1994, 55). E Antonio Machado compara o alarde literário do poeta ao do burguês que exibe as riquezas materiais: "*El poeta exibe su corazón con la jactancia del burgués enriquecido que ostenta sus palacios, sus coches, sus caballos y sus queridas*" (1976, 319).

Já vimos Cioran denunciando a vaidade dos poetas, "entufados, sem nenhuma razão". Cioran não era poeta. Mas Sir Walter Scott, que o era, e muito adulado à época em que escrevia, confessava "*ne'er / Was flattery lost on poet's ear*"[134] ("*The Lay of the Last Minstrel*"). Saramago diz que "mais vaidoso do que um poeta só um poeta mais pequeno" (1987, 275). E Saramago é também poeta. Se assim pensa, deve esconder a vaidade que deveria sentir, pois de sua obra poética pouco se sabe e se fala, obnubilada pela do ficcionista de sucesso e ganhador do Prêmio Nobel que ela lhe valeu.

Yeats fala do poeta que canta com "*such airs / That one believed he had a sword upstairs*"[135] ("*All Things Can Tempt Me*", 2007, 143). Refere-se, provavelmente, àqueles que ostentam na cabeça a "*protubérance poétique*" de que fala Xavier de Maistre (1943, 141). Ou que deslizam no ar a dois côvados de altura, os olhos no infinito. Tamura Riûichi os descreve: "*A man who writes a poem / Floats in space / No one can tell / Where the bouyance comes from*"[136] (Poesia

---

[133] "Porque escreveis versos, não é isso uma razão para vos separar do resto dos homens".

[134] "nunca a adulação perdeu seu tempo nos ouvidos do poeta".

[135] "com tais ares que faz pensar ter ele uma espada no andar de cima".

[136] "O homem que escreve um poema flutua no espaço. Ninguém sabe de onde provém sua capacidade de boiar".

japonesa, 1972). Rilke talvez não estivesse sendo tão metafórico quando se pergunta, no poema VII das "Elegias romanas": "Poeta! Aonde te leva o teu voo?" (1986, 127).

O poeta pode demonstrar a vaidade querendo passar-se por humilde, numa espécie de meiosis atenuada. Há exemplos clássicos. De Virgílio, pela voz de Lycidas: "*Et me fecere poetam* [...] *sed non ego credulus illis*"[137] (Éclogas, ix, 32). De Catulo: "*Pessimus omnium poeta*"[138] (*Carmina* xlix, *in Catulus*, 1956, 56). Esses estão usando, com elegância, figuras de retórica. Mas há os que o fazem por exibição, visando a captar do ouvinte ou leitor uma refutação explícita. A eles, a sabedoria de La Bruyère: "Há uma falsa modéstia que é vaidade, uma falsa glória que é leviandade, uma falsa grandeza que é pequeneza, uma falsa virtude que é hipocrisia, uma falsa sabedoria que é afetação" (1965, 126). Ou o fazem com espírito, piscando o olho, como Efraín Huerta: "*Primero / Que nada / Me complace / Enormísimamente / Ser / Un buen / Poeta / De segunda / Del Tercer Mundo*" (1985b, 112).

E há os que talvez estejam sendo sinceros, como o suave Lamartine, com seus poemas soporíferos, quando escreve, na Introdução à *Les Nouvelles Méditations Poétiques*, que "[*j*]*'aurais beau alléguer les meilleurs arguments du monde pour prouver au lecteur qu'il doit trouver du plaisir et de l'intérêt à la lecture de mon ouvre, s'il n'y trouve ni d'intérêt ni charme, c'est le lecteur qui aura raison...*".[139]

Nosso grande Guimarães Rosa, que teria todas as razões para se sentir orgulhoso do trabalho que fazia, disse, certa vez, a Mário Gibson Barbosa: "Escrever é um ato de orgulho; e publicar é um ato de humildade" (Gibson Barbosa, 1992, 9). Melhor formulação não pode haver para a necessária distinção entre o orgulho sadio e a vaidade vã.

---

137 "De me ter feito poeta [...] o que não acredito".

138 "dos poetas o pior".

139 "Eu poderia alegar os melhores argumentos do mundo para provar ao leitor que ele deve encontrar prazer e interesse na leitura de minha obra; se nela não os encontra, é o leitor quem terá razão" (Lamartine, *Les nouvelles méditations poétiques*, na revista *Poésie*, nº 19, citado na introdução, p. 6).

Há o caso específico do poeta que recebeu em vida a consagração como poeta laureado ou como poeta acadêmico. Desse último, diz Ivan Junqueira, poeta e acadêmico, com a segurança do inflexível e objetivo crítico que é: "O que é a imortalidade? / Uma insígnia, uma medalha / com que se louva a vaidade?" (2007, 152). E o poeta romeno contemporâneo Nichita Stanescu desinfla o narcisismo tão frequentemente encontrado entre poetas profissionais e amadores com dois poemas exemplares: "Um poeta não pode ser melhor que outro poeta. Um / poeta pode ser melhor do que ele mesmo ou pior / do que ele mesmo." E, em outro: "Quero te dizer uma coisa, com risco / de me repetir: eu não acredito muito que / existam poetas, acredito que existem poemas."[140]

Impotente

> Talvez não haja nenhum poema, por mais poderoso que seja, que possa aliviar um pingo da dor ou transformar um único momento de injustiça.
>
> Alberto Manguel, 2006, 64

> *Que es la poesia si no salva*
> *Naciones ni hombres?*
>
> Czeslaw Milosz, 1994, 76

> *On demande comment, la poésie étant si peu nécessaire au monde, elle occupe un si haut rang parmi les beaux-arts.*[141]
>
> Voltaire

O que menos se pode esperar do poeta, até agora representado por suas próprias palavras como o mais seguro detentor das verdades eternas, é que, em algum momento, ele duvide de seus poderes de visionário ou profeta. Isso pode ocorrer, no entanto, e, quando

[140] Nichita Stanescu, "Pensamento 12" e "Pensamento 2", em *Poesia Sempre*, ano 13, nº 22, p. 75 e 71.

[141] "Pode-se perguntar como, sendo a poesia tão pouco necessária ao mundo, ocupa um posto tão elevado entre as belas artes."

ocorre, é saber com que sinceridade está falando. Maiakovski, no seu talvez mais conhecido poema, "A nuvem de calças", escreve: "A mais insignificante partícula de vida / tem mais valor do que tudo o que escrevi" (Seabra, 1955, 83), o que, evidentemente, era falso num poeta que se julgava e dizia ser o porta-bandeira na poesia da revolução proletária que anunciava o futuro grandioso da humanidade.

Vimos Ovídio se perguntar de que vale escrever e se consolar dizendo que de tais exercícios sem utilidade logra ao menos "tirar o esquecimento de seus males" (Paes, 1997, 83). Já é muito. Liérmontov dizia: "Para o universo, eu sou inútil" (Paoustovski, 1963, 151). René Char dizia que o poeta "apenas logra satisfações adotadas".

Um aspecto particular dessa inquietação do poeta é a que se refere à efetividade de seu papel na sociedade. Esse é, obviamente, um desvio ao qual não estão submetidos os grandes poetas, entendendo-se por grandes aqueles que sabem sê-lo sem que isso represente um problema psiquiátrico. Ocorre, em tempos mais recentes, aos poetas que se veem moralmente engajados na defesa de certos valores éticos que transcendem a possibilidade de um prazer estético absoluto. É o caso do poeta engajado politicamente.

Em *A morte de Virgílio*, Herman Broch faz o guia de Dante, prestes a expirar, concluir que o "poeta nada pode [...] não pode impedir nenhum mal" (1984, 13, 15). Robert Graves, que procedeu a uma inclemente demolição de Virgílio, como poeta e como homem, numa de suas conferências em Oxford, em 1961 ("*The Anti-Poet*", 1962, 38 a 64), se deliciaria com a atribuição dessas palavras ao poeta moribundo. Não podemos deixar de cogitar se as teria Broch escrito não o tivesse feito sobre as ruínas deixadas na Alemanha, ou pelos alemães, depois da Segunda Guerra Mundial.

Keats, em "*To hope*", teme ver inútil sua obra: "*O let me think it is not quite in vain / To sigh out sonnets to the midnight air*"[142] (1966, 39). Auden, já o vimos dizer que o poeta "*makes nothing happen*" [não faz nada acontecer]. Babette Deutsche, comentando essa fra-

[142] "Deixai-me pensar que não é em vão suspirar sonetos ao ar da meia-noite".

se de Auden, observa que, sim, isso pode dizer o poeta, "*but makes suffering endurable by regarding it aesthetically*",[143] o que, no caso de Auden, era particularmente aplicável (Terres, 1980, 78).

Fernando Namora expõe muito graficamente a sensação de inutilidade do trabalho do poeta diante das necessidades práticas da vida: "Enquanto os operários trepam em altos guindastes / [...] os presidentes presidenciam, / inaugurando, politicando, osculando, / navios partem [...] comboios descarrilam [...] bombas matam [...] / TV concursa [...] médicos congressejam [...] amantes escondem-se / [...] tudo, enfim, labores normalizados e profícuos, / [...] eu, excêntrico e inepto, / me marginalizo em barafundas de rimas ("Acusação pública", 1984, 152-154).

Gottfried Been é radical e generaliza: "*Works of art are phenomena historically ineffective, without practical consequences. That is their greatness*"[144] (Hamburger, 1972, 145). Celan, ao receber o Prêmio George Büchner, diz quase a mesma coisa, sem, contudo, as palavras conclusivas de seu confrade alemão: "A poesia, senhoras e senhores, esse discurso infinito, feito de pura mortalidade e inútil..." (*El poeta*, IV, 58). E Marianne Moore, num poema intitulado "*Poetry*": "*I too dislike it: there are things that are important beyond all this fiddle*"[145] (Gibbons, 1979, 159). É claro que é falsa essa *boutade* da poetisa. Ela está se referindo à sufocante abundância da má poesia. Há mais amarga ironia na *Ars poetica* de Charles Tomlinson quando o poeta se pergunta para que serve a poesia: "*What is it for / this form of saying, truce / with history in a language / no one may wish to use? /* [...] *What is it for? Answers / should be prepaid*"[146] (1972, 35).

Comecei este capítulo citando, em epígrafe, uma frase amarga de Alberto Manguel. Desejo terminá-lo com a continuação daquela

---

143 "mas torna suportável o sofrimento olhando-o do ponto de vista estético".

144 "As obras de arte são fenômenos historicamente ineficazes, sem consequências práticas. Essa é sua grandeza".

145 "Eu também dele me desgosto: há coisas que são mais importantes do que essa rabeca".

146 "Para que serve essa forma de dizer, essa trégua com a história, numa linguagem que ninguém vai querer usar? [...] Para que serve? As respostas deverão ser pré-pagas".

citação para redimir em parte a autoflagelação de que ficou recheado: "Talvez tampouco exista algum poema, por mais mal escrito que seja, que não possa conter, para seu leitor secreto e eleito, um consolo, uma chamada às armas, um fulgor de felicidade, uma epifania."

Mas ainda estaremos falando de poesia ou de autoajuda?

Engajado

O poeta se engaja.

No discurso que pronunciou na Universidade de Oxford, ao aceitar o título de Poeta Laureado, Robert Graves disse que o poeta sofre "*pricks of professional conscience*"[147] a propósito de sua função e responsabilidade social num mundo em crise que afeta profundamente a condição humana (1962, 12).

Essa inquietação não é nova e vê-se evocada por distintos poetas confrontados com situações tais como as desigualdades sociais resultantes de sistemas econômicos desapiedados, a violência revolucionária, o desrespeito aos direitos humanos em regimes políticos restritivos das liberdades, a guerra.

Brecht, escrevendo em 1939, nos prenúncios do que viria a ser o terrível drama da Segunda Guerra Mundial, dizia, em um dos poemas do ciclo *Svedenborg*: "Conversar sobre árvores é quase um crime / porque implica silenciar / a iniquidade." Essa citação foi encontrada num artigo sobre Elias Canetti, publicado por J. P. Styern em *The New York Review of Books* (3/7/1986), e merece ser incluída no corpo do presente texto pelas outras que se lhe seguem. No mesmo artigo, refere-se o autor a um ensaio de Canetti sobre "A profissão do Poeta", no qual o escritor turco-britânico observa que "*no man can today be a writer, a Dichter, if he does not seriously doubt his right to be one*".[148] E continua, citando um diarista anônimo, talvez Oskar Loerke, que escreveu dez dias antes de

[147] "pontadas de consciência profissional".

[148] "nenhum homem pode hoje ser escritor, Poeta, se não duvidar seriamente de seu direito de ser um deles".

começar a Segunda Guerra: "*If I were really a poet, I would have to be able to prevent the war*".[149]

Não é incomum essa convicção ou esperança do poeta de que pode contribuir para mudar o mundo com os seus versos. Entre nós a encontramos, por exemplo, e não é o único caso, em Carlos Drummond de Andrade. No poema "Nosso tempo", em *A rosa do povo*, de 1948, diz o itabirano: "O poeta / declina a responsabilidade / na marcha do mundo capitalista / e com suas palavras, intuições, símbolos e outras armas / promete ajudar / a destruí-lo / como uma pedreira, uma floresta / um verme" (2001, 130). Estava sendo sincero, mas, como disse o crítico Álvaro Lins por ocasião da publicação do livro, nele se "revela o drama de um autêntico revolucionário que quer permanecer ao mesmo tempo fiel às exigências da sua arte; de um ser humano que deseja identificar-se com os problemas populares sem o abandono de sua personalidade artística, que é de caráter aristocrático. Daí resulta que o sentido revolucionário da poesia do sr. Carlos Drummond de Andrade não é aquele que leva a arte a penetrar nas massas, a exaltá-las, a ajudá-las a ter consciência das próprias misérias e necessidades, mas aquele que transfigura o sentimento de inconformismo e revolta para que possa comover as chamadas elites intelectuais." Em consequência, conclui o crítico, o poema não volta ao povo, e perde, assim, seu objetivo revolucionário (1947, 83-95).

Os inocentes úteis

Não faltaram inocentes úteis entre escritores e poetas para louvarem, descabeladamente, a violência contra a própria palavra, território por excelência do poeta, em nome de causas supostamente nobres para o benefício da humanidade. A lista é longa, mas fiquemos com alguns casos de maior exposição.

Elejo os exemplos paradigmáticos de Simone de Beauvoir e de seu companheiro filósofo Jean-Paul Sartre. Adquiriram ambos

---

149 "Se eu fosse realmente um poeta, eu deveria ser capaz de evitar a guerra".

universal popularidade por suas ideias a favor de uma moral baseada no compromisso do indivíduo consigo mesmo. Não se pejou Simone, porém, de dirigir-se, com a autoridade que lhe dava viver confortavelmente em países cujos regimes lhe proporcionavam o mais amplo exercício da liberdade de expressão, ao poeta soviético Vladimir Bukovsky, vítima de virulenta perseguição oficial na União Soviética, para dizer-lhe "*Vous n'avez pas le droit de détruire les illusions des jeunes qui attendent beaucoup du socialisme*"![150] De seu companheiro Jean-Paul Sartre cita Susan Sontag a não menos desonesta frase com que respondeu aos que lhe cobravam uma condenação do Gulag, depois das horripilantes descrições com que Soljenitsen alertara o mundo para o que se passava nos campos de concentração da URSS: "*Il ne faut pas faire désespérer Billancourt*" (Sontag, 1656, 75).[151]

A poesia russa à época soviética – Maiakovski

Para quem não conhece o que era o clima dominante na ex-URSS à época do comentário da escritora francesa, resumo a seguir o que figura no apêndice ao livro *Literatura clandestina soviética* sobre as atividades do poeta objeto da reprimenda da escritora francesa. De alguns dos episódios ali narrados fui testemunha por residir à época no gueto que abrigava parte dos diplomatas brasi-

---

[150] "Você não tem o direito de destruir as ilusões dos jovens que tanto esperam do socialismo!" Elisabeth Badinter, em entrevista concedida a Fernando Eichenberg, observa que "os intelectuais do século XX, em particular depois da guerra, cometeram erros trágicos. Falo de todos esses que se tornaram simplesmente engajados políticos, esquecendo sua função intelectual, que é de crítica a distância." E cita especificamente Simone de Beauvoir, que, com Michel Foucault, viajou ao Irã para "celebrar" a tomada de poder pelo aiatolá Khomeini "e abençoar o regime islamita" (Eichenberg, 2006, 280). Simone de Beauvoir é, também, a autora desta joia do pensamento da esquerda fundamentalista: "*La vérité est une, l'erreur est multiple. Ce n'est pas au hasard si la droite professe le pluralisme*" [A verdade é uma só, o erro é múltiplo. Não é à toa que a direita professa o pluralismo] ("La pensée de droite aujourd'hui", *Les Temps Modernes*, 1955, p. 1539).

[151] "Não se deve fazer desesperar Billancourt". Billancourt era o bairro da periferia de Paris onde estava mais representada a classe operária da capital francesa.

leiros servindo na embaixada em Moscou, situada exatamente em frente ao edifício que abrigava a "Casa dos Escritores", na rua Herzen. Para melhor situar o episódio, relembro que o *Presidium* do Comitê Central do Partido Comunista da União Soviética acabara de depor Nikita Khruchtchev, em outubro de 1964, dos cargos de primeiro-ministro e secretário-geral do partido e havia no ar um perceptível ensaio de restauração da imagem do execrado Stalin, enterrado sob uma lápide negra com apenas seu nome gravado, ao nível do chão, no canteiro que margeia as muralhas do Kremlin, por trás do suntuoso mausoléu de Liênin.

Durante o inverno 1964-1965 surge na capital soviética o movimento intitulado Smog, acrônimo de *Samoe Molodoe Obshchestvo Gheniev*, ou seja, "A mais jovem associação de gênios". Na verdade, era um disfarce para o real, mas impronunciável, slogan *Smelost, Mysl, Obraz, Glubina*, ou seja, Audácia, Pensamento, Forma e Profundidade.

Os iniciadores da Smog convocaram uma reunião na Praça Maiakovski, em Moscou, em 14 de abril de 1965, para dar leitura a um manifesto no qual algumas das ideias fundamentais eram: "1. A arte contemporânea entrou num beco sem saída e não pode voltar atrás; 2. A arte nacional está morta. É nossa obrigação fazê-la renascer; 3. Há em todo homem uma fratura da vida social, do mundo, de si mesmo. Temos a obrigação de refletir essa fratura, esses tormentos e esses pensamentos. Ou melhor: não de refletir, mas de expressar. A arte autêntica não reflete, expressa."

Talvez não por mera coincidência os slogans adotados reproduziam manifestos do próprio Maiakovski formulados meio século antes saudando a Revolução que se apresentava iminente e que, para ele, deveria ser preparada pela revolução na literatura, especificamente na poesia.

Obviamente, do ponto de vista oficial, tratava-se de uma manifestação altamente subversiva. Chegaram a reunir-se umas 900 pessoas, um terço das quais, a chamado de um líder improvisado, seguiram-no até à Casa dos Escritores, levando faixas que ostentavam dizeres como "Arrancaremos do uniforme estalinista os botões de cobre das ideias e dos temas", "Desfaremos a virgindade do realismo socialista", "Liberdade para Brodski, Osipov, Naritsa, Bukovski", "Arte fora da ideologia" e outros semelhantes.

Ao chegar à Casa dos Escritores, o grupo que vinha da Praça Maiakovski se encontrou com outra pequena multidão composta de cerca de 200 estudantes e uma centena de milicianos e "voluntários" armados que debelaram a manifestação. Do que se passava no outro lado da rua, em frente às janelas de meu apartamento, só tive a explicação dois dias depois, ao receber o jornal da minha assinatura de *Le Monde*.

O Bukovski citado em uma das faixas era o escritor Vladimir Bukovski, à época com 23 anos, quatro dos quais passados, dois em prisão e dois em manicômios, a alternativa *soft* para os cientistas e literatos opositores do regime. Ativista incansável, Bukovski passava mais tempo recluso do que em liberdade. Em dezembro daquele mesmo ano, recém-saído da prisão, organizara um protesto em massa na Praça Pushkin, em defesa dos escritores Andrei Siniavski e Yuli Daniel, condenados pelo regime, quando voltou a ser preso. Solto seis meses depois, é levado novamente à prisão, em janeiro de 1967, quando organizava mais um protesto em defesa da liberdade de expressão, dessa vez em favor de Alexandr Ginsburg e Yuri Galanskov. Ao ser exilado aos 34 anos, numa troca entre os governos soviético e chileno (Pinochet), que, de seu lado, liberou da prisão e permitiu exilar-se o líder comunista Luis Corvalán, Bukovski havia acrescentado aos quatro anos de prisão e manicômios que tinha mais seis, elevando para dez os anos em que havia vivido com privação de liberdade. O poeta se instalou na Grã-Bretanha, de onde continuou a luta contra o regime soviético. Em 1981, num encontro com Simone de Beauvoir, dela ouviu aquelas citadas palavras tão típicas dos inocentes úteis que eram, ou bancaram ser, ela e seu companheiro.

Antiestalinista declarado, Ievtuchenko não era um ativista contra o regime. Ser antiestalinista não era pecado durante o reinado do camarada Khruchtchev. Mesmo assim, não estava ao abrigo das críticas da liderança do regime. Quando publicou seu famoso poema "Babi Yar", em 1962, Khruchtchev não demorou a criticá-lo pessoalmente em artigo publicado no jornal do partido, o *Pravda*: "Suplico ao camarada Ievtuchenko e aos outros jovens escritores buscarem a confiança da maioria do povo em vez de cultivarem um entusiasmo fácil e cortejarem os sentimentos e o gosto dos filisteus. Não tenha vergonha de reconhecer os seus erros, camarada Ievtuchenko. [...] Quando os inimigos de nossa causa se metem a louvar os seus textos charmosos, então o povo se revolta, e o povo tem bem razão" (*Pravda*, 8/3/1963). Essa advertência leniente do czar vermelho não era gratuita. Robert Creeley afirma, não sem base, que o poeta aceitou, certa vez, fazer, a mando das autoridades soviéticas, nada menos do que quatrocentas modificações num texto que queria publicar (*El poeta*, III, 42). Ievtuchenko sabia do que estava falando. Num poema, de 1960, dedicado a Verlaine, ataca a "moral tacanha" dos franceses que "queimaram" o poeta "nas entranhas", quando hoje "venerar Verlaine / É de bom-tom / [...] comandais o assassínio dos poetas / para depois citá-los!" Não estaria o poeta se referindo ao próprio caso, ele que, em outro poema, se queixa de que seus versos têm o rótulo de produto proibido?

A revolta do "povo" não era o que se via ao tempo em que eu estava em Moscou, quando, mais de uma vez, soube de um teatro lotado para escutar o poeta. As alusões do primeiro-ministro creio mais se referirem ao prestígio que Ievtuchenko havia adquirido no exterior. De qualquer forma, contra as sutis ameaças de Khruchtchev levantaram-se vozes de escritores russos exilados, como a de A. Karinin, em "Carta Aberta a Ievtuchenko": "*No creo que un solo poeta que valga subordine su pensamiento poético a la idea de servir al pueblo* [...] *Cualquier servicio al pueblo es una mentira consciente o inconsciente*" (*Literatura clandestina soviética*, 1969, 47-48).

De Yuri Galanskov lembro-me de haver anotado em meus diários a declaração, publicada num número de 1968 da *Harper's Magazine*, de que "na Rússia de hoje somente a literatura desonesta pode desenvolver-se à luz do dia. [...] O escritor vê-se, por um lado, hipnotizado pelos ideais gerais comunistas, enquanto, por outro, não pode aceitar os repelentes [*disgusting*] aspectos da realidade comunista que incluem a realidade dos campos de concentração estalinistas. Os campos de concentração comunistas o impedem de exaltar os ideais comunistas e os ideais comunistas o impedem de condenar os campos de concentração [...]. Esse círculo vicioso ou nele produz um estado de paralisia criativa ou o obriga ao embuste e à fraude [*or else he must cheat and swindle*] [...] em qualquer caso, ele morre como escritor." Desses escrúpulos e dramas de consciência não padeceram os poetas e escritores comunistas que podiam escrever de longe, sem o risco de ter suas obras proibidas e suas vidas sequestradas para extinguirem-se em um dos muitos desses campos de concentração, num hospital psiquiátrico ou numa prisão. Poetas e escritores que, apesar de comunistas, não precisavam submeter-se às diretivas do regime soviético tão bem explicitadas nas palavras do escritor Máximo Gorki, que emprestou sua inteligência à ideologia e à censura do Estado: "Nem todas as verdades são para ser ditas; a sinceridade não é a única exigência para a criação de uma obra literária contemporânea; o escritor soviético deve produzir unicamente aquilo que seja útil à sociedade" (Todorov, 2000, 69).

A discussão desse tema envolveria volumes e não é possível nem mesmo esboçá-la num livro da natureza deste. Mas sinto ser necessário fazer a distinção. Tradicionalmente rica, a poesia russa teve nas duas primeiras décadas do século XX um momento de apogeu, de cujas raízes saíram figuras exponenciais da poesia moderna como Viélimer Khliébnikov, Alexander Blok, Ossip Mandelstam, Serguéi Iessiênin, Vladimir Maiakovski, Boris Pasternak, Anna Akhmátova, Marina Tsvietáieva. De nenhum deles se pode dizer que foi poeta soviético, à exceção de Maiakosvki e, no seu caso, com grandes qualificações. Cubo-futuristas, acmeistas, construtivistas, imagistas, surrealistas, alguns deles foram contemporâneos ou mesmo precursores de muito do que ocorreu na poesia ocidental. E todos, sem exceção, sofreram, em maior ou menor grau, a condenação do regime soviético. Khliébnikov vivia para a poesia e recebeu a Revolução com a mesma esperança dos demais futuristas que nela encontravam a oportunidade e a contraparte da revolução que faziam na poesia. Pensavam mesmo poder guiá-la. Alistou-se no Exército Vermelho, mas não se distinguiu como revolucionário. Sua poesia, inaceitável para os padrões do regime, permaneceu ignorada durante todo o período soviético. Blok, poeta simbolista, teve um breve momento de entusiasmo pela Revolução, do qual resultou seu mais famoso poema, "Os doze". Morreu logo depois, não sem antes confessar a Akhmátova sentir-se como um cadáver que escrevera poesia (Coelho, 2007, 13). Mandelstam, que ousara compor de cor um poema no qual retratava Stalin como um sádico assassino, e o recitava para amigos que aceitassem escutá-lo, foi exilado com a esposa para a Sibéria e morreu num campo de concentração. Não à toa dizia o poema: "Vivemos sem sentir o chão em que pisamos. / A dez passos de nós, já não se ouve o que falamos. / Mas onde quer que haja meia conversa que seja, / o montanhês do Kremlin há de ficar sabendo dela". Razão tinha, pois, Pasternak para dizer-lhe, quando o ouviu recitar a perigosa peça: "Não te encontrei e não ouvi o teu poema". De Pasternak, sabemos como viveu coagido pelo regime e como foi por ele obrigado a recusar o Prêmio Nobel de Literatura que lhe havia sido atribuído em 1958. Akhmátova, "*la grande dame de la poésie russe*" (Lossky, 1994, 233), talvez a voz mais representativa da tradição poética em língua russa no século XX, pagou o tributo de haver sido casada com Nikolai Gumíliev, um dos fundadores do movimento acmeista, executado como contrarrevolucionário em 1921. Os atribulados conflitos de seu filho, Lev Gumíliev, com o regime, que o levaram reiteradamente à prisão e, finalmente, ao exílio na Sibéria, deram motivo a um de seus mais famosos poemas, intitulado "Réquiem", no qual Akhmátova retrata todas as mulheres que tiveram de fazer fila em frente às prisões, por meses corridos, à espera de notícias de um filho prisioneiro, no caso dela 17 meses. Segundo ela própria conta, o poema nasceu de um encontro fortuito com uma desconhecida que estava na mesma fila e, reconhecendo-a, sussurrou-lhe ao ouvido: "Você pode descrever isso?"

Akhmátova respondeu-lhe, após uma breve reflexão: "Acho que sim". E "a sombra de um sorriso atravessou aquilo que tinha sido sua face", narra a poeta (1988, 87). No poema, Akhmátova, que havia sofrido todas as perdas e perseguições com estoica resistência, desabafa: "Não, não sou eu, é algum outro quem sofre / eu não poderia suportar isso". E, mais adiante, num poema intitulado "À morte": "Virás de todas as maneiras, por que não agora? A vida é muito dura: eu te espero" (op. cit., 90, 92). Renegada pelo regime, não teve seus poemas publicados enquanto Stalin viveu. Jdanov, o todo-poderoso czar da cultura, chamava-a de "freira e puta".

Os outros três poetas, por diversas razões, todas ligadas ao desconforto com o regime, foram levados ao suicídio: Iessiênin, cujo desregramento e alcoolismo muito têm a ver com sua dificuldade de adaptar-se à vida pós-revolucionária; Tsvietáieva, ao ver interditada a publicação de suas obras, fuzilado o marido e internada num campo de concentração a filha; Maiakovski...; mas dele temos de falar com mais detalhe.

Corifeu do futurismo literário, coautor, junto com Viélimer Khliébnikov, Alexei Krutchôniki e o pintor David Davidovitch Biúrlik, do manifesto intitulado "Uma bofetada na cara do gosto público", de 1912, no qual exigia respeito aos direitos do poeta de ampliar o vocabulário de forma arbitrária, expressar seu inquebrantável ódio à linguagem poética até então vigente, arrancar com horror as coroas de louro anteriormente atribuídas a poetas imerecidos e outras exigências pelo mesmo estilo, conclui Maiakovski proclamando trazerem os novos versos "uma Aurora de Beleza na Palavra Autossuficiente", com as devidas maiúsculas. Mas, ao contrário de seu companheiro Khliébnikov, Maiakovski não embarcou no *zaúm*, o "*trans-sentido*" que advogava a mais completa liberdade para a palavra. A essa se pôs a serviço, com o gênio e a paixão que lhe eram inerentes e a confiança ilimitada no poder da poesia: "*Écoutez! / Puisqu'on allume les étoiles*", de 1913 (1952, 50); "*Hommes! / Quand vous canoniserez les noms / de morts / plus que moi fameux — / souvenez-vous-en: / un des plus que la guerre a tué — / le poète de la Grande Presnaïa!"*, de 1915 (op. cit., 17);[152] "*Mourrai-je couronné? / A Saint-Hélène? /* [...] */ Je suis aussi bien candidat / et au trône de l'univers / et aux menottes*",[153] do mesmo ano (1952, 69). O poeta tinha 20 anos no primeiro caso e 22 nos dois últimos. Com a vitória do bolchevismo, dos valores da Revolução conforme por ele próprio interpretados, acreditava Maiakovski que uma revolução que destronava não apenas um império, mas toda uma maneira de vida, era o que os futuristas esperavam quando exigiam *tabula rasa* para a criatividade literária. "Futurismo é a ideologia do proletariado", diz num poema. "Um povo nasce, um povo de hoje, / Mais afável e melhor do que o próprio Deus." "No segundo dilúvio que espalhamos, cada cidade da terra será lavada." Nisso, como na vitória do socialismo sobre o capitalismo, abraçando a ideia de que a Revolução Soviética guiaria o inevitável processo (ver o poema "150.000.000", no qual o triunfo soviético é representado metaforicamente pela vitória pessoal de Ivan contra Wilson [Woodrow], nos Estados Unidos), falharam, inclementemente, os dons proféticos que o poeta se atribuíra (Bowra, s.d., 94-127).

Detalhe pitoresco para o leitor nacional: Em "Guerra e o Universo", de 1916, vendo no espetáculo do conflito mundial um Coliseu onde os povos se entredevoram, Maiakovski se pergunta se existiria, no mundo inteiro, um só homem sequer que fosse feliz, e ele mesmo responde dizendo que sim, talvez, "no Brasil"! Por que razão? Não encontrei explicação. Era muito cedo para poder ser o resultado de uma confusão do poeta com a nacionalidade de Neruda.

"Sou poeta" são as palavras com que inicia sua autobiografia, escrita em 1928, aos 35 anos, dois anos antes da morte. E essa foi a razão do drama de sua vida e da tragédia de sua morte. Engajado politicamente desde os 15 anos, quando ingressou no partido bol-

---

[152] "Homens! Quando canonizardes os nomes dos mortos mais famosos do que eu, lembrai-vos de um a mais que a guerra matou — o poeta da Grande Presnaïa". Grande Presnaïa era o nome da rua em que havia morado o poeta em Moscou.

[153] "Morrerei coroado? Em Santa Helena? Sou também candidato ao trono do universal, assim como às algemas".

chevique e renegou toda a sua poesia anterior, entregou-se Maiakovski, completamente, à causa revolucionária, escrevendo poemas de agitação ("é preciso destruir a poesia apolítica"), elaborando cartazes com palavras de ordem para o proletariado (Maiakovski concebeu 1.300 cartazes, boa parte com seus próprios desenhos), compondo anúncios que exaltassem produtos da indústria soviética (de um anúncio de um armazém comercial disse ser poesia "da mais alta qualidade"). Escreveu, ainda, 11 roteiros para filmes de propaganda e quatro peças de teatro de inusitadas proporções. *Mistério*, por exemplo, foi encenada com 350 figurantes. *Os banhos* era um drama em seis atos, "com circo e fogos de artifício".

Alguns de seus poemas, que ele próprio qualificou de "poemas hipopótamos", atingiram quantidades astronômicas de versos (o poema intitulado "150.000.000" tinha 1.700 versos; o que escreveu sobre a morte de Liênin, 9.000; seu "Poema de Outubro", 3.000).[154] Nada que não fosse de utilidade imediata para a construção do comunismo parecia lhe interessar. Num poema sobre o 125° aniversário do nascimento de Pushkin, chega a lamentar que a poesia atrapalhe sua obra de agitador (Triolet, 1952, 202). E na "Carta ao camarada Kostrov, sobre a essência mesma do amor",[155] pede desculpas por ter "dissipado em lirismo" as estrofes que lhe haviam sido encomendadas (ibid., 265). O mesmo sentimento de culpa pode ter-lhe afligido dois anos antes quando publicou o livro *Eu te amo*, dedicado ao seu amor de juventude Lili Brik,[156] no qual se encontram alguns dos seus mais belos versos líricos, numa lingua-

[154] Maiakovski narra a tristeza deixada em toda a população russa pela morte do grande líder "cujo nome cada camponês tinha escrito no coração mais ternamente do que os do calendário dos santos" (Triolet, 1952, 177). Não viveu para saber o que dele, poeta, pensava o guia da Revolução. Em 1958 a revista *Litieratúrnoie Nasliédstvo* divulgou o seguinte comentário de Liênin sobre o poeta: "É comunismo de vagabundo, sem pé nem cabeça. É estúpido, profundamente estúpido. E muito pretensioso" (Coelho, 2007, 14).

[155] Kostrov era, na ocasião, redator-chefe do *Konsomólskaia Pravda*, o jornal da juventude comunista.

[156] Lili, na verdade Lilya, era irmã de Elsa Kagan, posteriormente Elsa Triolet, futura esposa de Aragon, com quem viveu 42 anos. Maiakovski conheceu Lilya, casada com Osip Brik, na casa de Elsa, na primeira vez em que a visitava, em 1915, e por ela apaixonou-se perdidamente à primeira vista.

gem tantas vezes por ele expressamente repudiada e que recorda a poesia sentimental burguesa que ele se prometia destruir: "Recebi, amplamente, o dom de amar"; "No meu caso / a anatomia perdeu a cabeça. / Sou todo coração / que bate por toda parte"; "Assim eu / a ti retorno, / será que / indo para ti / não é em mim que regresso?" (ibid., 128, 132, 137).

Maiakovski permanecia incansável no esforço de contribuir para a instalação de uma nova ordem social que de seu país se irradiaria para todo o universo. Mas, ao longo de sua vertiginosa carreira, são aparentes os desânimos que lhe abafam os entusiasmos, causados pela incompreensão, a insensibilidade, a arbitrariedade, a burocracia e a censura com que lhe retribuem os esforços os detentores da autoridade "social", para usar a palavra cara ao poeta. Em sua autobiografia, recorda, com azedume, que já nos primeiros anos da vitória bolchevista teve de abrir espaço com os cotovelos através da burocracia, dos ódios, da "papelada" e da "burrice" das autoridades para conseguir apresentar sua peça *Mistério* por ocasião do III Congresso do Komintern, em 1921. Dois anos depois, no poema "Natal!", não esconde sua decepção com a NEP,[157] que lhe parece um retrocesso na marcha revolucionária. Enfastia-se com a mesmice do quotidiano e acalenta ideias suicidas. Em "Sobre isto" vê irrealizado o seu sonho e pede que o ressuscitem para a esperança. Lamenta-se. "Sete anos debruçado na ponte vendo a água correr, segurado apenas pelas rimas"; "Socorro, socorro", grita. "Estou a um dia / da ponte e da minha sombra"; "O dia / o ano entregue ao quotidiano. / Eu me asfixio [...]"; "Salte / salte então, dos andares para o solo"; "Não vivi até o fim meus deveres sobre a terra / não vivi tudo o que eu devia de amor" (ibid., 146 e seg.).

Os versos acima são de 1923. Em 1925 morre Iessiênin, enforcando-se num quarto de hotel, em São Petersburgo, pouco antes rebatizada para Leningrado, e Maiakovski lhe dedica um poema

[157] *Novaya Ekonomiceskaya Politika* (Nova Política Econômica), regresso, em 1921, a uma parcial permissão da atividade privada nos setores de produção agrícola, industrial e comercial, após a escassez resultante da coletivização forçada nos primeiros anos da União Soviética.

que ele próprio analisa em seu texto didático "Como escrever versos", de 1926 (ibid., 281 e seg.).

Maiakovski não apreciava o colega de ofício.[158] No já mencionado poema de 1924, pelo 125° aniversário do nascimento de Pushkin, fala dos poetas que viveram entre o consagrado poeta romântico russo e ele próprio, todos uma nulidade, inclusive uma cinquentena de poetas soviéticos. A certa altura diz, na tradução francesa de Elza Triolet: "*Puis vient Essénine, / suivi de moujiks d'opéra. / Une rigolade! / Des vaches / gantées de daim. / On l'écoute une petite fois... / Mais voyons! / C'est un joueur de balalaika!*" (ibid., 207).[159] Assim, deve ter sido com satisfação que obedeceu à "palavra de ordem social" de escreverem os artistas sobre o poeta suicida. Diz Maiakovski: "O fim de Iessiênin nos causou pena, muito simplesmente, humanamente, pena. Mas, à primeira vista, pareceu-nos natural e lógico. Soube-o à noite e minha pena teria restado apenas uma pena que, na manhã seguinte, se teria dissipado se os jornais não tivessem reproduzido os versos que ele havia deixado antes de morrer: 'Se morrer, nesta vida, não é novo, / Tampouco há novidade em estar vivo'.[160] Com essas linhas, a morte de Iessiênin transformava-se num fato literário." E isso tornava necessário que a mensagem negativa deixada pelo poeta mujique fosse contraditada: "Deve-se lutar contra ela com outros versos, *somente com versos*" (a ênfase é do poeta). Acatando a "ordem social", escreve Maiakovski: "Ao examinar em todos os seus aspectos essa morte, e deixando de lado o material por outros utilizado, formulei, para mim mesmo, o trabalho que me era conferido. Seu objetivo:

---

[158] E como podia Maiakovski respeitar alguém que escrevia versos como: "Para conhecer tudo e não ter glória / Veio ao mundo o poeta. / Veio para beijar as vacas / E ouvir no coração o triturar da aveia" (do poema "Naves-Éguas", na tradução de Augusto de Campos [1995, 222], ou o lacrimoso "Poema sobre uma cabra" (Obolenski, 1965, 391)?

[159] "Depois vem Iessiênin, seguido por mujiques de ópera, uma palhaçada! Vacas com luvas de camurça. Escuta-se uma vez... Mas, sejamos sérios! É um tocador de balalaica", na tradução de Elsa Triolet. Na de Haroldo de Campos: "E vem / Iessiênin / e a mujicante malta. / Que farsa! / São vacas de luvas. / Ouve-se uma vez, / e basta! / Música / de balalaica!" (1995, 201).

[160] Na tradução de Augusto de Campos (1995, 232).

paralisar, de modo refletido, a repercussão dos versos de Iessiênin, tornar desinteressante a morte do poeta, pôr no lugar da fácil beleza da morte uma outra beleza, porque todas as energias são necessárias à humanidade proletária para continuar a revolução, a qual exige — não obstante as dificuldades encontradas no caminho e malgrado as severas limitações impostas pela NEP [o poeta não se conforma com o recuo estratégico de Liênin] — que glorifiquemos a vida, a alegria da mais difícil das marchas — aquela para o comunismo" (ibid., 305-306).

Esse radicalismo só podia agradar ao camarada Stalin, que cuidava agora de remediar os desvios de Liênin. Elsa Triolet lhe dá a palavra na epígrafe à sua antologia do poeta: "Maiakovski era e continua a ser o melhor, o mais talentoso poeta de nossa época revolucionária". Essas palavras de Stalin figuram, na verdade, numa carta por ele dirigida, em 1931, ao camarada Nikolái Liéjov, mais tarde responsável por um dos mais brutais expurgos de funcionários do Estado, num momento em que o líder soviético precisava de exaltar, junto à classe intelectual, um nome de prestígio que convalidasse suas políticas (Coelho, 2007, 18).

Maiakovski suicidou-se, com um tiro no peito, quatro anos depois de condenar como uma afronta à Revolução o suicídio de Iessiênin. Suas últimas palavras escritas foram "O incidente está encerrado". O incidente que foi sua dupla vida de poeta e de revolucionário. O artista plástico Aleksandr Ródtchenko viu o cadáver e escreveu no seu diário: "Ele estava deitado no seu quartinho, coberto por um lençol, virado para a parede, num silêncio mortal, que falava da mediocridade viciosa, da perseguição vil, da traição medíocre, da inveja e estupidez de todos os que foram responsáveis por esse ato desprezível. Quem destruiu esse homem de gênio e criou esse horrível silêncio vazio?" (ibid., 2007, 22).

A essa pergunta responde Trotski, provavelmente o maior renegado pelo poeta, no texto intitulado "O suicídio de Maiakovski", escrito para o *Boletim da Oposição Russa*, em 1930: "Pode-se dizer, sem exagero, que havia em Maiakovski reflexos de gênio. Não era, entretanto, um talento harmonioso. [...] Maiakovski quis, sinceramente, ser revolucionário, antes mesmo de ser poeta. Na realidade ele era, acima de tudo, um poeta, um artista, que se afastou do velho mundo sem romper com ele. [...] O aviso oficial colocado pelo Secretariado numa linguagem de protocolo jurídico apressa-se a informar que esse suicídio 'não tem relação com as atividades sociais e literárias do poeta'." Ora, diz Trotsky, tem tudo a ver transformar o suicídio de Maiakovski em um ato fortuito "não é verdadeiro, nem necessário, nem... inteligente! A 'barca do amor partiu-se na vida corrente', escreveu Maiakovski nos últimos versos. Em outras palavras, suas atividades sociais e literárias cessaram de elevá-lo acima das confusões da vida quotidiana, dos golpes insuportáveis que o atingiam. Como escrever que não tinha nenhuma relação?"[161]

Realismo Socialista e censura soviética

Maiakovski não viveu para ver em ruínas o sonho de uma sociedade soviética estabelecida, libertária e generosa erodido pelo autoritarismo burocrático, vingativo e brutal do mais despótico dos líderes soviéticos. Poucos anos depois de sua morte se instaura na União Soviética, sob a férula de Andrei Jdanov, a doutrina oficial do Realismo Socialista. Nada tinha de realista e pouco tinha de socialista. Ao contrário do realismo no Ocidente, que destronava a pintura idealista e simbolista, o Realismo Socialista, tornado doutrina oficial para todas as artes na URSS, exigia dos artistas a representação do que seria a realidade do futuro, após a vitória do comunismo, uma sociedade governada pela paz, a harmonia, o progresso, a alegria, o sorriso, e não a realidade do presente, na fase da passagem para o socialismo. Maiakovski não viveu para ver essa deformação transformada em política de governo, mas a pressentiu nas palavras de ordem que já requeriam dos artistas, no fim

---

[161] O texto de Trotsky encontra-se na Seção em Português do Marxist Internet Archive, acessível em http://www.marxists.org/portugues/trotsky/1930/mes/maiakovsky.htm.

da década de 1920, junto com a representação gráfica de imagens com a mesma intenção. Em sua última peça de teatro, *Os banhos*, na qual, com ferina ironia, desmascara os caminhos "estúpidos" e equivocados que já orientavam a política estética do regime, faz o *Metteur en scène*, dela personagem, exortar os atores masculinos "a agitarem os braços vitoriosamente, [...] esmagai com vossos pés operários o pretensamente derrubado capital. [...] Fazei como se 'aquele que não era nada' seja 'aquele que se tornará tudo'. Subi sobre as espáduas uns dos outros, refletindo a emulação socialista. [...] Construí uma torre dos pretendidos corpos vigorosos personificando-a numa figura plástica do comunismo. Agitai com os braços livres um martelo imaginário, à medida do país livre, fazendo sentir a ênfase da luta." E, às atrizes: "Entrelaçai com guirlandas imaginárias os trabalhadores do grande exército mundial do trabalho, simbolizando as flores da felicidade que germinam com o socialismo". Pobedonossilov, chefe da *Glavnatchpoups* (Direção de Coordenação), outro personagem que representa, na peça, a autoridade do Estado, delira: "Bravo! Perfeito! [...] Esta é a arte verdadeira, compreensível e acessível, para mim e para as massas." É puro realismo socialista.[162] Mas a ironia de Maiakovski está aparente. E o poeta parece repetir o desafio lançado com a peça *O percevejo*, de 1920, encenada por Vsevolod Meyerhold (com música de Dmitri Shostakovski, seu op. 19), que lhe valera a censura oficial por mostrar-se "incompreensível para os operários" e "desprovida de tipos positivos". A peça era, na realidade, uma crítica pouco disfarçada à classe dos novos ricos engendrada pela NEP, o que só podia contrariar a polícia cultural leninista. Maiakovski responde à censura afirmando sua aversão aos personagens

[162] No necrológio de Stalin, publicado no *Pravda* uma semana após a morte do líder soviético, entre suas grandes realizações figura a afirmação de que ele "descobriu e fundou teoricamente o método do realismo socialista (desenvolvendo) as teorias de Liênin sobre o partidismo da literatura soviética" (Ssachno, 1968, 63). A doutrina do realismo socialista na arte, elaborada por Andrei Jdanov, braço direito de Stalin, foi oficializada em 1934 pelo Primeiro Congresso de Escritores da União Soviética. Como vemos no texto, Maiakovski já a propugnava em sua peça *Os banhos*, de 1929.

que se distinguem e se separam da classe operária para tornarem-se pequenos burgueses. Quanto à compreensão pelos operários, é preciso que esses, também, se aproximem da nova cultura pela educação. No que respeita aos "tipos positivos", diz, abertamente, que a produção artística soviética se encontra por eles "anquilosada" (Triolet, 1952, 361 e 331). Melhor exemplo do que queria dizer a censura oficial com a apresentação de tipos positivos não pode ser encontrado do que na monumental escultura de Vera Mukhina, feita para a Exposição Internacional de Paris, de 1937, e conservada, depois, na entrada do Parque Ostânkino, que abrigava a *Vystavka Dostizheniy Narodnovo Khozyaystva* (Exposição das Conquistas da Economia Nacional), hoje rebatizada *Gosudarstvennoye Aktsionernoye Obshchestvo Vserossiyskiy Vystavochny Centr*, o que, abreviadamente, quer dizer "Centro de Exposição de Toda a Rússia". Tornou-se mundialmente conhecida por haver sido adotada como logomarca pela Mosfilm, a maior produtora cinematográfica da União Soviética. Trata-se de uma escultura em aço, de 24 metros de altura e 75 toneladas de peso, que representa, simbolicamente, a marcha vitoriosa do comunismo (tal como Maiakovski a previra!) pelas figuras atléticas, vigorosas e belas de um operário, que ergue um martelo, e uma colcoziana, que segura uma foice, braços erguidos, olhos fixos no futuro. A obra é suficientemente grandiloquente e representativa de todo um estilo para ser conservada, malgrado seu ultrapassado simbolismo.

O poeta e a Revolução

Não confundamos poesia revolucionária com poesia de propaganda. Dessa última não nos ocuparemos, pois não se trata de poesia, mas de *marketing* do poder. É geralmente condoreira, bajulatória, composta com os lugares-comuns do otimismo acrítico. Falo da poesia que se pretende combatente e contribuinte da revolução onde ela ainda não se cumpriu. Encontra-se, sobretudo, no poeta sinceramente imbuído do ideal reformista da sociedade e crente no poder de sua palavra para a consecução desse ideal. É o mesmo que dizer no poeta que se acredita superior aos outros homens, podendo dispor de seus destinos pelo efeito de seus versos.

Ora, fazer do poeta santo, vidente e profeta é ignorar a distância enorme que pode haver entre o homem que escreve e o poeta. Esperar ou desejar que o homem no poeta e o poeta no homem se engajem na promoção de valores morais, políticos ou sociais é acreditar que dessa fusão resulte um guia ou um redentor, o que não é — e a história o demonstra amplamente — a vocação ou o dever do poeta. "*On ne fait pas de bonne littérature avec des bons sentiments*",[163] já dizia Gide.

Não nego que a palavra do poeta possa servir a uma causa justa como, entre nós, a de Castro Alves na luta antiescravagista. Digo apenas que esse engajamento é circunstancial e estritamente individual e nada tem a ver com a função do poeta na sociedade.

Nossos tempos presenciaram escandalosos exemplos de engajamento equivocado e daninho de poetas em causas por eles tidas como requerentes de seu esforço e de seu papel. E talvez nenhuma tenha sido mais fértil na adesão de poetas do que a causa socialista, ou, mais precisamente, a causa comunista. Não vou fazer o inventário dos que sem pejo, desabridamente, teceram os mais rasgados elogios aos líderes soviéticos e comunistas do mundo inteiro. Deter-me-ei em dois casos representativos: o cubano Nicolas Guillén e o chileno Pablo Neruda.

Comecemos pelo cubano. Liênin é, para ele, o condutor, guia e santo. Ao leitor informa, no poema "Lenine": "*Sabes tú que la mano poderosa / que deshizo un imperio, también era / suave como la rosa? /* [...] *Te hablo de Lenin, tempestad y abrigo.* [...] *¡Oh pueblo que venciste a tu enemigo. / Lenin está contigo, / como un dios familiar simple y risueño, / día a día en la fábrica y el trigo, / uno y diverso universal amigo, / de hierro y lirio, de volcán y sueño*" (1974, 139-140). A Stalin se dirige com os versos: "*Stalin, Capitán, / a quien Changó proteja y a quien resguarde Ochún* [...] */ A tu lado, cantando, los hombres libres van / los pueblos que despierten, junto a ti*

[163] "Não se faz literatura com bons sentimentos".

marcharán!" ("Una canción a Stalin", ibid., 260-261). Quando do lançamento do Sputnik, Guillén vê no céu um querubim que o mostra a Deus dizendo que o satélite posto pelo homem a girar em volta da Terra vem de "*el país de granito y esperanza / donde el Kremlin sus álgidos rubíes / sostiene en graves torres*" (ibid., 68). Guillén conhecia a União Soviética e os países socialistas de sua órbita. Em um poema intitulado "*Brasil – Copacabana*" fala do sonho que neles viu, mas, ao contrário do sonho de Martin Luther King (*I had a dream...*), o dele diz "*es un sueño que vi*", em Moscou, na Bulgária, em Bratislava, em Praga, na Romênia, na Polônia, em Budapest, em Havana, "*Lo vi, no lo soñé*": "*Palacios de antiguo mármol / para lo que vivió sin zapatos. / Castillos donde el obrero reposa / sentado a la diestra de su obra. / El cigarral de la duquesa / para la hija de Juan, que está enferma. / La montaña y la playa y el vichy y el caviar / para los que antes no tenían donde estar.*" Comparando o Brasil a esses idílicos países, o poeta se pergunta: "*¿Y aquí en Copacabana, aquí? / También lo vi, pues aunque todavía / es un sueño, / siento venir el día, / ha de llegar el día, / se oye rugir el día / con el viento nordeste de Pernambuco y de Bahia, / un día de sangre y pólvora bajo el sol brasileño*" (ibid., 111-114). O poema é posterior à primeira visita feita pelo poeta ao Brasil, em fins de 1947. Aqui esteve como hóspede de Candido Portinari, tendo sido homenageado pela Câmara Municipal do Rio de Janeiro e recepcionado pela Academia Brasileira de Letras, onde foi saudado por Manuel Bandeira. Nos começos de 1948, em visita a Santos, a polícia proibiu sua apresentação pública. O poeta já havia sofrido limitações à pregação evangélica em seu país e fora dele, como delas se lamenta com a apóstrofe angustiada: "*Señor, Señor, ¿por qué odiarán los hombres / al que lucha, al que sueña y al que canta?*" (ibid., 18).

Mais do que a de Guillén, a palavra de Pablo Neruda correu o mundo e o Prêmio Nobel que recebeu em 1971 (depois do Prêmio Stalin em 1953) se encarregou de consagrá-la definitivamente. Neruda teve a vastíssima obra publicada na Espanha na virada do século, com o título de *Obras completas*. São cinco volumes nos quais, supostamente, estaria recolhida toda a sua produção literária, mas o crítico espanhol Enrico Mario Santí verificou ser, na verdade, uma edição expurgada, pois dela não figuram cerca de duzentos textos do poeta chileno, não inéditos, inclusive seu *Saludo a Fulgencio*, no qual Neruda faz o elogio de Fulgencio Batista, de quem diz: "*Otra hora ha llegado al mundo, la hora del pueblo, la hora de los hombres del pueblo, la hora en que Batista se confunde con los héroes populares de nuestra época* [...]. *Batista, como hombre del pueblo, ha comprendido mejor que muchos demagogos el papel de los intelectuales, y honra a toda América*."[164] Quinze anos depois, era a Fidel Castro, que derrubara Batista, que dirige seus proféticos elogios. Inédito continuou o prefácio que escreveu para o livro *Retorno al silencio*, do escritor guatemalteco Luis Cardozo y Aragón, publicado por uma pequena casa editora em Israel em 1950, no qual afirma que "*la Unión Soviética, a pesar de la jauría, cada vez más amenazadora en sus aullidos, sigue siendo para nuestros pueblos el baluarte de la paz y la creación*".[165] Mas é difícil selecionar na obra do grande poeta chileno as recorrentes exaltações aos líderes soviéticos. Em seu *Canto general*, escreve: "*Stalin alza, limpia, construye, fortifica, preserva, mira, protege, alimenta, pero también castiga. Y esto es cuanto quería deciros, camaradas, hace falta el castigo*." Essas poucas palavras, escritas anteriormente a 1950, quando o livro foi publicado, três anos antes, portanto, da morte de Stalin, revelam que não desconhecia o poeta algumas das atrocidades que já eram de domínio público, inclusive por testemunhos de escritores comunistas de países do Ocidente de retorno a viagens pela União Soviética, atrocidades que o poeta

[164] "Saludo a Batista. Palabras de Pablo Neruda en la Universidad de Chile", *El Siglo*, 27/11/1944. O texto é citado pelo crítico e escritor espanhol Enrico Mario Santí, professor da Universidade de Georgetown, em Washington, no artigo intitulado "Rostros y rastros de Pablo Neruda", publicado na revista *Estudos Públicos*, nº 94, otoño de 2004, do Centro de Estudos Públicos, de Santiago do Chile.

[165] O texto foi divulgado pela Casa da América, de Madri, no Día Mundial da Internet, 17/5/2007.

carinhosamente chama de "castigos".[166] Quando morre Stalin, compõe-lhe Neruda uma ode de louvor na qual descreve o líder comunista, "*con su paso tranquilo*", entrando para a História com Liênin "*y el viento*", um homem "*sencillo como tú, y como yo, / si tú y yo consiguiéramos ser sencillos como él.* [...] *hay que aprender de Stalin / su intensidad serena* [...] *Stalin es el mediodía, la madurez del hombre y de los pueblos*". Depois das denúncias de Khruchtchev, sentiu-se Neruda abalado, mas, como ele próprio o diz em suas memórias, logo se recompôs. Nas 476 páginas de seu último livro, *Confieso que he vivido*, terminado poucos dias antes da morte, Neruda dedica precisamente 34 linhas, uma linha a menos do que uma página completa, ao impacto que lhe causou a denúncia dos crimes de Stalin feita por Khruchtchev. Dois terços dessas 34 linhas estão reproduzidos a seguir: "*Los espantosos hechos, revelados implacablemente en el XX Congreso, servían para demostrar la entereza de un partido comunista que sobrevivía mostrando al mundo la verdad histórica y aceptando su propia responsabilidad. Si bien es cierto que esa responsabilidad nos alcanzaba a todos, el hecho de denunciar aquellos crímenes nos devolvía a la autocrítica y al análisis — elementos esenciales de nuestra doctrina — y nos daba las armas para impedir que cosas tan horribles pudieran repetirse. Esta ha sido mi posición: por sobre todas las tinieblas, desconocidas para mí, de la época stalinista, surgía ante mis ojos el primer Stalin, un hombre principista y bonachón, sobrio como un anacoreta, defensor tiránico de la revolución rusa*" (1992, 434). Aparentemente, entre as coisas tão horríveis não estavam os crimes contra a liberdade de expressão praticados pelos sucessores do ditador morto, pois Neruda, diferentemente de muitos outros simpatizantes da causa soviética que se manifestaram contra as perseguições sofridas por escritores como Boris Pasternak, Joseph Brodsky, Yuri Galanskov, Alexander Soljenitsen, Andrei Siniavsky, Yuli Dániel e tantos ou-

[166] Os poetas comunistas, pelo visto, eram dados a expressivos enternecimentos pelos seus líderes. Eluard escreve, num poema intitulado "12° Congrès" (do Partido Comunista Francês), a respeito do seu líder, Maurice Thorez: "*Sa violence est de bonté*" (1952, 178).

tros, alguns poetas como ele, nunca levantou a voz para recriminá-las, revelando compartilhar a maneira de pensar de Simone de Beauvoir com respeito a Vladimir Bukovski, uma atitude que Neruda expressamente condenou, em situação semelhante, mas reversa, ao chamar de "*hijos de perra*" Dámaso Alonso e Gerardo Guerra precisamente por terem sido "*silenciosos cúmplices del verdugo*", no caso o general Franco.

Neruda, em todo caso, foi, talvez pelo protagonismo na cena mundial que assumiu, sobrevalorizado como poeta e como agitador e não estranha que a ele se tenha referido Ivan Junqueira como "grande e mau poeta" (1993, 288).

Não faltaram entre nós os que voluntariamente se deixaram iludir pela propaganda soviética que fazia de Stalin o tio bonachão da humanidade sofredora. Nosso grande Drummond já tinha 44 anos quando publicou *A rosa do povo*. Não era, pois, por *pecadillo* de juventude que via na União Soviética o "rubro couraçado" que chegará e "ganhará todos os portos, / avião sem bomba entre Natal e China, / petróleo, flores, crianças estudando, / beijo de moça e sol nascendo", "a esperança à frente dos exércitos", o próprio *poster* realista socialista. Oito anos antes, Gide, regressando da União Soviética, aonde fora, como convidado de honra, por sua adesão irrestrita ao comunismo soviético, havia publicado *Retour de L'URSS*, no qual dá seu testemunho desiludido: "Eu duvido que em algum outro país atualmente, mesmo na Alemanha de Hitler, o espírito esteja menos livre, mais curvado, mais aterrorizado, mais reduzido à condição de vassalo do que na URSS" (Novaes, 2006, 97). Seis anos antes, Arthur Koestler havia rompido com o Partido Comunista alemão ao ter notícia dos expurgos comandados pelo Pai dos Povos e o Gulag (Administração Geral de Campos de Trabalho Correcional e Colônias) cumpria seu tenebroso objetivo havia já 26 anos. Pelo menos do livro de Gide nosso poeta já devia ter tomado conhecimento, Gide que, num diálogo com Mauriac, ao tempo de sua adesão ao Partido Comunista, afirmara ser tal a convicção que tinha de que o comunismo era a solução para as injustiças sociais decorrentes do regime capitalista que preferia calar-se, não escrever, a agir contra os interesses e a orientação do partido.

O poeta e a guerra

Morrer pela pátria já foi apanágio do poeta. Da Grécia e da Roma antigas, pátrias de heróis, poetas e guerreiros.

Homero (sec. VIII a.C.) não exalta, especificamente, a morte pela pátria, como farão muitos dos seus sucessores, mas, na *Ilíada*, que trata de combates, e nos episódios de luta que permeiam a *Odisseia*, apresenta como as qualidades mais excelsas do homem a bravura, confirmada na batalha, que não é apenas o lugar e o momento para demonstrar o heroísmo, mas a provação que testa a gama e a dimensão de sua capacidade física e de sua dimensão moral e intelectual (Bowra, 1968, 40).

Não surpreende que o primeiro poema que exalta o sacrifício pela pátria de que se tem notícia seja precisamente de um poeta espartano, Tirteu, cuja data de nascimento é imprecisa, mas parece ter sido ativo no início do século VII a.C. De Tirteu encontramos, num poema traduzido por Marguerite Yourcenar: "*Pour un homme de cœur il est beau de mourir / Pour son pays, luttant aux premiers rangs. // [...] le garçon qui meurt, jeune et beau, dans sa fleur, / Aimé de tous, désiré par les femmes, / Reste envié, percé par le fer qui l'abat, / Et son beau corps resplendit dans la mort.*"[167] Marguerite Yourcenar traduz, também, na mesma antologia, o poema de Arquilóquio, nascido em Poros, um pouco posterior a Tirteu, intitulado "O escudo perdido", que reflete uma atitude diametralmente oposta à do poeta espartano: "*Un thrace a désormais mon bouclier*

[167] "Para um homem de bons sentimentos é belo morrer por seu país, lutando nas linhas de frente, [...] o rapaz que morre, jovem e bonito, na flor da idade, amado por todos, desejado pelas mulheres, resta invejado, atravessado pelo ferro que o abate, e seu belo corpo resplandece na morte". A comparação de Tirteu entre o velho e o jovem mortos em combate é inspirada de Homero, *Ilíada*, XXII, 71-76. Yourcenar chama seu poema de "Marselhesa". Era de incentivo e inspiração na guerra contra Messena, numa época em que "*les lieux communs patriotiques étaient encore neufs*" (Yourcenar, 1979, 50).

superbe; / Il s'en pare; il s'en fait honneur. / Soit! Je l'avais, contre mon gré, jeté dans l'herbe; / Tant pis! Je vis, j'ai le bonheur / De respirer. Quant à l'objet, laissez-moi rire; / Grand bien fasse à qui l'a conquis! / J'en trouverai un autre, et pas forcément pire"[168] (Yourcenar, 1979, 55-56). Os poemas de Arquilóquio foram, obviamente, proibidos de circular em Esparta. Feriam, frontalmente, a injunção das mães lacedemônicas a seus filhos: "Regressa com teu escudo ou estendido sobre ele."

Mas o verso mais conhecido e citado de louvor à morte pela pátria é sem dúvida o do poeta romano Horácio (séc. I a.C.): "*Dulce et decorum est pro patria mori: / mors et fugacem persequitur virum / nec parcit inbellis iuventæ / poplitibus timidove tergo*", que podemos parafrasear como "É doce e honroso morrer pela pátria; a Morte persegue o homem que dela foge, não poupa os tendões nem a espinha do jovem covarde."

Tal tipo de poesia já teve seu momento. Surge esporadicamente em um ou outro poeta até o século XIX. Fénelon, no século XVII, escrevia em "Projet de Poétique" ser a poesia "*qui a élevé les courages pour la guerre et qui les a modérés pour la paix*"[169] (Charpier, 1951, 149). Um século depois, Hölderlin, no poema "*Der Tod fürs Vaterland*", glosa, com entusiasmo, o tema horaciano: "*Accueillez-moi, oh! accueillez-moi dans vos rangs, / de peur que je ne meure un jour d'une morte vile! / Mourir inutile me fait horreur, / mais il me plaît de tomber sur l'autel / de la patrie*",[170] poema que termina com os versos: "*Continue à vivre là-haut à la lumière, ô patrie, / et ne compte pas les morts! Pour toi, ô terre aimée, / il n'en est pas tombé un seul de trop*"[171] (na tradução de Geneviève Bianquis, 1974, 151-

---

[168] "Um trácio tem agora o meu esplêndido escudo; com ele se exibe; dele se orgulha. Que seja! Eu o havia jogado fora, de má vontade; pior para ele! Eu vivo, tenho a felicidade de respirar. Quanto ao objeto, deixem-me rir; que faça bem a quem o conquistou! Acharei um outro, e não necessariamente pior".

[169] "que elevou as coragens para a guerra e as moderou para a paz".

[170] "Acolhei-me, oh! acolhei-me em vossas fileiras, para que eu não morra um dia de uma morte qualquer! Morrer inútil me causa horror, mas aspiro cair sobre o altar da pátria".

[171] "Continue a viver à luz das alturas, oh! pátria, e não conte os mortos! Por ti, oh! terra amada, não tombou por terra um só demais".

153). E ainda o encontramos em Leopardi: "*Oh venturose e care benedette / L'antiche età, che a morte / Per la patria correan le genti a squadre*"[172] (*Canto I, Alla'Italia*, na tradução de Mariajosé Carvalho, 1986, 19).

Tais sentimentos subsistem num ou noutro poema do século XX, no ambiente da Primeira Grande Guerra. Charles Péguy nos deixou um bom exemplo no poema-livro *Ève*, que concluiu em dezembro de 1913, meses antes de, no campo de batalha, dela tornar-se uma das primeiras vítimas: "*Heureux ceux qui sont morts pour la terre charnelle, / Mais pourvu que ce fût dans une juste guerre*".[173] Morreu feliz, pois exortava sua companhia a não ceder nem um palmo de terra ao inimigo quando uma bala na testa lhe tirou a vida. Mas, com a carnificina de 1914, o patriotismo bombástico desapareceu e a afetada aceitação do sacrifício pela pátria só continua a ser encontrada na poesia de propaganda.

Na literatura ocidental, talvez o último grande poema a exaltar a morte em batalha seja "*The Charge of the Light Brigade*", ainda no século XIX. É possível debater se era essa a intenção de Tennyson ao compor o poema que, sabemos pelo seu sobrinho, foi escrito em poucos minutos, por impulso, ao ler o poeta num jornal a descrição da batalha de Balaclava. Não tem o imediatismo da poesia escrita por um soldado na linha de frente. Como quer que seja, foi considerado pelos inúmeros leitores que teve logo em seguida à sua publicação, e tem até hoje, como uma exaltação ao sacrifício da vida pela pátria, mesmo se escrito numa poltrona, diante, quem sabe, de uma lareira acesa. Ora, a carga da brigada ligeira foi um dos mais desastrados episódios de guerra, quando seiscentos soldados foram mandados enfrentar o inimigo em condições de tal desvantagem que sabiam os que assim tiveram de obedecer ao irresponsável comando estar avançando para a morte. Se o poema tornou-se bandeira dos belicistas que não viam no soldado obrigação maior do

---

[172] "Ó bem-aventurados, / Esses tempos antigos, em que à morte / Se dirigiam, pela pátria, céleres / Os batalhões".

[173] "Felizes os que morreram pela terra mãe, desde, porém, que numa guerra justa".

que a de obedecer cegamente às ordens superiores, teve nos pacifistas efeito devastador. Tanto assim que, por sugestão de um amigo, anos depois, Tennyson escreveu "*Charge of the Heavy Brigade at Balaclava*", no qual descreve outra batalha da mesma guerra da Crimeia, que teve melhor resultado para as tropas britânicas.

Comparemos os dois poemas:

"Forward, the Light Brigade!"
"Charge for the guns!", he said:
Into the valley of Death
Rode the six hundred.
"Forward, the Light Brigade!"
Was there a man dismay'd?

Not tho' the soldier knew
Someone had blunder'd:
Their's not to make reply,
Their's not to reason why,
Their's but to do and die:
Into the valley of Death
Rode the six hundred.

Boldly they rode and well,
Into the jaws of Death,
Into the mouth of Hell
[...]
When can their glory fade?
O the wild charge they made!
All the world wondered.
Honour the charge they made,
Honour the Light Brigade.

Em seu segundo poema sobre a mesma batalha o autor aparece de forma muito clara respondendo à crítica dos que viam no anterior apenas uma glosa de Horácio. Nesse uma voz (a de Irene) interpela o poeta e diz-lhe:

You praise when you should blame
The barbarism of wars.
A juster epoch has begun.

O poeta se justifica:

Perchance from some abuse of Will
In worlds before the man
Involving ours — he needs must fight
To make true peace his own,
He needs must combat might with might,
Or Might would rule alone;

e conclui:

The man remains, and whatsoe'er
He wrought of good or brave
Will mould him thro' the cycle-year
That dawns behind the grave.
[...]
And here the Singer for his art
Not all in vain may plead
"The song that nerves a nation's heart
Is in itself a deed".

A reconsideração do poeta não terá acalmado todos os seus críticos e, em 1891, Rudyard Kipling fazia sua voz ser escutada num poema intitulado abertamente "*The Last of the Light Brigade*".

O poema de Kipling é uma terrível acusação a toda a Inglaterra e uma amarga declaração sobre a inocuidade da poesia diante da realidade da miséria humana. Dos seiscentos homens enviados para a morte, uns vinte sobreviveram e regressaram à pátria, para ser esquecidos (e não louvados) e morrer de fome e frio:

There were thirty million English who talked of England's might,
There were twenty broken troopers who lacked a bed for the night.
They had neither food nor money, they had neither service nor trade;
They were only shiftless soldiers, the last of the Light Brigade.
They felt that life was fleeting; they knew not that art was long,
[...]
And an old Troop-Sergeant muttered, "Let us go to the man who writes
The things on Balaclava the kiddies at school recites."

They went without bands or colours, a regiment ten-file strong,
To look for the Master-singer who had crowned them all in his song;
[...]
The old Troop-Sergeant was spokesman, and "Beggin' your pardon," he said,
"You wrote o' the Light Brigade, sir. Here's all that isn't dead.
An' it's all come true what you wrote, sir, regardin' the mouth of hell;
For we're all of us nigh to the workhouse, an' we thought we'd call an' tell.

"No, thank you, we don't want food, sir; but couldn't you take an' write
A sort of 'to be continued' and 'see next page' o' the fight?
We think that someone has blundered, an' couldn't you tell 'em how?
You wrote we were heroes once, sir. Please, write we are starving now."
[...]
O thirty million English that babble of England's might,
Behold there are twenty heroes who lack their food to-night;
Our children's children are lisping to "honour the charge they made
And we leave to the streets and the workhouse the charge of the Light Brigade!

A citação é longa, mas a causa a merece. Ezra Pound escreverá, mais tarde, na mesma linha: "*Died sine, pro patria, / non 'dulce' non 'et decor'* [...] */ walked eye-deep into hell / believing in old men's lies, then unbelieving / came home, home to a lie, / home to many deceits, / home to old lies and new infamy; / usury age-old and age-thick / and liars in public places*"[174] (Deutsche, 1963, 140-141).

A Primeira Grande Guerra foi fértil na produção de poetas, a maioria dos quais constituída de ingleses. Abgar Renault traduziu muitos deles no seu livro *Poemas ingleses de guerra* (1970). Fez a Guerra de 1914 a transição do combate de sabre e das cargas de

[174] "Morto sine pro patria, non 'dulce', não 'et decor' [...], caminhou de olho firme para o inferno acreditando nas mentiras dos anciãos, e então descrente voltou ao lar, lar da mentira, lar das muitas imposturas, lar das velhas mentiras e da nova infâmia; da usúria antiga e espessa e mentirosos em praças públicas".

cavalaria para o de fuzis e a carga de tanques. Mas ainda persiste o corpo a corpo com a baioneta engastada na arma e a oportunidade, portanto, para o heroísmo individual, o que a Segunda Grande Guerra tornará mais raro. Do que o novo estilo de combate viria representar pouco se tinha a antevisão e Rupert Brooke, talvez o maior dos poetas ingleses mortos na guerra (outros foram Wilfred Owen, Edward Thomas, John MacCrae), podia, com certo cinismo, escrever da linha de frente a um amigo: "*Come and die. It'll be great fun.*"[175]

David Perkins, em sua *A History of Modern Poetry* (1979, 272), faz a distinção entre os poetas que ficaram em casa e os que entraram em combate. Nos primeiros, em geral menores, são comuns ainda os poemas exortatórios e a exaltação do sacrifício pela pátria. O poeta no *front* não fala de heroísmo. Fala, quando muito, do dever, que reconhece penoso, mas obrigatório moralmente (Louis Untermeyer), da solidariedade com os camaradas, lamentando estar num leito de hospital longe do seu batalhão que chafurda na lama sob as balas inimigas (Siegfried Sassoon), ou pensa na inutilidade das flores que as mulheres entregavam à janela dos trens aos que partiam (Wilfred Owen). Foi-se o cinismo de Rupert Brooke, que agora escreve: "*If I should die, think only this of me; / That there's some corner of a foreign field; That is for ever England*".[176] E esse pedaço da Inglaterra estará contido na poeira que dele sobrará: "*A dust whom England bore, shaped, made aware, / Gave, once, her flowers to love, her ways to roam*".[177] Esse pedaço da Inglaterra, que por um tempo foi Rupert Brooke, ficou enterrado numa ilha grega, como a que abrigou o que havia sido, antes dele, Lord Byron.

---

175 "Venha e morra. Vai ser bem divertido." O poema se encontra, na tradução de Abgar Renault em seu livro *Poemas ingleses da guerra* (1970, 31). Rupert Brooke morreu de fato no *front*, mas de septicemia, causada por ferimento em combate, diz Abgar Renault. De uma intoxicação alimentar, dizem outras fontes.

176 "Se eu morrer, pense apenas isso de mim: Que há algum lugar, em um campo estrangeiro, que é para sempre a Inglaterra".

177 "Uma poeira que a Inglaterra pariu, a que deu forma, tornou consciente, deu, uma vez, suas flores para amar, seus caminhos para trilhar".

Mas o sentimento dominante é, no fim, o que está expresso no poema "Epitáfio", de A. E. Housman: "Estamos mortos porque não quisemos / viver e desonrar a nossa pátria. / Certo, a vida não vale grande cousa, / mas para os moços vale, e éramos moços" (Renault, 1970, 95).

Babette Deutsche faz uma apreciação depreciativa dos poetas da Primeira Guerra. Acha que, mesmo nos melhores poetas, faltou real controle sobre o poema: "Eles estavam tão afrontados [*outraged*] pelas iniquidades que pretendiam castigar que confundiram [*fumbled*] os recursos técnicos que teriam contribuído para melhor expressar o que sentiam ardorosamente. Falavam como soldados e cidadãos primeiro, e só depois como poetas" (1963, 393).

Herbert Read diz que a Primeira Guerra "não fez qualquer diferença para a nossa poesia". Para expressá-la, "a técnica imagista teria sido tão adequada como qualquer outra" (Perkins, 1979, 272). Já Perkins acredita que os poetas que nela combateram deixaram marca duradoura: "O que eles atravessaram iria tornar-se convenções literárias durante as duas gerações que se seguiram; experiências por eles sofridas foram repetidamente evocadas como prototípicas [*modal facts*] para revelar a essência da condição humana: "*Extreme physical horror; violence; omnipresent death; the meaninglessness and futility of individual effort; the feeling that man is subject to an invisible, apparently insane bureaucracy; the blind turmoil of history shattering the private life*"[178] (1979, 268).

Os poetas da Segunda Guerra, pensa Babette Deutsche, distinguem-se dos da Primeira por serem mais libertos de "românticos entusiasmos e raivosas desilusões" (409). Aparece um novo tipo de poeta, que é o "*conscientious objector*" (410). "[*P*]*oets knew that they could say nothing adequate to the catastrophe in which mankind was caught.* [...] *The agony, the ugliness that surrounded and invaded the poets, were inexpressible*"[179] (413). A crítica atribui em

---

[178] "Extremo horror físico; violência; a morte onipresente; a falta de sentido e a futilidade do esforço individual; o sentimento de que o homem é sujeito a uma invisível e aparentemente insana burocracia; o cego turbilhão da história espedaçando a vida privada".

[179] "Os poetas sabiam que nada podiam dizer de adequado à catástrofe na qual a huma-

parte essa atitude à carga de uma prévia poesia de extraordinário vigor (Eliot, Pound) que preparara a nova geração para uma certa desilusão com o mundo e a incapacidade do poeta de contestá-la e cita os versos de Auden, escritos em dezembro de 1940: "*Language may be useless, for / No words men write can stop the war / Or measure up to the relief / Of its intolerable grief*"[180] (1963, 481).

Em uma cerimônia em 6 de junho de 1984, comemorativa dos quarenta anos da invasão da Normandia, o presidente Reagan, dirigindo-se aos remanescentes da operação, disse as seguintes palavras: "*Gentlemen, I look at you and I think of the words of Stephen Spender's poem. You are men who in your 'lives fought for life... and left the vivid air signed with your honor'*".[181] Reagan não devia saber quem era Stephen Spender e seu *ghost-writer* provavelmente não sabia que o autor dos versos era comunista e o poema citado nada tinha a ver com a Primeira Guerra. De fato, o poema "*I Think of Those Who Were Truly Great*" deve ter sido escrito em 1933, três anos antes do início da guerra civil na Espanha, para onde o poeta foi enviado pelo Partido Comunista da Grã-Bretanha a fim de integrar as Brigadas Internacionais, com a recomendação, segundo dizem, do presidente do partido, Harry Pollitt, de "*go and get killed; we need a Byron at our movement*".[182] Spender não foi morto nem escreveu poemas edificantes para a causa comunista. Ao contrário, no poema "*Two armies*", escreve: "*All have become so nervous and so cold / That each man hates the cause and distant words / That brought him here, more terrible than bullets*".[183] À noite, quando os dois inimigos dormem, "*When the machines are sitilled, a common*

---

nidade se encontrava capturada. [...] A agonia, a feiura que cercava e invadia os poetas eram incapazes de ser expressas".

180 "A linguagem torna-se inservível, porque não há palavras escritas pelo homem que possam parar a guerra, ou medida qualquer que possa trazer alívio a sua intolerável dor".

181 "Meus Senhores, eu os contemplo e penso nas palavras do poema de Stephen Spender. Vocês são homens que, em suas vidas, lutaram pela vida... e deixaram o vívido ar marcado com sua honra".

182 "Vá e seja morto; precisamos de um Byron em nosso movimento".

183 "Todos tornaram-se tão nervosos e frios que cada um odeia a causa e as palavras distantes que os trouxeram aqui, mais terríveis que as balas".

suffering / Whitens the air with breath and makes both one / As though these enemies slept in each other's arms"[184] (1953, 83-84). Esses não eram, certamente, os versos que Mr. Pollitt esperava receber de seu enviado.

Spender não conseguiu ser mobilizado para a Guerra de 1939. Sua constituição física não o permitiu. Integrou, no entanto, o Auxiliary Fire Service, aliviando os sofrimentos ocasionados pelos bombardeios nazistas sobre Londres. Mais uma vez, seus poemas dessa época (1940-44) são de compaixão e horror à guerra: "*History is dragon under human skin. / We must make friends with that evil, if we are to win*".[185] E, no fim, o grito lancinante e impotente: "*I'm cold as a cold world alone. / Voyaging through space without faith or aim / And no Star whose rays point a Cross to believe in, / And an endless, empty need to atone*"[186] (1953, 120 e 121).

Poetas de guerra na França

Um dos mais belos hinos nacionais, *La Marseillaise*,[187] que incita o patriotismo dos franceses convocando-os às armas para a defesa da liberdade, foi escrito, a pedido do prefeito de Strasbourg, pelo capitão de engenharia Claude Joseph Rouget de Lisle, ao calor de um banquete naquela cidade. Não impede que anime o soldado a morrer pela pátria. O texto do hino é enorme e dele só se executam, das 12, as duas primeiras estrofes. As demais falam dos embates sangrentos contra a tirania monárquica e o invasor estrangeiro.

---

[184] "Quando as metralhadoras se calam, um sentimento comum branqueia o ar com o seu hálito e faz dos dois lados uma unidade, como se esses inimigos dormissem uns nos braços dos outros".

[185] "A história é um dragão sob a pele do homem. Temos que nos tornar amigos desse mal, se quisermos vencer".

[186] "Eu me sinto frio, como uma fria palavra sozinha. Viajando através do espaço sem fé ou propósito e sem estrela cujos raios me apontem para uma Cruz em que possa acreditar, e uma necessidade vazia e sem fim de expiar".

[187] Refiro-me especificamente à música, de autor desconhecido, pois a letra é de uma violência insuportável. É bom lembrar, aliás, que a letra foi escrita para servir de *chanson de marche* para os voluntários de Montpelier e Marselha que se apresentaram para a guerra contra a Áustria.

Duas estrofes extras foram escritas para ser cantadas pelas crianças e, felizmente, ao que tudo indica, morreram no berço. São, precisamente, as mais explicitamente encomiásticas da honra de morrer pela pátria: "*Nous entrerons dans la carrière, / Quand nos aînés n'y seront plus; / Nous y trouverons leur poussière / Et la trace de leurs vertus. / Bien moins jaloux de leur survivre / Que de partager leur cercueil / Nous aurons le sublime orgueil / De les venger ou de les suivre*".[188]

Os poetas de guerra da França de 1914, se dispostos a lutar pela pátria, pensavam menos na honra e na glória de por ela dar a vida do que na desolação dos desastres que presenciavam, na solidão da trincheira, na saudade da amada, no receio de que não voltassem a vê-la.

O mais famoso é, sem dúvida, Guillaume Apollinaire. Nascido italiano, filho de uma nobre polonesa (donde o seu nome de batismo, Wilhelm Albert Włodzimierz Apolinary de Wąż-Kostrowicki) e de pai desconhecido, possivelmente um oficial italiano, Apollinaire viveu na França desde menino. À parte razões talvez de ordem psicológica, seu desejo de adquirir a nacionalidade francesa certamente pesou na decisão de alistar-se no exército francês como voluntário no início da Primeira Guerra, desejo que só se materializou em 1917, depois de o poeta ter sido alcançado na cabeça por um obus inimigo, um ano e meio antes de morrer, em 1918, não do ferimento de guerra, mas vítima da gripe espanhola.

Durante o período em que esteve no front, Apollinaire escreveu dois livros: *Calligrammes* e *Poèmes à Lou*. O primeiro, que com *Alcools* compõe as obras mais conhecidas do poeta, foi publicado enquanto ele ainda vivia. O segundo só foi editado quase quatro décadas após a sua morte. Escritos durante a guerra, pouco falam dela. Falam do amor, estando, de início, o poeta inteiramente tomado por uma intensa paixão por Louise de Coligny-Châtillon, a

[188] "Entraremos na carreira, quando nossos primogênitos já não lá estarão. Ali encontraremos seu pó e o traço de suas virtudes. Bem menos invejosos de sobrevivê-los, do que compartir seus ataúdes, teremos o supremo orgulho ou de vingá-los ou de segui-los".

Lou de quem fala em muitos de seus poemas (inclusive nos famosos *calligrammes*) e que, após um curto período em que compartiu a violência dos sentimentos do poeta, dele se afastou tomada por outro amor:

Si je mourais là-bas sur le front de l'armée
Tu pleurerais un jour ô Lou ma bien-aimée
Et puis mon souvenir s'éteindrait comme meurt
Un obus éclatant sur le front de l'armée
Un bel obus semblable aux mimosas en fleur.
("*Si je mourais là-bas*")

Je pense à toi mon Lou ton cœur est ma caserne
Mes sens sont tes chevaux ton souvenir est ma luzerne.
("*Je pense à toi*")

Tes seins sont les seuls obus que j'aime
Ton souvenir est la lanterne de repérage qui nous sert à pointer la nuit
En voyant la large croupe de mon cheval j'ai pensé à tes hanches.
("*Fusées*")

Quanto à guerra em si, a guerra de que participou e que foi considerada por alguns como o maior desperdício de vida de jovens que jamais se viu, Apollinaire tinha uma visão puramente estética: "*Que la guerre est jolie*",[189] lê-se em um de seus caligramas; "*La guerre est une chose charmante*",[190] escreve a Sonia Delaunay, em 1° de agosto de 1915, oito meses depois de sua incorporação ao exército francês. "*Ne pleurez donc pas sur les horreurs de la guerre*",[191] diz no poema intitulado, precisamente, "Guerre". Frases que fazem evocar a de Rupert Brooke ao chegar ao *front* quase no mesmo ano.

Num ensaio intitulado "Apollinaire aime la guerre ou lecture de l'assertion d'une masculinité nouvelle", Sylvain Rheault, da Universidade de Regina (Saskatchewan, Canadá), desenvolve a tese de

189 "Como é bonita a guerra!"
190 "A guerra é uma coisa fascinante".
191 "Não chores, pois, sobre os horrores da guerra".

que a guerra foi, para o poeta, uma fonte de excitação e de inspiração e, para o homem, um rito de passagem, o modo que encontrou para demonstrar sua virilidade. Pouco antes de engajar-se como voluntário, Apollinaire havia sido rejeitado nas tentativas feitas de atrair as atenções de Louise, mas, uma vez chamado às armas, viu-a entregar-se a ele com devotado furor. Partindo para o *front*, para a morte possível, Apollinaire tinha agora uma boa razão para apegar-se à vida. O poeta se vê "nascendo" em um novo ser e já em breve a si próprio se refere, num de seus caligramas, como "*Moi et tous les vrais soldats*". Em outro, encontramos o poeta inteiramente identificado com seus companheiros de batalha: "*La victoire se tient après nous jugulaires / Et calcule pour nous canons les mesures angulaires / Nous salves nous rafales sont ses cris de joie / Ses fleurs sont nous obus aux gerbes merveilleuse*".[192]

Pascal Pia observa que, para Apollinaire, o perigo representa uma exaltação não guerreira, mas dionisíaca.[193] O próprio poeta comenta, a respeito de sua conhecida fotografia como artilheiro, parecer "Marte que espera por Vênus". E Sylvain Rheault escava nos versos de trincheira toda uma quantidade de referências às armas, especialmente ao canhão e suas explosões de obuses, de conteúdo quase que explicitamente sexual. Em mais de um poema dirigido a Lou, Apollinaire assemelha a "*membres génitaux*" os canhões, cuja ereção permanente, a explosão e o coice traziam-lhe associações eróticas.

A Segunda Guerra Mundial não viu a presença de um grande poeta no *front*. O nome que a todos ocorre, Paul Eluard, não é o de um poeta da guerra, mas de um poeta da revolução. Eluard não lutou com o fuzil, mas com a pena. Durante a ocupação da França não cessou de encorajar, com seus poemas, aqueles que resistiam à ocupação. Dessa época são *Le livre ouvert I* (1940), *Sur tes pentes*

---

[192] "A vitória se atém a nossas jugulares e calcula para nossos canhões as medidas angulares; nossas salvas e rajadas são gritos de alegria, suas flores são nossos obuses em vistosos buquês". Sylvain Rheault comenta que esses "*nous de camaraderie*" abundam nos caligramas.

[193] Pascal Pia, *Apollinaire*, Seuil, 1995, citado por Sylvain Rhéault.

inférieures (1941), *Le livre ouvert II* (1942), *Poésie et vérité* (1942), *Les sept poèmes d'amour en guerre* (1943), *Le lit la yable* (1944), *Les armes de la douleur* (1944). Mas todos se obscurecem diante do poema "Liberté", que se tornou a bandeira da Resistência. Já se comentou que Eluard atingiu o ápice de nomeada por razões mais políticas do que poéticas e esteve quase esquecido quando de seu centenário por razões mais poéticas do que políticas. Este ensaio não julga a poesia de ninguém. Procura, apenas, situar o poeta diante do fenômeno da guerra quando convocado a dela participar como combatente. Não foi o caso de Eluard.

Para nós, do Brasil, é importante não ignorar o papel que teve um brasileiro na divulgação do famoso poema. Foi Cícero Dias, o pintor pernambucano que vivia em Paris e era amigo do poeta, quem, a seu pedido, correndo o risco de ser revistado por onde iria passar, de trem, pela França ocupada e pela Espanha franquista, levou costurado na roupa o manuscrito do poema para ser entregue à embaixada britânica em Lisboa, que, por sua vez, o remeteu a Londres. Traduzido para diversos idiomas e impresso aos milhares de exemplares, o poema foi jogado pelos aviões ingleses nas áreas do continente onde havia tropas aliadas ou resistentes à ocupação alemã. Eluard dedicará mais tarde a Cícero Dias um poema, no qual descreve a pintura do mestre, intitulado "*À sa place*" e publicado no livro *Voir* (1948).

René Char é poeta e combatente. Sua radical honestidade com as duas vocações o impele a não "poetizar" o combate. Com a arma na mão é o *maquis* a tempo completo. Ele mesmo o diz em um dos "*Billets à Francis Curel*", datado de 1941: "Não desejo publicar em revista os poemas que te envio. A compilação de onde os extraio, na qual trabalho, a despeito das condições adversas, poderá ter por título *Seuls demeurent* [e assim ocorreu, após o término da guerra, em 1945]. Mas, repito que ficarão inéditos enquanto não se produza algo que revire completamente a indizível situação na qual estamos mergulhados. Minhas razões vêm, em parte, do inacreditável e detestável exibicionismo de que dá testemunho, desde junho de 1940, uma boa parte dos intelectuais entre aqueles cujo nome outrora era precedido de um favorável prestígio, de uma certeza de solidez para quando chegasse a provação que não era difícil de prever." Char se referia ao grande número de revistas clandestinas que durante a ocupação surgiram na França para abrigar os poemas de resistência: *Poètes Casqués*, *Lettres Françaises*, *Éditions de Minuit*, *Cahiers de la Libération*, *Éternelle Revue*, *Confluences*, *Fontaine*, *Chants du Franc Tireur*, entre outras. Delas disse, também, Benjamin Péret, outro surrealista e revolucionário, em 1945, num panfleto intitulado "*Le déshonneur des poetes*", que nem um só dos poemas ali publicados "*dépasse le niveau lyrique de la publicité pharmaceutique*".[194] O ataque de Benjamin Péret era sobretudo dirigido a poetas como Aragon e Eluard, cujo lirismo fácil pretendia mobilizar as consciências nacionais. Péret atacava violentamente aqueles que, a seus olhos, haviam instrumentalizado a poesia, ou que a tinham entibiado, afogando-a nos bons sentimentos.[195] Oportuna aqui é a conhecida frase de Gide "*on ne fait pas* etc...", já citada. Ao contrário, Char endureceu sua palavra, fugindo a qualquer concessão ao gosto popular, com isso adquirindo, mesmo, a reputação de um hermetismo de clausura. O que não o impediu de manter uma estreita amizade com Eluard, a quem dedicou um epicédio (1966, 670). Da determinação com que manteve o propósito de nada publicar durante a guerra faz prova o livro *Char, dans l'atelier du poète*, elaborado por sua esposa e viúva Marie-Claude Char, que reúne, em elaborada apresentação, todo o material recolhido entre os papéis do poeta após a morte. Nas quase 2.000 páginas de texto, nada aparece como tendo sido escrito no período de 1940 a 1945, quando, finda a guerra, o poeta publicou seus escritos dessa época no já citado *Seul demeurent*.

---

194 "passa do nível lírico da publicidade farmacêutica".

195 "*Resistence de René Char*", Jean-Michel Maulpoix, http://www.maulpoix.net/Char.html.

A questão do engajamento político ou social do poeta traz à tona a da responsabilidade ética em face dos problemas capitais da desigualdade e da violência na sociedade, não em termos particulares de seu contexto físico imediato, mas diante do problema do mal epitomado na guerra e, em especial, nos casos de violência extrema, como o genocídio.

Já citamos Brecht em seus *Poemas de Svedenborg*, no início da Segunda Grande Guerra, ao dizer que falar de árvores, nos dias de então, seria quase um crime, porque isso suporia um silêncio sobre o horror do que estava acontecendo. Com essa frase prenuncia Adorno, que, em 1945, ao término da Segunda Guerra, quando a humanidade tomou conhecimento do Holocausto, a propósito da "Todesfuge" (Fuga da morte), de Paul Celan, disse ser impossível escrever poesia depois de Auschwitz. O texto completo de onde se pretende esteja extraída a citação reza: "A crítica da cultura é confrontada com o último estágio da dialética entre cultura e barbárie: escrever um poema após Auschwitz é barbárie, e isso corrói também a constatação de que se tornou impossível escrever poesia hoje em dia." Pode-se dizer que a reflexão de Adorno era sobre algo mais amplo do que a tragédia de Auschwitz ao denunciar a incapacidade humana, ou a do poeta em particular, de pôr em palavras toda a extensão da dor e do sofrimento do homem contemporâneo submetido aos horrores da guerra. Assim não terá pensado o próprio Celan. Sem outro tema que não o indizível horror do Holocausto (no qual perdeu seus pais), o poeta continuará a escarear a ferida deixada na sua alma da qual só se livrará pelo suicídio. E dela fazia parte a acusação de Adorno. Algum tempo mais tarde, a oportunidade se ofereceu para que os dois se encontrassem quando, passando uma temporada em Sils-Maria, nos Alpes suíços, com a mulher e o filho, soube Celan que Adorno se encontrava nas proximidades. Adorno à época preparava um estudo sobre Celan, que ele considerava o maior poeta vivo em língua alemã. Mas o encontro não se deu. Não sei se a essa altura já havia

Adorno publicado o que pode ser uma retratação do que antes dissera ou uma refutação do sentido que havia sido atribuído a suas palavras anteriores, quando escreve: "O sofrimento perene tem tanto direito de expressar-se como tem o torturado de gritar a sua dor [...] portanto, pode-se considerar errado dizer que nenhum poema pode ser escrito após Auschwitz."[196] Com tais palavras, Adorno rendia-se ao sentimento expressado por Rachel Ertel a respeito dos poetas yiddish que sobreviveram ao genocídio: "Escrever era uma obrigação, uma manifestação quase biológica de viver" (1993, 16).

Analisando as posições de Brecht e de Adorno, pode-se perceber que se referem a coisas distintas. O que queria dizer Brecht, poeta engajado, é que a poesia não podia mais ser fútil e debruçar-se sobre nada que não fosse o sofrimento humano, em sua época, e em suas motivações, não apenas o risco de uma guerra anunciada, cujas proporções ele não tinha como avaliar, mas o sofrimento de todos os homens, em qualquer latitude, explorados pelo capitalismo mercantil. Adorno falava da poesia sobre a dor. Não via possível o poeta narrar o horror do Holocausto. A poesia pode continuar o seu curso, porém, pois o Holocausto não esgota as possibilidades da visão poética.

Na realidade, muita poesia se escreveu, em Auschwitz e depois de Auschwitz, sobre o terrível sofrimento das vítimas do Holocausto. Com o benefício da distância, assim como com o conhecimento dos novos desafios para o poeta diante das recorrentes e sucessivas tragédias genocidas, terroristas, torturadoras e violadoras das mais elementares regras de respeito aos direitos humanos, por toda parte, podemos generalizar o sentido da preocupação expressada pelo filósofo alemão dizendo que o risco específico de escrever "sobre" o Holocausto, e não "após" o Holocausto, é o de, ao tratar do sofrimento nele exposto, o poeta cair no moralismo

---

196 Em "The Value of Holocaust Poetry in Education", editorial do número de março de 2008 da revista *Yad Vachem*, publicada pela International School for Holocaust Studies, de Jerusalém.

sensacionalista, como observa o comentador do *Library Journal* ao apresentar o livro de Susan Gubar *Poetry After Auschwitz: Remembering What One Never Knew*. Ou apresente uma macabra fascinação pelo horror, desprovida de substância intelectual, deficiências ambas facilmente detectáveis no poema intitulado, precisamente, "After Auschwitz", da poetisa americana Anne Sexton.[197]

Não se pode diminuir o horror representado pelo Holocausto, mas seria um equívoco centralizar nesse episódio infame a cadeia de atos desumanos que se estende desde tempos imemoriais, dos genocídios bíblicos aos mais presentes. Há uma constância e uma redundância no sadismo que torna permanentemente atual a revolta e o protesto. Deles não pode furtar-se o poeta se fulminado por sua visão. Quando essa o assoma, deve, tem ele a obrigação de alçar-se ao nível do horror que pretenda evocar, anatematizar ou descrever. Isso, entre nós, soube fazer Reynaldo Valinho Álvarez, vergastando-nos com seu verbo magistralmente dominado. Não se pode ler *Corta a noite um gemido* sem comungar a dor, a vergonha e a culpa de conviver com a maldade e o desespero humanos. Talvez seu livro, sem ter essa intenção, pois não é especificamente de poemas de guerra, responda um pouco ao que diz J. M. Cohen, em *Poetry of this Age*: "É possível que a poesia de guerra em nosso tempo só possa atingir alguma grandeza se a carnificina [*the slaughter*] for encarada em relação ao homem como um todo e seu lugar na história [e não à vicissitude do poeta individual]. É porque nenhum poeta alçou-se com essa visão [*with this breadth of vision*] que à Segunda Guerra, mais ainda do que à Primeira, faltaram poetas de estatura" (1959, 116).

Mas não é o horror a única verdade a ser velada pelo poeta e é possível, sim, falar de árvores, mesmo cercado de cadáveres. Porque não é o horror, por mais difundido, degradante e persistente que seja, a única realidade.

---

197 Cito aqui os versos iniciais do famoso poema: "*Anger, / as black as a hook, / overtakes / me. / Each day, / each Nazi / took, at 8:00 A.M., a baby / and sauteed him for breakfast / in his frying pan*" [Raiva, negra como um anzol, me acomete. Cada dia, um nazista pega uma criança, às 8:00 da manhã, e a coze para o café na sua frigideira].

Paul Celan e a "Todesfuge"

One of the indispensable poems of the German language.
George Steiner, 1997, 150

Esta seção pretendia tratar apenas da reação do poeta diante da guerra, preferivelmente do poeta em combate. Tudo a partir de Horácio. Percebe-se, porém, que, assim como a guerra mudou, mudaram também os poetas ao encará-la ou descrevê-la. A guerra antiga, descrita no espaço da memória por Homero, ou representada no bronze das colunas de Trajano e Marco Aurélio, em Roma, começa a transformar-se com o aparecimento da arma de fogo. Mas existe ainda o corpo a corpo, a carga de cavalaria, o sabre contra sabre nas guerras de que participa Byron com seu braço e descreve Tennyson com sua pena. A Primeira Guerra inaugura a carnificina a distância, a desolação das trincheiras que dá tempo ao poeta para meditações de perplexidade, solidão, agonia. Temos Rupert Brooke. Ou o lirismo da perda do amor e da descoberta da camaradagem, de Apollinaire. A Segunda Guerra não vê mais o corpo a corpo que permite ao soldado poeta olhar nos olhos o inimigo que, noutras circunstâncias, poderia ter sido o amigo. O poeta é espectador a distância do cenário do combate. Esse tem a cara das ruínas que as bombas soltas do espaço fazem explodir no solo das cidades. O poeta não solta bombas. Escreve panfletos, anima os que combatem, lamenta os que morrem, às vezes de longe, de muito longe, do outro lado do oceano. Às vezes de perto, escondido, sujando as mãos de sangue entre os resistentes. Mas a resistência é mais antirrevolucionária do que antiguerreira. A guerra perdeu o sentido de antes. Luta-se, agora, por ideias, concepções do mundo, formas de administrar a consciência das populações. De certo modo, está-se mais perto do que é o universo próprio do poeta: ideias que se exprimem por palavras, a arma própria dos poetas, e o direito de usá-las, o território da liberdade. A guerra passa a ser a máscara da revolução. E a revolução, sabemos, é o *habitat* da intolerância, da inclemência, da tortura, do assassinato. O fascismo, com suas caras nacionais, e o nazismo, com sua fúria internacional, desfiguraram a revolução, levando a vocação destrutiva ao incomensurável horror do Holocausto. Nessa perspectiva, Paul Celan foi, talvez, o poeta que mais se aproximou da revolta intelectual e da linguagem fantasmal com que o poeta possa dizer a sua palavra de perplexidade e de dor diante do horror. E "*Todesfuge*" é o poema que, por antonomásia, a perpetua.

Paul Celan é um caso isolado no contexto destas reflexões. Nascido romeno, em Bucovina (hoje Ucrânia), de pais judeus de tradição germânica, tinha o alemão como língua de berço, assim como Kafka, nascido em Praga, em condições semelhantes. Muito se especulou sobre as razões de o poeta escrever na língua de seus algozes. A resposta dá o próprio Celan no discurso de aceitação do Prêmio de Literatura da Cidade de Bremen quando diz que da destruição do Holocausto uma coisa permaneceu, fechada, mas segura, contra todas as perdas: a linguagem. Sobreviveu à falta de respostas, atravessou o terrífico silêncio e a escuridão dos discursos assassinos e pôde ressurgir enriquecida por tudo o que passara.[198]

Existe, em português, uma tradução da "*Todesfuge*", feita por Sérgio Bath (1972), poeta e tradutor de poesia de primeira água, que esconde sua modéstia dentro de opúsculos xerografados distribuídos entre amigos. Intitulou-a "A morte (fuga)" preocupado em preservar o sentido musical da palavra "fuga", que, à primeira vista, pode não ser sugerido ao leitor pela tradução literal: "Fuga

---

[198] Em uma carta de Celan, de 1946, cuja fonte não encontrei, escreve o poeta: "[...] *je tiens à vous dire combien il est difficile pour un Juif d'écrire des poèmes en langue allemande. Quand mes poèmes paraîtront, ils aboutiront bien aussi en Allemagne et — permettez-moi d'évoquer cette chose terrible — la main qui ouvrira mon livre aura peut-être serré la main de celui qui fut l'assassin de ma mère... Et pire encore pourrait arriver... Pourtant mon destin est celui-ci: d'avoir à écrire des poèmes en Allemand*" [... faço questão de lhe dizer quanto é difícil para um judeu escrever poemas em língua alemã. Quando os meus poemas aparecerem, eles chegarão também à Alemanha e — permita-me evocar essa coisa terrível — a mão que irá abrir meu livro poderá bem ter apertado a mão do assassino de minha mãe... E pior ainda poderá acontecer... No entanto, meu destino é o de ter de escrever poemas em alemão].

da morte". Dela retiro as citações a seguir que, ao contrário do impenetrável hermetismo da maioria dos poemas de Celan, talvez pela intensidade dos sentimentos do poeta ao tentar figurar suas metáforas, deixam transparecer algumas das imagens mais fortes que se possa ter do Holocausto. Enzo Traverso, professor na École des Hautes Études en Sciences Sociales, de Paris, cuja obra é praticamente toda dedicada ao estudo das consequências da *Shoah*, particularmente sobre figuras como Celan, Adorno e Benjamin, diz que a primeira publicação do poema se deu em tradução romena na revista *Contemporanul*, de Bucareste, sob o título "*Tangoul Mortii*" [Tango de morte], precedida de uma nota do tradutor de que se tratava de uma obra inspirada num fato real. A afirmação não surpreende. Não é segredo que em Auschwitz / Birkenau, assim como em outros campos de concentração, foram organizadas orquestras constituídas por prisioneiros, uma das quais, só de mulheres, foi entregue, pela superintendente das barracas, a *Schutzhaftlagerführerin*, à direção de Alma Rosé, sobrinha de Gustav Mahler.[199] Obras escritas por sobreviventes e fotografias de algumas dessas orquestras podem hoje ser facilmente encontradas na Internet.[200] É difícil saber a que serviam exatamente. Suas obrigações pareciam ser as de tocar por ocasião da chegada diária dos trens que traziam mais carne humana para os crematórios, acompanhar aqueles que eram selecionados até as câmaras de gás, ou as marchas dos prisioneiros aos campos de trabalho, e mesmo uma execução. Não é de excluir a de dar prazer, ocasionalmente, aos oficiais alemães amantes da boa música. Ou da música ligeira, valsas de Johann Strauss, tangos. Os alemães eram aficionados do tango que proliferou em seus cabarés nas décadas de 1920 e 1930. Uma orquestra no campo de Janowska, perto de Czernovitz, executava uma música, sadisticamente intitulada *Tango de morte*, baseada em melodia do compositor argentino Eduardo Bianco, que

[199] Michael Kimmelman, "The Mash of Myriad Songs", em *The New York Review of Books*, 25/9/2008, p. 41.

[200] Ver, por exemplo, www.holocaust-lestweforget.com/orchestra.html.

havia tido grande sucesso, antes da guerra. Uma foto dessa orquestra foi conservada.[201]

As alusões às privações no campo de concentração abundam no poema de Celan. O "leite negro" (*swarze Milch*) que bebem os prisioneiros de manhã, ao meio-dia e de noite é uma referência à qualidade dos alimentos que, ao contrário do leite branco, os desnutria. "Cavamos um túmulo no ar" (*wir schaufeln ein Grab in den Lüften*) evoca a fumaça a que ficam reduzidos os corpos cremados. Seu jazigo é no espaço onde podem dormir "menos apertados",[202] o que não lhes permite fazer a estreiteza das prateleiras dos beliches. Anoitece na Alemanha, onde já não brilham os cabelos de ouro de Margarete. É a tradição do Iluminismo, personificada por Goethe, que morre, levando à morte consigo a tradição hebraica, simbolizada pelos cabelos cinza de Sulamita, a Amada do *Cântico dos cânticos*. E a tudo assiste a orquestra que, a mando do carrasco de olhos azuis, toca o "tango de morte".

Poesia social

Há uma diferença radical entre poesia engajada e poesia social. Na poesia engajada encontra-se aquela cuja musa é a Revolução. Dificilmente produzirá grandes poemas, pois a musa revolucionária está preocupada com a mensagem e o efeito prático das palavras.

---

[201] Enzo Traverso, "Paul Celan et la poésie de la destruction", em *L'Histoire déchirée. Essai sur Auschwitz et les intelectuels*, Les Éditions du Cerf, 1997, disponível em: http://www.anti-rev.org/textes/Traverso97a6.

[202] "comodamente". Essa é a tradução de Sérgio Bath. Penso, porém, que o verso de Celan é mais concreto, mais gráfico: "*da liegt man nicht eng*" [numa tradução livre: "lá pode-se estar menos apertados"]. Não é questão de comodidade; nisso não se podia pensar num campo de concentração. Trata-se de uma necessidade mais elementar, a de espaço para mover-se. O húngaro Imre Kertész, Prêmio Nobel de Literatura em 2002, no seu belíssimo testemunho *Être sans destin*, narra como, em Birkenau, os prisioneiros recebiam uma só manta para dois cobrirem-se nas enxergas onde só era possível mudar de posição com a colaboração do outro. Tão colados ficavam que numa noite de inverno, durante a qual a sensação permanente nos dormitórios era de um frio que impedia o sono, sentiu-se o autor, uma noite, reconfortado com o estado febril do companheiro de cobertor (1975, 251).

Busca clareza onde a poesia séria procura o inefável, ação onde a poesia séria procura emoção.

Sob o título de "poesia social" quero referir-me àquela que gira em torno do predicamento do homem em sociedade, ou seja, da responsabilidade do poeta diante das iniquidades sociais, econômicas e políticas. Por outras palavras, da responsabilidade ética do poeta. Diz, a propósito, Ivan Junqueira: "Como hoje a entendemos, não há entre nós, pelo menos até meados do século XX, uma poesia a que se possa atribuir o *status* de manifestação literária socialmente engajada" (1993, 277).

Sem dramas na consciência, sem os escrúpulos que atormentam Robert Graves, escreve Robert Frost: "*There are two groups: those who do good and those who do well. The second are the artists*";[203] e podemos aqui evocar mais uma vez as palavras de Gide sobre a impossibilidade de fazer boa literatura com bons sentimentos. É, aliás, o que exemplifica Antonio Carlos Secchin ao referir-se à poesia supostamente penetrada pelo desejo de produzir um efeito social revolucionário nos inícios dos anos 1960 no Brasil: ela apenas "comprova que, muitas vezes, é com a melhor das intenções que se faz a pior das literaturas", uma poesia marcada pelo "naufrágio estético" e que em nada impede mesmo o "naufrágio político" (1996, 76).

Já em outras partes desta obra falamos do elitismo do poeta, sobretudo daqueles que assumem ser hierofantes ou *sacerdos musarum*. Mesmo entre esses, porém, descobrimos, muitas vezes, uma clara percepção de que suas vozes podem ter, por momentos, a capacidade de alterar a realidade, não num sentido metafísico, mas no sentido mais prosaico de trazer ou provocar ações positivas de implicação social. Fiquemos com a prata da casa. É inegável que o poeta Castro Alves, com sua inflamada poesia antiescravagista, contribuiu, e muito, para a conscientização do problema junto às camadas intelectuais e políticas do país. Ivan Junqueira relativiza,

---

203 "Há dois grupos: aqueles que fazem o bem e aqueles que fazem bem. O segundo é o dos artistas".

no entanto, a importância do poeta baiano, não como agente social, mas como poeta revolucionário. "Poeta de tribuna e artesão apressado do verso, mais afeito às sonoridades verbais e ao clangor declamatório do que ao conteúdo histórico-social e à consciência estética, Castro Alves não poderia, como, aliás, não pôde, alcançar o nível de eficácia literária que seus poemas exigiriam para que se configurassem como veículos autênticos de uma preocupação social mais consistente e duradoura" (1993, 277).

Drummond, por um período muito curto, entre *Sentimento do mundo* (1940), *José* (1942) e *A rosa do povo* (1945), produzirá uma poesia pretensamente participatória das correntes intelectuais e populares que denunciavam as desigualdades sociais e se solidarizavam com as revoluções europeias em direção ao socialismo, uma poesia que deixou marca em alguns poetas da geração de 45 e, em particular, no João Cabral de *O rio* (1954) e *Morte e vida severina* (1966), mas é em Ferreira Gullar, com *Dentro da noite veloz* (1975), que encontrará sua mais convincente elaboração.

Em épocas muito recentes, vimos como o poeta-cantor Chico Buarque de Holanda, com suas letras "subversivas", penetrou fundo e deu alento ao sentimento de "basta" que apressou o fim do mais duro período dos governos militares no Brasil.

Para fechar essas considerações sobre a "poesia social", nada melhor do que voltar a citar Ivan Junqueira na lição que nos dá e precisamente referindo-se à poesia de Ferreira Gullar: "Antes de mais nada convém salientar que a postura de Gullar como poeta de participação social constitui grave e oportuna advertência a todos aqueles que porventura incursionem ao exercício de sua difícil e exigente linguagem. Inútil tentá-la se não a comanda e ilumina emoção vinda de dentro, axioma que, com ser um tanto ocioso e mesmo truístico, releva uma condição nuclear pertinente à poesia dita 'engajada', ou seja, a extrema dificuldade que experimenta cada poeta quando se empenha em captar e transmitir, autenticamente, o sentimento coletivo. A poesia social malogra na medida em que seu cultor não consegue multiplicar-se em plano ontológico, fazendo seu o que, por formação ou má-formação, não lhe pertence. O poeta participante jamais é um só, como naquela acepção romântica que lhe celebrava a condição de indivíduo único e *intransferível*, mas sim uma inumerável e anônima multidão — seu povo, sua pátria, a humanidade no âmago mesmo da unidade" (1993, 285).

Saber se é dever do poeta envolver-se com os problemas sociais de seu país e de sua época já fez correr muita tinta. Provavelmente é um falso problema, pois o que está em jogo, quando se põe a questão nesses termos, não é o poeta, mas a poesia. E é a concepção que tenha da poesia que determinará a conduta do poeta.

Eliot bem representa o poeta que, no século passado, marcado por extremas convulsões sociais, delas manteve-se soberanamente ausente, não no sentido de não havê-las apercebido, mas no de não sentir-se responsável perante elas. Dele diz Stephen Spender que sua tendência, na crítica poética como na poesia, era olhar tudo o que não fosse tradicional como caótico, vazio, sem forma. Media as tendências do mundo moderno pelo que considerava a sólida tradição e, por essa medida, encontrava de palha os homens, estofados, fantasmas, máscaras vazias. Talvez nele tenha havido mesmo falta de simpatia pelos famintos e oprimidos e pelos ideais daqueles que se esforçavam por melhorar as condições de vida das populações mais desprotegidas. Mas dizer que sua poesia é limitada não é dizer que seja escapista e reacionária. Ele próprio sustentou muitas vezes em seus escritos a ideia de que a poesia não tem qualquer efeito social. Em uma exposição feita no British-Norwegian Institute, em Londres, em 1943, sob o título, precisamente, de "The Social Function of Poetry", disse: "*We may say that the duty of the poet, as poet, is only indirectly to his people: his direct duty is to his language, first to preserve, and second to extend and improve*"[204] (1961, 9).

No polo oposto dos poetas "sérios" estão os poetas populares. Nesses, a poesia é sempre "social", na medida em que reflete o mundo real das populações carentes, marginais, com seus pro-

[204] "Podemos dizer que o dever do poeta, como poeta, é apenas indiretamente relacionado com o seu povo; seu dever direto é com sua linguagem, primeiro para preservá-la, e, segundo, para ampliá-la e aperfeiçoá-la".

blemas materiais, suas inocentes perplexidades, seu conformismo com a sorte ou sua revolta temperada de realismo. E disso existe abundante demonstração na literatura de cordel do nordeste brasileiro.

O poeta no cotidiano

Todo lo cotidiano es mucho y feo.
Quevedo, 1981, 134

De tudo quanto temos citado, poderíamos facilmente concluir que o poeta é, realmente, um ser excepcional, que se distingue dos demais seres humanos com tal vantagem que dificilmente não será reconhecido por onde passe, pois ou terá a cabeça nas nuvens ou deslizará a alguns côvados de altura do solo. Felizmente existem, mesmo poucos, os poetas genuínos que sabem fazer a diferença entre o "inspirado", capaz de, em momentos privilegiados, compor obras de excelso valor literário e impacto na nossa sensibilidade, e o poeta homem, igual aos outros, que torce por uma equipe de futebol e pode ter medo de andar de avião.

Há toda uma gama na maneira de admitir isso. Dylan Thomas, por exemplo, depois de colocar o poeta entre as hierarquias angelicais, tem dificuldade de admitir que ele possa comer, vestir-se ou andar pelas ruas como qualquer outro ser humano. Embora reconheça que o poeta "só é poeta por mínima fração de seu tempo de vida", acha que, no cotidiano, como ser humano, continua a ter a responsabilidade de saber e sentir, tanto quanto lhe seja possível, tudo o que se move à sua volta ou dentro de si, de tal modo que, quando a poesia se apresente para ser escrita, possa com ela expressar-se com a suma da sua experiência humana. Isso é o mesmo que dizer que ser poeta é uma ocupação de tempo integral (1968, 170). Ora, diz Jorge Guillén, "*vivir es siempre cotidiano*" ("Lugar de Lázaro", 1977, 47); e Jules Laforgue, como já vimos: "*Ah! que la Vie est quotidienne...*", indicando ambos que não é possível viver "poeticamente" em tempo integral. Para ser coerente, Dylan Thomas teria de concordar com Martin Amis quando diz que nunca se deve acreditar num poeta que saiba dirigir um automóvel; se ele é bom motorista de um veículo, desconfie de seus poemas (1955, 95).

No afã de diferenciar-se dos demais seres de mera condição humana, o poeta às vezes recorre a expedientes com relação à aparência física que anunciem, de longe, ao observador menos perspicaz, seu lugar à parte na comunidade dos mortais. Já o denunciava Horácio: "Muitos se deixam as unhas sem cuidados, e a barba, procuram lugares retirados, evitam tomar banho, meios seguros de adquirir o título de poetas" (*Art Poétique*, v. 298-299, 1975, 217-218). De um personagem em "A indústria da poesia", diz Giovanni Papini que sua vasta cabeleira despenteada "era o maior de seus títulos na profissão poética" (1984, 232). Robert Graves vestia-se de poeta, como antigamente os pintores vestiam-se de pintores (e ainda hoje, como vi um brasileiro em Paris!). Wilde talvez também o fizesse. Hoje em dia bastam alguns leves cuidados em ser descuidado com o vestuário que não indiquem uma preocupação imprópria com uma aparência própria e, obviamente, um disfarçado desleixo com os cabelos. Parece haver a difundida crença de que o uso de fixadores causa dano aos eflúvios do cérebro. Embora tenha havido exceções que poderiam desabonar essa crença. T. S. Eliot pode ser representativo de uma dessas exceções. Suas fotos parecem indicar que usava gomalina. "Pode-se ser poeta com cabelos curtos. Pode-se ser poeta e pagar o aluguel. Mesmo poeta, pode-se dormir com a própria mulher", diz Jules Renard no seu *Journal.*

Há reações entre os próprios poetas. "Porque você escreve versos, não é isso uma razão para se separar do resto dos homens", diz Lautréamont (Eluard, 1952, ix). Atauhalpa Yupanqui, poeta popular argentino, diz o mesmo com a simplicidade e a graça de um cantador nordestino brasileiro: "*Tú piensas que eres distinto / porque te dicen poeta / y tienes un mundo aparte / más allá de las estrellas. / De tanto mirar la luna / ya nada sabes mirar. /* [...] *Vive junto con el pueblo, / no lo mires desde afuera, / que lo primero es el hombre / y lo segundo el poeta*" (1974, p. 185-186).

Primo vivere ..., aqui também se aplica.

O poeta envelhece

Cita-se uma frase de Charles Péguy, em sua monumental obra *Clio*, que não sei em que contexto se encontra. Em todo caso, ei-la, como repetida tantas vezes: "*L'homme qui est poète à vingt ans n'est pas poète, il est homme; s'il est poète après vingt ans, alors il est poète*".[205] Assim expressa, sem nada que a acolchoe, não deixa de surpreender ter sido escrita por alguém que, tendo vindo ao mundo 19 anos após Rimbaud, não pode deixar de ter sabido que no dia em que nasceu, ele, o autor da frase, já, àquela idade, o genial jovem poeta havia produzido toda a sua obra revolucionária da poesia francesa e mesmo mundial.

Vinte a trinta anos parecem ser, no entanto, limites admitidos. Robert Graves se pergunta o motivo pelo qual tão poucos poetas continuam a publicar após esse marco. Não são razões objetivas, de ordem material, como pensava antes. O motivo é que alguma coisa morre neles. Talvez um tenha comprometido sua integridade poética ao dar prioridade a outros níveis de experiências, literárias, religiosas, filosóficas, dramáticas, políticas, sociais; ou, talvez, tenha perdido o sentido da *White Goddess*: a mulher que ele havia acreditado ser a Musa, ou que era, de fato, sua musa, tenha-se tornado "*a domestic woman and would have him turn similarly into a domesticated man*"[206] (1958, 502). O mexicano Efraín Huerta diz num poema intitulado "Los de 30 años": "*Todos / Dan / La impresión / De estar / Ya curados / De espanto / poético*" (1986, 71).

Horácio se perguntava se a poesia, como o vinho, melhorava com o tempo (1995, 153). Péguy teria afirmado que, se não com a poesia, pelo menos com os poetas isso ocorre. Talvez possamos glosar a frase de Péguy evocando o poeta mexicano Villaurrutia que diz que "*un escritor deja de ser joven cuando empieza a escribir lo que hace, en vez de escribir lo que desea*" (1974, 62). Ou, como Cole-

[205] "O homem que é poeta aos vinte anos não é poeta, é homem; se é poeta após os vinte anos, então é poeta".

[206] "uma mulher doméstica e o tornaria, da mesma maneira, um homem domesticado".

ridge, tome a decisão de permanecer jovem quando a maturidade começa a anunciar a velhice: "*Life is but Thought: so think I will / that Youth and I are House-mates still*"[207] ("*Youth and age*", s.d., 227).

Se a poesia, porém, no seu nível mais nobre exige do autor certa acumulação de conhecimentos que permita aos que a praticam aceder a uma plataforma de visões e sentimentos que se manifestam nas regiões mais rarefeitas do espírito, é natural que a ela só se chegue após uma longa preparação intelectual, moral, filosófica e estética. A rigor, portanto, o poeta deve amadurecer com a idade. Isso parece ser o que quer dizer T. S. Eliot quando observa que o espírito do poeta difere, em sua maturidade, do seu espírito enquanto jovem. Não que nisso se deva ver um maior valor no espírito do poeta maduro. Nem, necessariamente, que o poeta maduro se torne "mais interessante", ou tenha mais a dizer, mas, simplesmente, porque ele tornou-se uma substância mais refinada, mais perfeita ("*Tradition and the Individual Talent*", cit. em Charpier, 1951, 550). Hegel partilha desse sentimento. Contrariamente à opinião segundo a qual a juventude, por seu ardor, seria a mais bela idade para a produção poética, vê ele na idade avançada, se ela conservou as energias da intuição e do sentimento, a mais madura condição para a mesma.

A velhice ataca o poeta em duas frentes, ambas irrevogáveis: de um lado, a saudade de coisas passadas (Alberto da Costa e Silva) ou o arrependimento por coisas não feitas (Ronsard); de outro, o medo da morte, seja por sentir que ainda tem algo a dizer e temer ver sua obra cortada pela foice da "indesejada" (Hölderlin), seja pelo medo de enfrentar o mistério insondável do além da vida.

O tema do tempo perdido é recorrente. Seria fazer pouco do leitor citar Villon. Cito Constantino Cavafis: "*Recuerda impulsos contenidos, gozos sacrificados, / todas las oportunidades perdidas / que ahora se burlan de su necia prudencia*" ("*Un anciano*", na tradução de Caetano Cantú, 1979, 29). Ou se refugia o poeta na

[207] "A vida não é mais que Pensamento: assim sendo, pensarei que Juventude e eu somos ainda companheiros".

melancolia, como o chinês Sin K'i-Tsi, que a vê condição própria do poeta ancião. "Na juventude" — diz — "ignorante do gosto da melancolia, eu compunha versos tristes, de uma enorme tristeza. Agora que tudo sei desse sentimento não quero dele nada mais falar, senão dizer apenas: Como o tempo está fresco! Que belo outono!" (Demiéville, 1962, 406). Outros poetas preferem não esperar a velhice para se sentir melancólicos. Natsume Soseki diz que a melancolia é a companheira do poeta (1987, 12). López Velarde chega a propor a fundação de uma *Orden Tercera de Nuestra Madre la Melancolía* (1979, 286).

O poeta e a morte

A silent death is an endless word.
Yasunari Kawabata, sobre o suicídio de Marilyn Monroe[208]

Falando do poeta romântico, escreve Stephen Spender: "Se o romantismo tinha relações diplomáticas com a vida, as tinha muito mais íntimas com a morte. [...] Quando a imaginação era confrontada com fatos irredutíveis que não podiam ser controlados ou alterados pela transcendente faculdade imaginativa, o poeta, muitas vezes, virou-se para a morte, e não para a vida" (1962, 104-195). Mario Praz, o incomparável analista do romantismo na poesia, cita o renascentista Torquato Tasso, por exemplo, que via a morte "*avventurosa*" [venturosa] (1956, 33). Encontraremos, mais adiante, vários exemplos, até mesmo de poetas do século XX, que a pensaram da mesma forma.

Dois estudos recentes abordam a questão de um ângulo experimental e científico e parecem demonstrar que esse desejo de morte não é específico do poeta romântico. O primeiro é do pesquisador James Kaufman, do Learning Research Institute da Universidade do Estado da Califórnia, em San Bernardino, e foi publicado no *Journal of Death Studies*. Kaufman estudou os casos de

[208] Kawabata suicidou-se aos 83 anos.

1.987 escritores mortos, classificando-os em quatro categorias: poetas, romancistas, dramaturgos e autores de obras não literárias, chegando à conclusão de que eles têm tempo de vida média inferior à média do total da população, exatamente nessa ordem. Kaufman detém-se no caso dos poetas, os mais vulneráveis a uma morte precoce. Perguntado, em entrevista, sobre a que causas atribuía tal ocorrência, disse que seu estudo era meramente quantitativo e não abordava a *causa mortis* dos autores estudados. Aventava, porém, algumas hipóteses. Muitos poetas têm "*dysfunctional souls*", torturam-se com problemas existenciais e não encontram sentido para as próprias existências. Diferentemente dos romancistas, os poetas escrevem a maior parte de sua obra enquanto jovens e começam a sentir dificuldades nos anos de maturidade, sobretudo se tiveram êxito precoce. A morte de um romancista aos 28 anos não desperta atenção porque ele, provavelmente, ainda não terá produzido sua melhor obra. O contrário ocorre, frequentemente, com o poeta. Sua instabilidade emocional pode derivar de causas alheias à vocação poética, mas essa estará sempre vulnerável. Adianta Kaufman que os problemas mentais são mais frequentes nas mulheres poetas, o que ele chama de "síndrome de Sylvia Plath". São elas mais suscetíveis de ser hospitalizadas por problemas de sanidade mental, de tentar o suicídio e de o alcançar. A proporção de mulheres poetas suicidas é mais elevada do que a de mulheres eminentes em qualquer outra atividade.[209]

O segundo artigo, publicado no *Journal of Psychosomatic Medicine*, foi escrito pelos pesquisadores James Pennebaker, professor de psicologia da Universidade do Texas, e Shannon Wiltsey Stirman, da Universidade da Pennsylvania, e se detém sobre a questão do poeta suicida. Com o auxílio de avançadas técnicas de computação, foram analisados os vocabulários de 156 poemas de nove poetas suicidas — John Berryman, Hart Crane, Sergei Iessiênin, Adam Lindsay Gordon, Randall Jarrell, Vladimir Maiakovski, Syl-

[209] Uma entrevista de Kaufman sobre sua obra pode ser encontrada no site http://www.physicsforums.com/archive/index.php/t-22247.html.

via Plath, Sarah Teasdale e Anne Sexton — e de 135 poemas de poetas, de aproximadas gerações, nacionalidades, grau de educação e gênero, que não recorreram a esse ato extremo — Matthew Arnold, Lawrence Ferlinghetti, Joyce Kilmer, Denise Levertov, Robert Lowell, Ossip Mandelstam, Boris Pasternak, Adrienne Rich e Edna St. Vincent Millay. Para os pesquisadores foi encontrada evidência de que os poetas suicidas revelavam claro distanciamento social e ensimesmamento. O estudo permitia mesmo generalizar o conceito de que o vocabulário individual denuncia traços da personalidade e certo grau de previsão de comportamento. Os poetas que se suicidaram usavam o pronome "eu" numa proporção exageradamente maior do que os poetas não suicidas. Verbos que denotam comunicação, como "falar", "ouvir", "compartir", deixam progressivamente de aparecer nos seus versos à medida que se aproxima a data do suicídio, enquanto a palavra "morte" vai aparecendo com maior frequência.

Faço aqui um parêntese para citar os casos de duas mulheres poetas brasileiras, Ana Cristina Cesar e Maria Ângela Alvim. Da primeira, recorro apenas a seus inéditos e dispersos, editados pelo amigo Armando Freitas, em razão do caráter reservado desses poemas, encontrados postumamente entre seus papéis. Vemo-la já aos 15 anos obcecada pela ideia da morte. Em "Quando chegar" antecipa na morte "[u]m descanso calmo e doce". Em "Quartetos", do mesmo ano, termina o poema com as palavras "Silêncio, morri". Aos 16 anos, em "Protuberância", acha que "a morte deve ser muito mais gostosa do que a vida". Aos 17 anos escreve um poema de 18 versos no qual a palavra "janela" aparece 17 vezes, uma em cada verso, exceto no último. No terceiro verso ela se vê "com um pé na janela". No último a janela desaparece e fica só o "buraco". Ana Cristina suicidou-se, aos 31 anos, jogando-se de uma janela. O "eu" que sofre está em cada poema, como em "Psicografia", escrito poucos anos antes de sua morte, no qual diz "não posso mais acreditar na vida". Em "Carta de Paris", da mesma época, vê-se como alguém "que perdeu o jogo para sempre". Sua poesia é, todo o tempo, a crônica de um suicídio anunciado.

Maria Ângela Alvim publicou em vida, em 1950, aos 24 anos, um único livro, *Superfície*, calorosamente acolhido por Carlos Drummond de Andrade, que nela viu "uma natureza poética extremamente fina" e para ela previu um "belo futuro" nas letras brasileiras. Esse futuro Maria Ângela não chegou a viver. Pôs termo à vida aos 33 anos, deixando inédito o resto de sua produção. Como em Ana Cristina, ou talvez até mais do que nela, o tema da morte está presente em quase todos os seus poemas: "Só a morte compreende", diz em *Superfície*; "A planta viva foi arrancada do meu corpo / [...] / A planta viva vingará na morte"; "Não mais a estrela será tão alta / na grade dos dedos. / Está no lago / no espelho da noite / na mão suicida"; "Mais fiel que a sombra é a morte"; "A sementeira de mortos. O rio. / — Transformei-me em salgueiro / no rio da morte". E, entre os inéditos, inicia *Barca do tempo* (1950-1955) com os versos: "Já viajas na morte". Nos que foram coligidos e ordenados após a sua morte, continua: "Mortos são os que morrem vida em meio"; "Já não pode manhã reacender / a mais remota infância na retina, tão bem nascida fui para morrer", esse último verso repetido em um dos pouquíssimos poemas a que deu título, no caso "Infância"; "Que importa se me vou, / que importa a vida"; "morrente, me volto à vida / outros choram meu fim". De si mesma diz, em *Superfície*: "Meu coração foi feito de escuro"; "Desconheço a doçura do seio das flores. / Sou o fruto das raízes". E entre os inéditos: "Nasceste para doer"; "um pranto sem degelo". Tudo lhe parece "Inútil, inútil, inútil". Sua vida é "raiva e tédio obsedante"; "A vida não vivi" (Alvim, M. A., 1993). Podia haver anúncio mais claro de um suicídio?

Não fiz as estatísticas recomendadas por Pennebaker para avaliar o caso de Sylvia Plath, mas mesmo um exame superficial de sua obra revela alguns dos sintomas por ele descritos: o caráter confessional de quase todos os poemas, sobretudo insistente nos meses que precederam o suicídio, e a presença constante de termos alusivos à morte. Um suicida deixa sua marca no poema "*Suicide off Egg Rock*", do início de 1959, ao qual parece regressar no fim do poema "*A Life*", do ano seguinte. Em 1961, no poema "*I am vertical*", a poetisa refere-se à própria morte ("*when I lie down finally*") e no poema "*Last words*" diz querer ser enterrada em um "*sarcophagus / With tigery stripes, and a face on it*".[210] A entrada no Calvário é em 1962. Poucos poemas são tão delirantes de agonia quanto "*Three Women*", datado de março: "*I am the center of an atrocity. What pains, what sorrows must I be mothering?* [...] *Hating myself, hating and fearing.* [...] *I lose life after life. The dark earth drinks them.* [...] *The sun is down. I die. I make a death.* [...] *O so much emptiness! There is this cessation. This terrible cessation of everything.* [...] *I am helpless as the sea at the end of her string. / I am restless. Restless and useless.* [...] *I cannot contain my life*".[211] A partir de outubro desse ano, Sylvia aparece nitidamente perseguida pela ideia do suicídio. Quando lhe chega a caixa com a qual pretende iniciar uma colmeia, acha-a parecida com "*the coffin of a midget / Or a square baby*"[212] ("*The arrival of the bee box*") e termina o poema dizendo que as abelhas, provavelmente, a ignorarão "*In my moon suit and funeral veil*".[213] No mesmo mês, em "*Lady Lazarus*", escreve "*Dying / is an art, like everything else, / I do it exceptionally well*".[214] Em novembro, no poema "*Getting there*", diz "*It is so small. The place I am getting to*",[215] que pode bem referir-se ao que diz no poema anterior: "*Soon, soon the flesh / The grave cave ate. Will be / At home with me*".[216] E em "*Death & Co.*" deixa implícito "*I am not his yet*".[217] Em dezembro, termina o poema "*Childless woman*" com os versos: "*My funeral, / And this hill and this / Glea-*

---

210 "sarcófago com listas de tigre e uma face em cima".

211 "Eu sou o centro de uma atrocidade. Que sofrimentos, que mágoas devo estar gestando? [...] Me odiando, odiando e temendo [...] Perco vida sobre vida. A terra escura as sorve. [...] O sol se põe. Eu morro. Eu faço uma morte. [...] Oh! tanto vazio! Há essa cessação. Essa terrível cessação de tudo. [...] Sou desamparada como o mar ao fim de sua corda. Sou inquieta. Inquieta e inútil. [...] Não tenho como conter a minha vida."

212 "o caixão de um anão, ou de um bebê quadrado".

213 "No meu vestido de lua e véu funéreo".

214 "Morrer é uma arte, como tudo mais, eu a faço excepcionalmente bem".

215 "É tão pequeno, o lugar para onde estou indo".

216 "Breve, breve a carne que a grande caverna comeu. Estará à vontade comigo".

217 "Não lhe pertenço ainda".

ming with the mouths of corpses",[218] o que pode ou não referir-se à pequena elevação de terra ao lado da casa onde viveu com Ted Hughes em Devon, perto de Londres, depois dos anos em Nova York, e que descobriram ser um montículo funerário pré-histórico.[219] Seu último poema, "Edge", escrito seis dias antes de suicidar-se, assim se inicia: "*The woman is perfected. / Her dead / body wears the smile of accomplishment*".[220]

A intenção do suicídio esteve, assim, presente em sua vida desde a primeira tentativa frustrada, quando, ainda adolescente, um dia após a morte do pai, e outra, talvez apenas ensaiada, poucos anos depois, enquanto trabalhava para a revista *Mademoiselle*, em Nova York. À sua volta, o suicídio encontrou terreno fértil: uma amiga de juventude, chamada apenas Jean; Anne Sexton, que com ela frequentou as aulas de poesia dadas por Robert Lowell na Universidade de Boston; após sua morte, Assia Wevill, a mulher por quem Ted Hughes a deixara (ver o poema "*The Other*") e que cuidou dos seus filhos; e, finalmente, o próprio filho, Nicholson. Assia Wevill, que viveu, intermitentemente, com Ted, infeliz e deprimida com as infidelidades do amante, suicidou-se dois anos após a morte de Sylvia, seguindo nos detalhes a preparação mortuária de sua predecessora, tendo antes matado a própria filha, Shura, de 4 anos, possivelmente filha de Ted, mas nunca por ele reconhecida. Nicholas suicidou-se 44 anos depois, enforcando-se em sua casa no Alaska, após, igualmente, longo período de depressão. Quanto a Anne Sexton, suicidou-se em 1974, após várias tentativas, depois de uma turbulenta vida de depressão e de histeria. Foi, igualmente, um suicídio anunciado. Já o previra dez anos antes, no poema "*Wanting to Die*", no qual declarava que já por duas vezes havia tomado a decisão de matar-se, mas a morte continuava a esperar por ela, "*year after year*". Talvez porque uma questão não estivesse ainda resolvida: "[...] *suicides have a special language. / Like carpen-*

---

[218] "Meu funeral, e esse monte e esse lampejo com a boca dos cadáveres".

[219] A referência é extraída do ensaio de Jesús Pardo, tradutor de Sylvia Plath para o espanhol (Plath, 1974, 31). A inferência é minha.

[220] "A mulher está cumprida. Seu corpo morto tem o sorriso da plena realização".

ters they want to know which tools. / *They never ask* why build"[221] (Hall, 1972, 214). Em 1974 Anne Sexton encontrou o *how* e o *why*. Em 4 de outubro almoçou com o poeta Maxine Kumin para a revisão final das provas de seu livro de poemas *The Awful Rowing Toward God*. Ao chegar a casa, vestiu o casaco de peles da sua mãe, voltou à garage, trancou-se por dentro, sentou-se ao volante e ligou o carro. Morreu envenenada pelo monóxido de carbono. Agora, sim, seu livro poderia vir à luz, pois, como dissera numa entrevista 12 meses antes, ele só seria publicado após a sua morte.

Temos o caso muito especial, no qual se reúnem a angústia existencial e a muito específica de ser poeta, da argentina Alejandra Pizarnik. Da primeira dão testemunhos os escritos em seus diários que falam da colossal estupidez da condição humana ou do terror que tinha "de estar bem", "de ser castigada por todo minuto em que não me angustio". Da segunda, o que escreveu numa carta de 1969, na qual diz ter pensado num gênero literário "apto aos meus poemas [...] o de *aproximações* (no sentido de que os poemas são aproximações da Poesia)". Anota Alberto Manguel: "Em seu diário, em 30 de outubro de 1962, [...] Alejandra escreveu: 'Não esquecer de suicidar-se'. Em 25 de setembro de 1972 ela se lembrou" (Manguel, 2009, 214).

Pennebaker observa que em pesquisas anteriores já havia detectado que as taxas de suicídio são muito maiores em poetas do que em autores de outros gêneros literários e do que na generalidade da população, da mesma forma como os poetas são mais sujeitos a desordens bipolares, ou maníaco-depressivas.[222]

Não vou fazer juízos de valor sobre esses estudos. O de Kaufman não especifica os poetas e abrange apenas escritores americanos, chineses, turcos e da Europa Oriental. O de Pennebaker é ainda mais aberto a críticas. Não há certeza de que o acidente no qual morreu Randall Jarrell tenha sido voluntário, embora seja certo

---

[221] "suicidas têm uma linguagem própria. Como carpinteiros querem saber com que instrumentos vão construir. Nunca perguntam o porquê construir".

[222] O texto completo da pesquisa pode ser encontrado no site http://www.psychosomaticmedicine.org/cgi/reprint/63/4/517?ck=nck.

que o poeta atravessava um período de profunda depressão. Da mesma forma, a inclusão na lista de controle de dois poetas ainda vivos na época em que foi feita a pesquisa (Ferlinghetti e Adrienne Rich) não parece metodologicamente acertada. Em todo caso, revelam o interesse que o assunto tem despertado nos Estados Unidos, sobretudo depois do amplamente comentado suicídio de Sylvia Plath.

A notícia dessas pesquisas me ocorreu enquanto eu escrevia a presente seção, o que me levou a procurar analisar as causas dos suicídios de alguns poetas mais conhecidos e de outros dos quais tomei conhecimento apenas durante minha própria investigação. Minha lista, certamente precária, incompleta e não representativa, inclui, por enquanto, 36 poetas de 15 países. O leitor conhecerá outros e completará as próprias listas. Desse total, 25 são homens e 11 mulheres; 14 sofriam de depressão aguda ou eram bipolares; cinco tinham problemas mentais e chegaram a ser hospitalizados; quatro experimentaram crises de depressão motivadas por causas políticas; três por opressão doméstica em razão de comportamento sexual ou religioso; três em consequência de desajustamentos causados por preferências homoeróticas ou incestuosas; três tinham vida sentimental irrequieta, acentuada boêmia ou alcoolismo incontrolado; dois sofriam, provavelmente, dificuldades financeiras. Dois casos não oferecem uma clara explicação.

Como é fácil verificar, mesmo os não definidos como de desequilíbrio mental, comportamento bipolar e depressão profunda não deixam de se inserir no quadro geral de depressão, ainda que eventual, causada por motivações efêmeras ou permanentes de natureza emocional, frequentemente sexual, outras vezes política ou financeira.

Uma breve apresentação dos casos analisados pode ser de interesse. Vejamos um a um. Da Alemanha: Paul Celan (1920-1970), aos 50 anos, afogado no Sena; Unica Zürn (1916-1970), poeta surrealista, companheira do artista e fotógrafo também surrealista Hans Bellmer, aos 54 anos, jogando-se do apartamento onde morava. Da Argentina: Alejandra Pizarnik (1936-1972), aos 36 anos, com uma overdose de seconal; Alfonsina Stormi (1892-1938), aos 46 anos, três dias após enviar para um jornal, do hotel em Mar del Plata onde se hospedava, o soneto "*Voy a dormir*", caminhando mar adentro, como evoca Mercedes Sosa na bela e conhecida canção *Alfonsina y el mar*; Leopoldo Lugones (1874-1938), aos 64 anos, tomando uísque com cianeto. Da Austrália: Adam Lindsay Gordon (1833-1870), aos 37 anos, com um tiro de espingarda. Da Áustria, Georg Trakl (1887-1914), aos 27 anos, com overdose de cocaína (Trakl vivia uma angustiada relação incestuosa com a irmã). Do Brasil: Hermes Fontes (1888-1930), aos 32 anos, com um tiro no peito; Ana Cristina Cesar (1952-1983), aos 31 anos, e Maria Ângela Alvim (1926-1959), aos 33 anos, jogando-se pela janela do apartamento, como Ana Cristina; e Torquato Neto (1944-1972), aos 28 anos, envenenado por gás (deixando uma nota com as simples palavras: "Para mim, basta"). Da Escócia: John Davidson (1857-1908), tido como possível influência em "*The Wasteland*", de Eliot, aos 52 anos, afogando-se. Da Espanha: José Agustín Goytisolo Gay (1928-1999), aos 71 anos, o mais velho da lista, jogando-se do alto de um edifício, e o catalão Pedro Casariego Córdoba (Pe Cas Cor, 1955-1993), aos 38 anos, arremessando-se à frente de um trem. Dos Estados Unidos: Anne Sexton (1928-1974), aos 46 anos, com dióxido de carbono; Hart Crane (1899-1932), aos 33 anos, jogando-se no mar após um fracassado assédio sexual a um tripulante do navio em que viajava; John Allyn Berryman (1914-1972), alcoólatra, filho de suicida, aos 58 anos, jogando-se de uma ponte; possivelmente Randall Jarrell (1914-1965), aos 51 anos, atropelado por um carro (há controvérsia sobre se o ato foi voluntário, mas o poeta vinha apresentando um quadro sério de distúrbios mentais e já havia feito anteriores tentativas de suicídio); Sarah Teasdale (1884-1933), aos 49 anos, com overdose de soníferos; Sylvia Plath (1932-1963), aos 31 anos, com a cabeça dentro do forno de gás da cozinha, após tomar soníferos. Da França: Gérard de Nerval (1808-1855), aos 47 anos, após reiteradas crises de demência, enforcando-se. Da Grécia: Kostas Karyotakis (1896-1928), aos 32 anos, com um tiro no peito (envergonhado ao ser reconhecido como sifilítico; exerceu forte influência póstuma no modernismo grego). Da Inglaterra: Thomas Chatterton (1752-1770), o mais jovem da lista, aos 17 anos, com arsênico, vítima do próprio êxito como poeta precoce. Da Itália: Antonia Pozzi (1912-1938), aos 26 anos, e Cesare Pavese (1908-1950), aos 42 anos, ambos com doses excessivas de barbitúricos, resultado de depressão oriunda de infelicidades amorosas; no caso de Antonia Pozzi, o rompimento forçado pelo pai da poetisa de sua relação com Antonio Maria Cervi, seu professor de latim e grego; no de Cesare Pavese, o desastre de sua relação amorosa com a atriz americana Constance Dowling; dele é a frase "o suicida é um assassino tímido". Do Peru, Luis Guillermo Hernández Camarero (1941-1977), aos 36 anos, lançando-se à frente de um trem em Buenos Aires, onde estava sendo submetido a tratamento psiquiátrico. De Portugal: Antero de Quental (1842-1891), aos 69 anos, na fase depressiva de uma síndrome bipolar, com um tiro na cabeça; António Tomás Botto (1897-1959), aos 62 anos, aparentemente jogando-se à frente de um automóvel (um pouco atrasado, pois fizera o voto de "morrer jovem e de rosas coroado"); Camilo Castelo Branco (1825-1890), aos 65 anos, com um tiro na cabeça, ao receber o diagnóstico de cegueira progressiva; Eduardo Guerra Carneiro (1942- 2004), aos 62 anos, jogando-se do edifício onde morava; Florbela Espanca (1894-1930), no dia em que completava 36 anos (após um decênio com demonstrações de desequilíbrio mental), tomando dois frascos de veronal; Luís de Montalvor (1891-1947), fundador da revista *Orpheu*, aos 56 anos, caindo no Tejo em circunstâncias não esclarecidas; Manuel Laranjeira (1877-1912), aos 45 anos, com um tiro na cabeça; Mário de Sá-Carneiro (1890-1916), aos 26 anos, tomando cinco frascos de estricnina (pouco antes escrevera a Fernando Pessoa sobre a angústia e desilusão em que vivia no "labirinto de si mesmo"). Da Rússia: Sergei Iessiênin (1895-1925), aos 30 anos, enforcando-se (na véspera, havia escrito, com o próprio sangue, um poema de despedida); Vladimir Maiakovski (1893-1930), aos 37 anos, com um tiro, deprimido pelos rumos da Revolução que acreditara ser a expressão de um renascimento literário;

e Marina Tsvietáieva (1892-1941), aos 49 anos, enforcando-se, vítima do terror estalinista. A maior incidência de suicidas em Portugal e nos Estados Unidos pode ser a mera consequência da amostragem fortuitamente constituída.

Quase um terço dos poetas suicidas estava na casa dos 30 anos e se a eles somarmos os que estavam na dos 40 superamos a metade dos casos analisados. Há uma certa correlação com a ultrapassagem da fase mais produtiva de suas carreiras literárias. Mas, como o período de vinte anos nela compreendido coincide com o de afirmação profissional, engajamentos emocionais fortes em ligações amorosas, constituição de família, problemas de entrosamento conjugal, reconhecimento crítico, perspectivas sociais e tantas outras condicionantes reais, é difícil definir os fatores que preponderaram para a decisão extrema. Em todo caso, como as taxas comparativas de suicídio de poetas e escritores literários em geral, e do conjunto desses com a população global, são elevadas (Kaufman as coloca entre dez e vinte vezes superiores para os poetas), pode-se concluir que a vulnerabilidade do poeta a sentimentos de angústia existencial, desajustamento social, sensibilidade exacerbada ou problemas derivados de suas particulares exigências de liberdade e perfeição para realização da própria obra, todas essas pressões deixam-nos mais frágeis e expostos à demissão da vida.[223]

Não sei se seria um guia para entendermos o que se passa na cabeça do poeta que se suicida o que dizem sobre o suicídio os poetas que não se suicidaram. Ouçamos Borges, em "Suicídio" (de *A rosa profunda*): "Morrerei e comigo irá a soma / Do intolerável universo. [...] Estou a olhar o último poente. / Ouço o último pássaro. / Lego o nada a ninguém". Ou Rilke, em "A canção do suicida", de *O livro das imagens*, na tradução de Maria João Costa Pereira: "Só mais um momento. / Que voltem sempre a cortar-me / a corda. / Há pouco / estava tão preparado / e havia já um pouco de eternidade / nas minhas entranhas. / [...] Estendem-me a

[223] O leitor interessado poderá encontrar na Internet um levantamento de 275 nomes de escritores suicidas, com remissão às suas biografias, em http://en.wikipedia.org/wiki/Category:Writers_who_committed_suicide.

colher, / esta colher de vida. / Não, quero e já não quero, [...] [a vida] / Aos outros alimenta-os, a mim põe-me doente; / compreendei que há quem a despreze." Ou Fernando Pessoa, pela boca de Álvaro de Campos: "Se te queres matar, por que não te queres matar? / Ah, aproveita! que eu, que tanto amo a morte e a vida, / Se ousasse matar-me, também me mataria... [...] / De que te serve o quadro sucessivo das imagens externas / A que chamamos o mundo? / [...] De que te serve o teu mundo interior que desconheces? / Talvez, matando-te, o conheças / finalmente... / Talvez, acabando, comeces... / E, de qualquer forma, se te cansa seres, / Ah, cansa-te nobremente, / E não cantes, como eu, a vida por bebedeira, / Não saúdes como eu a morte em literatura!" Não pareciam todos à beira do gesto final?

Temos, entre nós, o caso curioso do poeta Dante Milano, em cuja obra poética completa, que consiste em 141 poemas, deixou, segundo Ivan Junqueira, 77 referências explícitas à palavra "morte" ou a "seus símiles semânticos-morfológicos", excluídos, diz Ivan, os vocábulos de significado próximo ou contíguo, como "suicídio". Esse aparece, aliás, explicitamente, nos poemas "Noite" e "Paisagens submersas", nesse reconhecendo mesmo "a insidiosa ideia do suicídio" (2004, 49, 67), e, implicitamente, poder-se-ia dizer, nos sonetos II, IV e X, obras da juventude, em "Fanal distante" e em "Reflexo" (6, 9, 12, 72, 86). Dante Milano morreu aos 91 anos, de morte natural, e sua obra ascética e lúcida constitui uma refutação, ainda que individualizada, do princípio de Pennebaker. Talvez tenha deixado a explicação do seu caso pessoal num texto reproduzido em sua *Obra reunida* sob o título "O conceito de originalidade e outros": "Quando o 'poeta' escreve 'o homem' está bem no centro de si mesmo, em fusão com o mistério do espírito, com a essência da vida. Daí esses pensamentos constantes do poeta em torno das imagens da morte e da imortalidade, o que significa não vontade de suicídio, mas superação de si próprio. O desejo de morrer, em alguns poetas, é desejo de eternidade" (2004, 413-414).

Outros poetas quase se arrependem de não ter se suicidado. Bandeira diz no poema com que encerra o livro *Libertinagem*, intitulado, precisamente, "O último poema", que gostaria de que seu poema derradeiro tivesse "[a] paixão dos suicidas que se matam sem explicação" (1958, 225). E Jorge de Lima, em "A vida incomum do poeta", de *A túnica inconsútil*: "Não se matou porque um anjo sempre / não consentiu, lhe segurando a mão" (1972, 387).

O que faltou a eles? Não lhes foi maior do que a outros querer livrar-se da "concupiscência da dor" ou da "pressão de infinito" de que fala Bloy a respeito do sofrimento dos místicos do qual tanto parece aproximar-se o do poeta? Seria buscar fundo a razão de seu gesto extremo. Pedro Tamen, poeta português, num poema intitulado, precisamente, "Dos poetas que se suicidam", parece ficar na superfície ao dizer que eles "pura e simplesmente, / desistiram sem nada explicar. Como / se a vida dependesse de tão pouco — / linhas rabiscadas em papéis baratos, / frases que podiam ou não rimar" (Costa e Silva, 1999, 405). Charles Tomlinson, no poema "*Ars poética*", refere-se a alguém que disse a poesia ser "*a form of suicide*" e comenta: "*Meaning / you drive yourself up to the edge / or as near as you can ride / without dropping over. / Some drop*"[224] (1972, 35).

Temos, entre nós, o caso recente do livro publicado por Cláudio Murilo Leal sob o provocante título de *13 bilhetes suicidas*. Ivan Junqueira, nas notas com que introduz o livro, se pergunta "até que ponto" o suicídio de que trata o poeta "é apenas virtual, e não, também, uma doce e inconfessável obsessão, camuflada sob a prerrogativa daquela *suspension of disbelief* de que nos fala Coleridge, a quem o autor cita em seu texto introdutório?" Cláudio Murilo parece, ou procura, antecipar a pergunta com a resposta que a ela dá na sua nota introdutória aos textos dos poemas, intitulada "O suicídio como arte". Referindo-se às inúmeras ocorrências literárias do tema da iminência da morte e, em particular, aos sentimentos do poeta que vai se suicidar, diz o autor "somente o poeta capta, em sua cortante brevidade, o instante decisivo na imaginação, apenas literariamente vivido". O autor "confessa a sua completa inapetên-

[224] "Significando que você dirige na direção da margem (da beira do precipício), o mais perto a que pode chegar sem despencar. Alguns despencam".

cia para cumprir o trágico destino de um *héautontimorouménos*".[225] O que ele pretende é, "pelo véu da fantasia", reproduzir o que pode ser o sentimento do poeta candidato ao suicídio (Leal, 2009, 7, 13).

Assim, podemos concluir, o mistério dos que não se suicidam é tão grande quanto o daqueles que vão até ao fim.

Bad poets

On peut citer de mauvais vers, quand ils sont d'un grand poete.
Chordelos de Laclos, *Les liaisons dangereuses*

La poésie est partout. Elle est partout,
excepté chez les mauvais poètes.
Paul Claudel, no prefácio à *Anthologie de la poésie mexicaine*

A advertência de que o poeta não tem o direito de ser medíocre vem de longe. Horácio insiste a esse respeito. Nos conselhos que dá aos jovens, diz que em certas carreiras profissionais (cita o jurista, o orador) a mediocridade é "tolerável". No poeta, jamais. Inventada para encantar os espíritos, a poesia, se se afasta dos cimos, desce ao mais baixo degrau. Não o permitem "nem os homens, nem os deuses, nem as estantes"! (v. 370-373). Horaciano é Ronsard, no segundo prefácio a *La Franciade*: "*Tu n'ignores pas, Lecteur, qu'un Poëte ne doit jamais estre mediocre en son metier, ny savoir sa leçon à demy, mais tout bon, tout excellent & tout parfait: la mediocrité est un extreme vice en la Poësie, il vaudroit mieux ne s'en mesler jamais & apprendre un autre metier*"[226] (Holyoake, 213). E Boileau, no Canto IV de *L'Art Poétique*: "*Il est dans tout autre*

---

[225] A referência é ao poema homônimo de Baudelaire, de número LXXXIII, em *Spleen et Idéal*, no qual o poeta se declara o carrasco de si mesmo, não necessariamente o assassino: "*Je suis la plaie et le couteau! / Je suis le soufflet et la joue! / Je suis les membres et la roue, / Et la victime et le bourreau!*" [Eu sou a chaga e a faca, eu sou a bofetada e a face, eu sou as partes e a roda, e a vítima e o carrasco] (1980-I, 78).

[226] "Tu não ignoras, Leitor, que um Poeta não deve jamais ser medíocre em seu ofício, nem conhecer sua lição pela metade, mas conhecer tudo bem, ser em tudo excelente & em tudo perfeito: a mediocridade é o pior vício extremo na Poesia; seria melhor nunca se meter a fazê-la e aprender um outro ofício".

art des degrés différents, / On peut avec honneur remplir les seconds rangs; Mais dans l'art dangereux de rimer et d'écrire, / Il n'est point de degrés du mediocre au pire".[227]

A lição não serve a ninguém. Não há versejadores que não se sintam um bom poeta e, até mesmo, um grande poeta. O verso livre e o desregulamento da metáfora os acolheram num escancarado regaço, onde se sentem confortáveis e injustiçados.

Na contracorrente dos poetas que falam por enigmas, com palavras metaforizadas, cujo sentido, uma vez elas organizadas no verso, só é acessível ao próprio poeta, temos aqueles, permanentes, os poetas que antigamente se encontravam nos bondes e que hoje, talvez, circulem de metrô, que acreditam na singularidade léxica das palavras e banham-se no mar das metáforas conscientes. Aqueles que trafegam pelos corredores dos lugares comuns e do sentimentalismo. São multidão. Deles fala Alfonso Reyes, citando Rubén Darío, que dizia que na América "*no hay más que poetas y generales*" (1983, 59).

Horácio disse que a Musa dá aos jovens poetas as dores do coração (*iuvenum curas*) e é por aí que começam, em geral, os poetas de qualquer época e lugar (1995, 207). Aliás, por isso mesmo que tais penas são de todos, e muitos não vão além delas quando querem falar das angústias e perplexidades diante do que o destino lhes traz. É na poesia lírica, superficial, sentimental e piegas que se detém a grande maioria dos que se julgam poetas. A poesia lírica amorosa sempre foi o conservatório dessa má poesia. E seus cultores sempre foram legião. Entre se em qualquer lugar público e pode-se ter a certeza de que se estará em companhia de um grande número de poetas, alguns sem a pretensão de sê-lo, reconhecendo-se meros eventuais versejadores, muitos, porém, amargurando não serem reconhecidos, ou até, e não é tão raro, blasonando o título de poeta. Conhecessem eles a advertência de Ronsard no prefácio a *La Franciade* (1572): "*Il y a autant de différence entre un*

[227] "Há em toda outra arte diferentes graus, é possível, honradamente, ocupar os segundos lugares; mas, na perigosa arte de rimar e de escrever, não existem graus intermediários entre o medíocre e o pior".

Poète et un versificateur qu'entre un bidet [poldro] *et un généreux coursier* [corcel] *de Naples*"[228] (Holyoake, 211).

Não devemos confundir o *bad poet* com aquele que Babette Deutsche diz escrever "*good poetry of low tension*"[229] (1963, 234). Esse pode ser o caso do bom poeta, mesmo do grande poeta. Em nenhum poeta todo poema escrito é de igual superior qualidade. Mas, em muitos, escrever poemas breves e leves é, muitas vezes, uma maneira recorrente de expressar-se. Da mesma forma, pode ocorrer a um mau poeta alcançar em algum poema isolado uma qualidade equivalente à do poema de baixa tensão do bom poeta. E há, finalmente, o caso do poeta que se realiza, plenamente, escrevendo apenas poemas de baixa tensão. Ninguém negará, por exemplo, a Jacques Prévert ter escrito alguns belos poemas de baixa tensão. O mesmo ocorre com muitos letristas de música popular cujos versos poderiam sobreviver em sua plenitude independentemente das harmonias musicais em que estão incrustados. É o caso, por exemplo, de Chico Buarque de Holanda, que faz questão de dizer que não é poeta.

O advento do verso livre e as licenças abertas pelos futuristas e escancaradas por seus epígonos propiciaram uma avalanche de poetas pseudovanguardistas que assume as dimensões de um flagelo universal. Se a boa poesia já enfrenta a dificuldade de encontrar leitores, vê-se ainda ameaçada pela competição desleal da má poesia, que traz ocupados os espaços das prateleiras nas livrarias e os computadores dos *book-reviewers*. Esses, talvez, sejam suas mais sofridas vítimas. Refiro-me aos críticos poetas, que, muitos, bons o são. Compelidos por dever de ofício a pelo menos folhear a enxurrada de opúsculos que lhes chega de todas as direções, dilaceram-se quando, à obrigação de ser fiéis à sua profissão, justapõe-se um genuíno sentimento de respeito pelo ser humano por detrás da inqualificável poesia.

---

[228] "Há tanta diferença entre um poeta e um versejador como entre um poldro e um brioso corcel de Nápoles".

[229] "boa poesia de baixa tensão".

Randall Jarrell, poeta e crítico profissional, deles se apiedava. O título desta seção é o de um de seus ensaios críticos. Há casos — diz — em que vê, nos poemas que tem por diante para comentar, a dura vida e as ambições sem esperança dos autores, por vezes expressas até de forma mais direta e confrangedora do que o tenham sido em qualquer boa obra de arte. É como se os autores tivessem lhe enviado os próprios membros arrancados com um cartaz escrito "Isto é um poema". É preciso um coração empedernido para condenar tais poetas pelo que fizeram — ou talvez seja mais próprio dizer pelo que a eles fizeram, porque eles nunca fizeram nada — eles apenas sofreram sua poesia de maneira tão desamparada quanto o resto de suas vidas, de tal modo que dela não se pode dizer que os poemas sejam imitação da vida, ou um pedaço de vida, mas a própria vida, "*beyond good, beyond evil, and certainly, beyond reviewing*" (1955, 160,161). Antonio Machado, sem a obrigação penosa de compaixão revelada pelo crítico americano, diz, impiedosamente: "*Cuando el sentimiento acorta su radio y no trasciende del yo aislado, acotado, vedado al prójimo, acaba por empobrecerse y, al fin, canta em falsete*" (1976, 319).

Tudo o que está dito acima supõe que o poeta tenha atravessado a barreira da publicação de seu poema ou da edição de seu livro e tenha tido o raro sucesso de vê-lo avaliado pela "boa" crítica. Mas um cálculo muito elementar nos permite verificar que isso é um caso excepcional. O crítico de arte americano Robert Hughes estima que existam nos Estados Unidos 200.000 artistas plásticos e que a soma das "obras de arte" por eles produzidas alcance a casa dos 8 milhões por ano (Hughes, 1994, 2007). Aplicando raciocínio similar ao caso da produção de poemas no Brasil, não seria exagerado pensar que cada município brasileiro tem o seu poeta e, quanto maior o município, maior o seu número. Uma ultraconservadora estimativa da produção nacional, de dez poemas por ano, por município, facilmente ultrapassaria a cifra de 55.650, o que dá uma pequena ideia do filtro que tem de ser aplicado para reduzi-la a uma proporção administrável pela crítica e pelos leitores potenciais. Seria, certamente, improvável que a quase totalidade dessa produção fosse de tão execrável qualidade que justificasse colocar os autores na categoria dos "subpoetas" de que fala Mário Chamie, "calhordas [...] sósia(s) da própria cópia em que se enrosca(m)" (Secchin, 1996, 130). O raciocínio simplesmente evidencia a dificuldade de cada bom poeta erguer o braço com a mão que segura o seu poema, o seu livro, acima da linha d'água da mediocridade geral.

O mau poeta, como o bom poeta, não está livre da tentação do suicídio. Talvez até seja a ela mais vulnerável. Por isso mesmo que os sentimentos que ele experimenta "*en rustre*",[230] e põe nos seus versos, como diz Roger Caillois, assumem para ele uma inesperada dignidade, uma majestade súbita, cujo não reconhecimento público lhe é causa de profundo sofrimento. E narra Caillois o que ocorre com frequência na Colômbia (terra de poetas, como se sabe), onde a queda do rio Bogotá numa cachoeira de oitocentos metros de altura é local privilegiado para os jovens suicidas, os quais, quando poetas, costumam deixar um último poema aos pés de uma imagem da Virgem erguida no local. Os jornais da capital que noticiam tais ocorrências costumam publicá-lo, o que talvez seja a maior recompensa que os poetas suicidas podem esperar. Quando ocorre que algum suicida nada deixe aos pés da imagem, os jornais concluem o obituário com as palavras: "*No dejó poema*" (1978, 117-118).

O rei está nu

Tu és rei...
Pushkin, "Ao poeta"

Uma voz levantou-se e disse: "O rei está nu!" Witold Gombrowicz ousou dizê-lo, e o fez tão insistente e enfaticamente que mais parecia estar em uma cruzada. Ou fazia parte, sua exasperação, de uma constância mais permanente, sua revolta contra o formalismo magistral e aristocrático que, em nome dos bons costumes literá-

[230] "de forma primitiva, sem cultura".

rios, da correção social e intelectual, abafava os, para ele, mais legítimos movimentos de liberdade do indivíduo? Hoje muito se reconhece e aprecia a obra por tanto tempo ignorada do autor de *Ferdyduke* e de *Pornografia*, a quem Susan Sontag chama de brilhante e Milan Kundera compara a Joyce e a Proust como figura seminal da literatura moderna. Uma exageração que ao escritor polonês certamente incomodaria.

Numa entrevista concedida em Vence, um ano antes de sua morte, disse Gombrowicz: "Sou um homem privado que se esforça para ser razoável, consciente e construtivo". Não se deixava confundir pelo peso da tradição cultural no que dizia respeito às grandes obras da literatura mundial. Leia-se seu absorvente ensaio sobre Dante, no qual mais claramente revela sua atitude independente e honesta diante da "Grande" obra de qualquer época. Mas por que recorrer a Gombrowicz nesta conjuntura? Por que Gombrowicz via na sacralização do poeta e da poesia uma impostura: "A poesia [...] em estado puro, é, afinal de contas, algo de malsão e pouco natural. [...] Suas fraquezas aparecem tanto mais cruamente quanto mais observamos o comportamento social dos poetas. [...] Os poetas escrevem para os poetas. Cobrem-se mutuamente de elogios e se rendem homenagens reciprocamente. Saúdam seu próprio trabalho e todo o seu mundo se assemelha aos outros mundos especializados e herméticos que dividem a sociedade contemporânea. [...] [A] dificuldade pessoal e social mais séria que o poeta deve enfrentar provém do fato de que, ao considerar-se sacerdote da poesia, ele se dirige aos seus ouvintes do alto de um altar. [...] Os que o escutam hesitam entre reconhecer a superioridade de quem fala e não aceitar a posição subalterna em que são colocados. Mas, apesar disso, o número dos poetas não cessa de crescer e seus excessos não cessam de se reproduzir. Tais dados estatísticos 'ultrademocráticos' minam a conduta aristocrática e orgulhosa do mundo dos poetas e não há nada mais tentador [*engageant*] do que vê-los reunidos num congresso tomarem-se a si próprios coletivamente como seres excepcionais. [...] Os poetas continuam a agarrar-se febrilmente a uma autoridade que não possuem e a inebriar-se com a ilusão do poder. Quimeras! De cada dez poemas, um pelo menos canta o poder do poeta e sua elevada missão. [...] Não querem ver que a pretensa admiração pelos seus versos não é mais do que o resultado de fatores tais como a tradição, a imitação, a religião ou o esporte, porque se assiste a um recital de poesia como se assiste a uma missa, sem nada compreender do que está acontecendo, fazendo apenas ato de presença, e porque a corrida para a glória entre os poetas nos interessa tanto quanto as corridas de cavalos."

Gombrowicz faz, por um momento, um ato de contrição: "Seria mais sutil de minha parte não perturbar um dos raros ofícios religiosos que ainda nos restam". Mas logo retoma ferino o curso de suas invectivas. Referindo-se aos comentários críticos e filosóficos feitos pelos próprios poetas sobre sua arte, observa: "Aquele que aborde por esse ângulo nossa sublime missa de estetas descobrirá sem dificuldade que esse reino de aparente maturidade se revela mais precisamente o mais imaturo, o mais desolado dos currais que a humanidade conhece onde reinam unicamente o blefe, a mentira, o esnobismo, a necedade e a mistificação."[231]

A citação de seus textos é longa, mas se justifica, talvez, por ser a mais ampla e articulada denúncia de uma certa atitude pernóstica infelizmente tão generalizada entre aqueles que, sem o enge-

---

[231] As citações aqui recolhidas estão numa conferência feita em espanhol por Gombrowicz, em Buenos Aires, sob o título "Contra los Poetas", em 1947, publicada em francês no jornal *Le Monde*, em 1981, e republicada em livro, sob o título "Contre la poésie", em *Witold Gombrowicz - Contre les poètes*, pelas Éditions Complexes em 1988 (p. 31, 34, 36, 42), e no texto que integra seu *Journal I (1953-1956)*, publicado, igualmente em 1981, pela editora Christian Bourgeois e reproduzido, sob o título "Contre les poètes" no livro com o mesmo título acima referido. Adendo: O texto da presente obra já estava concluído quando veio a lume o nº 30 da revista *Poesia Sempre*, da Fundação Bibioteca Nacional, dedicado à Polônia, no qual encontra-se reproduzida, em tradução inédita diretamente do polonês, por Marcelo Paiva de Souza, a famosa conferência de Gombrowicz. Como a palestra foi lida em espanhol e a tradução para o francês foi publicada em vida do escritor, não me senti obrigado a confrontar a que fiz de trechos da francesa com a tradução direta do polonês, que está reproduzida na revista primorosamente dirigida pelo poeta Marco Lucchesi.

nho e a arte dos poetas legítimos, esvoaçam como abelhas na periferia da verdadeira poesia em todas as partes do mundo.

Demos, no entanto, um generoso desconto às palavras desse solitário e inflexível escritor. Poucos meses antes de morrer, disse numa entrevista que nunca se havia interessado muito pela poesia "em geral", mas reconhecia que, dos escritores da França, foram Montaigne e Baudelaire aqueles que mais o haviam ajudado a superar o insidioso cartesianismo francês. Sua palavra é forte e ela está dita por um escritor que a crítica contemporânea vem procurando resgatar de um injusto e inexplicável olvido.

Gombrowicz não estava sozinho nessa ingrata e impopular tarefa de desconstrução da figura do poeta como ser de exceção. Na verdade, não foi sequer o primeiro. Antes dele, em 1944, Roger Caillois publicara, em Buenos Aires, nas Éditions des Lettres Françaises, que a França mantinha no exterior durante a ocupação nazista, o livro *L'imposture de la poésie*. Ora, Caillois, que viveu na capital argentina durante os anos da Segunda Guerra, pelas mesmas razões, aliás, que ali haviam retido Gombrowicz, ambos fugindo do conflito europeu, não pode deixar de haver com ele convivido e não seria simples coincidência, pois, a similitude das ideias expostas pelo polonês na conferência proferida em Buenos Aires, em 1947, com as que já figuravam no livro escrito pelo sociólogo e crítico literário francês e publicado na mesma cidade três anos antes.

Diz Caillois: "Se é esta a ocasião para uma confidência, eu sempre me senti mais disposto a combater a poesia do que a ela me abandonar." A frase é dura na boca de um crítico literário. Logo veremos, porém, que não é tanto à poesia do que a certo tipo de poesia, a lírica sentimental, e a certo tipo de poeta, aquele que deposita nos versos "confissões ingênuas [*naïves*], imagens forçadas, expressões pretensiosas", que dirige Caillois a sua crítica. Neles, a empáfia rivaliza com o maneirismo, a sinceridade, nem sempre autêntica, se substitui ao esforço e ao mérito. Dela não sai mais do que espuma e vento, uma arte que "parece lisonjear apenas as qualidades fáceis ou vãs, em detrimento das severidades que conduzem à excelência". Essa fraqueza congênita da poesia lírica sentimental Caillois vê ampliada com o aparecimento do verso livre. Nessas condições, o verso do poeta contemporâneo não é mais do que uma má prosa, uma maneira preguiçosa de produzi-la, dela só se distinguindo pela disposição tipográfica das palavras, com cortes em linhas cuja razão de ser não se descobre qual seja, por uma sintaxe monótona e relaxada que tende à simples enumeração, enfim, por certa incoerência de fundo de valor discutível. Chega-se a pensar que o poeta só escreve poemas porque não sabe produzir uma prosa com estilo (1978, 23-24).

Até aqui o escritor francês não diz mais do que mesmo uma visão superficial da produção poética de sua época (e eu poderia acrescentar, igualmente da nossa) ensejaria à mais simplista reflexão crítica. Mas Caillois continua: "À medida que ele exigia menos de seu trabalho e se confiava cada vez mais à inspiração, o poeta inchava suas ambições: dizia-se mago ou profeta, vidente ou metafísico. A ele parecia bastar que seus versos fossem ininteligíveis para que eles contivessem não se sabe que revelação misteriosa, capaz de confundir a razão e arrebatar a alma."

Caillois não era contra a poesia e livros seus, posteriores, como *Aventure de la poésie moderne*, *Art poétique*, *Reconnaissance à Saint-John Perse*, *Résumé sur la poésie* e *Ouverture*, revelarão um crítico sensível e perspicaz. O que o aborrecia, e aborrecia a Gombrowicz, era o embuste que o leitor crédulo ou indulgente aceita como joia verdadeira diante da autoproclamação do falso poeta: "*Il faut donc récuser ces prestiges parasites et ces charmes trompeurs*"[232] (op. cit., 26).

A impaciência de Gombrowicz, como a de Caillois, não era sem precedente. E já Nietzsche fizera Zaratustra dizer impropérios parecidos: "Estou farto dos poetas, dos antigos e dos novos. Para mim, eles são todos superficiais, todos mares que secaram. [...] Não pensam com profundidade. [...] Perturbam as águas para fazerem-nas parecer profundas. [...] Seu espírito é o mais vão de

[232] "É preciso, então, recusar esses prestígios parasitas e charmes enganadores".

todos os pavões, um mar de vaidades. [...] Cansei-me desse espírito e vejo chegar o tempo em que esse espírito se sentirá farto de si mesmo" (1948, 147-150).

Uma voz mais recente, e essa, sim, de um escritor que todos os que se consideram em dia com os pensadores citáveis do mundo moderno respeitam, Cioran, diz ser o poeta "um pilantra que se esforça por buscar que dele se compadeçam, empenha-se em perplexidades e as procura por todos os meios. Depois a posteridade ingênua tem pena dele". Não nos surpreendem essas palavras em quem só tem descrença e desgosto para expressar. Dele, também, é o aforismo que, na sua ótica, igualmente carrega a ideia de que o poeta mente porque não tem como alcançar a verdade ou transmiti-la com a palavra: "Que uma realidade se esconde por detrás das aparências, isso é, afinal de contas, concebível; que a linguagem possa expressá-la, seria ridículo esperar" (1987).

Mas o poeta pode se autovituperar por fingimento. E não é outra coisa o que faz E. E. Cummings no seu poema "*No man, if men are gods*" (1960, 400):

> *Coward, clown, traitor, idiot, dreamer, beast —*
> *Such was a poet and shall be and is.*[233]

E assim se fecha a curva de possibilidades iniciada com o poeta sentindo-se igual a Deus.

[233] "Covarde, palhaço, traidor, idiota, sonhador, besta — / assim era o poeta, e será, e é."

Poema

Definição

I wish our clever young poets would remember my homely definition of prose and poetry, that is, prose — words in their best order; poetry — the best words in their best order.[1]
Coleridge, *Table Talk*, cit. em Frankenberg, 1956, 34

Deixar a definição de poema aos poetas é rodar num círculo vicioso. Não parecem conseguir traçar-lhe o contorno, como, aliás, e isso já vimos, não alcançam, tampouco, dizer sequer o que seja a poesia. "*Un poema es una cosa que será. / Un poema es una cosa que nunca es, pero que debiera ser. / Un poema es una cosa que nunca ha sido, que nunca podrá ser*", diz Huidobro, ao mesmo tempo em que diz que "*los verdaderos poemas son incendios*" (1976, 13) e nada nos faz avançar em nossa pesquisa. Valéry diz que "*es el desarrollo de una exclamación*", na citação de Octavio Paz (1990, 12), algo nunca acabado, uma partitura, que se materializa pela leitura (*El poeta*, I, 1980, 58), ou, ainda, algo que se abandona às chamas ou ao público ou ao amigo, como fez com *Le cemitière marin*, entregando-o a Jacques Rivière, numa tarde de 1920 (op. cit., 52). William Carlos Williams diz que o poema é uma pequena (ou grande) máquina feita de palavras, no sentido, também, de que nele nada sobra da organização dos materiais (*El poeta*, IV, 127). Jackie Pigeaud não é poeta. É médico, mas fala como um filósofo ou um poeta. E, melhor do que boa maioria dos poetas, tem do poema uma definição que a muitos causaria inveja. "*Le poème est le développement, le déploiement dans le temps, d'une intuition fondatrice, d'une analogie déchirante, d'un raport aveugle, qui ne serait rien justement si le poème n'en fondait la légitimité*"[2] (1999, 73).

---

[1] "Gostaria que nossos jovens poetas inteligentes se lembrassem de minha despretensiosa definição de prosa e de poesia que é — prosa é palavras em sua melhor ordem e poesia, as melhores palavras na sua melhor ordem".

[2] "O poema é o desenvolvimento, o desdobramento no tempo, de uma intuição fundadora, de uma analogia dilacerante, de uma relação cega, que não seria nada, justamente, se o poema não lhe fundasse a legitimidade".

Gaston Bachelard vê em todo verdadeiro poema "*les éléments d'un temps arrêté, d'un temps qui ne suit pas la mesure, d'un temps que nous appellerons vertical pour le distinguer du temps commun qui fuit horizontalement*"[3] (1979, 104). Eliot diz que "[*e*]*very poem is an epitaph*".[4] Olga Orozco, poeta argentina, chega a duvidar de que seus poemas possam merecer esse nome, como já citamos.

Vejamos, mais uma vez, Eduardo Portella, em uma de suas formulações lapidares. Já o vimos dizer que a poesia é uma energia que se materializa na obra de arte. No caso específico do poema, a poesia é uma "explosão" dessa energia latente em forma de palavras: "O poema é a poesia *sendo*".[5]

Técnica / ofício

Esta terceira parte tem a ver, basicamente, com o ofício (*métier*) do poeta. Comecemos por uma distinção feita por Seamus Heaney: aquela entre *craft* e *technique*. E já caímos na primeira armadilha, a que está à espreita de todo tradutor literário, que é a polissemia da palavra e a impossibilidade de traduzi-la corretamente fora do contexto prosódico, sintático e semântico em que se inscreva. Do contexto cultural, podemos resumir. Já falamos do assunto ao nos referirmos, na primeira parte, às valiosas considerações do filólogo alemão Harald Weinrich, na já citada obra *The Linguistics of Lying*. Digamos que *craft* seja mestria artesanal, também traduzida na linguagem quotidiana por "arte", como quando se fala da arte de fazer coisas como cozinhar, falar em público, encadernar livros, tocar piano. Ninguém diz que o *chef* é um artesão, e muito menos o pianista, mas, ao nos referirmos à arte de tais profissionais, estamos falando da capacidade de bem executar as tarefas de seu

[3] "os elementos de um tempo suspenso, de um tempo que não segue a regra, de um tempo que chamaremos de vertical, para distingui-lo do tempo comum que foge horizontalmente".

[4] "cada poema é um epitáfio".

[5] Na mesma aula já referida, dada no Colégio do Brasil.

ofício. Já a palavra *technique*, no sentido em que o poeta irlandês a emprega, tem uma abrangência muito maior e, sobretudo, uma aura ausente da palavra *craft*. *Technique*, diz Seamus Heaney, envolve a marca d'água deixada pelos modos essenciais de suas percepções, sua voz, seus pensamentos, na pele ou no tecido dos versos, é todo o esforço criativo dos recursos de seu espírito e de seu corpo para recolher o sentido de sua experiência sob a jurisdição da forma (*in* Gibbons, 1979, 270). Mais adiante, completa o pensamento afirmando supor que é a técnica, e não a arte, o que permite a primeira excitação do espírito em torno de uma palavra ou de uma imagem, ou ainda de uma recordação, crescer até articular-se, uma articulação não necessariamente em termos de argumento ou explicação, mas em termos de seu próprio potencial de autorreprodução harmoniosa. A técnica assegura que o primeiro lampejo atinja o seu fulgor. Seamus Heaney cita Robert Frost quando diz que o poema começa como "um nó na garganta" que encontra o pensamento que encontra a palavra e diz que, para ele, só a primeira epifania envolve uma função oracular, divinatória, profética. A segunda, a feitura (*the making*) do poema, é artesanal (*in* Gibbons, 1979, 271).

Há que reconhecer que os termos usados pelo poeta islandês não passam bem para o português, no qual à palavra "técnica" não é possível aplicar toda a gama sutil de qualidades que nela aponta o poeta.

Podemos dizer que escrever poemas é uma técnica e que o poeta é aquele que exerce essa técnica como um ofício. Dificilmente poderíamos dizer que a exerce como profissão, o que pode provocar irreparáveis confusões. Retemos da palavra "ofício" a conotação de "missão" e da palavra "profissão" a de "ganha-pão". Quando em 11 de dezembro de 1969 Allen Ginsberg compareceu à Corte de Justiça Federal nos Estados Unidos para depor a respeito de uma alegada conspiração para provocar um "*riot*" em Chicago, durante a Convenção Nacional do Partido Democrata de 1968, na qual estaria envolvido, ao ser intimado a declarar sua profissão disse ser poeta. A insatisfação do juiz só fez acrescentar-se quando o poeta começou a cantar o mantra dos Hare Krishna. O juiz não compreendia que a profissão do depoente pudesse ser a de poeta nem que tal profissão requeresse manifestar-se ele cantando. Quando o poeta tentou explicar que o que cantava era um mantra, o promotor alegou que o mantra "*has no materiality to this case*".[6] Ao que Ginsberg respondeu: "*But it has a spirituality to this case*".[7] E o juiz é quem tinha razão. Ginsberg não vivia de poesia. Vivia, talvez, para a poesia, mas isso era "*immaterial*" para o caso.

O poeta pode ser — e deveria mesmo ser — poeta em tempo integral, mas no exercício de seu ofício pode — e deve mesmo — ser seletivo no tempo que a ele dedica. Valéry passou 20 anos sem escrever um poema. Dante Milano, que morreu aos 91 anos, tendo publicado o primeiro poema aos 21, deixou ao todo apenas 141 poemas, uma média, portanto, de dois poemas por ano, o que não o faz menos poeta. Um caso especialíssimo é o de T. E. Hulme, cujas obras completas se resumem a cinco poemas.

São casos extremos. Embora não resuma o poeta a sua vida a escrever poemas, o tempo e o esforço que a isso dedica são consideráveis. Disse o poeta português Miguel Torga, e com muita razão, que "[é] um duro ofício, o de poeta. Começa por ser uma vocação irreprimível e acaba por ser uma penitência assumida" (1985, 8). Já vimos Yeats confessando muitas vezes sentir-se tentado a abandonar "*this craft of verse*", usando "*craft*" aí, propositadamente, uma maneira de desvalorizar o tempo perdido (1970, 47). Ovídio conhecia essas tentações e contra elas advertia o aprendiz de poeta: "Bem sabes que o ócio deteriora o corpo do indolente, / Que as águas se corrompem quando não movidas / Se tive algum talento na arte de compor poemas, / Ele me falta agora, a inação combaliu-o" (1997, 81).

O primeiro requisito para o ofício do poeta é, obviamente, ser poeta. O segundo é dominar a técnica do ofício. É preciso conhe-

[6] "não tem materialidade para este caso".

[7] "Mas ele tem uma espiritualidade para este caso".

cer o ofício do verso como o músico conhece a teoria musical, diz Ezra Pound (Isaacs, 1958, 41). Mas isso é receita antiga. "Tomai, vós que escreveis, um assunto igual a vossas forças", já dizia Horácio na *Arte poética* (1955, 204), um conselho que, como tantos outros do mestre grego, Boileau reassumiu nas suas lições: "*Consultez longtemps votre esprit et vos forces*"[8] (*L'Art poétique, Chant premier*). E: "O homem que não sabe dirigir um navio não se mete a fazê-lo, nem dá remédios a um doente quem não é médico. Mas, ignorantes ou hábeis, todos nós, sem distinção, escrevemos peças em versos" (Horácio, op. cit., 156). De tais escrúpulos não parecem padecer muitos poetas, sobretudo entre os posteriores à vitoriosa revolução dos versolibristas do começo do século XX, "*the vast army of amateurs who think that to be illogical is to be poetic*",[9] como diz Stephen Spender (1962, 46).

Octavio Paz descarta de uma penada a própria noção de técnica poética. "*La llamada 'técnica poética'*" — afirma em *El arco y la lira* — "*no es transmisible, porque no está hecha de recetas sino de invenciones que sólo sirven a su creador*" (1981, 17).

E é preciso, no entanto, levar a sério: "*Je vais me mettre aux phrases*",[10] dizia o romancista Flaubert quando lhe chegava a hora de escrever. Assim o poeta. Deve trabalhar todo dia e acumular provisões poéticas, escreveu Maiakovski (*El poeta*, I, 95). O que me faz lembrar o que me disse uma vez Guimarães Rosa: "Eu tenho *stocks* de pôr de sol, para qualquer circunstância. Estou sempre tomando notas de tudo que vejo e possa ser aproveitado quando escrevo." Falava dos seus romances, nos quais, quantas vezes, foi mais poeta do que nos seus poemas. Enquanto se escreve, diz William Blake, "nem uma linha deve ser traçada sem intenção". E Miguel Torga: "Cada verso [deve ser] de tal modo acabado que esgote no seu rigor todas as alternativas da expressão" (s.d., II, 51).

---

[8] "Consultai demoradamente vosso espírito e vossas forças".
[9] "o vasto exército de amadores que pensam que ser ilógico é ser poético".
[10] "Vou me meter com as frases".

Essa é a regra, mas, pergunta-se Auden em algum ponto de seu *The Dyers Hand*: "*Must a work be censored for being beautiful by accident? I suppose it must, but a poet will always have a sneaking regard for luck because he knows the role which it plays in poetic composition*"[11] (1968).

Palheta

Todo pintor tem sua "palheta", aquela combinação de nuances de cor, de uso da espátula ou do pincel, que distingue um pintor de qualquer outro. Todo poeta verdadeiro tem sua *watermark*. É ela que permite, muitas vezes, identificar o autor pela mera leitura de seus versos.

Meng Chiao, poeta chinês do século VIII, tinha um estilo seco e desolado que ele próprio resume num dístico: "Os ossos da poesia sobressaem em Meng Chiao, / As ondas da poesia empolam-se em Han Yu" (Payne 1947, 57). Han Yu, seu contemporâneo, foi dos poucos poetas da dinastia Tang a fundar sua reputação em poemas longos, nos quais adotou procedimentos até então reservados à prosa, tais como as comparações explícitas, os versos sem cesura e o recurso a temas não poéticos (Poesia chinesa, 1965, 72).

É conhecida a classificação dos poetas entre "gordos" e "magros", da qual José Lins do Rego fez tão bom uso. Muitas outras classificações estabelecem dicotomias similares. Gosto particularmente da que ouvi fazer João Cabral de Melo Neto durante um jantar que oferecia ao ex-presidente Juscelino Kubitschek, de passagem por Berna, onde o poeta era encarregado de negócios na Embaixada do Brasil. Dividia João os poetas, conforme a poesia que escreviam, entre os poetas do "sim" e os poetas do "não", em cuja classe se inscrevia e teve a gentileza de dizer que me colocava. Poetas do "sim" eram os poetas da celebração, como Augusto Fre-

[11] "Deve uma obra ser menosprezada porque saiu bela por acaso? Eu acho que sim, mas um poeta terá sempre uma furtiva consideração pela sorte porque ele sabe o papel que ela desempenha na composição poética".

derico Schmidt e Jorge de Lima. Poetas do "não" seriam os poetas críticos de si mesmos e de sua arte.

O poeta e diplomata mexicano Gilberto Owen dizia da poesia de Jorge Cuesta que era "*una poesía de caballete*". Um poema de Cuesta fala da "*Ley de Owen*". O próprio Owen a descreve, chamando-a, porém, de *Ley de Cuesta*: "*Es la ley que nos exige ordenar la emoción, reprimirla hasta el grado en que parezca haber sido suprimida, simular que no existe, disimular su presencia inevitable, para que el ejercicio poético parezca un mero juego de sombras dentro de una campana neumática, contemplado con los razonadores ojos de la lógica — no de la lógica discursiva, naturalmente, sino de la poética*" (Terres, 1980, 69, 72).

Owen era confessadamente um poeta romântico ("*yo, nuevo triste, yo, nuevo romántico*"). Fala muitas vezes de si próprio como poeta e diz, por exemplo, que se vê "*de pájaro en el agua o de pez en el aire*" e que, junto a Elvira, sua musa, se sente "*verso de la misma estrofa*". Em "*Perseo Vencido*" lamenta-se: "*Acaso los muy viejos se acordarán de mi cansancio, / o acaso digan: 'Es el marinero / que conquistó siete poemas, / pero la octava vez vuelve sin nada*' " (1979, 71, 77, 190, 79).

De João Cabral diz Ivan Junqueira que quem frequenta a sua poesia conhece "seu fundo e insidioso poder de contaminação estilística" (1998, 143). Murilo Mendes disse, certa vez, que se havia "joãocabralizado". Enfio-me a carapuça até as orelhas, mas ela cobre apenas uma pequena parte de minha produção que coincide, quase ano por ano, com a minha estada na União Soviética, onde a imposta ascese espiritual e física me predispôs à influência do poeta conterrâneo, que dizia que ser pernambucano o havia "vacinado do falar rico" (1980, 93).

A palavra

La página escrita nunca recuerda todo lo que se ha intentado, sino lo poco que se ha conseguido.
Antonio Machado, 1976, 31

La realidad es siempre interpretada. Y la primera interpretación consiste en nombrarla.
Julián Marías, 1984, 29

[...] *Words strain, / crack and sometimes break, under the burden, / Under the tension, slip, slide, perish, / Decay with imprecision, will not stay in place, / Will not stay still.*[12]
T. S. Eliot, "*Burnt Norton*", 1944, 19

Borges tem uma boa e sintética definição da "palavra": as palavras são símbolos de memórias partilhadas (2001, 122). Para o cego que era quando a proferiu, a definição tem um valor muito particular. Borges falava a estudantes de Harvard sobre "O credo de um poeta" e tratava especificamente da alusão. Para ele, a alusão pode substituir a palavra no caso de um leitor "rápido" (eu acrescentaria "e erudito"). O que nem sempre é o caso. Na mesma palestra diz Borges, aliás, de forma muito significativa, que o "fato central" de sua vida foi "a existência das palavras e a possibilidade de tecê-las em poesia" (op. cit., 106).

Em toda a longa história da Poesia, a palavra foi sinônimo do instrumento do poeta. Mas, para o poeta anterior à revolução literária do início do século passado, tinha um significado quase místico. A palavra era o vaso no qual o poeta recolhia o que sentia da realidade profunda que só ele era capaz de aperceber. A palavra vestia ora um conceito, ora uma imagem, uma visão. Apenas as palavras são certas, dizia Yeats, segundo Jakobson. E penso que com isso queria dizer que só com a palavra que atinge o alvo o

[12] "As palavras se distendem, estalam e muitas vezes se quebram, sob a carga, sob a tensão, tropeçam, escorregam, perecem, apodrecem com a imprecisão, não querem manter-se no lugar" (na tradução de Ivan Junqueira, em Eliot, 2004, 341).

poeta acerta. Um pensamento que tem muito a ver com uma concepção tão antiga quanto o velho Confúcio: "Se os conceitos não são justos, a obra não se compõe; se a obra não se compõe, a arte e a moral não prosperam; se a moral e a arte não prosperam, a justiça não é exata; se a justiça não é exata, o país não se sustenta. Portanto, não se deve tolerar que a palavra não esteja em ordem" (citado por Roberto Calasso, 1991, 182). Confúcio não falava especificamente da poesia, mas da palavra, e as palavras, na poesia, se têm um peso e um significado que transbordam os da conotação vulgar, não deixam por isso de conservar seu fim principal, que é o de transmitir o máximo de apreensão daquilo que querem comunicar; "o objetivo da poesia é tornar perceptível a textura da palavra em todos os seus aspectos", diz Umberto Eco (1965, 66). Como quer que se queira falar da poesia, tem-se de reconhecer que ela, se não tem origem na palavra, e pode tê-la, só se realiza no poema e o poema não é mais do que um arranjo de palavras, diz Borges: "Poesia é a expressão do belo por meio de palavras habilmente entretecidas." E explica: as palavras começam como mágica e são reconduzidas à mágica pela poesia (2001, 26). Pedro Salinas o confirma em bela imagem poética: "*Una palabra puede / salvarlo todo si se la echa allí / en el agua del alma que la espera*" (s.d., 37). Ou no corpo, como o diz o poeta nepalês do século VI: "Glória à palavra! Ela se senta na boca dos poetas, rindo-se do antigo Criador, enquanto cria o mundo inteiro de novo" (Poesia sânscrita, 1977, 8). E assim pensam, ainda, muitos críticos e poetas do século XX que não se renderam à virulência iconoclasta da palavra desencarnada, proclamada e praticada pelos vanguardistas do século passado.

Os poetas são acossados por uma voz com a qual as palavras devem se harmonizar, diz Malraux, citado por Harold Bloom (2002, 76). "O poeta não 'diz'; ele resume sua própria alma e consciência e as faz 'existir', forçando-as (pela palavra) a surtir de sua anonimidade para uma personalidade", diz Salvatore Quasimodo (1961, 6). Mesmo o poeta moderno (mas não modernista) pode dizer, como William Carlos Williams, que a poesia é uma máquina feita de palavras, uma organização de materiais. Nela não pode haver nada que sobre (*El poeta*, IV, 127), um conceito que é o mesmo que pode estar por trás do que diz Huidobro quando chama o poeta, como já vimos, de "*manicura de la lengua*".

"Ai, palavras, ai, palavras, / que estranha potência a vossa! / Todo o sentido da vida / principia à vossa porta", diz Cecília Meireles (2003, 174). O mesmo hino encontramos no poeta português Eduardo Guerra Carneiro: "Algumas palavras são mais que o som. / Soltam-se delas lâmpadas, por vezes gritos. / Palavras que demoram na boca / [...] / Há palavras lança-chamas, / [...] estradas incendiadas por dentro" (Costa e Silva, 1999, 371-372). E em Antônio Fantinato: "Uma que às vezes com outra se atrita, / palavra, salta o poema, faísca" (1998, 131). Ou ainda em Mário Chamie: "Assim é a palavra / quando caçada: / soda cáustica / lasca ou faca" (1986, 46). William Carlos Williams descreve belamente a inopinada aparição da palavra justa no poema: "*Let the snake wait under / his weed / and the writing / be of words, slow and quick, sharp / to strike, quiet to wait / sleepless*".[13]

Diz R. P. Blackmur, em *Form and Value in Modern Poetry*, que o autor deve lembrar-se de que "a realidade da palavra é anterior ao seu uso, e maior do que seu uso jamais poderá conferir-lhe, que há uma perfeição nos sentimentos expressados pelas palavras que seu espírito [o do autor] jamais poderá atingir, e que seu ofício é buscar aproximar-se dessa perfeição" (1957, 294). Missão que está aparente nas palavras de Miguel Torga: "Não eram eles (os poetas) que, nas horas cruciais da História, restituíam ao verbo aviltado pela prepotência a dignidade roubada?" (s.d., II, 51).

No meu entender, esse tipo de aproximação da questão da palavra na poesia é precisamente o que mais mal tem causado à sua apreciação no mundo contemporâneo e dado fôlego à iconoclastia das vanguardas. A palavra, nenhuma palavra, tem uma realidade independente do uso que se lhe dá, ela mesma sendo o resultado

[13] "Deixe a serpente esperar sob a relva, e a escrita ser de palavras, lentas ou rápidas, súbitas no bote, quietas na espera, alertas".

do uso que recebeu ao longo dos tempos, com o que se revela lábil, cambiante, ora enriquecendo-se, ora empobrecendo-se, em função do uso que lhe dão, às vezes mesmo envelhecendo e morrendo.

Que as palavras envelhecem já o sabia Horácio, que diz, na sua *Arte poética*: "Como as folhas na mata, as palavras envelhecem e caem". "Algumas renascem, outras, agora em voga, cairão, se o uso assim o quer, o uso ao qual pertence, nas línguas, a soberania, o direito, a regra" (1995, v. 60-61, 70-71). E isso se aplica tanto à palavra isolada, nas suas conotações, quanto na frase, quando se torna lugar-comum, como alerta Fernando Namora: "Há erosão nas palavras. / [...] / fedem a prazer viciado. // Há erosão acreditem / mesmo que na máscara / o não pareça" (1984, 168). Entende-se, pois, que Mallarmé quisesse atribuir ao poeta a função a que já nos referimos de "*donner un sens plus pur aux mots de la tribu*". Presumo, no entanto, que isso não significava para ele dar à palavra um sentido autônomo, mas, precisamente, ao contrário, limpá-la da carga da multiplicidade de sentidos alternos, cumulativos, desgastados, restituindo-lhe a capacidade de renovar-se para melhor revelar ou transmitir a realidade inefável que só ao poeta é dado aperceber. Muito próximo ao pensamento de Mallarmé está Alfonso Reyes, quando diz que "*El poeta no se sirve de las palabras, es su servidor. Al servirlas, las devuelve a su plena naturaleza, las hace recobrar su ser. Gracias a la poesia el lenguaje reconquista su estado original*" (cit. em Jozef, 1986, 133). Mas o que é o sentido original da palavra? Uma busca nesse sentido não seria reducionista, ou seja, exatamente o que o poeta se propõe evitar? Como diz Celan, não é o poema, precisamente, o lugar onde "todos os tropos e metáforas querem ser levados *ad absurdum*"? (*El poeta*, IV, 57). Isso percebendo, Burckhardt chega a chamar o poeta de bufão, "corruptor das palavras", pelo abuso com que usa as metáforas, a propósito de expressar uma realidade inapreensível.

O que podemos verificar com essa infinitesimal amostra de citações sobre a palavra com referência à poesia é que há nelas uma mescla de duas maneiras de dar significação ao vocábulo: numa a palavra é metonímia para linguagem poética; em outra é o vocábulo em sua autonomia.

Mais recentemente, tem-se reduzido a defesa da palavra como entidade mágica, à medida que se reconhece, de forma cada vez mais explícita, que ela não existe senão semanticamente. Esqueçamos, por um instante, o que dela fizeram os concretistas e prossigamos como se eles não tivessem existido, o que, aliás, é o que faz a maioria dos poetas ainda vivos. Tomemos, pois, a palavra no sentido de linguagem, pois é dessa que os poetas tratam quando se referem à mística da palavra. Em si mesma a palavra nada significa. Espera inserir-se num contexto para iniciar-se como comunicação. Ora, diz Serge Doubrovski, se na linguagem corrente já se revela a palavra deficiente na sua função conotativa, é na literatura que se projeta o excedente máximo de sua significação (1972, 56). E vê-se aqui o eco de Ezra Pound quando diz que a grande literatura "*is simply language charged with meaning to the utmost possible degree*"[14] (1973, 28).

Ora, em qualquer de suas acepções, a palavra revela-se insuficiente. Como metonímia, "a palavra é impotente, [...] não conseguirá nunca dar o segredo que está em nós", disse Ungaretti em uma entrevista a Alfredo Bosi (2003, 360). "*¡Qué oscura es nuestra voz! / La carne expresa más!*", diz Jorge Guillén, em "*Salvación de la primavera*" (1977, 88). Que poeta não se queixou em verso e prosa da incapacidade de transmitir em toda a sua extensão a mensagem que pretende ter recolhido do lado inefável da realidade? Rilke chega a preferir o silêncio: "*But is there no place at last where, from each to each / there is something that might be language, without speech?*"[15] Não é isso que já estava expresso num antigo provérbio sufi que diz: "Se a palavra que você vai pronunciar não for mais bela do que o silêncio, não a profira" (cit. em Smedt, 1986, epígrafe)? Ou então a palavra foge, esconde-se, não deixa o poeta cercá-la, apreendê-la. É o que diz Antonio Carlos Secchin: "Falar é

[14] "é simplesmente linguagem energizada com sentido ao seu mais alto grau possível".

[15] "Mas, será que não há, afinal, um lugar onde, de um para outro, seja possível haver linguagem, sem palavra?" (na tradução de C. F. MacIntyre, Rilke, 1961, 95).

tatear o nome do que se afasta" (em Buarque de Holanda, 1997, 13). Leopardi fala do desejo e do sofrimento do poeta no esforço para captar "*I bel che raro e scarso e fuggitivo / Appar nel mondo*" (1986, 94). Podemos nos perguntar se escassa e esquiva é a beleza ou a palavra que a traduza, como descreve Secchin. George Steiner sugere a possibilidade de se tomar a palavra não como o espelho de alguma realidade presente, mas como uma janela, uma abertura para "outra coisa" (1991, 15), essa outra coisa que, entendo, é a visão do poeta.

Tudo indica, pois, que, para o poeta, da mesma forma que para o homem comum, a palavra isolada, autônoma, nada espelha, seja da realidade profunda que procura obter o poeta, seja da significação utilitária que dela se espera no falar comum. Não existem palavras poéticas, todo poeta sabe disso e pensar o contrário é expor-se ao pecado mortal da poetização. As palavras, quaisquer palavras, só podem ser julgadas junto a outras. Tomemos a palavra "imenso". Nada diz em si mesmo, exceto revelar uma qualidade de grandeza. Mas se a juntarmos às palavras "Ilumino-me de", adquire uma aura que faz o conjunto poder ser lido como um poema, e dos melhores que se possa compor.

A partir do aparecimento dos movimentos de vanguarda no século XX, a palavra passou a ser outra coisa, um conjunto gráfico-sonoro com existência própria, com significado autônomo, o que ela, precisamente, nunca teve. A isso chamaram de "palavra em liberdade". Mas liberdade de quê? Não foram elas sempre livres na medida em que foram adquirindo novos significados ao longo do tempo? Ou usadas em metáforas cada vez mais arrojadas, mas, no fundo, portadoras de algum sentido? Talvez a liberdade para não disporem mais de qualquer significação. Mas, se é assim, delas não sobrarão mais do que os meros sinais gráficos. E foi o que terminou por acontecer. O que, se proporcionou o aparecimento de alguns divertidos desenhos com letras e palavras, não representa, e não poderia representar, nem uma evolução nem, muito menos, o fim da história da poesia, parafraseando a famosa fórmula de Francis Fukuyama sobre o fim da História.

Façamos a justiça de dar aos teóricos o espaço para as explicações que possam validar o projeto vanguardista. Em seu ensaio sobre "*La nouvelle poésie russe*", diz Roman Jakobson: "Se as artes plásticas são uma colocação [*la mise en forme*] do material visual com valor autônomo, se a música é *la mise en forme* do material sonoro com valor autônomo e a coreografia, do material gestual com valor autônomo, então a poesia é *la mise en forme* da palavra com valor autônomo. [...] Mas como a poeticidade se manifesta? Em que a palavra é sentida como palavra, não como simples substituto do objeto designado, nem como explosão da emoção. Em que as palavras e sua sintaxe, seu significado, sua forma externa e interna não são indícios indiferentes de sua realidade, mas possuem seu próprio peso e seu próprio valor" (1977, 16, 46). Khliébnikov via nas palavras funções para o comum dos mortais insuspeitadas. Eu acrescentaria: e os poetas de antigamente (e muitos de ainda hoje), também. Há palavras que nos permitem "ver", palavras-olhos, diz, e palavras que nos permitem "fazer", palavras-mãos (Jakobson, 1977, 23). Ao que Jakobson acrescenta que, ao contrário do que ocorre no uso diário, no qual existe uma associação automática entre o som e o sentido, no caso da palavra, no uso poético, o papel da associação mecânica é reduzido ao mínimo. Nesse contexto, fala da importância do neologismo na linguagem poética, pois ele cria "uma mancha vigorosa" (*une tache éclatante*), enquanto as palavras usadas continuamente na linguagem ordinária tendem a envelhecer também foneticamente (ibid., 24). Esse enriquecimento se perde a partir do momento em que a palavra deixa de ser palavra e se transforma apenas em vocábulo.

Umberto Eco dá aval científico às experiências modernistas: "Toda mensagem tem uma significação e uma informação. A significação de uma mensagem é função da ordem, das convenções e, por consequência, da redundância da estrutura. Inversamente, a informação aumenta com a improbabilidade. É a negação da entropia. Assim, informação e significação variam inversamente. A significação tende para a redundância. É tanto maior quanto mais banal. A informação provoca a desordem. É tanto mais própria quanto mais imprevisível. Uma vez estabelecida a língua como um sistema de probabilidades de mensagem, são elementos de desordem os que aumentam sua capacidade de transmitir informações. A arte é o domínio por excelência para a introdução dessas desordens. Graças a ela é possível à língua veicular informações que, ao contrariar as probabilidades que regem o sistema interior, se enriquecem de significados até para o próprio autor da mensagem. Essa abertura de significados, essa ambiguidade, é o resultado, porém, de uma escolha, de uma certa organização das possibilidades. A essa abertura, que poderíamos chamar de primeiro grau, as poéticas contemporâneas vêm acrescentar uma que poderíamos chamar de segundo grau, criando fôrmas transacionalmente abertas. Embora continuando uma 'obra' (organização das possibilidades), a produção dessas poéticas oferece ao intérprete e ao consumidor um campo maior de probabilidades de significados" (1965, 35).

Pura teoria, para encantar os ouvidos dos concretistas, os sobreviventes dos futuristas e dadaístas que inventaram "a liberdade da palavra". Ao retirar das palavras seu significado semântico, ou sua polissemia semântica, reduzem-se, ou até anulam-se, em vez de ampliarem-se, as probabilidades de significados.

Forma

Le fond de l'agrément de la poésie est la difficulté vaincue.
Fontenelle, *Sur la Poésie en général*

O tema é imenso e dele abordarei apenas uns poucos aspectos.

O Acordo Ortográfico da Língua Portuguesa, que retém a permanência do acento gráfico em homógrafos como *pode* e *pôde*, tornou facultativa a diferenciação pelo acento entre *forma* e *fôrma* que tão bons serviços prestava. Fica difícil precisar o que uma e outra querem realmente significar se lhes falta o acento diferenciador. Este capítulo trata das duas e me prevaleço da faculdade de diferençá-las graficamente. É possível falar de uma "forma poética" que nada tenha a ver com a fôrma na qual o poema se apresenta.

No texto "Structures linguistiques subliminaires en Poésie", do livro *Huit questions de poétique*, observa Roman Jakobson que um cálculo das probabilidades, ou mesmo uma simples comparação de textos de poesia com outros tipos de mensagens verbais, demonstra as notáveis peculiaridades do primeiro, evidentes no modo como na poesia se processa a seleção, acumulação, justaposição, distribuição e exclusão das diversas classes fonológicas e gramaticais. Essas peculiaridades não podem ser atribuídas ao acaso. "*Toute composition poétique significative, qu'elle résulte de l'improvisation ou soit le fruit d'un long et pénible travail, implique un choix orienté du matériel verbal*"[16] (1977,109). Nesse sentido, pode-se falar de uma forma poética que não tem a ver diretamente com a fôrma na qual ela se insere.

Nesse último sentido, a forma é a identidade do poema. E ela é determinada por convenções. Tais convenções não são universais nem eternas, mas, na nossa cultura ocidental, prevalece o princípio de que não há poema sem forma. "A poesia é o lugar do imponderável, onde, portanto, até o ponderável pode acontecer" — escreve Antonio Carlos Secchin. — "Mas nada disso vale, se o delírio não se submeter ao imperativo da forma" (Secchin, 2010).

O poema está sujeito a formas (fôrmas) convencionais, mas nele atuam, igualmente, aquelas exigências formais subliminares a que se refere Jakobson e que se identificam com o conteúdo do poema. Na poesia, forma e conteúdo se exigem reciprocamente. A forma pode determinar o conteúdo, como o conteúdo pode determinar a forma. Mas é inerente à função da forma na poesia a preservação da unidade do conjunto de seus componentes.

Tomo emprestado de um compositor músico as palavras introdutórias para a discussão deste tema. "A forma não pode existir sem algum tipo de identidade. [...] Quando componho, não posso conceber que o que eu faço pode não ser reconhecido e compreendido como o que eu quis expressar. Eu uso a linguagem

---

[16] "Toda composição poética significativa, resulte ela da improvisação ou seja o fruto de um longo e penoso trabalho, implica uma escolha dirigida do material verbal".

da música e o que eu expresso com minha gramática será claro para o músico que tenha seguido a evolução da música até onde eu e meus contemporâneos a trouxeram. [...] Fora das suas séries, as notas nada significam, mas nelas a recorrência, a tonalidade, a dinâmica, o timbre e as relações rítmicas determinam a forma. [...] Só é possível construir de maneira ordenada por meio de um grupo de convenções."[17] Parece-me que nessas palavras de Stravinski está tudo o que se poderia dizer da forma em relação à poesia. E faz sentido, então, ouvir Ezra Pound dizer, como vimos acima, que o poeta precisa conhecer o seu ofício assim como o músico conhece a sua teoria.

O poeta moderno (refiro-me a tudo o que vem depois de 1909) acreditou que "a palavra em liberdade" permitiria ao poema ter vida autônoma, eu diria desvinculada da Literatura, com L maiúsculo, para significar a tradição literária. Mas logo percebeu que, ao fazê-lo, destruiu uma das mais ricas funções da forma que era, precisamente, através da unidade orgânica, tornar apreensível o poema pelo leitor potencial. "[C]*ar tout le monde sait que la contrainte est le poivre de l'esprit et le principal ingredient de la beauté*",[18] diz Paul Claudel.[19] "*Parce que la forme est contraignante, l'idée jaillit plus intense*",[20] já dizia Baudelaire defendendo o soneto (Spina, 1995, ix).

Para Jakobson, a forma existe "*tant qu'il nous est difficile de la percevoir, tant que nous sentons la résistance de la matière*"[21] (1977, 13). Não poderia estar mais bem expresso. Na poesia, resulta de es-

---

[17] Conversação entre Stravinski e Robert Craft. Texto publicado na revista *The Atlantic*, junho de 1957.

[18] "[P]ois todo mundo sabe que a limitação (*contrainte*) é o condimento do espírito e o ingrediente principal da beleza".

[19] Revista *Le Roseau d'Or, Septieme numéro de chimiques*, Paris, Plon, 1929, p. 22. A palavra francesa *contrainte* será abundantemente mencionada no presente texto, a partir deste momento. Não se encontra para ela, quando aplicada ao poema, na teoria literária, tradução adequada no português. Conota a ideia de limitação impositiva da forma para realce do conteúdo e da valorização estética.

[20] "Porque a forma constrange, a ideia jorra mais intensa".

[21] "sempre que nos seja difícil percebê-la, sempre que sentirmos a resistência da matéria".

truturas linguísticas subliminares que podem existir sem consciência por parte do poeta. Ou, como diz William Blake, sem premeditação e até contra a vontade do autor (ibid., 111). Podemos tomar emprestado, desta vez a um pintor, Bracque, o que estamos querendo dizer: "Os sentidos deformam, a mente forma" (*El poeta*, III, 16).

Há um momento em que a ideia se casa com a forma e então por nada no mundo é possível sacrificar o resultado. "*When a line is once really right its rightness is of so sacrosanct a nature that rather than change it the poet* [...] *will abandon the entire piece*"[22] são palavras de Edgar Allan Poe (Isaacs, 1958, 98-99). Talvez seja um desses casos em que, como diz Robert Creeley, "a forma não é mais do que a extensão do conteúdo" (*El poeta*, III, 1983, 36). A íntima fusão de conteúdo e forma é a melhor garantia daquela unidade a ser transmitida pela forma, de que fala Suzane Langer: "O poema, em sua integralidade, é o portador do sentido artístico [*the bearer of artistic import*], como uma pintura ou um drama. Podemos dele isolar algum verso significante, como podemos isolar aspectos de beleza em qualquer obra de arte, mas, se o seu sentido não estiver determinado pelo contexto, pela obra em sua totalidade, então essa é um malogro, a despeito dos germes de excelência que possa conter" (1951, 212). A fusão forma e conteúdo exclui a predominância de uma ou de outro. Não existe, isolada, a forma perfeita. Seamus Heaney se pergunta, pertinentemente: "*How habitable is perfected form?*"[23] (1999, 346).

A questão da unidade da obra de arte, no caso do poema, é particularmente relevante. "*When a work has Unity it is as much in a Part as in the Whole: the Torso is as much a unity as the Lacoon*",[24] diz William Blake, em "*On Homer's Poetry*"[25]. Esse conceito é o

---

[22] "Quando um verso chega a soar realmente verdadeiro, sua exatidão é de tal modo sacrossanta que, a ter de mudá-lo, prefere o poeta abandonar a peça inteira".

[23] "É quanto habitável uma forma perfeita?"

[24] "Quando uma obra tem Unidade, a tem tanto na Parte quanto no Todo: o Torso é tanto uma unidade quanto o Lacoonte".

[25] O poeta refere-se obviamente à escultura desse nome, existente no museu do Vaticano, que deu nome à famosa obra de Lessing sobre os limites da pintura e da poesia.

mesmo que encontramos em Coleridge, em sua *Biographia Literaria*, quando diz que a poesia é aquela espécie de composição que se propõe proporcionar "*such delight from the whole as is compatible with a distinct gratification from each component part*".[26]

Uma das *contraintes* mais permanentes da poesia é a da dimensão. O poema longo, embora tenha tido sua maior glória no passado, continua sendo praticado. Aliás, como observa Octavio Paz no ensaio que dedicou ao assunto, os movimentos chamados de vanguarda se depauperam, quando deixam de ser vanguardas, e certas formas e procedimentos que pareciam extintos ressurgem, com linguagem nova. Isso se deu periodicamente com o poema longo. Creio estar Paz se referindo a episódios como *Un coup de dés*, de Mallarmé, no qual o seu *Transblanco* é transparentemente inspirado. Paz não define, no entanto, o que seja o poema longo.

Poderíamos experimentar ir por aproximação, fazendo uma distinção preliminar entre o poema-livro e o poema longo. Ninguém consideraria apenas longos os poemas-livros da Antiguidade, como a epopeia de Gilgamesh, o *Mahâbhârata*, a *Ilíada*, a *Odisseia*, a *Eneida*, ou os medievais *La divina commedia*, *Le roman de la rose*, *El Cid Campeador*, ou, da Renascença, *Os Lusíadas*, do romantismo, *Childe Harold's Pilgrimage*, ou o *Don Juan*, de Byron, e até o mais recente *Martin Fierro*, de Sarmiento. Eram poemas-livros. Alguns, epopeias. Como epopeias ainda são escritas nos séculos XIX e XX, não obstante sua morte declarada por Hegel, Hugo e Poe. São escritas. Serão lidas? Remeto o leitor ao livro de Saulo Neiva *Avatares da epopeia na poesia brasileira do século XX* (2009) e o deixo com as análises que faz de *Latinamérica*, de Marcus Accioly, *Invenção do mar*, de Gerardo de Mello Mourão, *A máquina do mundo repensada*, de Haroldo de Campos, e *Um país o coração*, de Carlos Nejar, esse renovando a experiência da epopeia com o mais ambicioso *Odysseus, o velho*, de 2010, posterior à obra de Neiva.

[26] "tal deleite do todo quanto seja compatível com uma distinta gratificação com cada uma de suas partes componentes".

Talvez pudéssemos caracterizar como poema longo não o poema-livro, mas aquele que muda a coluna temática da narração para a expressão de sentimentos subjetivos do poeta, em dimensões formais (quantidade de versos) acima de um certo limite, e aí estariam situados, por exemplo, *Leaves of Grass*, *Altazor* e os poemas "hipopótamos" de Maiakovski. Mas onde fixar esse limite?

A intenção do autor de apresentar uma coleção de poemas como uma unidade não seria suficiente para caracterizá-la como um poema-livro. Os *Cantos* de Ezra Pound são uma sucessão de poemas grandes, mas não um poema-livro. Tampouco é um poema-livro *Invenção de Orfeu*. Ou *Em trânsito: Táxi/Metrô*, de Adriano Espínola. São, obviamente, poemas longos, pois ocupam um número considerável de páginas, não são narrativos e se estruturam em torno da subjetividade do poeta.

Já reduzimos bastante o tamanho do poema e ainda estamos dentro do que o bom-senso chamaria de poema longo. *Un coup de dés*, *Le cemitière Marin*, *Transblanco*, *The Waste Land*, *Anabase* estão longe de alcançar as dimensões de versos dos exemplos citados anteriormente, mas não podem deixar de ser considerados poemas longos. E, entre nós, *Cobra Norato*, *Martim Cererê*, *Vida e morte severina*, *Romanceiro da Inconfidência*.

E o que dizer de dois terços da poesia romântica inglesa, ou francesa, ou brasileira, e dos numerosos exemplos encontradiços mesmo na poesia do século XX e até mesmo em autores que cultivavam habitualmente o poema curto?

Uma única coisa, talvez, se possa dizer: A poesia lírica é estruturalmente incompatível com o poema longo. "*Muse poetry*", como a chama Robert Graves, é sempre curta. Os poemas longos têm sempre "*boring passages*" e "*to bore is the worst crime a poet can commit*"[27] (Graves, 1962, 35 e 43). Edgar Allan Poe é taxativo: "Eu defendo que um poema longo não existe. E mantenho que a frase em um poema longo é simplesmente uma categórica contradição em termos." E argumenta: "Será quase desnecessário salientar o

[27] "passagens maçantes" e "enfadar é o pior crime que um poeta pode cometer".

fato de que um poema merece esse título apenas na medida em que excita, provocando a elevação da alma. O valor do poema é proporcional a essa excitação que enleva. Mas todas as excitações, devido a um condicionamento psíquico, são efêmeras. Esse grau de excitação que permite que um poema assim se designe não pode sustentar-se continuamente por toda a extensão de uma composição de tamanho muito longo. No máximo, ao fim de meia hora, esmorece — declina — seguindo-se-lhe a reação inversa — e então o poema, efetivamente, e de fato, deixa de o ser" (2004, 141).

Arthur Koestler observa que a palavra alemã para escrever poesia é *dichten*, que quer dizer "comprimir" (1974). Ora, a poesia lírica é o cerne mesmo da produção poética de todos os lugares e de todas as épocas. E é invariavelmente curta. Essa obrigação de comprimir não se restringe à forma que toma o gênero do poema. Entra em sua intimidade vocabular. O poeta mexicano Villaurrutia cita Valéry que cita Gracián ensinando: "*Entre dos palabras es preciso escoger la menor*" (1974, 707).

Podemos abandonar o exercício de procurar uma definição para o poema longo. Mas, talvez, possamos pelo menos admitir que, se a poesia curta já pouca receptividade encontra no mundo contemporâneo, não seria imprudente imaginar que um poema que exija a atenção do leitor, digamos, por mais de uma meia de hora, ou ocupe num livro mais do que uma meia dúzia de páginas, está definitivamente relegado ao silêncio das estantes, no recôndito das bibliotecas.

Num ensaio sobre o verso dantesco, Dante Milano comenta que o soneto "veio provar que não era preciso mais do que 14 versos para se compor um grande poema" e lamenta que sua abolição pelos românticos haja aberto a comporta para poemas "quilométricos" (2004, 463).[28] Desejo apenas comentar que, fora o soneto, a

[28] Não vou abrir espaço para falar do soneto, a mais venturosa veste na história da poesia para o poema. Cito apenas dois autores: Boileau, que, no Canto II de sua *L'Art poétique*, diz: "*Un sonnet sans défaut vaut seul un long poème*" [Um soneto sem defeito vale por si só um longo poema], e Baudelaire, que, numa carta a Armand Fraisse (15/2/1850), escreve: "*Quel est donc l'imbécile (c'est peut-être un homme célèbre) qui traite légèrement*

forma curta de maior sucesso na história da poesia foi o haicai, embora, não obstante o esforço de até poetas convincentes, nunca tenha ele se aclimatado bem nas línguas do Ocidente.[29] O resto é pura diversão. O dístico nunca perdeu sua vocação aforística. Ou, como diz Poe, "a brevidade indevida degenera no mero epigramatismo" (2004, 144). E o poema de um verso só, que Dante Milano chegou a praticar (deixou 19 deles), como certos opúsculos que não se sustentam sozinhos, de pé, na estante, não permanecem para a eternidade. Deixemos de fora o poema de uma letra só, do qual nos ocuparemos quando falarmos do Oulipo.

---

le sonnet et n'en voit pas la beauté pythagorique? Parce que la forme est contraignante, l'idée jaillit plus intense. Tout va bien au sonnet" [Quem é o imbecil (é, talvez, algum homem célebre) que trata levianamete do soneto e nele não vê a beleza pitagórica? Porque a forma constrange, a idéia jorra mais intensa]. E, já que este capítulo trata do poema longo, sigamos com o fim do parágrafo da carta, no qual Baudelaire diz: "*Quant aux longs poèmes, nous savons ce qu'il faut en penser: c'est la ressource de ceux qui sont incapables d'en faire de courts*" [Quanto aos poemas longos, nós sabemos o que deles é preciso saber: é o recurso daqueles que são incapazes de fazê-los curtos] (Charpier, 334).

[29] O haicai foi uma criação dos poetas Moritake e Sökan, no fim do período Muromachi (1185-1603) e inícios do periodo Edo (1603-1868) no Japão. Numa reação à *tanka*, excessivamente convencional na forma e nos temas, o haicai original se orientava para a sátira e o gracejo (uma espécie de poema-piada *avant la lettre*), logo para jogos de espírito e frivolidade, até encontrar sua forma definitiva com Basho, que dele exigia o retorno a cenas comuns da vida, realismo, mas sem vulgaridade, simpatia com a fragilidade dos seres, compreensão com a solidão e a desolação, uso da experiência particular para exprimir a essência da criação (Poesia japonesa, 1986, xv-xvi). O haicai na poesia ocidental não encontrou nem a concisão formal exigida (5, 7, 5 sílabas), nem a temática (sentido completo do poema), nem sua inserção no clima espiritual definido. O estudo definitivo sobre o haicai encontra-se na brilhante série de conferências dadas por Roland Barthes sobre o tema, no College de France, em Paris, entre 6 de janeiro e 10 de março de 1979 (Barthes, 2003).

Rima

Elle nous vient du bas-peuple de Rome, elle est née d'abord parmi les esclaves, méprisée des poètes latins. Elle est venue en Gaule dans le bagage des soldats. Ce n'est que là qu'elle a acquis sa dignité, conquis ses degrés. Elle s'est développée en même temps que la langue française dont elle a suivi la fortune. [...] *La rime ainsi part de France et gagne le monde, elle est, elle demeure une invention de notre pays qui féconde les poésies lointaines.*[30]

Aragon, 1966, 151, 152

A rima, desde a sua invenção, teve a mais contínua e brilhante carreira na construção do poema. Não sendo esta obra um compêndio sobre a poesia, não cabe examiná-la aqui na sua história e nas suas manifestações. Para um panorama completo dos aspectos formais e estilísticos da rima, há, em português, a obra fundamental de Mello Nóbrega, intitulada *Rima e poesia*, publicada pelo Instituto Nacional do Livro em 1965. Fico em umas breves referências à função, utilidade e permanência da rima.

É possível que na origem a rima tenha tido, entre outras, mas, talvez, principalmente, uma função mnemônica. Era um poderoso auxiliar na memorização do poema. Com o tempo, sua adoção pelos escritores mais notáveis, sua assimilação a um instrumento provedor de vocabulário, seu enriquecimento com as rimas exóticas,[31] a variedade de ubicação dentro da estrofe, dentro do poema, a combinação com outros elementos no interior do verso, como a aliteração, enfim todos os recursos que foram sendo usa-

---

[30] "Ela nos vem das classes baixas de Roma, nasceu entre os escravos, desprezada pelos poetas latinos. Chegou à Gália na bagagem dos soldados. Não foi senão aí que adquiriu sua digidade, conquistou seus títulos. Evoluiu ao mesmo tempo que a língua francesa, da qual seguiu a fortuna. [...] A rima, assim, parte da França e ganha o mundo; ela é e permanece uma invenção de nosso país que fecunda as poesias longínquas".

[31] Não pretendo introduzir no texto exemplos particulares de rimas, o que o alongaria demasiadamente. Deixo aqui apenas o registro de um caso de rima rica que me é particularmente caro: "*Tom, qu'un abandon scandalise, / Récite* '*Love's labour lost*'; */ Et Fritz explique à Cidalise / Le* Walpurgisnachtstraum *de Faust.*" (Théophile Gauthier, "*Le Château du Souvenir*", *in* Paraf, 1947, 23).

dos para dar-lhe variedade e retirar-lhe a monotonia, para conferir-lhe surpresa e encantamento, obra ininterrupta de séculos de aperfeiçoamento nas mãos de seus grandes cultores, tornou-a um dos mais usados recursos para a construção do poema. A rima é, no entanto, instrumento delicado. Requer uma mestria de ofício que nem todos os poetas chegam a alcançar. Razão pela qual advertia Verlaine sobre seu perigo. Se dela não soubermos cuidar, não podemos imaginar onde ela nos poderá conduzir.[32]

Dois dos aspectos mais óbvios da rima são a musicalidade que empresta ao poema e a percepção imediata que nos possibilita de sua estrutura estrófica. Não à toa a música popular tende a ser rimada, sobretudo nos países de língua latina. Com a intrusão do verso livre, muito da música popular brasileira contemporânea tem procurado escapar da rima e do ritmo estrófico, geralmente com más consequências para a melodia cantada.

Menos óbvio é o papel da rima como *contrainte*, papel de nenhuma maneira subsidiário. Em artigo publicado em *The New York Review of Books*, a propósito da obra do poeta inglês James Lasdum, escreve a crítica Helen Vendler: "O objetivo permanente da rima é não apenas o de acrescentar musicalidade ao poema, mas também, e mais crucial, o de introduzir uma ligeira obstrução aos primeiros impulsos do poeta, pressionando-o a ziguezaguear em meio a um mais amplo vocabulário" (6/11/1997, p. 57). Nesse árduo trabalho, a imaginação do poeta é espicaçada, desviada muitas vezes do rumo principal que estava atribuindo ao poema para embrenhar-se por desvios que lhe vão sendo sugeridos pela rima. O poema se enriquece de múltiplas significações. É o que reconhece Roman Jakobson quando afirma que "uma acumulação superior à frequência média de uma determinada classe de fonemas, ou a montagem contrastante de duas classes opostas, na textura fôni-

[32] Em *Poésie-1*, n° 11, septembre 1997, Dossier: Les poètes et l'écriture, p. 57. Podemos citar em abono casos de deplorável uso da rima, em trocadilhos como os usados por Villaurrutia em poemas como "*Reflejos*", de *Nostagía de la muerte*: "*Y en el juego angustioso de un espejo frente a otro cae mi voz, y mi voz que madura / y mi voz quemadura / y mi bosque madura / y mi voz quema dura*" (1974, 47).

ca de um verso, de uma estrofe, de um poema, assume o papel de uma corrente subjacente de significação" (cit. por Eco, 1965, 66).

Se a rima, como *contrainte*, espicaça o poeta, serve, também, para provocar o leitor. Em suas *Réflexions sur la Poétique*, escreve Fontenelle: "Poucas pessoas se perguntam por que razão as rimas, que fazem parte do prazer que nos oferece a poesia, são insuportáveis na prosa [...]. A razão é que as rimas são, no verso, uma dificuldade que foi preciso ao poeta superar com arte [...] a mera ideia de sua dificuldade confere à rima uma sensação de prazer [...] apreciamos notar que a arte mantém o poeta *en contrainte*" (Servien, 1947, 196).

Numa simplificação extrema, talvez possamos dizer que o argumento mais ponderável para sua defesa é sua virtualidade criadora e o mais radical para combatê-la é sua quase incontrolável tendência banalizadora. Claro que o argumento favorável responde àqueles que consideram que não há poesia sem *contrainte* e quanto mais precisa a *contrainte*, desde que não arbitrária e estranha à natureza do ofício da poesia, mais seguro se sente o poeta para não se perder no caminho do poema. O núcleo do argumento é a capacidade da rima de despertar no poeta associações que conduzam a inesperadas imagens ou abram caminho a sugestivos desdobramentos do verso. O argumento é forte e já foi defendido por eminentes poetas. Boileau o ensina em sua *L'Art poétique*: "*Lorsqu'à la bien chercher d'abord on s'évertue, / L'esprit à la trouver aisément s'habitue; / Au joug de la raison sans peine elle fléchit / Et, loin de la gêner, la sert et l'enrichit*"[33] (*Chant premier*). Baudelaire o diz num dos projetos de prefácio para *Fleurs du Mal*: "*Tout poète qui ne sait pas au juste combien chaque mot comporte de rimes, est incapable d'exprimer une idée quelconque*".[34] A rima pode surpreender, com inspiradas soluções, o poeta perdido voluntaria-

[33] "Quando a bem procurá-la de início se esmera, o espírito a encontrá-la logo se habitua; ao jugo da razão sem dor ela se curva, e longe de a estorvar, a serve e enriquece".

[34] "Todo poeta que não sabe exatamente quanto de rimas cada palavra comporta é incapaz de exprimir qualquer ideia que seja".

mente na floresta encantada da linguagem de que fala Valéry. Por outro lado, pode conduzir o poeta (e, sobretudo, o pequeno poeta) à facilidade, ao lugar-comum, à repetição, enfim, à banalidade. Seu caráter dúbio não é uma justificativa para seu abandono, antes uma advertência para o seu bom uso (ver Mello Nóbrega, 1965, sobretudo p. 437, 441, 443 e 488).

Victor Hugo se orgulhava de haver demolido a bastilha da rima. Não podia imaginar o que iria entrar pelos portões arrancados. Mas limito-me aqui a citar alguns dos poetas que, mesmo depois dessa queda da Bastilha, continuaram a defender e a praticar a rima. E começo por Maiakovski, ex-futurista, ou futurista dissidente, que, em "Como escrever versos", faz uma ardorosa defesa da rima: "Sem rimas (no sentido mais amplo da palavra) os versos se desfariam em farrapos. A rima obriga-nos a volver ao verso precedente, obriga a pensar, obriga os versos que formulam um pensamento a manterem-se unidos." E Maiakovski dá um exemplo de como constrói a estrutura de um poema: "Eu ponho sempre a palavra mais característica no fim da linha e então para ela procuro uma rima, custe o que custe. Disso resulta que minhas rimas são quase sempre inusitadas e, em boa parte, inéditas. Não serão encontradas nos dicionários de rimas. As rimas fazem a ligação entre os versos e por essa razão devem ser de matéria mais sólida do que todo o resto" (1952, 313). Depois dessas explicações, é fácil entender quando Maiakovski se confessa, no poema "Jubileu", ter "o coração torturado de rimas".

"Versos não rimados são (ou dão-me, com raras exceções, a impressão de ser) versos ainda não escritos: a intenção está lá — nada mais do que ela", diz Tzvetan Todorov (2008, 471). Ou, como diz a voz popular, pela boca do cantador Patativa do Assaré, o verso sem rima: "É como o corpo sem arma / E o coração sem amô" (1978, 19).

Verso livre

O verso livre foi o primeiro grande passo na inauguração do poema moderno. Teoricamente, ao liberar o poeta das limitações básicas do metro e da rima, conferia-lhe maior liberdade para expressar com profundidade o seu pensamento, ou a sua emoção. Não vai encontrar respaldo generalizado da parte dos maiores poetas posteriores à sua disseminação, muitos dos quais, ou quase todos, no entanto, não deixaram de tentá-lo, de tal modo que a crítica a ele apresentada por tais poetas pode ser considerada saber de experiência feito. Para esses, são precisamente as *contraintes*, das quais a rima é das mais fecundas, que potencializam o poema, obrigando o poeta ao exercício da concentração nas imagens e nas palavras.

"*No verse is free for the man who wants to do a good job... Only a bad poet could welcome free verse as a liberation from form*",[35] diz ninguém menos do que T. S. Eliot (1961, 31). "*Writing free verse is like playing tenis without a net*",[36] é o que pensa Robert Frost. William Carlos Williams não acredita no verso livre e afirma que Walt Witman já havia feito tudo o que se podia fazer com ele. Auden compara o poeta que os escreve a um Robinson Crusoe que tenha de fazer tudo sozinho, cozinhar, lavar, cerzir. Em casos excepcionais, essa independência pode produzir algo original e marcante; o resultado normal é "*squalor — dirty sheets in the unmade bed and empty bottles on the unswept floor*".[37] Para Gottfried Benn, os versos livres são ainda mais insuportáveis do que a rima (*El poeta*, IV, 81). Edwin Muir diz que "o principal defeito do verso livre é sua monotonia". A afirmação parece abusiva. Mas, se seguirmos adiante com a citação, podemos melhor compreender as palavras do poeta: "O que há com o verso livre é que ele pode ser usado aparentemente para qualquer assunto e qualquer sentimen-

---

[35] "Nenhum verso é livre para o homem que queira fazer um bom trabalho... Somente um mau poeta poderia saudar o verso livre como uma liberação da forma".

[36] "Escrever versos livres é como jogar tênis sem a rede".

[37] "esqualidez — lençóis sujos numa cama desfeita e garrafas vazias pelo chão imundo".

to [*mood*]; não há escapatória para o escritor de verso livre exceto o verso livre. Todo o universo de formas, toda a variedade de expressão poética, reside fora de seu âmbito." O poeta — continua — atinge sua liberdade usando as formas existentes ou criando-as. Dessa maneira, permanece ligado ao passado, ao mesmo tempo em que cria o presente. Algumas formas que pareceram esgotadas graças a uma maneira nova de serem usadas renascem com vigor.

Mas, talvez, a consequência mais nefasta do verso livre tenha sido a acolhida que deu à miríade de versejadores, da espécie daqueles que, em seu tempo, Ronsard disse serem "*des muses avortons*", os que se sentem com ele autorizados a escrever o que lhes vem na telha. Para muitos autoproclamados poetas, observa Don Peterson, o simples fato de que num texto escrito as linhas não cheguem ao fim da mancha da página do lado direito é indicativo de que estão em presença de um poema (2004, xxx). Entre os versolibristas, nenhuma maior praga do que aqueles que inventam escandir o chamado verso das maneiras mais arbitrárias, chegando aos que fragmentam até as sílabas, em "versos" separados, ou os enchem de alusões só para os autores reconhecíveis ou de um pretenso hermetismo pseudoculto que, na verdade, esconde apenas a incapacidade do "poeta" de exprimir-se.

Ritmo

Edgar Allan Poe, para quem a Música era "o mais arrebatador dos modos poéticos", vê a essência da poesia ser alcançada quanto mais perto estiver o poema da música. Nessa, o ritmo tem uma função especial na produção do sentimento estético. E é esse mesmo elemento que aproxima a poesia da música a tal ponto que Poe acha possível definir a poesia como "a Criação Rítmica da Beleza" (respeito, como sempre as maiúsculas do autor; 2004, 155).

Também para Octavio Paz, é no ritmo que devemos buscar o elemento fundamental definidor do poema. "*El poema*" — diz — "*es un conjunto de frases, en orden verbal, fundado en el ritmo.*" Paz vai buscar as raízes profundas dessa fundação na magia, como vimos na segunda parte. Lembra que o ritmo está diretamente relacionado ao ritual, seja ele o da magia ou o da religião. Portanto, ao mito. "[*P*]*or obra de la repetición ritmica el mito regresa*." O ritmo não é, na poesia, uma medida do tempo, mas uma maneira de usá-lo como invocação, convocação. "*Ritmo, imagen y sentido se dán simultáneamente en una unidad indivisible y compacta* [...] *el verso*." O ritmo não é uma medida. É um ímã. Atrai as palavras e as faz chegar à superfície do verso. É a função de certos procedimentos convencionais de atração, como o metro, a rima, a aliteração, a paronomásia ou quaisquer outros próprios da natureza da linguagem. Por isso não pode, não deve, desaparecer do chamado verso livre, pois é inerente à estrutura do poema.

Roger Caillois, comentando a importância relativa da rima e do ritmo no poema, observa que tanto uma como o outro provocam uma expectativa de tempo que se completa com o reaparecimento de um som. Nesse sentido, exerce, subsidiariamente, a função de ritmo (78, 102). Como a rima, por outro lado, o ritmo convoca o poeta a buscar palavras não antecipadas, contribuindo para o enriquecimento do vocabulário poético (ibid., 104).

Musicalidade

As observações anteriores podem servir de introdução ao tema da musicalidade na poesia. Ela sempre foi óbvia enquanto o poema foi rimado e ritmado. A questão nem sequer se punha, senão na forma de comparações superficiais entre a maior ou menor musicalidade de um verso ou de um poema. O verso livre tornou-a problemática. O poema pode dispensar completamente o que antes se chamava a sua música e, no limite, chegamos ao poema em prosa. Curiosamente, nesse extremo temos a contradição de um poema em prosa quando, em muitos casos, podemos encontrar uma prosa poética, ou uma poesia métrica enxertada num texto em prosa, como ocorre frequentemente em Guimarães Rosa e alguns escavadores de surpresas chegaram a encontrar até em Euclides da Cunha.

Para J. Isaacs, não é a música dos sentidos que empresta musicalidade ao poema. É mesmo mais radical: não são as palavras, arranjadas para produzir aquele efeito. O poeta convence, e isso desde os tempos mais primitivos, não pelas palavras que emprega, mas pelo "tom" com que o faz, a tal ponto que isso pode justificar o dito de T. S. Eliot no sentido de que a poesia pode "comunicar antes mesmo de ser compreendida" (Isaacs, 1958, 69-70).[38] Encontramos formulações muito parecidas com as de Eliot e Isaacs em alguns poetas da Índia, do século X. No já citado livro sobre a poesia sânscrita, temos o poema de uma mulher chamada Vijjikä que diz: "Respeito a pessoa que, em face da grande poesia, recolhe-se no silêncio. Seu corpo visivelmente abalado dá testemunho da intenção do poeta que transcende as palavras mas faz seu corpo vibrar de emoção." No mesmo sentido, os versos do poeta Hrsïkesa, também do século X, provavelmente dirigidos a Kuntala, outro poeta da Cachemira, nos quais lemos: "Este néctar de sugestão que é a fusão da palavra com sua significação banha o espírito do leitor como uma chuva de prazer. É a verdade da poesia, brilhando sem cessar. Clara para o coração, ela está além das palavras." De Kuntala, por sua vez, são os versos: "A poesia, mesmo quando seu sentido não possa ser conhecido, por causa do seu estilo pode, como a música, dar àqueles que são sensíveis à literatura um especial prazer [*an exquisite delight*]" (Sanskrit, 1977, 9 e 181 n. 25).

A musicalidade de um poema é, assim, algo que participa do indescritível musical de que falam Nietzsche e Steiner. Percebe-a o leitor com algo que não são os meros sentidos. Sua presença con-

[38] Não compartilho a interpretação dada por Isaacs às palavras de Eliot que ele só pode ter retirado, não textualmente, da palestra intitulada "The Music of Poetry", pronunciada pelo poeta na Universidade de Glasgow, em 1942. Nela diz o poeta: "Lembraria aos senhores, de início, que a música da poesia não é algo que exista à parte de sua significação. De outra forma, poderíamos ter poesia de grande beleza musical que não fizesse nenhum sentido, e eu nunca encontrei nada desse tipo. As exceções aparentes apenas revelam uma diferença de grau: há poemas nos quais somos movidos pela música e apenas presumimos que façam sentido, da mesma forma como há poemas nos quais nossa atenção se dirige ao sentido e somos movidos pela música sem disso nos darmos conta" (1961, 21).

tribui, no entanto, para aquela sensação de "Anunciação" de uma "beleza terrível" de que falava Keats ao tentar definir o que produz no homem uma verdadeira experiência estética (Steiner, 199, 176).

René Wellek e Austin Warren, no capítulo intitulado "Euphony, Rhythm, and Metro", de sua *Theory of Literature*, afirmam que a palavra "musicalidade" (assim como a palavra "melodia") deve ser proscrita da aplicação à poesia. O uso do "som" no verso não tem qualquer similitude com o da melodia na música. Essa é determinada pela tonalidade, vagamente comparável com entonação na linguagem. Há consideráveis diferenças, no entanto, entre a entonação de um verso falado, com suas variáveis de intensidade e rápidas mudanças de tom, e a melodia musical, com suas regras de tonalidades fixas e intervalos predeterminados. Nem mesmo de eufonia se pode falar em relação ao verso, pois em muitos casos o efeito buscado é precisamente o que na música seria considerado cacofonia. "*Meaning, context, and 'tone' are needed to turn linguistic sounds into artistic facts*"[39] (Gross, 1966, 23, 24).

Clássicos

> *We thus erect the classical and our own conception of art into an absolute and look on all art before the classical as imperfect strivings towards it, and all after as decadence from it.*[40]
>
> T. E. Hulme, 1960, 84

Por que ler os clássicos?

Uma questão nunca bem respondida.

Antes de dar mais um passo, deixemos claro o que entendemos por "clássicos" no presente contexto. Não nos referimos aos "clássicos da língua", listas de nomes geralmente apresentadas como as

[39] "Sentido, contexto e 'tom' são necessários para transformar sons linguísticos em fatos artísticos".

[40] "Erigimos o clássico e nossa própria concepção da arte a um valor absoluto e olhamos para que o precedeu como esforços imperfeitos para alcançá-lo e tudo o que lhe sucedeu como decadência".

obras-primas da literatura nacional, por exemplo, mas àquelas obras da literatura universal de todos os tempos que continuam a despertar a atenção e o interesse do leitor erudito permanentemente. Não são muitas e, para o nosso caso, podemos restringi-las aos autores do chamado mundo ocidental.

Obviamente, não há como ler a maioria dos grandes clássicos da literatura universal, sobretudo quando se é jovem, a não ser através de traduções. Isso é válido para os leitores de qualquer língua, e não só para os de língua portuguesa. Mas, se não tem o leitor potencial um mínimo de pré-leitura, de informação sobre a obra e de orientação quanto à tradução que enfrenta, sobretudo quando se trate de obra relativa a uma cultura da qual não tenha noção apropriada, ele nada entenderá do que está lendo, ou não descobrirá, numa má tradução, ou numa tradução antiquada, qualquer razão para a admiração que a obra deveria lhe causar.

Diz Italo Calvino que toda primeira leitura de um clássico é na realidade uma releitura e que toda releitura é uma leitura de descoberta, como a primeira. Ora, está ele supondo aí a leitura ou a releitura por um leitor suficientemente impregnado de informações, ainda que vagas, que circulam numa sociedade de elevado grau de instrução. O que o leitor vai encontrar, ou procurar no clássico, ele já sabe pelo que captou de referências em outros meios de comunicação, desde a leitura de outros livros aos filmes a que assistiu, às conversas que ouviu, às histórias em quadrinhos a que teve acesso e até aos comerciais que viu na televisão. Ele não entra desprevenido na floresta verbal que o espera. Dependendo de seu grau de percepção estética, o reencontro com aquilo que já espera pode ser uma epifania ou uma decepção. E será tanto mais epifania quanto mais ele possa receber o que lê com toda a aura permitida pela percepção da perfeita harmonia de fundo e forma no que estiver lendo. Essa epifania estética dificilmente será obtida através da tradução, até de uma boa tradução, pois mesmo a boa tradução não pode veicular a plenitude do que o autor quis (ou pôde) alcançar no original e que fez, de sua obra, precisamente um clássico, todo um clima que só o conhecimento preambular da língua e da cultura em que se insere a obra original permitirá ao leitor aperceber.

Mais do que tudo, começar pelo livro errado, ou porque a tradução está desatualizada, ou porque é uma má tradução, pode eliminar irremediavelmente o desejo de voltar à experiência de ler o mesmo livro em melhores condições ou a de ler outro autor clássico. Goethe dizia que todo clássico deveria ser retraduzido permanentemente. E nisso, creio, tinha toda a razão. Não há tradução definitiva, porque qualquer uma está contaminada pelo clima intelectual, cultural, linguístico do local e do tempo em que foi feita. Experimente o leitor ler a *Ilíada* na tradução de Odorico Mendes (1799-1864), por exemplo, e observe se não dará razão a Valéry e a Gide: "*Connais-tu quelque chose de plus embêtant que L'Iliade?*",[41] pergunta Valéry a Gide, e Gide responde: "*Oui: La Chanson de Roland*"[42] (Debray-Ritzen, 1979, 136). O diálogo é instrutivo porque, se Valéry podia estar se referindo a uma tradução maçante da *Ilíada*, Gide estava mencionando uma obra originalmente escrita em sua própria língua.

George Steiner define o clássico como sendo aquela forma significativa que nos "lê". Lê-nos mais do que nós a ele porque, cada vez que nos engajamos na leitura, é ele que desafia nossos recursos de consciência e intelecto, nos pergunta: "Está você preparado para reagir às potencialidades de enriquecimento do seu ser após as questões que eu lhe apresentei?" (1997, 18). Em 1975, no seu livro *After Babel*, já havia dito que era a capacidade de fazer surgir novos desafios o que mantinha vivo um clássico (1980, 22).

Eliot tenta definir a obra clássica e diz que é aquela que reúne "maturidade de espírito, maturidade de comportamento [*maturity of manners*], maturidade de linguagem e perfeição de estilo [*perfection of the common style*]" (1961, 60). Não é pouco e o próprio Eliot não escondeu a dificuldade de designar algum autor ou obra na literatura europeia à qual se pudesse atribuir a qualidade de clássico.

---

[41] "Você conhece qualquer coisa mais chata do que a Ilíada?"

[42] "Sim, a Canção de Roland".

Aventa os nomes de Pope, para a poesia inglesa, e de Dante, para a italiana. Mas só repousa sua pesquisa ao falar de Virgílio, único poeta que vê esgotar as potencialidades de uma língua: "Depois de Virgílio é cada vez mais verdadeiro dizer que nenhum grande desenvolvimento tornou-se possível, até que a língua latina se transformou em algo diferente (ibid., 65). Teria sido uma rara ocasião ver defrontarem-se Eliot e Robert Graves para falarem de Virgílio!

Mas já estamos falando é de tradução, que é o tema do capítulo seguinte.

Tradução

A digressão acima não foi inútil. Por ela chegamos à questão crucial da tradução de poesia. Assunto inesgotável. As posições encontradas entre os próprios poetas são opostas, frequentemente antagônicas e aparentemente irreconciliáveis.

Vamos iniciar estas notas por uma das extremas, do lado negativo, um comentário nada original do poeta mexicano Xavier Villaurrutia a respeito das traduções para o espanhol de *Le cemitière marin*, de Paul Valéry, pelos poetas Jorge Guillén, Mariano Brull e Emilio Oribe. Diz Villaurrutia: "*La traducción de la poesía es siempre un trabajo melancólico. Los frutos de la cosecha son pálidos, convencionales muestras; basta hincarles el diente para recibir un zumo sin sabor ni perfume, una ausencia en vez de una presencia deliciosa. La transfusión de sangre de un idioma a otro, posible cuando se trata de un escrito en prosa, no lo es cuando de poesía se trata*" (1974, 705). E já aqui vemos a necessidade de elucidar certos conceitos.

Poesia e poema

Minha primeira tentação é dizer que não há tradução de poesia. Há tradução de poemas. E essa consideração tem a ver com a diferença radical existente entre a tradição da poesia até o fim do século XIX e a que se apresenta a partir da produção vanguardista no início do século XX, com suas ramificações até o presente. O problema da tradução da poesia de vanguarda escapa completamente aos termos da análise que faremos a seguir, na qual permaneceremos situados dentro do universo da poesia tradicional. Nessa ótica, é essencial estabelecer uma distinção metodológica entre poesia e poema, segundo a qual com a palavra *poesia* procuramos conotar um sentimento, um estado d'alma, que, experimentado pelo indivíduo dotado dos instrumentos próprios da sua arte, pode insuflar-lhe inspiração (motivação) para produzir sua obra — no caso do poeta, o poema. Para a discussão da viabilidade da tradução, ter presente essa distinção semântica parece indispensável. Não será possível, porém, conservar a distinção vocabular ao longo do texto, pois o uso consagrou a fusão dos dois sentidos e só o contexto nos dirá se estamos falando da poesia, como categoria estética, emocional, ou do poema, como objeto concreto, formal.

O poema é o continente privilegiado da poesia, porque a palavra é o veículo mais apropriado para descrever a emoção estética que é a poesia. É sempre forçado falar em mímesis na arte. Mas, generalizando e abstraindo o essencial do que se quer expressar, podemos dizer que o pensamento (que só se descreve através da palavra) é, por assim dizer, uma tradução de primeiro grau do que a realidade evidencia ou faz presumir. A inteligência *traduz* (ressente) para o intelecto a percepção (emoção) que o conjunto corpo-alma sente diante de fatos ou de estados da natureza. "Escrever o que quer que seja é um trabalho de tradução perfeitamente comparável ao que opera a transmutação de um texto de uma língua para outra", diz Paul Valéry (Cavalcanti, G., 2006, 88). Alguns autores vão mais longe e dizem mesmo que falar já é traduzir. O poeta organiza a emoção estética no poema, que é, assim, uma espécie de tradução de segundo grau. Referindo-se aos românticos de Iena, Antoine Berman diz que, para eles, o poema já era uma espécie de tradução, a tradução (intralingual) da língua natural para a língua de arte (ibid., 99). O mesmo encontramos em Valéry, numa hipérbole constrangedora, quando diz que o poeta traduz o discurso comum na "linguagem dos deuses" (ibid., 99-100). Trata-se do que

Friedrich Schleiermacher chamou de *tradução generalizada* e Paulo Rónai de tradução intralingual e, em casos particulares, de tradução sociolinguística ou de tradução intersemiótica, quando interpretamos certos sinais não linguísticos. O tradutor para outro idioma, aquele que faz o que Schleiermacher chamou de tradução restrita e Jakobson de interlingual, faz uma transposição que Jean-Paul Weber qualificou de "imitação analógica" do poema original e que é, na verdade, uma espécie de tradução de terceiro grau (1960, 533). Se, para isso, auxilia-se o tradutor de uma língua intermédia entre a original e a destinatária, essa última será uma tradução de quarto grau.

Tradutibilidade da poesia

A ideia de que o poema (a poesia no poema) é intraduzível já foi exposta de muitas maneiras e com variadas explicações. Para Dante (*Convivio, Trattato Primo, VI*), "coisa nenhuma, ligada à harmonizada pelas musas, se pode transmudar de sua língua em outra sem romper toda a sua doçura e harmonia" (Corrêa, 1999, 9). Dante está falando da emoção estética. Cervantes escreveu que ver uma tradução era como olhar uma tapeçaria pelo avesso (Mann, 1986, 67). Cervantes está falando do poema como forma. Humboldt desfazia da tradução pela impossibilidade de passar de uma língua a outra toda a carga cultural que existe em cada palavra. Humboldt está falando de cultura acumulada, de erudição (Manguel, 1998, 326). Marguerite Yourcenar cita um tradutor francês do século XVIII, Lafosse, que dizia que a tradução de um poema, sem a harmonia ou o fogo dos versos originais, era "*le cadavre d'un Poète*" (Yourcenar, 1979, 36). Lafosse estava pensando na linguagem, na força das imagens. Evidentemente todos esses escritores estavam se referindo à poesia dos últimos quarenta séculos, da poesia que começou com a epopeia de Gilgamesh, concebida e apresentada como um todo único de fundo e forma, de imagem e ritmo, e que é posta em questão com o advento das vanguardas literárias do início do século XX.

São conhecidas as citações de poetas recentes e que vão todas na mesma direção: "*Poetry is what is lost in translation*"[43] (Robert Frost); o tradutor "*asks only for the best possible failure*"[44] (Ciardi em Dante, 1961, XXIV); toda tradução "*es un escamoteo... no pasa de una metáfora*" (Boso, I, 23). Ou, de Marco Lucchesi: "A tradução literária é a arte de naufragar com dignidade" (2006, 207).

Essa recusa à possibilidade da tradução pode estar ligada, ainda, ao sentimento de superioridade que tem o poeta, para quem sua obra é oracular. Se a tentativa é feita, o produto final é geralmente admitido como de qualidade "inferior" à do original, mesmo quando seja tão bom quanto o texto de partida, como observa Borges (2001, 71). Para Octavio Paz, "[*e*]*l poeta no escoge sus palabras.* [...] *Cuando un poeta encuentra su palabra, la reconoce; ya estaba en él. Y él ya estaba en ella.* [...] *El poema está hecho de palabras necesarias e insustituibles.* [...] *Cada palabra del poema es única.* [...] *Única y inamovible*." Donde deduz o poeta mexicano ser impossível sua tradução. O poema pode, quando muito, ser "re-criado" (1981, 45). É transparente a concepção do poema como sagrado que encerram essas palavras e que, de certa forma, o poeta confirma ao dizer que existe no poeta moderno uma deliberada intenção de criar "*un nuevo sagrado*" (ibid., 118).

A posição mais radical é a que desiste, aprioristicamente, da tentativa de tradução, como o poeta franco-argentino Paul Groussac: "*La traducción en verso tiene sus reglas y la primera es non intentarla*."

No extremo positivo da escala de juízos encontramos, por exemplo, Efraín Huerta, outro poeta mexicano, afirmando que uma poesia (um poema, é claro) nada perde de seu valor ao ser traduzida para outro idioma, "*porque aquellos valores que se hacen perdedizos en las versiones estaban ya ausentes desde la redacción original*" (1985, 51). Ou aqueles que chegam a afirmar que a tradução é o grande teste do poeta, como Rilke: "*La traduction est le*

[43] "Poesia é o que se perde na tradução".
[44] "o tradutor espera apenas o melhor fracasso possível".

plus pur des processus par lesquels s'affirme le talent poétique"[45] (Manguel, 1998, 309). A tradução de poesia, aliás, só pode ou deve ser empreendida por outro poeta, é o que escreve Leopardi na introdução que fez da *Eneida*: "*Senza esser poeta non si può tradurre um vero poeta*" (Guerini, 2007, 130).

Suzane Langer se situa do lado dos que consideram a poesia intraduzível, mas não vê nisso razão para que se abandone o esforço e considera, mesmo, que ele pode produzir resultados positivos inesperados. "O material da poesia é discursivo, mas o produto, o fenômeno artístico, não. Seu significado é implícito no poema como uma totalidade, como forma composta de som e sugestão, afirmação e reticência, e nenhuma tradução pode reencarnar isso. A poesia [contida no poema, é claro], no entanto, pode ser aproximada em outras línguas e permitir o surgimento surpreendente de belas versões, revelando novas possibilidades derivadas de seu esqueleto literal e seus recursos retóricos, mas o produto é novo, como a orquestração de uma fuga para órgão, ou a versão para piano de um quarteto, ou a fotografia de uma pintura" (1951, 213).

A querela entre conteudistas e formalistas

Há na raiz dessas posições a questão da preeminência do conteúdo sobre a forma na tradução do poema.

Roger Caillois escreveu que a tradução do poema é possível desde que o tradutor entre em sintonia com aquele sentimento poético que guiou a mão do autor do poema. Isso, é claro, diminui a importância do aspecto prosódico e vocabular da tradução em benefício da transmissão da imagem-mensagem. Goethe, para quem é o conteúdo o que em última análise importa na tradução do poema, levava sua posição ao extremo oposto de favorecer a tradução em prosa, para poder salientar a sua mensagem. Essa posição, evidentemente, refletia, a concepção que tinha Goethe da responsabilidade ética do poeta (Berman, 2002, 110).

[45] "A tradução é o mais puro processo pelo qual se afirma o talento poético".

As dificuldades de passar de cada nível de tradutibilidade para outro se acumulam e parecem dar razão àqueles que negam, em última análise, a possibilidade da tradução interlingual.

É acaciano dizer que, ainda que uma tradução possa reter a atenção do leitor e a ele reenviar o essencial da mensagem, digamos poética, de um poema, não pode reproduzir todas as nuances formais de um original, seu equilíbrio sonoro, seu ritmo peculiar. Em alguns casos a impossibilidade é total e atinge frontalmente toda a estrutura de um poema. É o que ocorre, por exemplo, na tradução do chinês, língua na qual há uma múltipla possibilidade de referências no mesmo ideograma, o que não pode ser transposto para uma língua analítica. Observa Paul Demiéville que, além das dificuldades que resultam dessa condensação e consequente ambiguidade do idioma, a poesia chinesa é construída sobre esquemas de contraponto tonal e semântico impossíveis de passar a uma língua ocidental (1962, 15).

Mas, mesmo no caso de línguas de um mesmo tronco, como as latinas, ou de uma mesma cultura, como a maior parte das europeias, é impossível conservar na tradução a estrutura formal do original, pois o espírito das línguas apresenta profundas diferenças que se revelam nas referências ou alusões cultas e que resultam da familiaridade com tradições diferentes de natureza religiosa, espiritual ou filosófica, das experiências históricas de cada povo e de outros fatores socioculturais, mas, também, e talvez sobretudo, no que se refere às estruturas formais da linguagem poética, em virtude das peculiaridades de cada idioma. Mencionemos alguns casos que afetam particularmente aspectos métricos e fonéticos. Mário Laranjeiras, citando os estudos de Michel Balland, afirma que, para dizer a mesma coisa, a língua inglesa é 10% mais densa do que a francesa. Por seu turno, diz que observações laboratoriais, por ele mesmo conduzidas, indicam que a língua portuguesa é 14% mais densa do que a francesa. Essas diferenças podem resultar, no primeiro caso, da predominância de palavras monossilábicas sobre as polissilábicas e, no segundo, da tendência mais analítica da língua francesa. Acrescentamos a essa observação o fato de que a língua francesa não dispõe de proparoxítonos, o que, obviamente, afeta a métrica da tradução em versos para línguas como a italiana e a portuguesa. O tamanho médio das palavras afeta a métrica e, também, a mancha tipográfica do poema na página, o que, para muitos autores, é dele componente integral. A contração de vogais finais em ditongos crescentes na língua portuguesa afeta diretamente a tradução do italiano para o português ao reduzir a contagem silábica do verso. Ao decassílabo, metro padrão da língua portuguesa, corresponde, na língua italiana, o hendecassílabo. A compactação vocabular da língua alemã, pela construção de palavras "valises", pode constituir-se em dificuldade grave nas traduções para línguas analíticas como o português e o italiano. Os exemplos poderiam continuar a ser enumerados, mas os já mencionados dão bem a ideia das dificuldades do tradutor que queira preservar ao máximo a forma do poema na língua original, sem prejuízo de conservar as imagens, e da necessidade em que frequentemente se encontra de privilegiar um ou outro aspecto do poema, o do conteúdo ou o da forma.

Outra limitação insuperável surge com a diferença de gênero das palavras entre a língua de partida e a de chegada. Gaston Bachelard exemplifica com o caso dos gêneros do sol e da lua nas línguas francesa e alemã. Diz ser-lhe impossível a empatia com as imagens evocadas de um e de outra pelo simples fato da inversão de gênero. Quando uma disciplina gramatical obriga os adjetivos associados à lua a se masculinizarem, um francês tem a sensação de uma perversão (1982, 55). Até certo ponto é o que, teoricamente, poderia resultar com a tradução para o português do poema *Der Tod und das Mädchen* [A Morte e a Donzela], do poeta alemão Mathias Claudius, no qual a Morte é recebida pela jovem como um cavalheiro, imagem fundamental no poema, que só pode ser transferida para os idiomas em que "morte" seja palavra masculina. Os exemplos se multiplicam. Uma das dificuldades de traduzir o poema "*La noia*", de Ungaretti, está, igualmente, no fato de que *noia*, em italiano, é palavra feminina, e "tédio", em português, é masculina.

Tais tipos de problemas intransponíveis, salvo, talvez, pelo recurso à tradução como paráfrase, de que fala Dryden, é que levam um poeta e tradutor como Leopardi a dizer que nem todas as línguas têm a capacidade de fazer a síntese entre a língua de partida e a de chegada (Guerini, 2007, 141).

Literalidade e fidelidade

Não é a literalidade o que assegura a fidelidade na tradução do poema. Ao contrário. Ela destrói o poema. Nunca é demais dizer que não se escrevem poemas com palavras, mas com contextos, ou "*word-complexes*", como diz Ciardi nas notas introdutórias de sua tradução do *Inferno*, de Dante (1954). Ou, como diz Leopardi, no seu *Zibaldone*: "*Ciascuna lingua* [...] *ha certe forme, certi modi particolari e propri che per l'una parte sono difficilissimi a trovare perfetta corrispondenza in altra lingua; per l'altra costituiscono il principal gusto di quell'idioma, sono le sue più native proprietà, I distintivi più caratteristiche del suo genio, le grazie più intime, recondite, e più sostanziali di quella favella*" (Guerini, 2001, 147).

John Bayley, comentando a biografia de Pushkin por T. J. Bynion, cita o caso da tentativa de Turgueniev de demonstrar a Flaubert a excelência do verso do poeta russo traduzindo para ele alguns trechos de "*Ievgueni Oniéguin*". A reação de Flaubert foi simples: "Mas ele é simplesmente inexpressivo [*flat*], seu grande poeta." Comenta Bayley ser impossível traduzir a obra de Pushkin para outra língua transportando toda a aura semântica, fonética e poética que a caracteriza no original. Possivelmente Turgueniev ofereceu de Pushkin uma tradução literal, improvisada, e a reação de Flaubert foi inteiramente justificada.[46] Um comentário de Alexandr Gerschenkron sobre a tradução do poema "*Ievgueni Oniéguin*", por Vladímir Nabokov, exemplifica o que pretendo dizer.

---

[46] *New York Review of Books*, 18/12/2003.

Comenta Gerschenkron que o trabalho de Nabokov "*can and should be studied, but* [...] *it cannot be read*",[47] precisamente pelo excesso de erudição do tradutor.

Termino estas considerações com o que diz, de modo irretocável, o filósofo alemão Harald Weinrich, nesta obra indispensável que é *The Linguistics of Lying*: "Nenhuma palavra é traduzível. Mas nunca necessitamos traduzir palavras. Traduzimos orações, textos. Não tem importância se as palavras individuais não encontram correspondências estritas entre uma língua e a outra. O que está em jogo na tradução é o seu significado textual e isso se pode alcançar adequadamente cuidando que o contexto seja conservado. Em princípio, pois, é possível dizer que textos são traduzíveis. Podemos então perguntar: são as traduções mentirosas? A seguinte regra poderia servir de guia: traduções literais são sempre mentiras; traduções textuais apenas são mentiras quando são más traduções [*translated words always lie, but translated texts lie only when they are badly translated*]"[48] (2005, 24).

Traduzir é arriscar

"*Tradurre è una sfida, è provare di raggiungere l'irraggiungibile, è sapere che bisogna sempre osare e rischiare, e imparare che tante volte non si può evitare gli sbagli e gli errori... Ma tradurre è anche una passione*", diz Carolina Torquato, num artigo intitulado "La traduzione dell'intraducibile", antes de introduzir uma citação de Lya Luft que completa o seu pensamento: "É seduzir a palavra, namorar a entrelinha, apalpar o silêncio, é esvaziar-se de si para deixar que o outro se manifeste, um pouco como num caso de amor."[49]

---

[47] "pode e deve ser estudado, mas [...] não pode ser lido". *New York Review of Books*, 9/7/1979.

[48] "palavras traduzidas mentem sempre, mas textos traduzidos mentem somente quando são mal traduzidos".

[49] Carolina Torquato, "La traduzione dell'intraducibile", em *Caderno de Tradução*, n. VIII, 2001, p. 92; Lya Luft, *Somos o material de nossa arte*, 1997, PUC, p. 14.

Traduzir é criar

Traduzir é criar, disse alguém. Não no sentido de que o tradutor possa deliberadamente inovar sobre a obra que traduz, seja por querer esclarecê-la, completá-la, corrigi-la, seja, o que é pior, por achar que pode dizer melhor. Já Dr. Johnson alertava: o tradutor deve tentar igualar o original, jamais superá-lo (Manguel, 1998, 312). Mas ocorre, pode ocorrer, que o tradutor, voluntária ou inconscientemente, potencialize coisas latentes na obra original até mesmo inconscientes para o autor. É um pouco o que Goethe chamava de *regeneração* de um poema, uma nova geração de sentido. Max Jacob via, no trabalho do tradutor, atitude idêntica à do autor: "*La traduction vient de la même pelure que l'inspiration*".[50] E a boa tradução, se for realmente boa, resultará num poema que pode ser lido autonomamente. Um comentário de Walter Benjamin sobre a tradução em geral se aplica particularmente bem à tradução da poesia: "No original, conteúdo e língua formam uma unidade, como o fruto e sua casca. Na tradução, a língua do texto traduzido envolve o conteúdo como um manto, com dobras sucessivas." Na poesia, a literalidade deve ser substituída pela imaginação criativa, vinculada ao sentimento de responsabilidade, e essas "dobras" são mais numerosas e mais importantes.

Com sua habitual mordacidade, Cioran vai contra a corrente e afirma: "Eu encontrei escritores que eram obtusos e até mesmo idiotas. Os tradutores com os quais tive a oportunidade de tratar, por outro lado, eram mais inteligentes e interessantes do que os autores que eles traduziam. A razão disso é que o trabalho de tradução requer mais pensamento do que *criação*."

[50] "A tradução provém do mesmo córtex que a inspiração".

[...] *translators, the official ambassadors of language*
Stephen Spender, 1962, 113

Para Ivo Barroso, todo poeta deveria ocupar-se com a tradução de poesia, precisamente pelo enriquecimento que a tradução traz para a literatura da língua de destino ao proporcionar o recurso a novas palavras, o rejuvenescimento de outras, inéditas articulações semânticas, novas figurações metafóricas, enfim todo um arsenal de inovações que se acrescentam ao patrimônio da língua de destino.[51]

"[D]iga-se o que se quiser da insuficiência da arte de traduzir, ela é e continuará a ser um dos ofícios mais importantes e mais dignos da vida", diz Goethe numa carta a Carlyle (1986, xii). O poeta, aliás, apreciava ler-se nas traduções que de suas obras eram feitas para outras línguas (ibid., 201). E há registro de poetas que encontraram em traduções de obras suas inesperadas surpresas, interpretações que lhes haviam escapado no momento da construção do poema.

A Nietzsche não faltam palavras para realçar a importância da tradução para o enriquecimento da língua. Da que Lutero fez da Bíblia para o vernáculo alemão diz ser, até o momento em que escrevia, o melhor livro alemão. A grandeza do projeto luterano estava em que, assim fazendo, Lutero transformou o idioma local, o seu *Hochdeutsch*, numa língua franca nacional.

Na Alemanha a tradução se expandiu de forma espetacular, bem como a reflexão sobre a tradução. Era um programa dos românticos de Iena enriquecer o repertório das formas poéticas e teatrais pela tradução. Humboldt dizia que, ao ampliar-se o sentido da língua, ampliava-se a nação. Herder, que a pedra de toque da riqueza ou da pobreza de uma língua aparece quando se traduzem bons livros de outras línguas; o teste de uma língua é sua capaci-

[51] *Cadernos de Tradução*, n. XIII, 2004, p. 194.

dade de traduzir de outra língua culta. Nela é que se nota o que falta na língua nacional e o que está à disposição na outra. O mesmo diz Antoine Berman ao salientar que a tradução é o espelho no qual a língua percebe os próprios limites (Cavalcanti, G., 2006, 90). Steiner vai mais longe e diz que o tradutor enriquece a própria língua, ao permitir que o idioma do qual traduz a penetre e a modifique, e, na busca de equivalências, expande o idioma nativo aos limites da significação (1980, 86). Em *A tradição clássica*, Gilbert Highet observa que a tradução começa com os romanos, povo de cultura rude e sem arte, ao transporem para sua língua a espantosa riqueza da literatura grega. Desde então, acrescenta, "a cultura de todas as nações civilizadas da Europa se fundou, em grande medida, no ensino de alguma outra língua em suas escolas e em um fluxo constante de traduções, imitações e emulações em suas literaturas. As outras línguas não necessitam forçosamente ser o latim ou o grego. Os russos ganharam muito com o aprendizado do alemão. Os alemães, com o aprendizado do francês. Os espanhóis tiraram grande proveito de sua familiaridade com o italiano. O importante é que a língua adicional seja portadora de uma cultura rica" (Highet, I, 171). Leopardi, no *Zibaldone*, recomenda aos escritores iniciantes o trabalho de tradução. É nele, diz o poeta, que o escritor aprende a "compor com estilo" (Guerini, 2007, 129).

Podemos encerrar esta tentativa.de recuperação do valor das traduções evocando o que Auden e Alberto Manguel, cada qual com seus argumentos, afirmam ao dizer, ambos, que o leitor ideal do poema é o seu tradutor.

Crítica

Que nous font, je vous prie, et que pourraient nous faire,
À nous autres rimeurs, de qui le grand affaire
Est de nous consoler en arrangeant des mots,
Que nous font les sifflets, les cris et les bravos?[52]
Alfred de Musset, s.d., 451-452

Pour saisir un œuvre d'art, rien n'est pire que les mots de la critique.
Ils n'aboutissent qu'à des malentendus plus ou moins heureux.[53]
Rilke, *Lettres à un jeune poète*

Vejamos, mais especialmente, o que os poetas acham dos críticos, e aí, parece, encontramos certa unanimidade. Os poetas não gostam dos críticos, acham que a eles falece autoridade para julgar a poesia. Assim, são representativas as palavras de Alexandre Pope: "*Some have at first for wits, then poets past, / Turned critics next, and proved plain fools at last. / Some neither can for wits nor critics pass, / As heavy mules are neither horse nor ass*"[54] ("*An Essay on Criticism*", s.d., 32).

Rilke recomenda ao destinatário de suas *Cartas a um jovem poeta*: "Leia o menos possível trabalhos de estética e crítica. Ou são opiniões partidárias petrificadas e tornadas sem sentido em sua rigidez morta ou hábeis jogos de palavras inspirados hoje numa opinião, amanhã noutra. As obras de arte são de uma infinita solidão; nada as pode alcançar tão pouco quanto a crítica" (1958, 31-32).

Não é muito diferente do que diz Yeats da crítica acadêmica no poema "*The Scholars*": "*Bald heads forgetful of their sins, / Old*

[52] "Que nos afetam, pergunto, e em que poderiam nos afetar, a nós rimadores, cujo maior trabalho é o de nos consolarmos arranjando palavras, que nos afetam as vaias, o clamor e os aplausos?"

[53] "Para apreender o espírito de uma obra de arte, nada pior do que as palavras da crítica. Elas não conduzem a mais do que mal entendidos, mais ou menos felizes".

[54] "Alguns começam com espírito, são poetas depois, críticos em seguida, e simplesmente idiotas finalmente. Alguns nem de espirituosos ou críticos passam, como mulas pesadas não são cavalo nem asno".

learned, respectable bald heads / Edit and annotate the lines / That young men, tossing on their beds, / Rhymed out in love's despair / To flatter beauty's ignorant ear"[55] (1970, 71).

Poderíamos a essas palavras facilmente acrescentar o que diz Igor Stravinski sobre o esnobismo dos críticos musicais, "que pavoneiam uma embaraçosa familiaridade com o mundo do incompreensível" (1956, 15). Ou as de Edmund Wilson sobre a crítica da prosa literária: "Enfim, lembra-te, Livro, de ir alheio à opinião", conselho que vem de longe e na boca dos maiores. Já dizia Ovídio: "Não tenhas pejo de ser lido com enfado" (1997, 45).

Didaticamente, afirma o poeta escocês Edwin Muir que uma das funções da crítica é abrir as riquezas da literatura para o leitor e auxiliá-lo a apreciá-las (*enjoy*). É, provavelmente, sua função mais útil ser a intermediária entre a literatura e o leitor e a ambos deve servir. Na atualidade, porém (Muir escrevia na primeira metade do século XX), a crítica tem se orientado para rumo diverso, o da análise e interpretação e o papel de intermediária foi passado a críticos de menor estatura. "Não posso deixar de achar que a brecha [*gap*] entre a poesia e seus potenciais leitores é devida parcialmente a isso." A crítica analítica desperta em Muir uma espécie de claustrofobia. Vê-se encerrado com o crítico e o poema num beco sem saída do qual não pode extrair-se "até que os três estejam exaustos". O grande perigo da crítica analítica, hoje predominante, é que ela encerra o poema em si próprio como um objeto, não de prazer, mas de escrutínio, e o isola do ar que devia respirar em sua espontânea operação aqueles capazes de recebê-lo. A análise, especialmente se prematura, transforma o poema num problema quando devia ser uma experiência. "*We learn about poetry from poetry*",[56] diz o autor (1993, ver 61-62, 69, 72 e a Introdução de Archibald MacLeish, p. XVII).

[55] "Calvas cabeças, esquecidas de seus pecados, velhas cabeças respeitáveis, cultas, editam e anotam os versos que jovens, revirando-se em suas camas, puseram em rimas de amor e desespero, para incensar o ignorante ouvido da beleza".

[56] "A poesia aprende-se da poesia".

Auden tem sérias reservas quanto ao crítico de poesia. Há muitas espécies entre eles, diz. A mais comum é a dos que acreditam que o poema é composto de palavras cifradas. Dá a impressão de que só vê duas espécies que merecem ser consideradas no gênero: o pedante e o crítico do crítico. O pedante (*prig*) é o crítico para quem nenhum poema é suficientemente bom porque o único poema que mereceria ser assim considerado é aquele que ele gostaria de escrever, mas não tem para isso a capacidade. Lendo-o, pode-se pensar que, para ele, melhor seria que o poema que analisa fosse ruim, e não bom. O crítico do poeta não demonstra ressentimento; na verdade, superficialmente, parece idolatrar o poeta sobre o qual está escrevendo, mas sua análise crítica é tão mais complicada e difícil do que a obra criticada que retira de quem quer que ainda não a leu qualquer desejo de fazê-lo. Também ele, pode-se suspeitar, tem secretos ressentimentos. Considera desafortunado e lamentável que antes que, possa exercer a crítica, tenha de haver o poema a ser criticado. Para ele, um poema não é uma obra de arte de outro alguém; é descoberta própria. O poeta, não importa quais sejam os seus defeitos, pelo menos acredita que o poema é mais importante do que qualquer coisa que possa ser dita sobre ele. A experiência como artífice já lhe deve poder reconhecer rapidamente se uma apreciação crítica é importante, desimportante, mas real, irreal porque irrespondível ou simplesmente absurda. Ele sabe, por exemplo, que o conhecimento da vida do artista, de seu temperamento e de suas opiniões não tem importância para a compreensão de sua arte, mas que o conhecimento similar a respeito do crítico pode ser importante para avaliar seus julgamentos. E diz Auden: "Se soubéssemos cada detalhe da vida de Shakespeare, nossa leitura de suas peças muito pouco seria alterada, se é que o seriam de alguma forma, mas quanto perderia de interesse *The Lives of the Poets* se nada soubéssemos sobre Johnson" (1968, 48-49).

Os próprios críticos parecem ter dúvidas quanto à pertinência de seu ofício quando à poesia se aplica. Harold Bloom desabona boa parte da crítica literária europeia. Diz não ser possível demonstrar que ela possa ter ajudado na leitura de "qualquer poema de qualquer poeta". As críticas retórica, aristotélica, fenomenológica e estruturalista, todas fazem reduções [do texto], seja a imagens, ideias, coisas determinadas ou fonemas. O mesmo resultado reducionista encontra Bloom nas críticas de fundo moral, filosófico ou psicológico. "Nós o reduzimos [o poema] — se chegamos a fazê-lo — a outro poema. O significado de um poema só pode ser outro poema." E arremata: "As interpretações distorcidas, ou poemas dos poetas, são mais drásticas do que as interpretações distorcidas ou críticas dos críticos, mas trata-se apenas de uma diferença de grau e de modo algum de espécie. Não há interpretações, mas apenas interpretações distorcidas e, portanto, toda crítica é poesia em prosa" (2002, 62-63, 142).

Serge Doubrovski comenta que o debate sobre a função da crítica na França se parece, às vezes, à histórica querela entre "*anciens et modernes*" [antigos e modernos]. A *nouvelle critique* toma o partido dos "modernos" e acusa a crítica tradicional de superficial e periférica. Aquela, querendo ser literária, é na maioria das vezes apenas literal. Buscando arbitrariamente reduzir o significado ao seu nível mais imediato, ela se compraz e se restringe às pesquisas das fontes, das edições do texto, das compilações lexicográficas ou bibliográficas e aos mil e um trabalhos de erudição "*qui s'attachent dans la littérature à la lettre, et laissent l'esprit pour plus tard*"[57] (1972, 65). Em virtude das próprias dimensões da linguagem, o que uma obra "quer dizer" desborda amplamente aquilo que ela "diz"; o que ela manifesta é irredutível ao que ela enuncia e faz parte integrante, portanto, de seu sentido. "[*T*]*elle est l'ambiguité fondamentale de l'écriture ou, si l'on veut, son indépassable 'polyssémie'*"[58] (ibid., 67). Doubrovski regressa ao tema mais adiante e diz que a verdadeira crítica "*ajoute à l'œuvre*" [acrescenta à obra]. Citando Merleau-Ponty (*Signes*), repete que toda manifestação escri-

---

[57] "que, na literatura, se apegam à letra, e deixam o espírito para depois".

[58] "Tal é a ambiguidade fundamental da escrita ou, como se queira, sua intransponível 'polissemia'".

ta ao mesmo tempo exprime e esconde as relações fundamentais que o autor deseja manifestar. A verdadeira crítica consistirá em revelar o que na obra se esconde e a ligar o que é oferecido ao que se oculta, no esforço para fazer emergir a totalidade da obra. A justificativa da crítica não se deve, porém, a uma insuficiência da obra, que se supõe perfeita, podendo mesmo dispensar todo esclarecimento suplementar (ibid., 297). E continua, agora parafraseando o autor citado: "Em nenhum momento, e seja ele o autor mais lúcido da obra mais bem alcançada, o escritor pode formular integralmente o seu sentido. Nessa ordem de ideias, em cada momento da história, o crítico — e, de certa maneira, todo leitor — é o parteiro [*l'acoucheur*] do escritor. Simplesmente, em lugar de um parto de acaso, '*dans l'arrière-boutique de la parlerie banale*' [nos fundos de loja de um palavrório banal], a *nouvelle critique*, à diferença da antiga, presume utilizar-se de instrumentos precisos para revelar o sentido da obra sob exame. Para nós, a análise crítica se apresenta, assim, exatamente como uma '*psychanalise existentielle*' [ênfase no texto original], segundo a expressão inventada por Sartre: '*Psychanalise: la connaissance, chez autrui, de ce qui est caché à autrui ou de ce qu'autrui se cache, met le critique dans la même position, en face de son texte, que le psychanaliste, en face de son patient*' [Psicanálise: o conhecimento, em outro, daquilo que se esconde ao outro, ou do que o outro esconde a si próprio, põe a crítica na mesma posição, perante o texto, que o psicanalista, perante seu paciente]" (ibid., 208).

Podemos estender essa apreciação sobre a crítica da obra literária em geral ao caso especial da poesia com apenas um *caveat*: na poesia, mais do que em qualquer outro gênero literário, o autor se recusa a ser psicanalisado e sua obra também. O hermetismo e a obscuridade parecem constituir-se defesas inexpugnáveis do poeta, cuja mais viva intenção, mais do que comunicar-se, é consolar-se a si próprio com encontrar uma forma para ele satisfatória de condensar em palavras suas iluminações. A conclusão a tirar dessas reflexões talvez as tenha resumido da melhor maneira Serge Doubrovski ao terminar seu livro com estas palavras: "Escritor, crítico, leitor, o que neles encontramos invariavelmente, de início ou ao fim dessa aventura ao mesmo tempo comum e íntima, é uma subjetividade plena e inteira em exercício" (ibid., 271).

Não é de bom-tom, no Brasil, encontrar nódoas na obra dos ícones da literatura nacional. Penetro agora em areias movediças.

A respeito de Machado de Assis, diz-se que de tudo foi mestre. E, se é indiscutível reconhecer que assim ocorre com o romancista, o contista, o cronista, há decerto exagero em atribuir as mesmas qualidades a cada linha que escreveu em outros gêneros que lhe foram menores, não na quantidade e frequência da produção, como, por exemplo, na poesia, mas na qualidade final do produto. Não foi abundante na crítica literária e não foi excelente em quase tudo o que nesse domínio escreveu.

Machado estreou na crítica literária em abril de 1858, com críticas publicadas no jornal *A marmota*, sob o título geral de "O passado, o presente e o futuro da literatura" (nada mais, nada menos), na última das quais, referindo-se à prática comum nos teatros brasileiros de levar à cena peças francesas, naturalmente em tradução, emite o seguinte julgamento: "A tradução é o elemento dominante, nesse caos que devia ser a arca santa onde a arte pelos lábios de seus oráculos falasse às turbas entusiasmadas e delirantes. Transplantar uma composição dramática francesa para a nossa língua é tarefa de que se incumbe qualquer bípede que entenda letra redonda" (1959, 802). Segundo o jovem crítico, para remover o principal obstáculo ao desenvolvimento da dramaturgia nacional, o mais apropriado remédio seria taxar as traduções, o que "convém perfeitamente às necessidades da situação" (Machado, 1953, v. 3, 993).

Machado tinha 19 anos e pode-se-lhe relevar a impetuosa linguagem. Mas nascia aí o crítico que aos 26 anos publicava seu programa e sua missão em "O ideal do crítico", no *Diário do Rio de Janeiro* (8/10/1865). Lamenta Machado a pobreza em que se encontra a poesia no Brasil e a atribui à ausência de uma crítica "fecunda", capaz de pôr os aspirantes a poetas no bom caminho. A crítica atual vem sendo exercida por incompetentes, continua.

"O poeta oscilará entre as sentenças mal concebidas do crítico e os arestos caprichosos da opinião, nenhuma luz, nenhum conselho, nada lhe mostrará o caminho que deve seguir." A solução? A presença e a obra do crítico perfeito, cuja missão é "guiar os estreantes, corrigir os talentos" (ibid., 811-812). Três meses depois, no mesmo jornal, em 9 de janeiro, confirmará: "Desde que, entre o poeta e o leitor, aparecer a reflexão madura da crítica, encarregada de aprofundar as concepções do poeta para as comunicar ao espírito do leitor; desde que uma crítica conscienciosa e artista guie, a um tempo, a musa no seu trabalho e o leitor na sua escolha, a opinião começará a formar-se e o amor das letras virá naturalmente." E se apresenta para preencher a lacuna.

Em "O ideal do crítico", Machado trata longamente dos atributos essenciais da profissão. É longa a lista das qualidades que lhe são exigidas, mas podem ser resumidas no parágrafo em que diz que ciência e consciência são as "condições principais" para se exercer a crítica. Essa deve ser sincera, solícita e justa. O crítico tem de ser coerente, imparcial, tolerante, urbano, moderado, "franco sem aspereza, independente sem injustiça". Machado deve ter lido seu Alexandre Pope. Recordemos aqui as "Rules for the Conduct of Manners in a Critic" que o poeta-ensaísta inglês apresenta em *Essay on Criticism*: "*Candor, modesty, good breeding, sincerity, and freedom of advice*" (Merrill, 1995, xii). Mas parece ter esquecido os próprios conselhos ao fazer a crítica, em 1879, do livro de estreia como poeta de Silvio Romero, *Cantos do fim do século*, publicado no ano anterior. Desanca a obra e conclui, impaciente: "Para dizer tudo numa só palavra, o Sr. Romero não possui a forma poética". E, mais adiante, ao repetir que "a forma não lhe acude ou só lhe acude reversa e obscura", conclui: "O que dá a impressão de um estrangeiro que apenas balbucia a língua nacional". Silvio Romero não lhe perdoará e em 1882 publica um opúsculo intitulado *O naturalismo em literatura*, no qual chama Machado de "infeliz desclassificado", "homenzinho sem crenças", "tênia literária", "sereia matreira", "bolorenta pamonha literária" (Neto, 2008, 15).

A apreciação de Machado sobre Silvio Romero parece inocente e mesmo benevolente se a compararmos com a que Silvio Romero fará um dia de Luiz Delfino: mero escritor "de ordem terciária", praticante do levantismo charlatanesco, caracterizando-se pela "imitação sediça, palavrosa, inchada, túrbida do estilo de Victor Hugo, levado ao supremo exagero logomáquico, revestindo umas cenas do Oriente [...] que ele nem ao menos conhece como erudito, porque sua ignorância filosófica e histórica é profunda". E mais: "É um escritor sem livros!... Belo chefe, grande general sem batalhas! [...] poeta palavroso, enfático, desigual, obscuro e áspero. Não tem sentimento, não tem ideias, nem originalidade. [...] O estilo é bombástico e martelante; é imitador de Victor Hugo deturpadamente. Atordoa os ouvidos e o bom-senso [...] não passa de um Leconte de Lisle de dois palmos de altura."[59] Tempos turbulentos, esses, e é bom que tenham passado.

Este livro, já adverti, não é um tratado e, talvez, não chegue a ser um ensaio. Vou, por ele, ao sabor de minhas notas, tomadas sem plano. Não me condene o leitor pelo que nele não encontre. Não vou falar mais da crítica na história literária do Brasil. Volto às minhas notas, agora retomando as que fiz quando li, em Washington, em 1955, o excelente ensaio "The Age of Criticism", do poeta e crítico americano Randall Jarrell, incluído em seu livro *Poetry and the Age*, publicado naquele mesmo ano (1955, 63 a 86).

O texto é o que de mais lúcido, pertinente e acerbo já se escreveu sobre a crítica literária. Observa Jarrell — e o mesmo, já vimos, anotara Muir, particularmente no que se refere à poesia — que já quase não existe mais o leitor comum, o *common reader* de que falou Virginia Woolf, o leitor que "*differs from the critic and scholar*", que "*reads for his own pleasure rather than to impart knowledge or correct opinions of others*" (Woolf, 1954, 1).[60] Lê-se pouco e mal. E, para o leitor comum, a crítica se resume à lista dos *best-*

---

[59] A longa citação é retirada do artigo de Wilson Martins sobre o poeta catarinense publicado na *Gazeta do Povo*, do Paraná, em 1/7/2002, sob o título "Moinho de poemas".

[60] Virginia Woolf não se apropriou da expressão, que admite haver recolhido da *Life of Gray*, de Samuel Johnson.

sellers. Tampouco para a grande maioria da minoria que procura ler boa literatura a crítica ultrapassa os limites das resenhas publicadas nos suplementos literários dos jornais nos fins de semana ou nas revistas especializadas, marcadas por superficialidade, pouco entendimento, falsa erudição e facciosismo. Para a minoria da minoria (essas classificações são inferências minhas e não figuram com as mesmas palavras no texto de Jarrell), aqueles que buscam uma apreciação fundamentada, objetiva e útil na crítica de maior profundidade, frequentemente reservada à universidade, o que o leitor encontra é uma arenga *dull* (sensabor, o grifo é do original), uma crítica "com frequência espantosamente sem graça, sem alegria, sem humor, prolixa, miúda, estreita, metódica, autossuficiente, empestada de lugares comuns, obcecada pelo desejo de alcançar prestígio, quase autônoma", que aqui repito no original para que o leitor possa deliciar-se com essa espantosa tirada: "*Often, an astonishingly graceless, joyless, humorless, long-winded, niggling, blinkered, methodical, self-important, cliché-ridden, prestige-obsessed, almost-autonomous criticism*".[61] Autônoma aí é a palavra-chave. Tem-se, às vezes, a impressão de que para o crítico, a obra criticada não é mais do que a matéria-prima para a sua análise (Jarrell, 1955, 65).

Houve um tempo em que o crítico procurava escrever bem e seus textos tinham a individualidade estilística que caracteriza a obra de arte. Hoje a crítica literária usa um estilo e um jargão institucionalizados, assim como existe jargão e estilo próprios para a filosofia ou a sociologia. Tal situação afasta o leitor, mas afasta, também, o escritor, e Jarrell cita Elisabeth Bishop quando diz que, após a leitura de uma dessas revistas literárias trimestrais, perdia a vontade de ler e até mesmo de escrever durante semanas (Jarrell, 1955, 66). Pergunta-se Jarrell que refúgio resta para o escritor, novelista ou poeta senão... "escrever crítica"! Rara, aliás, é a publica-

[61] "Com frequência, uma atividade crítica sem graça, desprazerosa, sem humor, prolixa, mesquinha, sonífera, metódica, autocomplacente, cheia de lugares-comuns, obcecada com prestigiar-se, quase autônoma".

ção periódica de natureza literária na qual apareça um conto, um poema. Tudo o mais é crítica (resenha, diria eu) e, para muitos leitores potenciais, a leitura da crítica (resenha) dispensa a da obra, ainda quando lhe seja favorável. Donde o título de seu artigo. Essa percepção já a tinha Renan no século XIX, quando previu que viria um tempo em que a leitura dos autores seria substituída pela dos historiadores literários! (Faguet, 2009, 119).

Desconfiar da capacidade do crítico de apreciar a boa poesia já o fazia Montaigne. Diz ele nos *Essais*: "*Voicy merveille: nous avons bien plus de poëtes que de juges et interpretes de poësie. Il est plus aisé de la faire, que de la cognoistre. A certaine mesure base, on la peut juger par les preceptes et par art. Mais la bonne, l'excessive, la divine, est au-dessus des regles et de la raison*"[62] (Livre I, Chapitre XXXVII; 1982, I, 262).

O que, então, deve fazer o crítico? Com que critérios deve operar? Alguém o perguntou a Eliot e a resposta foi: "O único método é ser muito inteligente". A resposta é, obviamente, uma *boutade*. É verdade que "princípios" e "standards" de excelência são geralmente prejudiciais ou simplesmente inúteis, mas não basta ao crítico a inteligência. Do verdadeiro crítico se exige, ou se espera — diz Jarrell —, qualidades morais e intelectuais que ele tem de adquirir e conservar com enormes dificuldades: uma absoluta imparcialidade e a capacidade de não se deixar engolfar pelas areias movediças das próprias convicções. E o crítico tem de ser um excepcional leitor. Essa é a qualidade essencial. E outras coisas também, mas essas são acidentais. Pode-se apreciar um crítico por seu estilo, sua agudeza (*wit*), sua percuciência estilística, suas passagens fulgurantes, sua sabedoria, seus aforismos, mil outras coisas mais. E, na medida em que saiba usar essas coisas "acidentais" com mestria, o crítico pode conquistar simpatias, tais como a que William Empson demonstrou por I. A. Richards (com tantos ou-

[62] "Vejam que maravilha: temos bem mais poetas do que juízes e intérpretes da poesia. É mais fácil compô-la do que conhecê-la. De um modo elementar, podemos julgá-la por preceitos e pela arte. Mas a boa, a extrema, a divina, está acima das regras e da razão".

tros críticos do século passado repartidas), de quem diz que dele se obtinha mais, mesmo quando estava errado, do que de outros quando estavam certos. O que faz Jarrell dizer o mesmo, de sua parte, com relação a Empson (1955, 83). De qualquer maneira, alerta Jarrell, não se deve fazer do crítico o intermediário entre a obra e o leitor. E conclui, incisivamente: se após a leitura de um texto como o seu, ou de outros melhores que venham a ser escritos, alguém decidir que é melhor ler um romance ou escrever um poema do que ler uma resenha, e não prestar sistematicamente atenção ao que diga a crítica sobre a obra de arte que aprecia ou escreve, não terá sido em vão o que ele próprio escreveu.

Topói

A natureza, o amor e a morte são os temas do poeta, disse Ferdinand Brunetière no século XIX (cit. por Álvaro Lins em Renault, 1970, 20). Eliot faz Sweeney dizer a Doris, em um dos poemas inacabados: "*That's all the facts when you come to brass tacks; / 'Birth, and copulation, and death*'".[63] Para Borges, os temas são: "*Hambre, sed, amargura, sueño, guerra, / Muerte y los outros hábitos humanos*" (Xirau, 1978 32). Auden fala da Lua, do Fogo, das Serpentes e dos quatro seres importantes que só podem ser definidos em termos de não ser: a Escuridão, o Silêncio, o Nada e a Morte (tudo devidamente com maiúsculas). A Lua, sim. Nada mais presente e, surpreendentemente, até nos poetas mais austeros. Com o Fogo e as Serpentes confesso não haver sido tão confrontado e a falta deve ser minha.

De todos os tempos as emoções fortes, sobretudo as ligadas ao amor, foram frequentadoras assíduas nos poemas. Têm sido mesmo o núcleo vivo da poesia lírica. Ou o são ainda, desde que o poeta esteja atento ao *caveat* ditado por Stephen Spender: "*Today*

[63] "Eis apenas o que fica, quando aos fatos te limitas: Nascer, copular e morrer" (tradução de Ivan Junqueira em Eliot, 2004, 244, 245).

it is still possible to play on a few worn emotions: one can send out a love-signal, so long as it is accompanied by a purgative"[64] (1962, 27). Veja-se, a respeito, o que já citamos de Eliot em 2.15.

Roman Jakobson diz que a questão não tem mais importância, nem objeto, na poética moderna. Não há natureza morta ou ato, paisagem ou pensamento que esteja hoje fora do domínio da poesia. O próprio caráter intencional do ato criador não é mais obrigatório. E cita como exemplo o que se passa com a revolução introduzida pela poesia futurista, a dadaísta e outros movimentos rebeldes à tradição poética: Khliébnikov exaltando a liberdade tipográfica a ponto de atribuir valor artístico às gralhas inadvertidas, Viazemski admirando o caráter poético de uma lista de vinhos, Krutchôniki o de uma fatura de lavanderia, Pasternak o de um indicador de estradas de ferro (1977, 32-33). Poderíamos seguir com a lista até aos nossos dias e tudo abrangeríamos. Ou quase tudo. O *fait divers* de um dia será a razão de um poema, quem sabe, muitos anos depois, disse Constantino Cavafis (1979, 138). Veremos mais sobre isso quando falarmos do vocabulário poético.

A questão não é reconhecer ou não o caráter poético de qualquer texto, como na escultura não é o de apreciar ou não como obra de arte o mijadouro de Marcel Duchamp, mas sim a de saber se os temas que vêm sendo empurrados pelos funis dos autores modernos constituem ou não um estrato permanente da arte, como indubitavelmente têm persistido outros por milhares de anos. Tenho para mim que dentro de mil anos ainda será possível ler com prazer um poema de Basho, mas que nenhum desses textos poéticos que exaltaram a sensibilidade dos futuristas russos dos inícios do século XX, já esquecidos hoje, ou que nos têm sido forçados ouvidos adentro, pelos vanguardistas europeus e nacionais que lhes seguiram os passos, será sequer mencionado na história literária universal do fim do presente século.

---

[64] "Hoje é possível ainda utilizar algumas gastas emoções: pode-se enviar um sinal de amor, desde que seja acompanhado de um purgativo".

Não são muitos, penso, os *topói* da poesia universal, tomando a palavra como restritiva aos temas permanentemente recorrentes. Poderíamos tentar enumerá-los e chegar a classificá-los em cinquenta, sessenta temas, como Carlo Gozzi fez para as situações dramáticas, que catalogou em 36, com o acordo de Goethe, segundo conta Arthur Koestler (1979, 215), o que, de qualquer forma, não quer dizer nada. O famoso estudo de Vladimir Propp sobre a estrutura do conto não estabelece uma tipologia, mas uma morfologia. Até certo ponto é o que Tzvetan Todorov alcança fazer com a novela policial (1978, 9-19). São numerosas as tentativas de estabelecimento de tipologias setoriais, por gênero, por região, por língua. Não parece possível estabelecer uma tipologia da poesia universal. Mas, pensando em categorias de temas, e não em temas individuais, creio possível distribuí-los em três grandes grupos: 1) as inquietações filosóficas sobre o significado da vida, normalmente contempladas do ponto de vista da capacidade, ou da incapacidade, do poeta de penetrar-lhes o mistério, que geram a poesia profética do vate, a poesia metafísica, a poesia existencialista, em torno dos subtemas da fugacidade da vida, do mistério da morte, e que cantam, também, a excepcionalidade e grandeza do próprio poeta, ou seu trauma e sofrimento, por ver demais, ou de menos, a realidade que se esconde por trás desses grandes temas; 2) a experiência amorosa, com todos os desbordamentos líricos e a vertente da paixão física, do desejo e da descrição da pessoa amada; e 3) a comunhão sinestésica da emoção do poeta com a visão da natureza, cujo tema dominante é o luar. Claro que essas categorias não abrangem todo o imenso universo dos temas poéticos. Refiro-me apenas àqueles presentes em quase toda literatura, não importa a língua, o espaço ou o tempo em que se manifestam.

Não vou falar da primeira, abundantemente exemplificada nas citações que se encontram na segunda parte deste livro. Vou diretamente à segunda e, dentro dela, apenas a um aspecto muito particular, que é o *blason du corps féminin*, e, em seguida, à terceira, na qual o tema dominante é o luar.

O corpo da mulher amada

Le corps a une grand'part à notre estre,
il y tient un grand rang.
Montaigne

[...] *el cuerpo es la realidad del espíritu.*
Ortega y Gasset

A Musa é a fonte da verdade e a Verdade sempre foi representada pela mulher nua, despida de qualquer adereço, diz Robert Graves (1957, 502). Está aí uma tentativa de explicação da obsessão do poeta pelo corpo nu da mulher amada.

Em meu livro *O cântico dos cânticos.* Um ensaio de interpretação através de suas traduções (Cavalcanti, G., 2005), abordo extensivamente o *topos* literário da descrição poética do corpo feminino, cujos primeiros exemplos conhecidos remontam aos *wasfs* da poesia egípcia do século XIII a.C., retomados nos três *wasfs* que se encontram no poema bíblico e abordados de forma sistemática pelos poetas franceses do século XV. Não é o caso de repetir nesta obra o estudo minucioso ali registrado. Trata-se, naquela, de rever a prática da descrição inventariante do corpo feminino num mesmo poema (ou numa série unitária de poemas, como nos *blasons* franceses).[65] A presente obra não comporta um trabalho arqueológico dessa natureza. Mas, com o mesmo espírito de exemplificar com citações de poetas os temas aqui abordados, aventuro-me a sortear em minhas notas alguns exemplos da recorrente e impulsiva prática poética de descrições do corpo feminino. Serão poucos. Encheria uma estante um levantamento exaustivo. E peço perdão ao leitor se, em uma ocasião ou outra, não resisti à tentação de incluir alguma citação de autor não poeta.

[65] O mais perto que encontramos de um tal procedimento na literatura ocidental posterior aos *blasons* se encontra nas odes que Verlaine escreveu para Philomène, publicadas sob o título geral de *Odes en son honneur* (1973, 762 e seg.), e nos ardorosos poemas de desejo, já tratados na primeira parte desta obra, escritos por Apollinaire para suas musas Lou e Madeleine Pagès, especialmente aquela.

Pode-se perguntar por que essa obsessão do poeta de descrever cada parcela física do corpo da amada. Encontro a resposta, talvez, no que diz o filósofo francês Jean Baudrillard: "*La spécificité féminine est dans la diffraction des zones érogènes, dans une érogénéité déventrée, polyvalence diffuse de la jouissance et transfiguration de tout corps par le désir*"[66] (1979, 21). O poeta vanguardista Pierre Albert-Birot (1876-1967) chegou a ver na alma, através dos desejos que ela "*emporte*" [carrega], "*un nez une bouche des yeux et le reste*" [um nariz uma boca olhos e o resto].[67]

Continuemos na ordem usual das descrições que descem pelo corpo da mulher amada da cabeça aos pés. Mas, antes, detenhamo-nos por uns instantes nas duas citações que nos serviram de epígrafes e que irão preparar o caminho para o que se vai seguir. A primeira, de Michel de Montaigne, está reproduzida por Erich Auerbach no monumental estudo *Mimesis – The Representation of Reality in Western Literature* (1957, 267). A segunda, de Ortega y Gasset, encontra-se no *Estudio sobre el amor* (1957, 28). Quaisquer que sejam as orientações filosóficas dos dois autores sobre o conceito de realidade, o que ambos reconhecem é que o corpo é o veículo do espírito. Essa observação sirva de exórdio às que faço em seguida, nas quais se pode notar que, com raras exceções, as imagens dos poetas relativas ao corpo da mulher que exaltam estão ligadas a sentimentos que transcendem a mera denotação física.

Se da cabeça se fala, é para os cabelos o primeiro olhar. Parto do *Cântico dos cânticos*, sem querer remontar à poesia anterior egípcia e levantina que já trata do tema. A descrição é a de Sulamita, a Amada, pelo autor, uma das três que figuram nos *wasfs* do *Cântico*: *Capilli tui sicut greges caprarum quæ descenderunt de monte Galaad*,[68] diz o poeta no primeiro deles (4:1). Tão bizarra imagem tem sido a tortura dos hermeneutas. Não entrarei nos detalhes e

---

[66] "A especificidade feminina está na difração das zonas erógenas, numa erogenidade desventrada, polivalência difusa do prazer e transfiguração de todo corpo pelo desejo".

[67] "Cette âme qu'on emporte", em *Poésie 1 Vagabondages, Dossier: Les poètes et le corps*, mars 1998, p. 35.

[68] "teus cabelos, um rebanho de cabras / descendo os flancos do Galaad".

apenas a menciono para dizer que parece predominar hoje a ideia de que a imagem se refere a cabras negras descendo a encosta de uma ribanceira, o que pode sugerir ou que os cabelos de Sulamita estavam revoltos, desordenados, ou que se distribuíam em fileiras como cachos. De qualquer forma, eram negros, sendo Sulamita uma levantina.[69] Como são negros, sobre as peles negras, os da Jeanne Duval, de Baudelaire, da Julie, de Alfred de Musset, da Madeleine, de Apollinaire, da beduína, de Pierre Louys. Mas em geral são louros, se a musa é europeia. Dos de Lucrécia Bórgia, a filha do papa Alexandre VI, disse Byron (que deles obteve uma madeixa) serem "*the most beautiful and the most golden one can imagine*"[70] (Cloulas, 1993, 277-278).

Negros e revoltos, como os de Sulamita, são também os da Philomène, de Verlaine: "*Noirs comme l'ombre / Où passerait une onde / Pure, froide, profonde, / Sous un ciel bas et sombre* [...] *voyez qu'elle est belle / Cette tête rebelle / À la littérature / Comme à l'art de la brosse*"[71] ("*Odes en son honneur*", 1973, 775, 774). Revoltos, igualmente, são os que Montale canta da amada, com mais vaporosa imagem: "*... sgombra / la fronte dalla nube dei capelli*"[72] (1980, 189). Com os poetas modernos surgem as imagens caprichosas, os exóticos oximoros. Juan Ramón Jiménez dirá dos da amada "*tus cabellos, verdes / de estrellas mojadas!*" (1985, 109) e Mallarmé, "*ta chevelure est une rivière tiède*"[73] ("*Tristesse d'été*", 1979, 37).

A face da amada é sempre bela. Calíope quer dizer, precisamente, "bela face". E uma bela face pode transtornar o poeta: "*Truly I*

[69] Durante 15 séculos as traduções latinas do *Cântico dos Cânticos* que serviram à liturgia da Igreja Católica apresentaram do versículo a tradução errada de São Jerônimo do texto hebraico (via o grego dos Setenta), que usava a palavra *ascenderunt* na metáfora para os cabelos de Sulamita. A tradução correta (*descenderunt*) só aparece em 1979, com a *Nova Vulgata*, promulgada pelo papa João Paulo II.

[70] "os mais belos e os mais dourados que se possa imaginar".

[71] "Negros como a sombra, por onde passasse uma onda, pura, fria, profunda, sob um céu baixo e sombrio, [...] Vejam que ela é bela, essa cabeça rebelde, à literatura, como à arte da escova".

[72] "livre a testa da nuvem dos cabelos" (Cavalcanti, G., 1997, 61).

[73] "tua cabeleira é um tépido riacho".

think her face can drive me mad",[74] diz Jacopo da Lentini na famosa tradução do soneto "*Of his Lady's Face*", por Dante Gabriel Rossetti (s.d., 41). "[*U*]*n velours de pêche rose et blanc*",[75] dirá Rimbaud ("*La maline*", 1976, 33).

Os olhos da amada, seu olhar, estão presentes em toda a poesia lírica. "[*S*]*on principio d'Amore*", diz Dante nos comentários com que explica a gênese e o sentido do poema "*Donne ch'avete intelletto d'amore*", inserido no capítulo XIX da sua *Vita nova*. A propósito, recordo-me de haver visto na Casa de Augusto Comte, na rua Monsieur le Prince, em Paris, restaurada e conservada graças à dedicação de toda a vida do brasileiro ilustre que foi Paulo Carneiro, uma gravura que reproduz o quadro em que Henry Holiday retrata Dante contemplando Beatrice, que caminha, acompanhada de uma amiga, pelo cais do Arno, na qual constava a inscrição "*Beati gli occhi, che la vider in vita*". Procurei-a em vão na poesia de Dante, mas fui encontrá-la na última linha no soneto CCCIX de Petrarca, ligeiramente diferente: "*Beati gli occhi, che la vider viva*"; e, se é assim, a bênção deve ter sido dirigida a Laura, e não a Beatrice.

A Amada tem com o olhar o poder de tornar "*gentil ciò ch'ella mira*", diz Dante (*Vita nova*, cap. XXI). "*Guilding the object whereupon it gazeth*"[76] (Shakespeare, Sonnet XX). Ou mesmo de ofuscar ou queimar os que a miram. "*O toi, la plus belle d'entre les femmes!... / Ferme les yeux / dont les rayons / me brûlent le coeur*",[77] diz Siegfried a Gutrune, sob o efeito do filtro que o faz amá-la (Wagner, 1972, 99). Ou de ferir: "*Palpé las cicatrices que dejó tu mirada*", diz Mario Benedetti (1981, 216). Ou tem o poder de arrebatar o poeta: "*Yo me siento arrastrado por tus ojos, / pero adónde me arrastran, no lo sé*", diz Gustavo Adolfo Bécquer (1977, 113). E Gómez Suárez de Figueroa, que preferiu chamar-se Inca Garcilaso de la Vega, suspira: "*¿Dó están ahora aquellos ojos / que llevaban tras sí,*

[74] "De verdade eu penso que a face dela me deixa louco".
[75] "um veludo de pêssego rosa e branco".
[76] "Dourando o objeto que contempla".
[77] "Ó tu, a mais bela entre as mulheres!... Fecha os olhos cujos raios me abrasam o coração".

como colgada, / mi alma, doquier que ellos se volvían?" (1980, 81). John Donne, com a finura que lhe é peculiar, exclama: "*Who did the whole world's soul contract, and drove / Into the glasses of your eyes*"[78] (Brooks-Davies, 1997, 5). E Chico Buarque de Holanda, na mais moderna linguagem: "Os seus olhos me chupavam feito um zoom" (em *O grande circo místico*), a atração do abismo, "*ojos de cisterna*", como no tango de Córdoba Iturbiru.

Os olhos falam e o poeta entende sua linguagem sinestésica. "*To hear with eyes belongs to love's fine wit*",[79] sabe-o Shakespeare (Sonnet XXIII). "*El Corazón. Yo lo usaba en los ojos*", diz o poeta mexicano Gilberto Owen (1979, 81). Sterne fala de "*An eye full of gentle salutations — and soft responses*"[80] (em *Tristram Shandy*, VIII, 25), uma imagem que reponta no nosso Machado quando, em uma crônica de *Bons dias*, fala em "gesto dos olhos" (1959, III, 521). Baudrillard diz da sedução dos olhos ser a mais imediata, a mais pura. "*Celle qui se passe des mots, seuls les regards s'enchevêtrent dans une sorte de duel, d'enlacement immédiat, à l'insu des autres, et de leur discours: charme discret d'un orgasme immobile, et silencieux*"[81] (1979, 107). Volto às citações de Bloy, sempre inatingível em suas imagens fulgurantes. Vejamos o que ele diz dos olhos de Véronique em *Le désesperé*: "*Des yeux immenses, illimités, dont personne n'avait jamais pu faire le tour*" [...] "*Un double goufre pâle et translucide, une insurrection de clartés*" [...] "*les yeux d'une aveugle qui tâtonerait dans le paradis*"[82] (1983, 258, 259).

Se há cumplicidade nos olhares, esses podem invadir outros sentidos e aflorar sentimentos aterradores. Aguéiev fala de "*una mirada como un contacto de órganos sexuales*" e chega mesmo a

---

[78] "Quem a alma do mundo inteiro contraiu e colocou na copa de teus olhos".

[79] "ouvir com os olhos é próprio do fino engenho do amor".

[80] "Um olho pleno de gentis acenos — e suaves respostas".

[81] "Aquela [a sedução] que dispensa as palavras, nela apenas os olhares se enredam numa espécie de duelo, de enlaçamento imediato, indiferentes ao olhar dos outros e aos seus discursos: charme discreto de um orgasmo imóvel e silencioso".

[82] "Olhos imensos, ilimitados, dos quais ninguém jamais pôde fazer o périplo [...] um duplo abismo pálido e translúcido, uma insurreição de claridades [...] os olhos de uma cega tateando o paraíso".

dizer: "*Parecía, por la mirada, que esta mujer y yo habíamos intercambiado, los ojos en los ojos, como si, una hora antes, hubiéramos matado juntos a un niño*" (1984, 84). E Bioy Casares faz um personagem dizer da outra protagonista: "*Cecilia* [...] *más de una vez me ha dicho que la vista y el tacto son dos niveles de un solo sentido.* [...] *Si te miran mucho te sientes tocado*" (1965, 63). Ou pode ocorrer o contrário, que sejam do olhar do poeta os dardos provocadores. Assim o confessa Laforgue: "*Parce que mes yeux / Manquaient de principes!*"[83] (Burnshaw, 1964, 60).

Há gosto em falar das cores dos olhos. Seria infindável o inventário. Restrinjo-me a duas ou três citações que envolvem imagens fora do óbvio: "*Eyes of the most unholy blue!*",[84] do poeta irlandês Thomas Moore (no poema "*By That Lake, Whose Gloomy Shore*"); "*Eyes too expressive to be blue / too lovely to be grey*",[85] de Matthew Arnold (no poema "*Faded leaves, 4*", de *On the Rhine*); e, novamente de Bloy, a respeito de Véronique: "*Des yeux d'un bleu si naïf qu'il avait toujours l'air de s'en servir pour la première fois*"[86] (Bloy, 1983, 60); e "*ojos inusitados de sulfato de cobre*", de Ramón López Velarde (1979, 140). Quaisquer que sejam as cores, são sempre belos os olhos da amada e o poeta não se cansa de louvá-los. Exceto os olhos verdes. Já Mario Praz o notara. Diz serem verdes os olhos de todos os caracteres sádicos na literatura e cita, de Barbey d'Aurevilly, "*les deux étoiles vertes*"[87] da sinistra condessa de Stasseville ("*Dessous des cartes*", em *Le bonheur dans le crime*); de Joséphin Péladan, "*Un ange de missel dévêtu en vierge folle* [...] *les yeux verts au regard ambigu*"[88] (em *Le vice suprême*); de Octave

---

[83] "Porque meus olhos careciam de princípios".

[84] "Olhos do mais profano azul".

[85] "Olhos demasiado expressivos para serem azuis, demasiadamente encantadores para serem cinzentos".

[86] "Olhos de um azul tão simples que davam sempre a impressão de estarem sendo usados pela primeira vez".

[87] "as duas estrelas verdes".

[88] "Um anjo de missal desvestido como uma virgem louca [...] os verdes olhos num olhar ambíguo".

Mirbeau, os olhos de Clara, "*verts, pailletés d'or*"[89] (em *Le jardin des suplices*; cit. em Praz, 1956, 321); de Beaudelaire, "*Tout cela ne vaut pas le poison qui découle / De tes yeux, de tes yeux verts / Lacs où mon âme tremble et se voit à l'envers...*"[90] ("*Le poison*", 1980, 49). Velarde fala dos de Teresa Toranzo, que "*como esmeraldas expansionistas, cintilaban, para mi ruína*" (1977). Machado devia ter conhecimento de alguns desses precedentes, pois, em um dos *Contos fluminenses*, "*Miss Dollar*", o único defeito que Mendonça viu em Margarida "foi a cor dos olhos, não porque a cor fosse feia, mas porque ele tinha prevenção contra os olhos verdes". Acrescenta o narrador: "[a] prevenção, cumpre dizê-lo, era mais literária que outra coisa". A esses testemunhos, junto minha pequena contribuição. Vejo que Polly Moony, filha do açougueiro no conto "*The Boarding House*", de James Joyce, tinha os olhos "*grey with a shade of green through them, had a habit of glancing upwards when she spoke with anyone, which made her look like a little perverse madonna*"[91] (1989, 67). Mas, talvez, a mais famosa ligação entre os olhos verdes e a maldade esteja no epíteto dado por Shakespeare ao ciúme quando faz Iago advertir Otelo: tal sentimento é "*the green-eyed monster which doth mock / The meat it feeds on*"[92] (*Othelo*, ato III, cena III, linhas 166-167).

Ligados aos olhos estão os cílios e as sobrancelhas. Também deles falam os poetas. Théophile Gautier diz, de uma mulher misteriosa que lhe perturba os sentidos, que tem os cílios "*comme des mouettes / Qui rasent le flot aplani*"[93] ("*Cærulei oculi*") e, em outro poema ("*La voyageuse*"), diz serem como "*écharpes*"; Apollinaire chama os de Lou "*cils penseurs*".[94] Quanto às sobrancelhas, no mesmo poema em que fala dos cílios da amada, Gautier diz serem

---

89 "verdes, paetés de ouro".

90 "Tudo isso não vale o veneno que emana de teus olhos, de teus olhos verdes, lagos onde minha alma treme e se vê às avessas".

91 "cinza, com um tom de verde através, tinham o hábito de olhar de relance para o alto quando falava com alguém, o que a fazia parecer-se a uma madona perversa".

92 "é um monstro de olhos verdes, que zomba do alimento de que vive".

93 "como gaivotas rasantes sobre a vaga lisa".

94 "cílios pensativos".

"*touffus, noirs, épais,* [...] *Qui nous font songer à la paix / Sous les forêts silencieuses*".[95] As da musa de Baudelaire são "*méchants*" [malvados] ("*Chansons d'après-midi*", *surcils* sendo masculino em francês). E Montale suplica: "*ch'io fugga dal bagliore dei tuoi cigli*"[96] (1980, 191).

Não posso fechar esta seção dedicada aos olhos na poesia lírica (e em alguma literatura mais, como já preveni o leitor) sem uma menção às lágrimas, um dos ofícios dos olhos, como encontramos em Vallejo: "[...] *sufro con gran cuidado, / a fin de no gritar o de llorar, ya que los ojos / poseen, independientemente de uno, sus pobrezas, / quiero decir, su oficio*" (1980, 311). Vallejo fala das lágrimas do poeta e são muitos os que se detêm sobre suas misérias lacrimosas. Não é à toa que Haroldo de Campos chama os olhos de "fenestras d'água". Mas também a Amada chora e suas lágrimas podem ter o poder de comover o poeta. Assim parece ser o caso pelo menos com Byron: "*Oh! too convincing — dangerously clear / In woman's eye the unanswerable tear!*"[97] ("*The Corsair*", Canto II, XV; s.d., 205). Não foi, porém, o que aconteceu com o chevalier de Chamilly, que não acudiu às que não deixava de verter Sor Mariana Alcoforado, no convento de Beja: os olhos "não os tenho empregado senão em chorar" (Cortesão, 1964, 17-18). Deixo para os especialistas decidir se as famosas cartas foram escritas em português, pela própria freira — embora só delas se conheça o original em francês, "reconstituído" para o português por, entre outros, Jaime Cortesão (1964), que nelas vê a autêntica presença de óbvios lusitanismos literários (e sentimentais) — ou em francês, pelo diplomata Gabriel Joseph de Lavergne, conde de Guilleragues; e seria, então, obra de ficção, como, com argumentos igualmente estilísticos, defende Frédéric Deloffre na França (1990) e Ivan Junqueira no Brasil (1998, 274-281).

---

[95] "folhudos, negros, espessos [...] que nos fazem sonhar com a paz nas florestas silenciosas".

[96] "que eu escape do fulgor dos teus olhos".

[97] "Oh! a tão convincente — perigosamente clara, a irrespondível lágrima em um olho feminino".

Possivelmente pouco se cantou o nariz da Amada. Não disponho de muitas citações, mas as que tenho resgatam as que não encontrei. Valho-me do belo *wasf* de Ronsard, que é uma encomenda ao pintor da corte, Janet, de fazer um retrato da amada. Suas recomendações são minuciosas e a elas regressarei mais de uma vez. Sobre o nariz dá instruções para que Janet o faça "*gresle* [*mince*, ou sem defeito], *long, aquilin, / Poly, traitis* [*bien tournés*]", assim como desce uma colina para a planície (1963, 160). E retomo Bloy (de novo!), que do de Véronique dizia: "*Cet irresponsable organe de la sensualité*",[98] que, no caso dela, era "*de dimensions plausibles*" (1983, 260). Valho-me do nariz do poeta e digo o que ele sente. Se bem que encontramos o médico que visita Virgílio no leito de morte citando Cícero, para quem "*le meilleur parfum de la femme est l'absence de parfum*"[99] (Broch, 1984). Não parece ser essa a atitude corrente entre os poetas, que têm todos os sentidos abertos e disponíveis para louvar o corpo da amada. Temos de lembrar, ademais, que Cícero não era poeta. René Char, que o era, fala, diferentemente, da "*rencontre extrêmement odorante d'une fille*"[100] (Burnshaw, 1964, 110); e Paul Eluard vê o perfume da amada transpor as fronteiras do corpo: "*Odorante et savoureuse / tu dépasses sans te perdre / les frontières de ton corps*"[101] (ibid., 108). Debray-Ritzen observa que o olfato é um dos mais antigos de nossos sentidos, tem um enorme poder evocativo, e se pergunta por que ele nos põe "*en état de besoin et en mal de réminiscence*"[102] (Debray-Ritzen, 1979, 69).

Mas, como não podia faltar, alguém lembrou-se de falar das narinas. E foi Anatole France, que, em "*Le désir*", escreve: "*Narines qui gonflez vos ailes de colombe, / Avec les longs dédains d'une belle fierté*"[103] (em *Les poèmes dorés*).

98 "Esse irresponsável órgão da sensualidade".

99 "o melhor perfume da mulher é a ausência de perfume".

100 "encontro extremamente cheiroso de uma jovem".

101 "Cheirosa e saborosa, tu excedes sem te perderes as fronteiras de teu corpo".

102 "em estado de necessidade e mal de reminiscência".

103 "Narinas que enfunam tuas asas de pomba, com o amplo desdém de uma bela altivez".

Começamos a falar dos olhos citando Dante quando diz que os olhos são "*principio d'amore*". A mesma sentença continua dizendo que a boca é "*fine d'amore*". Temos aí um bom exemplo dos cuidados com que se deve empregar uma citação. Essas palavras de Dante não fazem parte do poema, mas da explicação que dele dá em sua *Vita nova*, e por essas se verifica que Dante não está falando em tese, mas a partir de uma experiência concreta e pessoal. Como sempre, a Dama à qual ele se dirige é a que permanentemente ocupa seus versos e "*le salut de cette dame, lequel était une des opérations de sa bouche, fut la fin de tous mes désirs*"[104] (cito da tradução francesa publicada na Pléiade). Se o leitor se descobrir ainda sem compreender o que quis dizer o poeta, contente-se com o que ele recomenda no fim da minuciosa explicação do sentido de seu poema: "*Si l'on n'a pas assez d'engin pour la pouvoir entendre par celles-ci* [explicações] *que je viens de faire, il ne me déplait point qu'on me le laisse au coin*"[105] (1979, 40).

É claro que, para o poeta, a boca da amada possui todas as perfeições. Há aqui uma diferença fundamental entre o poeta e o pintor. A descrição do poeta é sempre ideal, feita com palavras e imagens, não tem como tornar patente ao leitor o retrato real da musa. A pintura, ao contrário, pretende reter no retrato o máximo de realismo do modelo, dele fazendo parte, ainda, o que no rosto transparece da alma. Falo, obviamente, do retrato tal como era concebido até sua desconstrução sistemática iniciada por Picasso. Se faço essa observação é porque me vem à lembrança o conceito que David Hockney atribui a John Singer Sargent: "*A portrait is a painting with something wrong with the mouth*".[106] Na verdade, resume aqui o grande retratista americano o fato incontestável, que só os pintores talvez percebam, de que a verdadeira beleza física

[104] "a salvação dessa senhora, a qual era uma das operações de sua boca, foi o fim de todos os meus desejos".

[105] "Se (o leitor) não tem suficiente engenho para compreender (seu canto) por estas (explicações) que acabo de dar, não me incomoda que me deixem de lado".

[106] "Um retrato é uma pintura onde há alguma coisa errada com a boca".

está na irregularidade das feições. Um rosto perfeitamente simétrico não existe e o que lhe dá vida e personalidade é precisamente a detecção das irregularidades que nele figuram.[107]

Como os pés e as mãos da amada, a boca será pequena. Gilberto Owen exagera, no entanto, ao elogiar a de Rosa Amalia: "*Su boca era tan pequeña que un beso completo la ahogaría, y resuelve partir su beso en pequeños trozos que va pasándole uno a uno, con el meñique* [dedo mínimo]" (1979, 186).

Dos dentes, deixemos de lado as comparações físicas que suscitam para mencionar apenas algumas felizes imagens. A da mulher, por exemplo, que Constantino Paustovski, ao narrar a legenda de Ostap, o ferreiro de Zamochié, diz ter-lhe vindo pedir que ferrasse o cavalo: "*Une femme d'une beauté céleste,* [...] *une voilette sur le visage* [...]. *Ses yeux rient dessous la voilette. Et ses dents rient aussi*"[108] (1963, 20). A mesma imagem aparece em Velarde: "*Y tus dientes que van / en sonrisa ondulante, / cual resúmenes / del sol*" (1979, 131). Já para Efraín Huerta, é a lua que os dentes da Amada evocam: "*Dientes jóvenes de luna consentida*" (1985, 19). Há num filme dos anos 1920 estas palavras de Robert Desnos, o poeta surrealista francês morto tragicamente no campo de concentração de Teresienstad, na Tchecoslováquia, que me ficaram na memória, mas não sei onde encontrar: "*Les dents des femmes sont des objets charmants qu'on ne devrait voir qu'à l'occasion de l'amour*".[109]

Os lábios se prestam a imagens de fundo sexual e cito apenas os versos de Tomás Segovia, no poema "*Llamada*": "*Tus labios comestibles fáciles / tus labios de trufa celeste / tus labios húmedos penetrables como un sexo más luminoso*" (1985, 361). Também se oferecem a palabras de ternura. Alberto da Costa e Silva os evoca num contexto de encantamento: "Trazia um pássaro inventado / no lábio inferior", diz, de uma possível namorada de adolescência. E são o

---

[107] De um artigo da revista *The New Yorker*, de janeiro de 2000.

[108] "Uma mulher de uma beleza celestial [...], um véu cobrindo-lhe o rosto. Seus olhos riem sob o véu. E seus dentes também".

[109] "Os dentes das mulheres são objetos encantadores que não nos deveriam ser permitido ver senão nas ocasiões do amor".

instrumento de uma das mais belas demonstrações de afeto: o sorriso. Rilke o evoca num poema sobre o início de um amor como um "sorriso inaugurador".

E, finalmente, a língua, língua que já cantava o poeta (ou a poeta, como pensa Harold Bloom) do *Cântico dos cânticos*: "*Mel et lac sub lingua tua*"[110] (4:11); "*lengua que indaga y desarma, la que susurra y besa, la que casi obliga*", diz Xavier Marías (1992, 279); "*lengua de látigos*", diz Octavio Paz (1979, 463); "[*t*]*a langue ce poisson rouge dans le bocal de ta voix*",[111] no verso de Lautréamont (Eluard, 1979); "brincavam em justa as línguas enamoradas", diz Umberto Eco de Ferrante e Lilia (1994, 447). Nela encontrará Salvador Elizondo, para cantar-lhe, a "lenta saliva" (1972, 222).

Todo esse instrumental anatômico tem, para o poeta, a importância vital de ser o veículo da palavra. E podemos encerrar citando os versos de Lamartine: "*Parle-moi! que ta voix me touche!*"[112] (1969, 111). E de ser o veículo do beijo. Mas então não chegaríamos ao fim deste inventário, pois não há poesia lírica de amor que a ele não se refira.

Das orelhas, fala Valéry do seu "*dédale duveté*" [dédalo de penugem] (em "*Ébauche d'un serpent*"). Verlaine, relembrando as conchas que ornavam a gruta onde fizera amor com a musa, de cada uma diz o que recorda e de uma em particular diz trazer-lhe à lembrança "*la grâce / de ton oreille*". Desconfio, porém, de que todo esse introito nada mais visava do que a justificar o último verso solto da série de tercetos: "*Mais un* [*coquillage*], *entre autres, me troubla*"[113] (1977, 111). Apollinaire compara as de Lou a "*des petits objets mexicans*"[114] (*Poèmes à Lou*). Mas ninguém superará as instruções que Ronsard dá a Janet: "*Fais lui sa rondelette oreille / Petite, unie, entre blanche & vermeille, / Qui sous le voile apa-*

[110] "O mel e o leite se escondem sob a tua língua".

[111] "tua língua, esse peixe vermelho no bocal de tua voz".

[112] "Fala-me! que tua voz me toque!" ("*Chant d'amour, Méditation Vingt-quatrième*", na revista *Poésie*, nº 19).

[113] "Mas, uma concha, entre outras, me deixou perturbado".

[114] "pequenos objetos mexicanos".

roisse à l'égal / Que fait un lis enclos dans un cristal, / Ou tout ainsi qu'aparoist une rose / Tout fraichement dedans un verre enclose"[115] (1963b, 16).

O pescoço pouco aparece na lírica ocidental. Guardo de memória apenas um registro, num poema de Heine: "*Erwache, Edith Schwanenhals*" ("*Éveille-toi, Edith au col de cygne*" [Desperta Edith, com teu colo de cisne], 1976, 62/63). Da musa de ocasião canta Verlaine o "*Cou gras comme le miel, ambre comme lui, qu'un / Dieu fit bien mieux qu'en songe*"[116] (1977, 765). Não me privo de deixar citada aqui uma *boutade* dos irmãos Goncourt que nada tem a ver com a poesia lírica, mas tem a ver com o pescoço e, no caso, com o pescoço de um poeta, o de Baudelaire, pelo inusitado da imagem. Diz dele estar, numa determinada situação, "*sans cravate, le col nu... en vrai toilette de guillotiné*"[117] (1956, 429).

Curiosamente, tudo indica que a nuca, ao contrário, exerce forte atração. E não apenas no Japão, onde ocupa um lugar privilegiado na poesia, na pintura e na fotografia. Marguerite Yourcenar comenta que a nuca tem para os japoneses o mesmo apelo erótico que o encontro dos seios para os pintores europeus (1980, 53). Pierre Loti, que viajou abundantemente por países do Oriente Próximo, diz acontecer o mesmo entre os muçulmanos: Para uma mulher muçulmana, mostrar a um homem sua nuca é ainda mais indecoroso do que mostrar sua face, razão para se cobrirem com *tcharchafs* e *yachmaks* (1949, 191 e 111). As heroínas do famoso romance *Les desenchantées* são turcas, donde a referência ao *tcharchaf*. No Egito as mulheres da alta sociedade usavam o *yachmak*. Hoje tornaram-se mais conhecidas a burca, usada no Afeganistão, e o xador, no Irã e na Arábia Saudita. Valéry refere-se, no longuíssimo poema "*Ébauche d'un serpent*", à "*nuque énigmati-*

---

[115] "Faça-lhe pequena a sedosa orelha, singela, entre branca & vermelha, que, sob o véu, apareça como um lírio inserto num cristal, ou da forma como aparece uma rosa que acabasse de ser posta num vaso".

[116] "Pescoço espesso como o mel, âmbar como ele, que um Deus fez melhor do que em sonho".

[117] "sem gravata, o pescoço nu... vestido como um guilhotinado".

que et pleine / Des secrets"[118] de sua musa (1980, 142). Ramon López Velarde, da musa refere-se a "*la novedad campestre de sus nucas*", o que pode não ser considerado realmente um elogio (1979, 143). A novidade, entre nós, ocidentais, parece ser o apelo serôdio que a nuca exerce sobre os septuagenários. Veja-se a confissão de Edmond de Goncourt: "Justamente agora, que tenho 70 anos, as nucas das mulheres me causam forte excitamento sexual, as arredondadas como as esguias, com aquela pecaminosa mechinha de cabelo sobre o esplendor da pele. Pelo prazer de contemplá-las, vejo-me seguindo uma nuca da mesma forma como outros homens seguem uma perna." Com igual idade, e quase que com as mesmas palavras, escreve Victor Hugo que a nuca de uma mulher lhe produz um efeito afrodisíaco. "*Je me surprends à suivre, pour le plaisir de la voir, une nuque comme d'autres suivent une jambe*".[119] Diz Simone de Beauvoir, em *La veillesse*, que Hugo, sexagenário, era um *voyeur* compulsivo, a tal ponto que Louis Veuillot o comparava aos velhos surpreendendo Susana no banho.[120] A Judith Gauthier, dedicou o poema "*Ave, dea, moriturus te salutat*", no qual diz: "*Nous sommes tous les deux voisins du ciel, Madame, / Puisque vous êtes belle et puisque je suis vieux*"[121] (1970, 85, 90).

Há em Adolfo Bioy Casares uma menção especialíssima, pois detalha da nuca apenas uma pequena região muito precisa, "*aquella región inexplorada entre la oreja y la nuca, blanca como los lados crudos de un pan, investida de no sé qué deseable intimidad*" (1985, 90).

A respeito dos ombros falam os poetas da alvura: "*White as an almond are thy shoulders: / As new almonds striped from the*

[118] "nuca enigmática, cheia de segredos".

[119] "Eu me surpreendo seguindo uma nuca, pelo puro prazer de olhá-la, como outros seguem uma perna".

[120] Ver nas *Chansons des rues et des bois* as descrições, inclusive de uma "*baigneuse déchaussée dont on aperçoit le pied nu*" [banhista descalça de quem avistamos o pé nu], tal como na Bíblia (1970, 85), e eu acrescentaria como no quadro de François Boucher, que Hugo certamente conhecia.

[121] "Estamos nós dois perto do céu, porque vós sois bela e eu sou velho".

husk",[122] Pound; "*Hombros de nata helada*", Huerta (1985, 35). Do perfume: "*Yo, sentiéndome bien en la / aromática / vecindad de tus hombros*", Lopez Velarde; "*Perisce esigua / l'invenzione dei sogni / alla tua spalla nuda / che di miele odora*",[123] Quasimodo ("*Delfica*", 1977, 117). Do sabor: "*Sabor de octubre en tus hombros*", Pellicer ("*A la poesía*"; 1981, 174). Não encontro em minhas notas, mas deve haver quem apele a outro sentido, o do tato. Pois, como diz Gide, "*l'amour est soif de toucher*".[124]

Segundo um estudo de cientistas americanos, o odor das axilas é o resultado da produção de duas formas isoméricas "*d'un composé méthyle de l'acide hexénoïque*", decorrente da "degradação de compostos naturais pela flora bacteriana sempre muito presente nas cavidades axilares" (*Le Monde*, 4/9/1990). Os poetas não se dão conta disso. Verlaine diz: "*Aisselles, fins cheveux courts qu'ondoie un parfum / Capiteux où je plonge*" (1977, 765).[125] Apollinaire dizia das de Madeleine: "*Troublantes plantes des serres chaudes de notre amour réciproque / Plantes de tous les parfums adorables que distille ton corps sacré /* [...] *Aisselles dont la mousse retient pour l'exhaler les plus doux parfums de tous les printemps*"[126] ("*Le deuxième poème secret*") e das de Louise de Coligny, mais comedido: "*Je sens la presque imperceptible odeur de muguet de / tes aisselles*"[127] (*Lettres à Lou*). O mexicano Álvaro Quijano escreve numa "*Oda a las axilas*": "*Negras flores expuestas a la noche / Las axilas con sombras de alcatraces / O, como dicen los clásicos antiguos. / Entre tus brazos de marfil y hiedra / De oscura melancolía mediterránea*". Efraín Huer-

---

[122] "Brancos como uma amêndoa são teus ombros: como amêndoas novas descascadas".

[123] "Perece exígua a invenção dos sonhos, à tua espádua nua que recende a mel".

[124] "o amor é sede de tocar".

[125] "Axilas, finos cabelos curtos que um perfume capitoso ondeia onde eu mergulho". Sessenta anos apenas separam o poema de Verlaine do quadro *La Liberté guidant le peuple*, de Delacroix, que escandalizou os visitantes do Salon de 1831, por exibir os pelos da axila de Marianne, uma exposição inédita nas artes plásticas ocidentais (Calvino, 2010, 67).

[126] "Perturbadoras plantas das estufas quentes de nosso amor recíproco, plantas de todos os perfumes adoráveis que distila o teu corpo sagrado, [...] axilas cujo musgo retém para exalar os mais doces perfumes de todas as primaveras".

[127] "Sinto o quase imperceptível odor de junquilho de tuas axilas".

ta saboreia junto com os "*hombros de nata helada*", a que já nos referimos, as "*axilas con jugo de naranja*" e pede: "*Búscame piel adentro / anidado en tu axila*" ("*Canción de la doncella del alba*", 1985, 192). Carlos Lima fala de uma Utopia onde seriam exaltadas as virtudes dos "*pés puríssimos / e axilas perfeitas*" (1982, p. 56). Léopold Sedar Senghor, o presidente poeta do Senegal, deixou num poema o elogio: "*Tu es femme par ma tête par ma langue, car tu es femme par mon ventre / Ma Sao mon amante aux cuisses furieuses, aux longs bras, Buisson odorant de l'aisselle*".[128] No poema "*Primo amore*", do livro *Leggende*, Ungaretti evoca o efeito devastador que lhe causou a atração que teve por umas axilas que viu quando tinha 18 anos. É bom recordar que o poeta vivia em Alexandria, em país árabe, onde, certamente, uma tal visão só podia produzir emoções calamitosas.

Havelock Ellis, no tomo dedicado ao "Odor", de seus *Estudos de psicologia sexual*, observa que o odor das axilas tem um importante papel na sexualidade e se refere, especialmente, à atração que exerce sobre certos poetas europeus. Nada iguala, porém, diz ele, à que se encontra na poesia oriental e cita os versos de um drama chinês nos quais o poeta se dirige à amada com as palavras: "Quando escalei o silvado cume do Monte Chao / não atingi ainda o nível de tuas axilas odorantes. / É preciso que suba até aos céus / antes que o Zéfiro me traga / o perfume de teu ninho de bálsamo".

Ellis cita abundantemente o novelista francês Joris Karl Huysmans, cuja mais notável obra, "*À rebours*", foi objeto de um longo prefácio seu, no qual afirma que "é o sentido do olfato que a obra de Huysmans nos conduz a considerar o mais altamente desenvolvido após o da visão. A maneira séria com a qual Des Esseintes (personagem principal do romance de Huysmans) trata dos perfumes é característica e um dos mais curiosos e elaborados de seus *Croquis parisiens* é, precisamente, '*Le Gousset*', no qual a capacidade da linguagem é levada ao extremo para definir e diferenciar o

---

[128] "Tu és mulher por minha mente por minha língua, porque és mulher por meu ventre, Ma Sao, minha amante de coxas furiosas, de longos braços, sarça odorante da axila".

odor das axilas femininas." Na verdade, a descrição que Des Esseintes faz da gama de seus odores mais parece a apreciação especializada de um degustador de vinhos: "Tanto quanto varia a cor dos cabelos, varia o cheiro da axila; sua gama cobre a série inteira dos odores, atinge o perfume obstinado do sabugueiro, e recorda, por vezes, o doce perfume dos dedos que tenham segurado um cigarro. A axila é audaciosa e às vezes fatigante nas morenas ou nas negras, é impetuosa nas ruivas, e é capitosa como certos vinhos adocicados nas louras." Essa descrição bastante exata, comenta Ellis, corresponde, em muitos pontos, à observação científica (1964, cap. XIII).

Com o advento da depilação, os poetas contemporâneos, evidentemente, já não dispõem dessa fonte preciosa de inspiração.

O cubano Nicolás Guillén parece ser o único poeta a colocar num poema a imagem vulgar que se tem das axilas tal como registrada nas palavras dos cientistas americanos acima referidos. Mas no seu poema não está falando da mulher amada: "*Pueblos hay cuyas axilas / tienen oficio especial; / son ellas las que elaboran / todo el olor nacional*" ("*Epigrama XX*", 1974, I, 326).

Braços e abraços são comuns na poesia. Possivelmente escaparam de minhas atenções pelo sensabor ou lugar-comum em que tenham sido encontrados. Ficou-me a advertência do Eclesiastes, para a qual chama a atenção Anatole France em *Le Jardin d'Épicure*: "*Les bras de la femme sont semblables aux filets des chasseurs*, laqueus venatorum"[129] (France, 1921, 8). Baudelaire os compara a "*des boas luisants* [...] *faits pour serrer obstinément*".[130] Guardei uns versos que, pela ironia sutil com que foram compostos, me ficaram gravados, os de Montale: "*Meravigliose le tue braccia. Quando / morrirò vieni ad abbracciarmi, / ma senza il pull over*".[131] Um poeta,

---

[129] "Os braços das mulheres se assemelham às redes dos caçadores, *laqueus venatorum*".

[130] "jiboias luzentes [...] feitas para apertar obstinadamente", em tradução literal, ou "víboras sombrias [...] feitos (os braços) para o fatal abraço", na tradução poética de Ivan Junqueira ("*Le beau navire*", em Baudelaire, 1985, 233).

[131] "Maravilhosos os teus braços. Quando eu morrer vem abraçar-me, mas sem o pulôver". Esses versos não figuram nas obras completas de Montale. O poeta os tinha em vista, provavelmente, quando no poema "*Per una nona strofa*", do *Diario del '72*, diz

pelo menos, lembrou-se de falar do cotovelo: Ronsard, no seu *wasf* já amplamente citado, que a Janet pede que pinte o da amada como são os de Juno (1963, 161).

As mãos. O poeta canta até as que não se tocam: "*Hay diez centímetros de silencio / entre tus manos y mis manos*" (Mario Benedetti, 1981, 215). Ou são puro sonho: "*Ah! si ce sont des mains de rêve, / Tant mieux, — ou tant pis —, ou tant mieux!*"[132] (Verlaine, 1973, 518). Ou a elas não se atreve a olhar: "*Señora, no me atrevo / ni siquiera a mirar / vuestros dedos*" (Pellicer, "*Melodía en fa*", 1981, 108). Efraín Huerta diz até mesmo ouvir "*ese reir pajajero de tus manos*" (1985, 17).

Claro que elas só cumprem seu maravilhoso dever a partir do momento em que tocam as do amante. Diz Stendhal, em *De l'Amour*: "*Le plus grand bonheur qui puisse donner l'amour, c'est le premier serrement de main d'une femme qu'on aime*"[133] (1965, 113). E Hugo von Hofmanstahl compara o entrelaçamento das mãos dos amantes ao intercâmbio de suas almas ("*und Erinnerung / Ver schlunger Finger und getanschter Seelen*"). Ou realizam a função suprema de "dispensadoras do prazer" (Verlaine: "*les dispensatrices de ma joie!*"; 1973, 797). Mas a beleza das mãos pode ser perigosa. AnatoleFrance narra o caso da abadessa de Vermont, que, depois de morta em odor de santidade, apareceu às monjas do convento, pálida e com as vestes em fogo, para suplicar-lhes que rezassem por sua alma porque "no tempo em que eu era jovem, um dia, juntando as mãos para a oração, pensei comigo mesmo como eram belas. Hoje expio aquele mau pensamento nos tormentos do purgatório. Reconhecei, filhas minhas, a adorável bondade de Deus e rezai por minha alma" (France, 1921, 9-10).

---

que lhe faltava "*un piròpo galante, pocche sillabe*" para completar a série de nove poemas sob o título de "Dopo una fuga", que aparece em *Satura*. Patrice Dyerval Angiolini, que traduziu e organizou para a Gallimard praticamente toda a obra poética de Montale, os reproduz com base na referência que a eles faz Marco Forti numa biografia do poeta (Montale, 1979, p. 131 e 260).

[132] "Ah! se são mãos de sonho, tanto melhor, — ou tanto pior — ou tanto melhor!"

[133] "A maior felicidade que o amor possa dar está no primeiro aperto de mãos da mulher que amamos".

Dedos e unhas são cantados por Virgílio Ferreira. Os da amada vê "curvos, lineares, até o bico das unhas [...], em curvas longas como o eco de uma harpa" (1983, 73).

Os seios são tema obrigatório, mas, ao que tudo indica, prefere o poeta deles falar explicitamente a fazê-lo através de metáforas. Ou, se metáfora, ela pode ser desastrada como a de Octavio Paz em *Piedra del sol*: "*Voy por tu cuerpo* [...] / *tu vientre es una plaza soleada, / tus pechos dos iglesias*" (1979, 261). Como as madrilenhas serão assíduas frequentadoras deste capítulo, ofereço ao leitor o que delas diz o poeta mexicano Efraín Huerta num poema intitulado "*El destape*" (não sem uma maliciosa alusão ao procedimento eleitoral mexicano no caso da sucessão presidencial): "*Al entrar / El verano / Las madrileñas / Se quitan los abrigos / Y se ponen las tetas*" (1986, 30). Alguns poetas os preferem pequenos (mais uma vez, assim já vimos que devem ser a boca, o nariz, as mãos, os pés). Pierre Louys compara a "*tourterelles*" os de Mnasidika, em "*Les chansons de Bilitis*"; o português Ruy Cinatti os vê como "peitinhos de perdiz" (Costa e Silva, 1999, 70). Minha citação preferida é a que faz a própria musa, no caso Lalla Romano, que escreve num poema: "*Se hai premuto nel sogno / la mano contro il mio petto / una orgogliosa cavalla / s'impenna / vuole libere strade / e sterminate pasture*"[134] (1994, 42). Heaney detém-se nos mamilos da amada: "*Your breast's mauve star*"[135] (1999, 169); são vermelhos rubis nos versos de Ronsard (1963, 118) e de Rubén Darío (1984, 239); "*Couleur de champagne*", os de Lou em Apollinaire (*Poèmes à Lou*). Baudelaire os via como "[*d*]*eux larges médailles de bronze*".[136] O interessado no assunto encontrará leitura fascinante e deleitosa no livro de Marilyn Yalon *A History of the Breast*, que tem, entre suas epígrafes, esta de T. S. Eliot: "*Uncorseted, her friendly bust / Gives*

[134] "Se, em sonho, tua mão premeste no meu peito, uma orgulhosa égua se empina, quer livre os caminhos, interminável o pasto".

[135] "A estrela cor de malva de teus seios".

[136] "dois brônzeos medalhões febris" ("*Les promesses d'un visage*", trad. de Ivan Junqueira, em Baudelaire, 1985, 535).

promise of pneumatic bliss"[137] ("*Whispers of immortality*"). Se o leitor frequenta a Bíblia, nela encontrará em Provérbios 5:18-19 um dos mais antigos hinos ao seio da mulher: *sit vena tua benedicta et lætare cum muliere adulescentiæ tuæ* / [...] *et gratissimus hinulus* ubera *eius inebrient te omni tempore in amore illius delectare iugiter*, mas terá de lê-lo na tradução para o inglês, a *King James version*, que é fiel à *Vulgata Clementina*: "*May her breasts* [da esposa] *satisfy you all the times,* / [...] *may you be intoxicated always by her love*"[138] e fugir da tradução para o português, mais conhecida como a *Bíblia de Jerusalém*, baseada na *Nova Vulgata*, que bowdlerizou a duas vezes milenária tradução de São Jerônimo suprimindo a palavra *ubera* do texto canônico e reduzindo os versos epitalâmicos à sensaboria: "Goza com a esposa a tua juventude / [...] que te embriaguem sempre as suas carícias".

Chegamos, agora, ao umbigo. A riqueza metafórica do umbigo é imensa e nela iremos nos deter em seguida. Para que não falte pelo menos uma referência explícita a essa parte do corpo, cito o poema de Efraín Huerta no qual diz o poeta, do da amada, "*Tu ombligo* / *Es todos* / *Los ombligos* / *Del mondo* / *Te adoro* / *pues* / *ombligatoriamente*" (1986, 78).

Gutierre Tibon tem todo um livro sobre o umbigo, mas dele retiro apenas a informação de que o *Cântico dos cânticos* é o primeiro monumento literário em que se aprecia o umbigo feminino como provido de beleza (1981, 349, 355 e seg.). Trata-se do versículo 3, do capítulo 7, que em minha tradução no ensaio dedicado ao poema bíblico assim figura: "Teu umbigo, uma taça torneada / onde não falta o melhor vinho". Como ocorre com cada um dos versículos desse famoso e incansavelmente estudado poema, a interpretação mais geralmente dada ao texto como se referindo ao umbigo não é mais a aceita pela hermenêutica contemporânea. Em minha tradução conservei a interpretação tradicional, mas, em

---

137 "Sem corpete, seus seios generosos nos prometem beatitudes pneumáticas" (na tradução de Ivan Junqueira).

138 "Possam os seios dela dar-lhe sempre alegria (satisfazer), possa inebriá-lo sempre o seu amor".

longo comentário, recapitulo outras que dela se distanciam consideravelmente, fazendo a palavra hebraica *sar'rêch* aproximar-se ora de "regaço" (Lutero), ora de vulva (Marvin Pope, Marcia Falk, Athalya Brenner, o padre católico Camille-Paul Cartucci ou, entre nós, Maria Angelina Kalil Aidé, do Centro Brasileiro de Psicanálise do Rio de Janeiro; Cavalcanti, G., 2005, 425-429). Não faltam os que do umbigo têm uma imagem mais literal. Théophile Gautier o vê como "*Oeil blanc dans le marbre sculpté*"[139] ("*Le nombril*"), ou "*fleur de nénuphar / Aux lobes de son ventre*"[140] ("*Sonnet biblique*"), mas podemos nos perguntar até que ponto Gautier lembrava mais os corpos das mulheres com quem fizera amor do que os nus que contemplava, com reconhecido prazer, nas telas de Tiziano, Ingres, Boucher e Bouguereau, ou em algum mármore de Clodion, todos eles mencionados em suas comparações. "*Lune creuse*" [lua cavada], diz Apollinaire do de Lou.

Para não deixar sem referência um poeta mais moderno, cito de Carlos Pellicer, em "*Reincidencias*", os versos: "*Entre tu ombligo y sus alderedores / sonreían los ojos de mis labios*" (1981, 538), lembrando que, também no *Cântico dos cânticos*, a referência ao umbigo se insere no contexto mais amplo dos "*alderedores*", o que leva Frei Luis de Léon, o mais lírico dos intérpretes do *Cântico* na imensíssima lista dos hermeneutas católicos, a dizer que entende o versículo como se referindo ao "baixo-ventre", preludiando, assim, a interpretação que veio a ser dada modernamente de que se trata, efetivamente, de uma sinédoque para vulva (Cavalcanti, G., 2005, 426). Prossigamos, pois, nessa direção.

Mons veneris é o eufemismo para a vulva, ou o baixo-ventre, ou o ventre inferior, onde se alojam os pelos pubianos que escondem a vagina. Diz o *wasf* sobre Sulamita no *Cântico dos cânticos*: "*Umbilicus tuus crater tornatilis numquam indigens poculis venter tuus sicut acervus tritici vallatus liliis*" (7:3),[141] na *Vulgata*

---

139 "olho branco esculpido no mármore".

140 "flor de lótus nos lobos de seu ventre".

141 "Teu umbigo, uma taça torneada / onde não falta o melhor vinho / teu ventre, um monte de trigo / cercado de lírios" (em Cavalcanti, G., 2005, 239).

Clementina,[142] traduzindo, assim, por "lírios", a palavra hebraica *shoshsním*, o que, como tudo nesse poema, ocasionou intermináveis discussões. O Targum judaico a traduz por "rosas", Frei Luís de Léon por "violetas", Marvin Pope por "lótus", Paul Schonfield por "anêmonas", a *Bíblia de Jerusalém* por "açucenas". A discussão parece irrelevante, mas deixa de sê-lo quando está em julgamento saber se o versículo se refere ao ventre de Sulamita, que no momento dança, ou à vulva, que, na tradução de Frei Luís, adquire mais verossimilhança, passando as violetas a representar os pelos pubianos. Voltaire ainda via florestado o monte de Vênus da musa: "*Je cherche un petit bois touffu, / que vous portez, Aminthe, / Qui couvre, s'il n'est pas tondu / Un gentil labyrinthe*"[143] (o que diz algo, ou não, do hábito da depilação íntima em seu tempo); Théophile Gautier vê-se dardejado por suas chamas como Moisés no "*buisson ardent*" [na sarça ardente] ("*Sonnet biblique*"); Apollinaire o vê como um "*jardim sous-marin d'algues et d'oursins*" [jardim submarino de algas e de ouriços-do-mar], se são de Madeleine Pagès, ou como "*toison ambrée*" [tosão cor de âmbar], se de Louise de Coligny. Mas o bosque de bétula, a rosa negra, o buquê de violetas, a sarsa ardente, o jardim submarino estão todos destinados a ficar no antiquário da poesia. Com o desmatamento localizado que o progresso da liberdade de exposição do corpo feminino está provocando na região antes destinada a proteger a boca do sexo, os pelos pubianos estão destinados a desaparecer do cobiçado panorama vulvar. É curioso observar que desde sempre estiveram au-

[142] A *Vulgata Clementina* serviu de base à maioria das traduções católicas até o último quartel do século XX e nela a palavra hebraica *sar'rêch* foi traduzida por *umbilicus*. A *Bíblia de Jerusalém* (tradução da *Bible de Jerusalem*, 1973), praticamente a versão mais comumente usada entre os católicos, que se diz vertida diretamente do hebraico, conserva essa tradução. A *Nova Vulgata*, porém, que lhe é posterior (1979) e é documento oficial da Igreja para fins litúrgicos, substitui a palavra *umbilicus* (umbigo) por *gremium* (regaço, seio), o que não corresponde filologicamente ao original hebraico e contraria toda a ordem anatômica do *wasf*, como gênero literário. Essa bowdlerização do texto é ainda mais grave do que a supressão da palavra *ubera* em Provérbios 5:18-19, de que já falamos acima.

[143] "Procuro um pequeno bosque folhudo, que vós levais, Aminthe, que cobre, se não é aparado, um labirinto formoso".

sentes na pintura e na escultura, uma ausência que Pierre Louys atribui, no *Manuel de civilité pour les petites filles à l'usage des maisons d'éducation*, à circunstância de que "*Vénus se rasait la motte*".[144] Como disse, pudicamente, Luis de Góngora em um dos "romances" em que descreve o corpo de Tisbe: "*El etcoetera es de mármol*" (1980, 191). Quando Rilke o evoca, como faz no poema "Nascimento de Vênus", uma óbvia referência ao quadro de Botticelli, "translúcido, e ainda sem sombras / como um bosque de bétulas em abril / quente, vazio e descoberto: o sexo" (1993, 77), está claramente se referindo à sua representação clássica nas artes pictóricas. A fotografia estabeleceu, por um breve período, a apresentação realista dos pelos pubianos. Veja-se a bela fotografia de Louise Brooks, a inesquecível intérprete de Lulu, da série dos "*Draped nudes*", nos anos 1920. Hoje seria quase impossível encontrar um modelo equivalente.

Não sem razão ao chegarmos à região onde se situa "o obscuro objeto do desejo", não só do poeta, mas de todo amante, vamos encontrar vastas e arrebatadas citações, "*le sexe mangeur*" de que fala Verlaine ("Ode en son honneur VI", 1973, 768); a "secreta boca do corpo", a que se refere o poeta português José Cardoso Pires (1979, 261); "*la flor de sal y espumas*", nas palavras do venezuelano Juan Liscano (Borda, 1985, 166); "*Los labios de tu noche*", nas de Octavio Paz (1979, 464); ou aquele lugar "*terrible / oscuro como un signo cuyo nombre no puede decirse sin / tartamudear*", nas do mexicano Tomás Segovia (Cirici-Ventalló, 1980, 127-128).

A comparação da vagina com a flor, particularmente a orquídea — *et pour cause* — é imperativa: "*la rosa sexual*", diz Ruben Darío (1984, 291); "*rosa negra*", Homero Aridjis (1984, 47); "*Anémone*", "*orquidea martirizada*", Efraín Huerta (1985b, 55). Uma das mais bem conformadas exaltações líricas dessa imagem se encontra, talvez, no poema de Xavier Villaurrutia, apropriadamente intitulado "*Nocturno rosa*": "*Es la rosa del tacto en las tinieblas, / es la rosa que avanza enardecida, / la rosa de rosadas uñas, / la rosa ye-*

[144] Na gíria utilizada: Vênus raspava a perereca.

ma de los dedos ávidos, / la rosa digital, / la rosa ciega. / [...] / Es la rosa entreabierta / de la que mana sombra, / la rosa entraña / que se pliega y expande / evocada, invocada, abocada, / es la rosa labial, / la rosa herida" (1974, 54). E uma das mais gráficas em Mallarmé: "*Et, dans ses jambes où la victime se couche, / Levant une peau noire ouverte sous le crin, / Avance le palais de cette étrange bouche / Pâle et rose comme un coquillage marin*"[145] ("*Une négresse*"; 1979, 31-32). No seu interior, Apollinaire encontra, sem muita imaginação, "*la toute petite éminence si sensible / Qui est la vie même au suprême degré*",[146] lá, dentro da "*brèche moirée*" [brecha acamurçada] onde Verlaine encontrou "*Dans le mol écrin de peluche / [...] le dieu des bijoux, / [...] le rubis qui rit*"[147] ("*Vas unguentatum*").

Se o leitor chegou até aqui lendo o que acima disse sobre o umbigo, verá que também no *Cântico dos cânticos* foi essa parte do corpo evocada com o sentido que dela deduziram alguns intérpretes, e até em mais implícitas alusões a formas de experimentá-la com outros sentidos, pois nela encontrou o poeta "o melhor vinho".

Ao despedir-me desta seção, aclaro que não ignoro a imensa quantidade de referências às partes sexuais da anatomia feminina existente na poesia erótica e chula, que não são objeto de nossa recensão. Mesmo a poesia mais séria pode abordá-las, no entanto. E, para que não fique ausente outra região do hemiciclo, cito apenas os versos de Apollinaire, em "*Alcools*": "*Dame de mes pensées au cul de perle fine*"[148] (1998, 34) e os de Hilda Hilst: "E luzes de um dia, / E ânus, regaço" (1980, XXXVII).[149]

---

[145] "E entre suas pernas, onde a vítima se deita, levantando uma pele negra aberta sob a crina, avança o palato dessa estranha boca, plácido e róseo como uma concha marinha".

[146] "a pequenina eminência tão sensível que é a própria vida no supremo grau".

[147] "No suave escrínio de pelúcia [...] o deus das joias [...] o rubi que ri".

[148] "Senhora dona de meus pensamentos, sesso de fina pérola".

[149] Curioso o uso, nesse contexto, da palavra "regaço", que, vimos acima, foi preferida pela *Nova Vulgata*, por pudicícia, para substituir a palavra *umbilicus*, depois que essa adquiriu simbologia desabonadora entre os hermeneutas contemporâneos do *Cântico dos cânticos*.

Para falar dos quadris, voltemos ao *Cântico dos cânticos* (7:1) e vamos encontrar o poeta dizendo "*Juncturæ femorum tuorum sicut monilia quæ fabricata sunt manu artificis*".[150] "*Fous mon orgueil en bas / Sous tes fesses joyeuses*",[151] humilha-se Verlaine (1973, 492). "*Bella / no hay nada como tus caderas; / tal vez la tierra tiene / en algún sitio oculto / la curva y el aroma de tu cuerpo*", canta Neruda (Cirici-Ventalló, 1980). Antonio Machado, circunspectamente, as vê apenas "graciosas" (1980, 209). E Brecht, proletariamente: "*Elle montre son blanc petit derrière / Plus précieux qu'une petite fabrique*"[152] (1961, 36).

Estamos falando de poetas, mas poeta também é o músico sublime, e de Beethoven há uma história que bem se enquadra nesta seção de elogio aos quadris. Aos 45 anos, depois de totalmente surdo, Beethoven conversava com os amigos através de notas num caderno. Um dia, estando com Schindler num café, interrompe-o para anotar no caderno, ao ver passar uma jovem: "*Ein prächtiger Popo seitwärts*".[153]

Passemos rápidos pelas pernas para mencionar apenas a pitoresca referência aos joelhos da musa como "*petites têtes d'ange*" que Verlaine faz nas *Odes en son honneur* (1977, 770) e até mesmo aos "*mollets*", as barrigas das pernas, "*qui font fureur / en des bas clairs*".[154]

E chegamos aos pés da Amada.

Poderíamos iniciar esta seção com uma citação de João Ubaldo Ribeiro: "Ninguém acredita no número de homens que prorrompe em salivação amazônica ao mero pensamento de um pé de mulher" (1989, 116). Muito antes dele já dizia Brantôme: "*The*

---

[150] "As curvas de teus quadris, uma joia, obra de artista". A *Nova Vulgata* substituiu a palavra *juncturæ* por *flexuræ*, o que dá maior verossimilhança à tradução corrente por "curvas", *juncturæ* referindo-se mais ao local onde as curvas se juntam do que à forma curva das coxas de Sulamita.

[151] "Dane-se meu orgulho sob tuas nádegas alegres".

[152] "Ela mostra seu pequeno traseiro branco, mais precioso do que uma pequena fábrica".

[153] "Um belo traseiro visto de lado".

[154] "que fazem furor em meias claras".

fact remains that shapely legs and feet have unequaled power in the kingdom of love"[155] (1958, 142). Mas quem o diz melhor é Marco Lucchesi quando se refere à "liturgia do pé", que parece não ser prática reservada ao poeta, mas difundida entre os amantes (Lucchesi, 109).

E de fato é surpreendente a quantidade de referências ao pé feminino que é possível encontrar na poesia universal, e desde as mais antigas fontes. Tomemos, para iniciar, outra vez o *Cântico dos cânticos*, cuja composição foi milenarmente atribuída ao rei Salomão, portanto datada do século X a.C., mas que a hermenêutica moderna coloca hoje entre os séculos V e III antes da era comum. Há nele um belíssimo *wasf* sobre o corpo de Sulamita, que, no momento, dança, o que pode explicar comece o *wasf* pelos pés da bailarina (7:2), e não pela cabeça, como era da tradição do gênero: "*Quam pulchri sunt gressus tui in calciamentis*".[156]

O *Cântico* tem servido de inspiração a inúmeros poemas de todas as literaturas e em todos os tempos. Um poema de Ezra Pound, intitulado "*Dance Figure*", do livro *Lustra*, de 1916, embora tenha como subtítulo "*For the Marriage in Cana of Galilee*", é, obviamente, inteiramente inspirado no *Cântico dos cânticos* e, em particular, no referido versículo. Como no *Cântico*, começa por elogiar os pés da bailarina, a figura que dança, com eles calçados em sandálias: "*Dark-eyed, / O woman of my dreams, / Ivory sandalled*". O poema foi traduzido por Haroldo de Campos e a tradução, publicada, desacompanhada do original, numa edição da Hucitec, em 1983, oferece dos versos iniciais: "De olhos escuros, / Ó mulher de meus sonhos, / De sândalo e marfim" (Pound, 1983, 88). Há no caso um evidente equívoco do tradutor, "*sandalled*" não podendo ter outro sentido senão o de pés calçados em sandálias, como no *Cântico*, não havendo, ademais, na língua inglesa outra abonação para a palavra.

---

155 "O fato é que pernas bem torneadas e pés têm um poder inigualável no reino do amor".

156 "Como são belos os teus pés em tuas sandálias".

Os pés da mulher amada são permanente objeto de veneração e cobiça. E, normalmente, têm de ser pequenos. Comecemos por essa característica física.

Na China, o culto aos pés pequenos atingiu o ápice com a prática iniciada no fim da dinastia Tang (923-936 d.C.) de impedir-lhes o crescimento, a partir dos 3 ou 4 anos das meninas, mediante curvatura dos dedos para as plantas dos pés e enfaixamento para que não se desenvolvessem. Isso criava uma deformação esteticamente insuportável para os olhos ocidentais, mas aparentemente de furioso atrativo sexual para os chineses. Os pés eram considerados "lótus de ouro" se medissem cerca de 7,5 centímetros de comprimento, de prata se medissem 10 e de ferro se tivessem mais do que esse comprimento. Rubén Dario fala dos "*pies imposibles*" das princesas chinesas (1984, 187). Tornaram-se objeto de culto e consequentemente o mesmo aconteceu com os sapatos, geralmente tecidos em seda bordada, alguns deles confeccionados pelas próprias mulheres, que os chegavam a usar até para dormir, numa espécie de bretonismo *avant la lettre*. Exemplos do significado sexual dos pés abundam na poesia chinesa, irreconhecíveis no Ocidente para quem não tenha familiaridade com a história desses "pés de lótus". Veja-se o seguinte poema de Kouan Han K'ing, da primeira metade do século XIII: "*Mes lotus d'or se laissent deviner, voilés d'une gaze écarlate. / Ne me prends pas pour la fleur commune, qui pousse au delà de l'enclos. / À demi je sucombe, à demi je me joue*"[157] (Demiéville, 1962, 437). Nosso Raimundo Correia, o poeta das pombas, no soneto "Primaveril" tem os seguintes versos: "E, sob as finas roupas vaporosas, / Seus leves pés, precípites, saltitam, / Pequenos, microscópicos, chineses..." (Bueno, 2004, 123). Não é concebível que tenha tido alguma vez a possibilidade de ver a representação de algum deles, ou não teria escrito isso.

---

[157] "Meus lótus de ouro se deixam adivinhar, sob os véus de uma gaze escarlate. Não me tomem por uma flor comum, que brota lá fora. Meio que morro, meio que gozo".

Na literatura ocidental, Pierre de Bourdeille, mais conhecido como *abbé* de Brantôme, não por ser eclesiástico, o que não era — e sim um grande aventureiro amoroso — mas por ser senhor da abadia desse nome, aborda o assunto como uma preferência que têm os espanhóis pelos pés pequenos, não, obviamente, à maneira dos chineses, mas pequenos *tout court* (sem trocadilho), e cita os versos que definem as qualidades da mulher perfeita:

Three white things: skin, teeth and hands.
Three black: eyes, eyebrows and eyelids.
Three red: lips, cheeks and nails.
Three long: body, hair and hands'.
Three short: teeth, ears and feet.
Three wide: bosom, forehead and space between the eyebrows.
Three narrow: mouth, waist and ankles.
Three thick: arms, thighs and calves.
Three slender: fingers, hair and lips.
Three small: breast, nose and head.
(1958, 114)

Ele próprio parece não ter o mesmo gosto. Bom conhecedor das mulheres e das preferências dos homens franceses, afirma, ao contrário, que "os pés da mulher devem ser de tamanho médio. Podem então ser muito excitantes se, ocasionalmente, ela os deixa aparecer surgindo de sob a anágua em lúbricos movimentos". A preferência se vê assegurada nos versos de muitos poetas da Espanha, a começar por Juan Ruiz, o celebrado arcipreste de Hita, no século XIV, esse, sim, prelado, que os prefere "*chicos, socavados*" (aliás, confirma o poeta-prelado, igualmente, preferir "*pequeñitos los pechos*" e "*anchetas* (*las*) *caderas*"). E não parece o arcipreste ter tido dificuldade de encontrar tais qualidades nas freiras que frequentava, seguindo o conselho de Trotaconvientos: "*Amad a una monja; tened fé en mi consejo, que no se cansará* / [...] *apetecen amor, y el amor las procura, / porque saben guardar discreción y mesura*" (*El Libro del Buen Amor*, 445, 444c, 432d, 1332 e 1341cd). E não só os espanhóis. Alfred de Musset, grande conhecedor do assunto, pelo que se deduz das numerosas citações que a eles faz, também parece ter cultivado particular admiração pelos pequenos pés das espanholas. No poema intitulado "*Madrid*" (*la blanche vile aux serenades*), comenta: "*Il passe par tes promenades / Bien de petits pieds tous les soirs*";[158] e, em *Contes de Espagne et d'Italie*, faz don Paz despedir-se da condessa d'Orvado, dizendo: "*Laissez-moi baiser ton petit pied*".[159] Em "*Une bonne fortune*", o personagem sonha encontrar sob os castanheiros uma beleza saída de um quadro da escola flamenga, "*Une vierge en or fin d'un livre de legende, / Dans un flot de velours trainant ses petits pieds*".[160] A única coisa que o poeta vê reprovável em Rosine, no poema "*Mardoche*", são os pés, pois adverte: "*Lecteur, remarquez bien cependant que Rosine / Était blonde, l'oeil noir, avait la jambe fine / Même, hormis les pieds qu'elle avait un peu forts*"[161] (s.d., 12, 81, 316, 108). O que Théophile Gautier observa de Lola Montez, que, embora nascida na Irlanda, notabilizou-se como dançarina espanhola, numa crítica em *La Presse*, são os pequenos pés: "Pode-se dizer que Mlle Lola tem pés pequenos e belas pernas. O que ela faz com eles é outro assunto."[162] A citação se prende ao fato, narrado pelo biógrafo, do domínio que Lola exercia sobre Ludwig I, rei da Baviera, que a ela chegou mesmo a dar o título de condessa de Landsfeld, ao observar que nas cartas do rei para a dançarina um tema recorrente era a fascinação que sobre ele exerciam os seus pés. Em uma delas diz o rei: "Eu tomo seus pés em minha boca onde nunca tive quaisquer outros, o que me seria repugnante, mas com você é justamente o contrário." Já no século XX, reafirma Curzio Malaparte a característica da mulher espanhola de ter os pés pequenos: "*Ha il piede molto piccolo, e perciò sta in piedi con difficoltà: ma non cade*

[158] "Passa por teus passeios públicos um bom número de pequenos pés todas as tardes".

[159] "Deixai-me beijar teu pezinho".

[160] "Uma virgem de iluminura de um livro de legenda, numa onda de veludo tocando o solo com os seus pequenos pés".

[161] "Leitor, note bem, no entanto, que, Rosine era loura, olho negro, perna delgada, tudo bem, exceto os pés que ela tinha um pouco grandes".

[162] Citado por Fiona MacCarthy, em resenha da biografia de Lola Montez por Bruce Seymour, em *The New York Review of Books*, 20/6/1996.

facilmente"[163] (1967, 238-239). Jaime Sabines em "*No es nada de tu cuerpo*", onde diz que "*tu boca / que es igual a tu sexo*", fala de "*tus pies diminutos*" (1977, 185).

E, para não ficar só com as espanholas, aqui vão testemunhos de poetas de outros países: da Alemanha, Heine, sobre as damas de Marie Antoinette, que tinham "*de petits pieds si pleins d'esprit*"[164] (1976, 69); da França, Verlaine "*J'aime vos pieds, petits à tenir dans la main*"[165] (1973, 349); da Rússia, Pushkin: "*I love their little feet, but you probably wouldn't find, in all Russia, three pairs of women's feet that are well made*";[166] de Portugal, Pedro Tamen, numa imagem de duvidoso gosto: "Os prados distantes ficavam tranquilos, / esperando os teus pés, berlindes pequenos"[167] (Costa e Silva, 1999, 282); dos Estados Unidos, Edmund Wilson. Jeffrey Meyers, seu biógrafo, observa que o escritor anotava suas relações eróticas em um diário "com um desprendimento científico [...] como se fosse uma terceira pessoa observando o que acontecia, uma espécie de árbitro. Os leitores desses diários encontrarão essas observações anotadas minuciosamente, acompanhadas de descrições da genitália de suas parceiras, [...] e especialmente dos pés, objeto de suas preferidas fantasias." Num poema que para a esposa escreveu por ocasião dos vinte anos de casamento, diz Wilson: "*That we've been twenty years together I forget; / Some married men are bored, I never yet / Your brains and beauty, your delicious meals, / Your lovely little feet at which one kneels*".[168] *A belle dame sans merci* de Keats tem os cabelos longos, o olhar selvagem e os pés *light* (leves,

---

[163] "Tem o pé muito pequeno, e por essa razão fica em pé com dificuldade: mas não cai facilmente".

[164] "pés pequeninos cheios de espírito".

[165] "Amo vossos pés, pequenos, a caberem nas mãos".

[166] "Amo seus pequenos pés, mas você, provavelmente, não iria encontrar, em toda a Rússia, três pares de pés femininos que sejam bem-feitos". Citado por Aldo Buzzi, na revista *New Yorker*, 14/9/1992.

[167] *Berlindes*: bolas de gude.

[168] "Que tenhamos vivido vinte anos juntos, até me esqueço; alguns homens casados se entediam, eu nunca ainda. Tua inteligência e beleza, teus deliciosos repastos, teus encantadores pezinhos perante os quais me ajoelho". *Edmund Wilson: A Biography*, de Jeffrey Meyers, resenha publicada na NYRB de 5/6/1995.

delicados). Neruda escreve: "*Cuando no puedo mirar tu cara / miro tus pies. / Tus pies de hueso arqueado, tus pequeños pies*" (2004, 9).

O poeta tem veneração quase sacrílega pelo pé feminino. Alfonso Reyes confessa: "*Lo que en ti más venero: / los pies, donde recibes la ofrenda / y donde tuve yo cuna y regazo*" (Cirici-Ventalló, 1980, 82). López Velarde fala da sua "*Idolatría / de los dos pies lunares y solares / que lunáticos fingen el creciente*" (1979, 163). Pablo Neruda, na carta que entrega a Matilde quando ela parte de Nyon, escreve: "*Y en el agua / tus dulces pies brillaron como peces*" [...] "*los dulces y pequeños pies que adoro*" (Villaurrutia, 1994, 77). E José Gorostiza canta: "*Se alegra el mar / [...] para mi novia de lindos pies*" (Elizondo, 1974, 166). Não tenho em minhas notas muitas citações de poetas brasileiros, mas encontro em Ledo Ivo a observação de que Augusto Frederico Schmidt tinha "obsessão pelos pés femininos" (Ivo, 1994, 79). Outros existirão, talvez nenhum tão eloquente e submisso quanto o quase hierático e metafísico Dante Milano, que em um de seus mais longos poemas, e dos pouquíssimos em que deixa transbordar o lirismo contido, "Pés adormecidos", implora "Pisai-me o rosto / Espezinhai-me [...] unindo as palmas / Tapai-me os lábios" (2004, 108-111).

É claro que tais expressões apenas vestem um fetichismo sexual evidente, ao qual, muitas vezes, corresponde reciprocamente a mulher, como nesse poema de Adélia Prado: "Meu desejo é atômico. / Minha unha é como o meu sexo. / Meu pé te deseja, meu nariz".[169] Os poetas não se pejam de revelar o atrativo sexual que por eles sentem. Umberto Saba conhece com que artimanhas as mulheres conseguem usá-los. "*Quand'eri / giovinetta / [...] Anche il piede / t'era un'arma, / o selvaggia*"[170] (2001, 458). Nicolas Guillén saboreia num poema os "*pies de lento azúcar quemados por la danza*" ("*Piedra de homo*"). Jules Laforgue promete-se: "*Le premier jour [...] Je baiserais leurs pieds, / À mort*"[171] ("*La mélancholie de*

[169] Adélia Prado, na revista *Poesia Sempre*, nº 20 p. 63.

[170] "Quando eras jovenzinha [...] até o pé te servia de arma, ó selvagem".

[171] "No primeiro dia [...] eu beijarei teus pés, até morrer".

Pierrot", 1986, 352). Baudelaire diz dos pés de Jeanne Duval, em "*Hymne à la beauté*": "*Ton œil, ton souris, ton pied, m'ouvrent la porte / D'un Infini que j'aime et n'ai jamais connu*";[172] e, em "*Chanson d'après-midi*": "*Sous tes souliers de satin. / Sous tes charmants pieds de soie, / Moi, je mets ma grande joie, / Mon génie et mon destin*"[173] (1961, 25 e 69). De seda, também, são os pés que perturbam a tranquilidade do poeta mexicano Gilberto Owen: "*Cuando tu pie de seda se clava de caprina pezuña en mi abstinencia*" ("*Sindbad, el Varado*", *Día veintisiete, Jacob y el mar*, 1979, 87).

Muitas vezes, frequentemente mesmo, as confissões poéticas revelam forte dose de fetichismo masoquista, como nos seguintes versos de López Velarde em "*Mi villa*": "*Hacia tu pie, hermosura y alimento del día*" e em "*Para tus pies*": "*Hoy te contemplo en el piano, señora mía, Fuensanta, / las manos sobre las teclas, en los pedales la planta / y ambiciona santamente la dicha de los pedales / mi corazón, por estar bajo tus pies ideales*" ("*Idolatría*", 1979, 163 e 263). Ressaltando o que digo sobre o fetichismo das imagens, não é outro o desejo de Severino em *A Vênus das peles*, de Sacher-Masoch, com a obsessão que tem de que Wanda lhe ponha os pés sobre o colo, a nuca (1975, 91, 121, 168, 183). Olavo Bilac implora à musa em "Prece": "[...] deixa-me chorar beijando as tuas plantas" (em *Tarde*). Luis Delfino não se cansa: "Para gozar-te, Amor, aos teus pés desço" ("Dor e prazer"), "Quero dormir também, feliz, debaixo / Das duas curvas dos seus brancos pés!" ("Capricho de Sardanapalo") e, em "A valsa", deseja "Morrer embaixo de seus pés calcado!". A planta do pé é signo seguro do espaço masoquista. Já vimos acima o que pede Dante Milano. O poeta deseja ser tocado por ela, mas, à sua falta, porá o ouvido onde ela pisou (Pellicer, 1981, 113), ou sonhará com a mulher ao ver, na areia da praia molhada, impressas suas pegadas (Dueñas, 1984, 82).

---

[172] "Teu olhar, teu riso, teus pés me abrem a porta de um infinito que amo e que jamais desvendo" (trad. de Ivan Junqueira, em Baudelaire, 1985, 155).

[173] "A teus pés de talhe fino, pés graciosos de cetim, ponho tudo o que há em mim, o meu gênio e o meu destino" (op. cit., em Baudelaire, 1985, 255).

Rilke talvez seja dos poucos poetas a cantar especificamente o tornozelo: "E, entre véus, como névoas caídos, / saído da crisálida do sapato, / a delicada borboleta do tornozelo", na tradução de Karlos Rischbieter ("Túmulos de heteras"; Rilke, 1993, 61). Mas temos Verlaine, sempre ele, falando da "*cheville de mol ivoire*" [tornozelo de brando marfim] em "*Odes en son hommeur X*" (1977, 770), e Mallarmé, em *L'après midi d'un faune*, falando dos calcanhares da musa como "*talons ingénus*" (1979, 50).

Termino com o que conta Goethe da conversa do conde com Édouard, em "*Les affinités électives*", a propósito de Charlotte: "*Un joli pied, disait-il, est un grand don de la nature. Ce charme-là est indestructible. Je l'ai observé aujourd'hui quand elle marchait. On voudrait, aujourd'hui encore, baiser son soulier, et renouveler l'hommage, un peu barbare, il est vrai, mais profondément senti, des Sarmates, qui ne savent rien de mieux, pour marquer leur amour et leur respect à une personne, que de boire dans son soulier*[174] (1980, 196). Goethe não perde a oportunidade de, em *Os anos de aprendizagem de Wilhelm Meister*, no episódio em que os personagens se atribuem papéis para representar o Hamlet, fazer Philine espicaçar a sensualidade de Serlo esfregando-lhe as sapatilhas no rosto, as sapatilhas que calçavam seus "pezinhos" e que lhes haviam sido dadas por uma condessa em Paris, "uma dama cuja beleza dos pés era famosa" (Goethe, 2006, 294).

Não creio ter podido esgotar a exploração poética do continente feminino. Lendo *Aphrodite*, de Pierre Louÿs, defronto-me com uma descrição da túnica que usava a rainha Bérénice, na noite em que seduziu Démétrius, que me deixou desorientado, pois ela mostrava "*à découvert les vingt-deux endroits de la peau où les caresses sont irrésistibles*"[175] (1929, 37).

---

[174] "Um belo pé, dizia ele, é um grande dom da natureza. Seu charme é indestrutível. Eu o observei hoje quando ela andava. Era de fazer desejar, hoje mesmo, beijar seu sapato, e renovar a homenagem, um tanto bárbara, é verdade, mas profundamente sentida, dos sarmatas que não achavam nada de melhor para marcar seu amor e seu respeito a uma pessoa do que beber no seu sapato".

[175] "a descoberto, os vinte e dois lugares da pele onde as carícias são irresistíveis".

A lua

Remonta Robert Graves à infância da humanidade a origem do culto da Deusa Branca, original patrona da vida em seus mistérios, representada pela lua. Até ser destronada por Yahweh e os subsequentes monoteísmos, ela era a senhora do panteão celeste, dominadora e consoladora, dispensadora das fontes da vida e da morte, inspiradora e iniciadora. Logo tríplice, tinha uma representação para cada face ou fase que mostrava ao mundo, nascente, plena, decrescente, assumindo, então, os papéis de deusa do céu, da terra e dos infernos (*underworld*). À medida que suas manifestações se especializavam, tornou-se múltipla, três vezes tríplice, e cada uma de suas manifestações assumiu o patrocínio de uma das artes. A Musa única torna-se finalmente enéade.

Esse é um bem precário resumo de uma tese desenvolvida ao longo das 541 páginas do seu livro *The White Goddes, a Historical Grammar of Poetic Myth*, mas ouso pensar que, para os fins deste livro, fornece o essencial do que necessito para falar da relação superstite entre o poeta e a lua. Não obstante o patriarcalismo vitorioso que deu ao sol a primazia entre os astros para representar o deus maior, a lua não perdeu a primazia no coração do poeta. Apolo, que veio tomar-lhe o lugar como a divindade protetora do poeta, nunca chegou a sobrepor-se à concorrente divina, relegada a uma posição subalterna no panteão, e, se é que assim existe e eu o desconheça, nunca foi invocado como inspirador pessoal do poeta. A lua continua, ao longo dos séculos e por todo o orbe, a ser do poeta a dispensadora da inspiração. A Poesia nasceu na era matriarcal — diz Graves — e deriva seu poder mágico da lua, não do sol (1957, 502).

Encheria volumes fazer citações sobre a lua na obra dos poetas. Todos, ou quase todos, de uma forma ou de outra, a invocam ou mencionam em algum poema. Limito-me a rever alguns casos que vão desde a absoluta entrega do poeta ao poder sedutor da Musa Lua ao uso irônico ou de aparente descaso pelo poder inspirador do astro, de regra a partir dos inícios do século XX.

O mais extremo dos casos de integral abandono ao convite da lua é, certamente, o do já mencionado poeta chinês Tu Fu, que morreu afogado querendo abraçar a lua refletida num lago. Morte invejável para muito poeta romântico, sem dúvida. A história é provavelmente apócrifa, mas é verdade que em versos lamentara o poeta ver a lua escorregando sob seus pés, levada pela correnteza do rio (*Poesia Sempre*, nº 27, 73). Yang-Hsiu perde todo o prazer ao ver a lua, "triste de dilacerar as entranhas", afundar-se no horizonte (78); Li Po persegue, rio acima, a lua que dele se esquiva e pensa deitá-la a seu lado para sonhar (69), uma ideia, no fundo, nem tanto original, pois, muito antes dele, conta-nos Suetônio, Calígula, que não era poeta, convidava a lua cheia a "repartir seu leito": "*Inuitabat assidue in amplexus atque concubitum*" (1957, 78).

Na poesia japonesa, vemos Basho divertir-se com a ideia de pôr um cabo na lua e transformá-la num leque (1966, 15). Sarashima comenta que mesmo para seus olhos que só contêm lágrimas a lua aparece luminosa (1978, 101).

Dante faz uma referência indireta à lua ao invocar as cores do halo lunar no verso 78 do Canto XXIX: "*Onde fa l'arco il Sole e Delia il cinto*"[176] (2001, 191). John Ciardi explica que a cinta de Délia (*Delia's girdle*) é o halo colorido como um arco-íris que se forma em certas ocasiões em torno da lua. Délia é outro nome para Diana, a deusa da lua (Dante, 1961, 299). Góngora, extemporaneamente, num tratamento muito moderno, dirige-se à lua chamando-a de Madame Luna (1980, 198).

Entre os românticos era possível escrever versos como os de Goethe sem corar: "*Du nemst mich, Liebehen, deine Sonne. / Komen, süsser Mond, umklammre mich!*"[177] A lua nova tem um vasto repertório de alusões que se prolongam pelo século XX. Gilberto Owen diz à amada: "*Rosalía: / átate bien la luna, tu escarpín*" (1979, 38). Max Aub, que era romancista, e não poeta, tem uma bela ima-

---

[176] "Onde faz arco o céu e Délia o cinto".

[177] "Tu, Amada, chamas-me o teu sol; vem, doce lua, abraçar-te a mim!" (trad. de Paulo Quintela, em Goethe, 1986, 174-175).

gem em sua novela *La uña*: "*La luna abría, en el cielo, un paréntesis no contestado*" (1977, 26).

Guy de Maupassant, em um texto intitulado "Le poète et la lune", escreve, no jornal *Le Gaulois*, de 17/8/1884: "Um poeta de talento bizarro, muito estimado pelos parnasianos e pouco compreendido pelo comum dos mortais, o Sr. Stéphane Mallarmé, declarou-se inimigo da lua. Talvez tenha razão. Mas procura meios de destruí-la. É pouco provável que o consiga. Esse astro o incomoda, o fatiga, o exaspera com sua face chorona, seu ar de viúva inconsolável, sua triste aparência anêmica e sua luz amarela, sempre igual. É compreensível o ódio do Sr. Mallarmé quando lemos os poetas, os pequenos poetas, os bravos pequenos poetas, esses poetas boa gente, que abrem os corações e celebram o orvalho, a lua e as estrelas, todos os anos, quando chega a primavera, em volumes que se assemelham a livretos de canções. Quanto à lua, à pobre lua, à simples e boa lua de Pierrot... eles arranjaram um jeito de acomodá-la a tudo quanto é ritmo, a estragaram [*ils l'ont gatée*], a emporcalharam, fizeram-nos ter dela desgosto. E o belo astro, plácido e triste, corroído pelos vermes como um queijo estragado, não inspira mais do que uma pena rancorosa a nosso amigo Stéphane Mallarmé." Aparentemente, Mallarmé referiu-se à lua como "*cette tartine à fromage mou*" [essa torrada com queijo mofado], mas eu não encontrei a fonte dessa citação. Laforgue, parodiando Villon, ironiza: "*Où sont les lunes d'antan*[178] / [...] *même plus de rimes à Lune* [...] / *Ah! quelle regrettable lacune!*"[179] (1986, 224, 248). Ele mesmo não pode deixar de evocar a velha musa, embora de maneira desrespeitosa: "*Ambulance de nos croyances, édredon du Grand-Pardon*"[180] (186-188). Mas pode usar uma imagem tão poderosa e lírica como a que diz: "*Elle est l'Hostie! et le silence est*

---

[178] E, a propósito, podemos recordar a história de Oscar Wilde, que, ouvindo de alguém o comentário de que a lua estava bonita, respondeu-lhe: "*You should have seen it before the war*" [Você devia vê-la antes da guerra!] (Berry, 1974, 54).

[179] "Onde estão as luas de antigamente (?) nem há mais mesmo rimas para a lua [...] Ah! que lamentável lacuna!"

[180] "Ambulância de nossas crenças, edredom do Grande-Perdão".

son ciboire!"[181] (232). Tudo isso prova que Laforgue era, ele próprio, um dos "*lunologues éminents*" que ironiza (204). Em um poema, diz: "*La lune ne garde aucune rancune*"[182] (Isaacs, 1968, 60). E termina por confessar: "*Je ne suis qu'un viveur lunaire*"[183] ("*Locutions des Pierrots. XVI*", cit. em Burnshaw, 1964, 62). Gilberto Owen apresenta a mesma desilusão com os poderes inspiradores da lua: "*Venía perseguiéndonos, la vieja / barca oxidada de la luna, / con su carga de amantes populares*" (1979, 47).

Pierrot, o eterno apaixonado da Colombina, é o personagem lunar por excelência. *Pierrot Lunaire* é o nome dado por Arnold Schönberg ao seu op. 21, destinado a ser interpretado em *Sprechgesang*, ou um falar cantado, que, segundo as instruções do autor, devia distinguir-se claramente da fala comum, mas não prender-se a uma melodia estruturada, o que permitia uma extrema individualidade a cada apresentação. Darius Milhaud — que teve a oportunidade de dirigir a cantora Marya Freund, em Viena, em 1921, nove anos após a criação da obra em Berlim, na mesma semana em que, também em Viena, Schönberg dirigiu Erika Wagner — comenta ter sido uma experiência fascinante comparar as duas interpretações. Na de Schönberg — diz — os elementos dramáticos se mostravam mais brutais, mais intensos, mais frenéticos, enquanto a sua ressaltava de preferência os elementos sensíveis, suaves, sutis, transparentes, o que o fez concluir que não havia solução para o problema da "recitação". Pierre Boulez, por sua parte, dizia que a interpretação devia evocar "*un cabaret supérieur*". Uma afirmação que tem algo a ver com o fato de que Schönberg estaria, seguramente, revivendo a maneira por vezes debochada das cantoras de cabaré do início do século na Alemanha, tendo sido ele diretor musical de um deles, em Berlim.

O livreto da obra de Schönberg baseou-se na tradução para o alemão, feita por Oscar Erich Hartleben (1887-1893), de 21 poe-

---

181 "Ela é a Hóstia! e o silêncio é seu cibório!"

182 "A lua não guarda nenhum rancor".

183 "Não sou mais que um folgazão lunar".

mas da obra epônima do poeta belga de expressão francesa Albert Giraud (1884), rica de felizes imagens sobre a lua: "*Les fleurs pâles du clair de Lune*"[184] ("*A Colombine*"); "*Les blancs incendies des lunes*"[185] ("*Nostalgie*"); "*La Lune, comme un sabre blanc sur un sombre coussin de moire*"[186] ("*Décollation*"); "*La Lune dessine une corne dans la transparence du bleu, une fantastique licorne*"[187] ("*Lune moqueuse*"); "*Un rayon de Lune est la rame, / Un blanc nénuphar, la chaloupe*"[188] ("*Depart de Pierrot*"); "*Gracieux ton sang blanc et mélancolique, O Lune, nocturne phtisique!*"[189] ("*Lune malade*"). Apropriadamente, Pierrot é sempre representado na *Commedia dell'arte* com o rosto pintado de branco, tem "[*f*]*ace de Lune, blanc messire, O Pierrot!*",[190] diz Giraud ("*Supplique*").

A série de poemas escolhidos por Schönberg começa com os versos "*Le vin que l'on boit par les yeux / A flots verts de la lune coule*",[191] mas a referência às ondas verdes que da lua se derramam desaparece na versão alemã de Hartleben: "*Den Wein, den man mit Augen trinkt. / Gießt Nachts der Mond in Wogen nieder*", uma grande perda, pois, com a imagem, Giraud se havia tornado, de fato, o precursor da que Federico Garcia Lorca usou com tanto sucesso quase meio século depois. A "recriação" que fez do poema Augusto de Campos, com base no texto alemão, é a ele fiel e com grande felicidade não deixa o poeta brasileiro de encontrar uma maneira de evocar os "*flots verts*" de Giraud com o uso da palavra "verte" na mesma linha em que o belga usa "*verts*": "O vinho que meus olhos sorvem / A Lua *verte* em longas ondas."

Giraud não foi o único poeta a ver a lua verde. Quem não recorda "*Antonio Torres Heredia, / hijo y nieto de Camborios* [...] / *Moreno de verde luna*", de García Lorca? Em Juán Ramón Jiménez

[184] "As flores pálidas do luar".
[185] "Os brancos incêndios da Lua".
[186] "A Lua como um sabre branco estendido sobre uma escura almofada de chamalote".
[187] "A Lua desenha um corno na transparência do azul".
[188] "Um raio de luz é o remo, um lótus branco a chalupa".
[189] "Gracioso o teu sangue branco e melancólico, ó Lua, noturna e tísica!"
[190] "[f]ace de Lua, branco Senhor, ó pierrot".
[191] "O vinho que bebemos pelos olhos, em ondas verdes se derrama da lua".

encontramos: "*La luna verde de enero*" (1985, 66). E, no pernambucano Mauro Mota, o menino Francisco, do "Rondó ferroviário", "verde vê a lua" (1982, 23).

Lorca era um poeta lunar e à lua dedicou as "Canciones de luna" (1960). Nelas pode ser paisagístico, como os românticos, mas com uma linguagem nova: "*La luna clava en el mar / un largo cuerno de luz*" (325). Ou, enamorado: "*Morena de luna llena / ¿que quieres de mi deseo?*" (325). Ou pode surgir com as mais lúdicas imagens. Em "*Dos lunas de tarde*", por exemplo, "*La luna llorando dice: / Yo quiero ser una naranja*", ao que lhe respondem: "*No puede ser, hija mía / aunque te pongas rosada*" (322, 323); ou "*La luna estava de broma / diciendo que era una rosa*" (323), antecipando-se, assim, à preeminência da rosa que Saramago proclama: "Ergo uma rosa, e tudo se ilumina / Como a lua não faz nem o sol pode" (1999, 14).

Ezra Pound, renovador da linguagem poética que era, não teme recorrer a uma imagem da lua puramente romântica: "*The moon / with a rag of gauze about her loins*"[192] (Isaacs, 1958, 42). Mas imagens "poetizadas" da lua só continuarão a surgir na poesia de menor qualidade ou de fundo popular, como o "sol de prata" da conhecida modinha popular brasileira. Na poesia séria, desaparecem depois da revolução futurista e os poetas do século XX, para mantê-la nos seus versos, competirão na arena da originalidade ou da surpresa das imagens. A lua ainda é de prata, num poema ou outro, como em Jiménez, mas será de "*plata melancólica*" (1985, 58). Ou simplesmente de metal, um uso de genérico. Giraud diz que o luar dá às águas que jorram da fonte "*un clair de métal*"[193] (Giraud, "*Pierrot dandy*"). "Mamífero metálico", chama-a Nicolas Guillén (1974, 242). "*Girasol disecado*", chama-a Pellicer em "*Nocturno de Constantinopla*" (1981,154).

Guillén quer despedir a lua como musa do poeta: "*No sé lo que tu piensas, hermano, pero creo / que hay que educar la Musa desde pequeña en una / fobia sincera contra las cosas de la Luna, / satélite*

---

[192] "A lua, com um farrapo de gaze na cintura".

[193] "uma claridade de metal".

cornudo, desprestigiado y feo" (*Elegía moderna del motivo cursi*, 1974, 98-99). No poema "*A Julieta*", diz ser "*un poeta sin spleen / y sin ninguna / de esas pegajosas miradas extravagantes / a la Luna, / que con su cara redonda llena de harina, / turbaba la inocencia de los poetas de antes*" (201). Mas não deixa de ficar um pouco nostálgico com essa desvalorização da musa lunar. Em outro poema, intitulado "*Propósito*", diz: "*Esta noche, / cuando la Luna salga, / la cambiaré en pesetas / Pero me dolería que se supiera, / porque es un viejo / recuerdo / de familia*" (100). O poeta se sente mal de separar-se da lua. Lugones, que algures refere-se, jocoso, à "*obesidad de aquellas lunas que iban, rodando, dormilonas y coquetas / por un absorto azul / sobre los árboles de las banquetas*" (Villaurrutia, 1974, 653), é o mesmo que, em "*La blanca soledad*", usa esta imagem tão lírica: "*La luna cava un blanco abismo / De quietud*" (1982, 54). Miguel Torga afirma em "Identidade": "Matei a lua e o luar difuso / Quero os versos de ferro e de cimento. / E em vez de rimas, uso / As consonâncias que há no sofrimento" (1985, 176), mas se contradiz ao longo do próprio poema.

Carlos Pellicer resgata ainda algum valor à lua como musa, pois nos sonetos que dedica a Salvador Novo, a quem chama de futuro "*presidente de la luna*", escreve: "*Luna presidenciable es el poeta / que en voz nocturna el corazón impele / y entre engaños lunares se conduele / de estar desnudo y de no ser atleta*" (1981, 621). Salvador Elizondo ainda diz do poeta ser de "*la raza de la Luna, la raza incomprensible*" (1972, 34).

Mas a lua volta sempre, e ainda relacionada à paisagem, nos poetas mais inesperados, que, para evocá-la, procuram cercar-se de imagens que pareçam inéditas. Sylvia Plath diz: "*The moon is my mother* [...] *Her blue garments unloose small bats and owls. / How I would like to believe in tenderness*".[194] E, em "*Childless woman*": "*The moon / Discharges itself from the tree with / nowhere to go*"[195] (1981, 172, 259).

---

194 "A lua é minha mãe [...] suas vestes azuis liberam pequenos morcegos e corujas, como eu gostaria de acreditar em ternura".

195 "A lua se desgarra da árvore sem ter para onde ir".

As manchas da lua sempre preocuparam astrônomos e astrólogos. Os poetas nelas não se detêm. Mas podem ocorrer casos isolados. Rama, ao ver que à lua comparam a beleza de sua amada, refuta: "*Non! La lune ne ressemble pas au visage de Sita! / [...] elle est obscure pendant le jour, et tachée! / Comment donc cette misérable lune / pourrait-elle ressembler au visage de Sita?*"[196] (Tulsidas, 1977, 66-67). Trinta e seis séculos depois, Nicolas Guillén também desfaz da lua que vê com "*el rostro comido por un acné*" (1974, 242).

O processo criador

O poeta hoje não mais escreve com a pena de ganso, a caneta automática, a máquina de escrever. Usa o computador. Mas dirá ainda, como disse o poeta datilógrafo há um século, que a intermediação da máquina perturba-lhe o impulso criador. Ainda é comum ver o poeta expressar-se, com aparente menoscabo, no sentido de que é-lhe impossível escrever diretamente o poema usando esse veículo, que não só interfere com a íntima ligação entre ele e a fonte de onde provém a inspiração como ainda, o que é grave, extingue, ou pelo menos dificulta, o próprio acompanhamento do processo criador. Para o poeta, a visão do texto manuscrito, com as inumeráveis alterações, os barramentos, os acréscimos laterais, as adições ou supressões de palavras, linhas, estrofes, tem um sabor especial ao testemunhar o próprio labor e o correlato sofrimento envolvido no processo da criação. Embora não seja essa uma angústia expressa, preocupa-se com a desalmada intervenção da máquina retirando-lhe o rastro do processo criativo, numa espécie de apego nostálgico e prematuro à memória do crescimento do poema. Pode também pensar que essa memória servirá aos pósteros para desvendar os enigmas de sua obra, que sempre os há. Não é raro ver o poeta recordar, por iniciativa própria ou a pedido de um público de apreciadores, a gênese e o de-

[196] "Não! A lua não se parece à face de Sita! Ela é oculta durante o dia, e cheia de manchas (de noite)! Como, então, pode essa miserável lua parecer-se à face de Sita?"

senvolvimento de um poema. Às vezes essa exposição, ao não aportar mérito à interpretação que dê ao poema o leitor, a qual deve ser livre para ser genuína, reduz, ao contrário, as dimensões metafóricas que ao poema poderiam ser atribuídas. São numerosos esses testemunhos e não vamos aqui esmiuçá-los. Tomemos um ou dois casos. Valéry, por exemplo. E Poe.

Valéry é o perfeito exemplar do Grande Poeta. Ora, espera todo Grande Poeta que o leitor comum — aliás não se pode falar do leitor comum, no caso do Grande Poeta; temos de dizer o leitor incomum — perceba que, quando ele escreve, de sua pena estão saindo palavras que expressam uma visão inefável do mundo, donde uma certa inevitável obscuridade. Ora, a explicação de como escreveu "*Le cimetière Marin*", que todos nós lemos de joelhos, desfaz muito das expectações que tínhamos antes de ouvi-la. O texto é longo e pode ser encontrado na íntegra no capítulo "*Au sujet du 'Cimetière marin'*", em suas *Mémoires du poète* (1980, 1498-1507). Vai aqui um resumo.

Diz Valéry que seus poemas, "*Le cimetière Marin*" entre eles, podiam viver mais de uma dezena de anos dentro dele, em processo de composição, constituindo "uma ocupação de duração indeterminada, um exercício, mais do que uma ação, uma pesquisa, mais do que um livramento, uma manobra 'de mim para mim mesmo', mais do que uma preparação visando ao público". Nesse longo processo, o que está em jogo é a busca de uma correspondência entre o pensamento e a linguagem, "a força de vergar o verbo comum aos fins imprevisíveis, sem romper as 'formas consagradas', a captura e a redução das coisas difíceis de dizer; e, sobretudo, a condução simultânea da sintaxe, da harmonia e das ideias (que é o problema da mais pura poesia)". A poesia "exige, ou sugere", um "Universo" (com maiúscula, *ça va sans dire*) diferente. Mas, atenção, Valéry não fala de um universo mais "verdadeiro", e sim de um universo mais eufônico. "Nesse universo poético, a ressonância é mais importante do que a causalidade e a 'forma', longe de empalidecer sob seu efeito, é como que *requisitada* por ele. A ideia reivindica sua voz." "*Le cimetière Marin*" foi uma obra planejada a partir de "puras concepções de forma, cada vez mais produto de reflexão — precisadas de tal maneira que elas próprias quase propunham ou impunham o tema [*le sujet*], ou, pelo menos, uma família de temas. [...] Mas eu sei muito bem tudo o que há de quimérico em meu 'ideal'. A natureza da linguagem está longe de prestar-se a combinações consequentes; e, aliás, a formação e os hábitos do leitor moderno, acostumado à sua dose de incoerências e efeitos instantâneos, tornam imperceptível qualquer busca de estrutura. [...] No entanto, é o único pensamento de construções dessa espécie que constitui para mim a mais *poética* das ideias: a ideia da composição." Valéry narra, em seguida a essas considerações teóricas, como, no célebre poema, a preocupação mais constante foi a de encontrar uma forma de pôr em decassílabos o material que lhe ocorria e distribuir os "momentos" de sua meditação, com o cuidado de estabelecer contrastes entre as estrofes e introduzir os sucessivos temas. O apelo à filosofia (referência aos argumentos de Zenão) "tem por função compensar, por uma tonalidade metafísica, o sensual e o 'demasiado humano' das estrofes antecedentes". E a conclusão, um tanto surpreendente: "Eu não tive a intenção de tomar emprestado à filosofia senão um pouco de *cor*".

De qualquer forma, como já vimos, para Valéry o poema não é mais do que uma "partitura". Uma vez publicado, o leitor se servirá dele segundo sua vontade e seus meios. Não há segurança de que o compositor a saiba utilizar melhor do que o leitor. Em outra ocasião, diz ele: "Se me perguntarem o que eu quis dizer com um meu poema, eu respondo que eu não quis dizer nada, mas quis apenas fazer e que foi a intenção de fazer que me levou a dizer o que eu digo" (*El poeta*, I, 55).

O caso extremo de uma explicação racionalista para o processo de uma composição poética é, sem dúvida, o de Edgar Allan Poe, em "The Philosophy of Composition", texto no qual descreve em detalhe os passos da feitura de seu mais famoso poema "*The Raven*" [O corvo]. Diz ele: "*It is only with the* dénouement *constantly in view that we can give a plot its indispensable air of consequence, or causation, by making the incidents, and especially the tone at all points, tend to the development of the intention. [...] I prefer commencing with the consideration of an effect. Keeping originality always in view — for he is false to himself who ventures to dispense with so obvious and so easily attainable a source of interest.*"[197]

Poe escolhe o famoso poema para demonstrar seu processo criativo. Baseado nas premissas acima delineadas, afirma, de pronto, a intenção de demonstrar que "*no one point in its composition is referable either to accident or intuition — that the work proceeded step by step, to its completion, with the precision and rigid consequence of a mathematical problem*".[198]

Tudo começa com a intenção de escrever um poema que mova o leitor, que o leve a deduzir dos versos que vai ler um sentido moral. Diz Poe que as duas últimas estrofes são a chave para o entendimento de todas as que lhes precedem. A mensagem subjacente está nos versos: "*Take thy beak from out my heart, and take thy form from off my door! / Quoth the Raven 'Nevermore!' It will be observed that the words, 'from out my heart', involve the first metaphorical expression in the poem. They, with the answer 'Nevermore', dispose the mind to seek a moral in all that has been previously narrated. The reader begins now to regard the Raven as emblematical — but it is not until the very last line of the very last stanza, that the intention of making him emblematical of Mournful and Neverending Remembrance is permitted distinctly to be seen*".[199]

---

197 "É apenas com o desenlace constantemente em vista que podemos dar a uma trama seu indispensável ar de consequência, de causação, fazendo os incidentes, e especialmente o tom tender, a todos os momentos, para o desenvolvimento da intenção. [...] Eu prefiro começar pela consideração de um efeito. Guardando a originalidade presente — pois é falso para consigo mesmo aquele que se arrisca a dispensar uma fonte de interesse tão óbvia e tão fácil de alcançar."

198 "nada, em sua composição, tem a ver com acaso ou intuição — a obra prosseguiu, passo a passo, até a sua completude, com a precisão e a rígida consequência de um problema matemático".

199 "Pode-se observar que as palavras 'do meu coração' envolvem a primeira expressão metafórica do poema. Elas, com a resposta 'nunca mais', predispõem o espírito a procurar um sentido moral em tudo o que foi narrado anteriormente. O leitor começa a olhar agora para o Corvo como emblemático — Mas não é senão até que chegue à última linha da última estrofe que lhe será permitido perceber distintamente a intenção de fazê-lo emblemático da Recordação Pesarosa e Interminável".

A primeira consideração foi com respeito à extensão da obra. Deveria ser a necessária ao desenvolvimento de um enredo que levasse à conclusão desejada, mas fosse suficientemente curta para poder ser lida de uma vez (*the limit of a single sitting*), garantindo, assim, unidade e impacto. Fixou-a de antemão em cem linhas ou versos (de fato são 108). Isso posto, cabia-lhe, agora, a escolha da impressão e do efeito que queria causar. Quanto a isso, não tinha dúvida: "*Beauty is the sole legitimate province of the poem*".[200] Mas, quando os homens falam da Beleza, eles estão se referindo, precisamente, não a uma qualidade, mas a um efeito, e a mais elevada manifestação desse efeito é a tristeza. "*Melancholy is thus the most legitimate of all the poetical tones*".[201] Estavam resolvidas as três primeiras questões fundamentais; extensão (cem versos), "*the province*" (a Beleza) e o tom (a melancolia).[202] O próximo passo era decidir a estrutura do poema. Pensou que devia girar em torno de um pivô. Ora, nenhum se tem provado mais adequado à poesia do que o refrão e, nesse caso, um refrão efetivo por suas qualidades sonoras, mais do que pelo significado, o qual, sem sair do campo limitado pelo tom do poema, pudesse atender a uma progressiva gama de alusões. Para essa combinação, o melhor procedimento seria reduzir o refrão a uma só palavra. Essa palavra deveria ter suficiente poder sonoro para produzir o duplo efeito de monotonia e de choque. A escolha de uma que contivesse as letras "o" e "r" pareceu-lhe inevitável e, sem precisar buscá-la, ofereceu-se a palavra "*Nevermore*". Dito por uma pessoa, o refrão perderia originalidade e surpresa. Pensa que poderia dizê-lo uma ave. Surgiu-lhe a ideia do corvo,[203] que tinha ademais a vantagem de evocar o clima

---

200 "A Beleza é a única província legítima do poema".

201 "A Melancolia é, assim, a mais legítima tonalidade do poema".

202 Leopardi não poderia estar mais de acordo. Escreve ele no *Zibaldone*, a propósito da inspiração: "*Da qualunque causa nasca detta ispirazione, essa è certamente malicconica*" [Nasça da causa que seja, a dita inspiração é, certamente, melancólica] (Guerini, 2007, 75).

203 Estivesse o poeta escrevendo em português e teria encontrado na palavra "corvo", igualmente, a solução perfeita, pois, além de sintética, contém, precisamente, as duas letras buscadas, "o" e "r".

de melancolia desejado. Mas ainda lhe faltava ligar as ideias de beleza e tristeza. Pensou: De todos os tópicos melancólicos, qual, de acordo com o entendimento universal da humanidade, é o mais melancólico? "*Death*", responde, *a morte*. Claro! Mas onde está a beleza da morte? Unindo os conceitos, chega o poeta à conclusão de que a morte de uma mulher bonita é, inquestionavelmente, o mais poético tópico que existe no mundo e não há dúvida, igualmente, que os lábios mais apropriados a exprimir tal sentimento são aqueles de um desolado amante. Tinha agora todos os elementos para a substância do poema. Partiu, pois, para o clímax, a fim de prepará-lo de modo que nenhuma estrofe anterior pudesse superá-lo em força expressiva e riqueza métrica. Compõe, então, em primeiro lugar, a última estrofe do poema. Entra Poe numa descrição do metro usado que nada diz ao leitor comum, se é que alguma coisa diz ao leitor poeta consumado: "*Of course, I pretend to no originality in either the rhythm or metre of the 'Raven'. The former is trochaic — the latter is octametre acatalectic, alternating with heptametre catalectic repeated in the refrain of the fifth verse, and terminating with tetrametre catalectic*".[204] O resto de sua explicação pouco acrescenta ao já dito para exemplificar a aridez com que Poe diz ter escrito "The Raven". Não surpreende que já se tenha pensado que toda essa descrição é uma racionalização *a posteriori*, mais do que uma análise do processo criativo. De qualquer forma, esses dois depoimentos são um balde de água fria jogado à face dos leitores piedosos e crédulos. Baudelaire, no preâmbulo que escreve para a tradução de "O corvo" para o francês, feita por Mallarmé, alude à filosofia da composição e reconhece que na impressão que quis dar Poe de que seu poema fora totalmente projetado há um pouco de fanfarronice. A palavra que ele usa é mais forte: "*Après tout, un peu de charlatanerie est toujours permis au*

[204] "Obviamente, não pretendo nenhuma originalidade nem de ritmo, nem de métrica em 'O Corvo'. O primeiro é trocaico — a última é de octâmetros cataléticos, alternando com heptâmetros cataléticos repetidos no refrão do quinto verso, e terminando com um tetâmetro catalético".

génie, et même ne lui messied pas. C'est, comme le fard sur les pommettes d'une femme naturellement belle, un assaisonnement nouveau pour l'esprit"[205] (*La genèse d'un poème*, 1976, 344).

Em um seminário dedicado às estratégias contemporâneas de apropriação da Antiguidade, realizado na Sorbonne, em 1990, Umberto Eco discute a origem e o propósito do famoso depoimento de Poe sob dois ângulos distintos. Pergunta-se, primeiro, se o texto de Poe, que considera "*affascinante e ambiguo*", trata "*di prescrizioni per altri poeti o di uma teoria implicita dell'arte in generale, estrapolata da una esperienza personale di scrittura, da parte di uno scrittore che si pone come lettore critico della propria opera*". E parece adotar a segunda hipótese: "*L'analise fatta da Poe autore avrebbe potuto essere condotta da un lettore come Jacobson. Così, cercando di definire una pratica di scrittura di cui Il suo poemetto era l'esempio, Poe identificava strategie che caracterizzano il procedimento artistico in generale*."

Quanto à segunda questão, Eco parece admitir que a racionalização de Poe pode ter sido *ex post facto*. Os procedimentos literários podem chegar a transformar uma ciência descritiva numa ciência normativa. "[*L*]*a Poetica non può sfuggire al dovere di formulare precetti che sono impliciti nella pratica del poeta, anche si l'artista non ne è cosciente. Poe, al contrario, ne era cosciente* [...]. *Forse lo ha fatto* après coup, *e scrivendo non sapeva ancora che cosa stesse facendo*" (Eco, 2003, 257).

Essa última hipótese parece conformar-se ao que achava Randall Jarrell ser a característica do poeta, "*a sort of accident prone worker to whom poems happen*",[206] conforme evoca Christopher Benfey, ao comentar a autobiografia do poeta editada por sua esposa, Mary Jarrell (NYRB, 9/5/1985).

[205] "Ao fim e ao cabo, um pouco de charlatanice é sempre permitido ao gênio, e mesmo não lhe sai mal. É como o ruge sobre as maçãs do rosto de uma mulher naturalmente bela, um condimento novo para o espírito".

[206] "uma espécie de operário propenso a acidentes, ao qual os poemas ocorrem".

Plágio

Car j'imite. Plusieurs personnes s'en sont scandalisés. La prétention de ne pas imiter ne va pas sans tartuferie, et camoufle mal le mauvais ouvrier. Tout le monde imite. Tout le monde ne le dit pas.[207]

Aragon, 1966, 13

A questão do plágio na arte, e especialmente, no caso da literatura, o plágio na poesia, é matéria para linguistas e juristas. Limito-me a algumas considerações sobre plágio e imitação e à questão do plágio involuntário e, mesmo, do plágio antecipatório. E, para isso, vamos recorrer ao que alguns escritores, não necessariamente poetas, disseram do mecanismo da criação literária.

Escreve Flaubert a Louise Colet, em junho de 1853: "Ninguém é original no sentido estrito da palavra. O talento, como a vida, se transmite por infusão e é necessário viver num meio nobre [*milieu noble*], assimilar o espírito de sociedade [*l'esprit de société*, com ênfase no original] dos mestres. Não há mal algum em estudar a fundo um gênio completamente diferente daquele que se possui, porque nunca se chega a copiá-lo." Duas lições há nesse pequeno texto: primeiro que nada inventa o escritor; serve-se ele da realidade externa e apenas usa os dados sobre ela acumulados em novos arranjos que, eles sim, constituem a novidade da criação. É um pouco o que diz Pirandello em *Il Fu Mattia Pascal*: "Na verdade, não se inventa nada que já não tenha se enraizado mais ou menos profundamente na realidade" (1985, 117). Jean Giraudoux, citado por Otto Lara Resende, iria ainda mais longe, dizendo mesmo que a imitação "é a base de toda literatura". Anne Fadiman cita o caso de Lawrence Sterne, que plagiou Richard Burton num texto de denúncia ao plagiarismo. Sterne se teria plagiado a si mesmo ao recopiar cartas originalmente escritas para sua mulher e enviá-las a uma amante (2001, 88).

207 "Porque eu imito. Muita gente se escandalizou. A pretensão de não imitar tem sempre algo de tartuferia e pouco camufla o mau obreiro. Todo mundo imita. Todo mundo não o diz."

A segunda lição é a que recomenda a frequentação do "*milieu noble*", no caso específico do artista o daqueles que saibam apreciar a arte, agindo assim como estimulante para a maturação do gênio. A questão é delicada, pois envolve radicais posições antagônicas de natureza ideológica. Roger Caillois a aborda corajosamente no livro *Approches de la Poésie* (1978, 121-122), mas não vou transcrever aqui sua longa argumentação. Dela retiro apenas a ideia de que a poesia, a melhor poesia, a grande poesia, requer um leitor advertido, familiarizado com certos valores e certas informações que fazem parte da tradição culta, familiaridade que nem sempre se encontra num público intelectualmente desprovido e, por definição, naquela maioria precariamente letrada.

Isso não quer dizer que esse pressuposto se tenha de aplicar a cada manifestação poética. Coleridge já previa o argumento e antecipava sua contestação: "Há entre nós uma seita de críticos que parecem sustentar que cada ideia ou imagem possível é tradicional, que não têm a menor noção de que existe algo como fontes [de poesia] no mundo, pequenas ou grandes, e que veem cada fio d'água [de poesia] como escorrendo da perfuração feita em algum tanque de outra pessoa." E, aos críticos que eventualmente o acusassem de plagiarista com seu poema "*Christabel*", que ele demorou a terminar e publicar, adverte, ou solicita, em versos: "'*Tis mine and it is likewise your's / But and if this will not do, / Let it be mine, good friend! for I / Am the poorer of the two*"[208] (prefácio a "*Christabel*", s.d., 111). Musset dirá em versos, um pouco mais tarde, o mesmo que Coleridge no famoso prefácio: "*Il faut être ignorant comme un maître d'école / Pour se flatter de dire une seule parole / Que personne ici-bas n'ait pu dire avant vous / C'est imiter quelqu'un que de planter des choux*" ("*Namouna*", Musset, s.d., 274).[209]

---

[208] "É meu e é da mesma forma seu, mas, se assim não serve, deixe-o ser só meu, caro amigo! porque eu sou dos dois o mais pobre".

[209] "É preciso ser ignorante como um mestre-escola para orgulhar-se de dizer uma só palavra que ninguém na terra tenha dito antes, é como imitar alguém a plantar couves". Musset está obviamente evocando a parlenda familiar a todo francês: "*Savez-vous*

Termino estas considerações desta vez citando literalmente Roger Caillois quando diz: "Um grande poeta não imita ninguém, ou melhor, termina por não imitar ninguém. Ele, também, se serve, no começo, da linguagem que em outro admira e graças à qual formou sua sensibilidade. Malraux diz em algum lugar que o pintor não se torna pintor olhando para a natureza, mas olhando para os quadros dos outros pintores. De modo similar, é lendo os versos dos outros poetas que alguém se torna poeta" (1978, 120).

Quanto aos casos de plágio involuntário ou antecipatório (esse, é claro, uma *boutade* oulipista ou oulipiana), cito dois que me fizeram considerar sua existência ou possibilidade.

Em um poema datado de Munique, 1917, e dedicado "como absoluta propriedade" da grã-duquesa de Hesse, diz Rilke, na tradução feita por J. B. Leishman de "*Soul in Space*": "*Here I am, here I am, wrestled, / feeling, / Can I dare? Can I plunge?*",[210] repetidos na estrofe seguinte (Rilke, 1959, 232). Quem não pode ver aí um mesmo procedimento, um mesmo sentimento e até as mesmas palavras que T. S. Eliot colocou em "*The Love Song of J. Alfred Prufock*", naquele mesmo ano de 1917: "*Do I dare? Do I dare?*"[211] (1951, 12)? E seria um plágio consciente, ou involuntário, o famoso verso de Vinícius de Moraes "que seja eterno [o amor] enquanto dure", que, muito antes dele, o poeta simbolista francês Henri Régnier já expressara ao dizer que "[*l*]*'amour est éternel* [...] *oui, tant qu'il dure*"?

Permito-me aqui citar um caso pessoal daquilo que os oulipistas chamam de "plágio antecipatório". Eu tinha meus 14 anos quando, em competição com um colega de escola, escrevi, sob a influência de uns poemas de Abgar Renault reproduzidos na *Revista da Semana*, meus primeiros poemas em versos livres. Um deles, recordo-me, começava assim: "Andar, sorrir, chorar, e sempre andar / Chorar por ver a banalidade do ser, / sorrir por esse

---

planter les choux, à la mode de chez nous?" [Sabe você plantar as couves, da maneira que o fazemos?].

210 "Aqui estou, aqui estou, lutando comigo mesmo: Ouso? Me lanço?"

211 "Ousarei? Ousarei?" (tradução de Ivan Junqueira, em Eliot, 2004, 51).

mesmo ser que faz chorar", e assim seguia, em tom elegíaco, presunçoso e, por sua vez, banal, por mais uma dezena de linhas. Nessa época eu ainda não havia lido os poetas franceses e não havia sequer ouvido falar em Alfred de Musset. Qual a minha surpresa ao encontrar, meio século depois, entre as suas *Premières poésies* (s.d., 404), no poema "*Impromptu*", o verso "*Chanter, rire, pleurer, seul, sans but, au hasard*",[212] um raro e claríssimo caso de plágio antecipatório de quase um século, ano por ano, no caso de Alfred de Musset com relação ao adolescente pernambucano, escrevendo em Olinda!

Poeticidade e poetização

Jakobson diz que o conteúdo da noção de poesia é instável e que o seu elemento *sui generis* é a poeticidade (*poeticité*). Essa se manifesta "[*e*]*n ceci que le mot est ressenti comme mot et non comme simple substitut de l'object nommé.* [As palavras] [...] *ne sont pas des indices indifférents de la réalité, mais possèdent leur propre poids et leur propre valeur*"[213] (Jakobson, 1977, 46). Essas considerações, que não são novas nem originais, vêm à memória quando abordamos a questão da poetização da poesia.

Escreve Eluard: "*La poésie enfante souvent sa plus grande ennemie, sa poétisation. Rien de plus afreux qu'un poème poétisé, où les mots s'ajoutent aux mots, pour détruire l'éffet de la surprise, pour atténuer l'audace de la simplicité, la vision crue d'une réalité inspirante et inspirée, élémentaire*"[214] (1979, 111). Ora, a poetização do poema é a mais comum das doenças infantis da poesia. No extremo oposto do hermetismo pedante, as duas constituem os muros

[212] "Cantar, rir, chorar, só, sem destino, ao acaso".

[213] "no fato de que a palavra é experimentada como palavra, e não como simples substituta do objeto nomeado. [As palavras] [...] não são indícios indiferentes da realidade, mas possuem seu próprio peso e seu próprio valor".

[214] "A poesia cria frequentemente sua maior inimiga, a poetização. Nada mais horroroso do que um poema poetizado, no qual as palavras se juntam para destruir o efeito da surpresa, para atenuar a audácia da simplicidade, a visão crua de uma realidade inspiradora e inspirada, elementar".

da comporta entre os quais se esgueira a poesia verdadeira no poema perfeito.

Os dois maiores perigos da poetização residem na presunção de que existem realidades poéticas e vocábulos poéticos. Sobre tais realidades e com tais vocábulos o poeta neófito ou incapaz constrói seu poema, não se dando conta de que mal consegue nadar sobre o mar de sargaços do lugar-comum, o "molho ralo com que o poeta serve / a si mesmo", nas palavras da poetisa sueca Edith Södergran (*Poesia Sempre*, nº 27). A maior vítima desses versejadores é a poesia lírica. Maltratada de forma contumaz e impiedosa ao tempo da poesia rimada e metrificada, viu-se completamente sem rumo com o advento do verso livre.

Do mal oposto, o do hermetismo pedante, padeceu menos a poesia antiga. Já era ela, por si mesma, mais orientada para a comunicação, baseada, em grande parte, em valores objetivos e inserida numa cultura de pudor. A própria disciplina do verso obrigava a uma mais contida expressão do pensamento. O verso livre ensejou ao poeta a possibilidade de recorrer a uma mitologia privada, na maior parte das vezes mantida ininteligível, confundindo o autor incomunicação com profundidade. Em tais casos, pode-se facilmente verificar que o poema produzido nem tem o pecado da poetização nem a virtude da poeticidade.

O vocabulário poético

Nací en el año de la defunción de la rosa
cuando el motor ya había ahuyentado a los ángeles.
Jorge Cabrera Andrade, *Onis*, 1968, 254[215]

É uma falsa questão falar de "vocabulário poético". Nenhuma palavra é poética por si mesma. Tudo depende de como está sendo usada semântica e prosodicamente. Há prevalência de vocábulos em uma e outra época e ela reflete modos de ser e de pensar em

215 Poeta equatoriano, nascido em 1908.

cada momento e em cada cultura. Usar palavras de contextos ultrapassados denuncia um preconceito infelizmente muito encontrado nos casos de poetização da poesia, um dos pecados maiores do pequeno poeta.

Sem remontar muito no tempo, e falando apenas de nossa língua portuguesa, e apenas da poesia romântica e simbolista do século XIX, já foram banidas da poesia tantas palavras que se torna inevitavelmente estafante rememorá-las: crepúsculos e arrebóis, açucenas e violetas, ninfas e falenas, virgens e hetaíras, perfumes e visões, boêmia e arrependimento, ventura e fatalidade, balada e elegia, harpa e flauta, faia e cipreste, berço e sepultura, súplica e desespero, baile, amante, luar, abismo, infinito... Poderia continuar sem chegar ao meio das que morreram com o romantismo e evoco, agora, as que nos trouxeram o simbolismo: sombras, entranhas, fantasmas, angústia, glória, fronte, solidão, Calvário, chama, sudário, dores, lírios, vales, cotovias, taças, sepulcros, lousas, eternidade, desventuras, bálsamos, Oriente, marfins, pérolas, crisântemos, aljofres, clareiras, vinhedos, desertos, arpejos, adornos, cardos, almíscar, bardos, fadas, ruínas, corcel, filtros, miragens, aromas, lágrimas, Vênus, Circe, delírios, estrelas santas, anjos adorados, rosas purpurinas, formas lânguidas, sonhos impalpáveis, ternas juras, castas alcovas, trêmulos clarões, espectros vãos, aflitos ais, mártires do Fado, lírios e boninas, rocios da noite, sendas de abrolhos, névoas da vaga fantasia, noites negras e mudas, estertores de chamas que crepitam, meigas pombas louçãs... Para quê continuar? Tudo acima se encontra em uma dúzia de poemas de Castro Alves e em uma vintena de sonetos de Antero de Quental. E já que tanto se falou recentemente de Machado de Assis, e dele foram publicadas as poesias completas, citemos, nele colhidas, apenas as crisálidas e as falenas, os arlequins e as ondinas.

Não vou fazer o *tour* de poetas de outras línguas para ilustrar o que dois ou três exemplos de poetas brasileiros são suficientes para exemplificar. Direi apenas, para introduzir Augusto dos Anjos, quanto foi importante ao abrir as *Flores do mal* para um vocabulário rastejante, inconcebível até a era romântica: "*Aux objets répugnants nous trouvons des appas; / Chaque jour vers l'Enfer nous descendons d'un pas, / Sans horreur, à travers des ténèbres qui puent*",[216] e, como para o comprovar, inaugura com "*Une charogne*" as palavras que em português dariam ventre pútrido, exalando gases fétidos, e larvas e moscas em carnes decompostas, uma tradição de evocações putrefatas na qual o poeta paraibano irá refestelar-se. Entre outras coisas, por isso chama Verlaine a Baudelaire de "*Un marquis de Sade discret*" (1973, 876). Mas o poeta francês abriu espaço, também, para uma poesia menos repugnante, embora purulenta, e versos como os de Adélia Prado, com a comparação entre a poesia e um tumor: "Como um tumor maduro / a poesia pulsa dolorosa".

Augusto dos Anjos é, talvez, aquele que, em qualquer língua, maior número de vocábulos inéditos introduziu na poesia. Citemos desses alguns que, na turbulência proparoxítona de seus poemas, deixou em apenas um livro, o mais famoso, *Eu*: autópsia, cancro, dartro, megatérios, cosmopolitismo das moneras, ignota mônada, o metafisicismo do Abidarma, bramânicas tesouras, bacteriologia inventariante, artérias hírcicas, intracefálica tortura (dor de cabeça?), filamentos fluídicos, zooplasma ofídico, ultraepilépticos esforços, patológica vigília, incestuosidades sanguinárias, alucinações tácteis, aspereza orográfica, trovões da dialética, pálidos venábulos, dorso de azêmula passiva, esteira sarcófaga das pestes, veemência mavórtica do aríete, elipse ignívoma da lua, hostil gleba atra, palidez das fotosferas mortas, pólipo de recônditas reentrâncias, larva de caos telúrico, tudo isso em um só poema, "Monólogos de uma sombra". Nesse mesmo livro (e deixamos de fora a outra metade de sua produção) destrava-se uma catadupa de palavras científicas ou pseudocientíficas, denotativas de enfermidades e decadência física, que não tem igual na literatura universal: cardíaco, tísico, raquítico, hidrófobo, hidrópico, necrófago, hemop-

---

216 "Em tudo o que repugna uma joia encontramos; Dia após dia, para o Inferno caminhamos, sem medo algum, dentro da névoa que nauseia" ("*Au lecteur*", tradução de Ivan Junqueira, em Baudelaire, 1985, 99).

tises, úlceras, antrazes, pústulas, aneurismas, cáries, sarna, elefantíase, icterícia, artrite, protozoários, foraminíferos, espongiários, infusórios, aracnídeos, blastodermas, vibrião, ancilóstomo, colpode, morfogênese, malacoptarígios subraquianos, expectoração pútrida, apostema escrofulosa. É ele, ainda, o precursor no uso de palavras tão pouco poéticas como o escarro, mais de uma vez mencionado no *Eu* e magistralmente incorporado, aliás, no seu mais famoso soneto, e, talvez se possa dizer, mais belo também, pois há beleza igualmente no horror, que se intitula "Versos íntimos" (1994, 99). Talvez tenha usado, também, a palavra furúnculo. Não pude verificar. Mas, se não o fez, supriu-o Mário Chamie no poema "Pátria dos costumes" (1986, 143). Basta.

Escatologia

Ferreira Gullar, em "A bomba suja", se gaba de haver introduzido a palavra "diarreia" na poesia. Tem razão. Foi um ato corajoso. E é, provavelmente, inédito e único. Mas a poesia sempre esteve aberta à linguagem do dia. Podemos remontar à poesia erótica grega e romana. Mas aqui não estamos tratando desse gênero. Adélia Prado, parece-me, introduziu a palavra "defecar": "Escrever me subjuga e não entendo / Tal qual comer, defecar / molhar-me de urina e lágrimas."[217]

A urina já frequentou a poesia, e muito. É curiosa a insistência do tema do mijo na poesia tradicional japonesa. Vejamos alguns exemplos do livro de Maurice Coyaud (1999) sobre os *haiku*: "*Tout droit / Un trou (j'ai pissé) / Dans la neige au coin de la maison*",[218] de Sutejo (127); "*Première cigale / Dit-il, et il / Pissa*",[219] "*La pissoire / Est par ici dit le cheval / Nuit Froide*"[220] e "*Je pisse sur les / Feuilles mortes / Bruissement*",[221] de Issa (263, 140, 150); "*Occupé à trans-*

[217] Adélia Prado, "Canga", em *Poesia Sempre*, n° 20, março de 2005, p. 61.
[218] "Bem em frente, um buraco (mijei), na neve, no canto da casa".
[219] "Primeira cigarra, disse, e mijou".
[220] "O mictório é por aqui, disse o cavalo, noite fria".
[221] "Eu mijo sobre as folhas mortas, sussurro".

planter les pousses / Il va pisser dans la rizière / Du voisin",[222] de Hôsha (158); "*Poux et puces / Cheval pissant / A mon chevet*",[223] de Kikaku (206); "*Pluie de juin / Le toit de la latrine où je fais de l'eau / Fuit*",[224] de Basho (54); "*Des chevaux au marché / Le pissat pue / Quelle challeur*",[225] de Kanrô (73); "*Quel est le con qui est allé / Pisser / Sur cette neige fraîche?*",[226] de Yayu (194). O mesmo escândalo com essa defloração da paisagem vamos encontrar no século XXI quando, em "Viagem pelo México", Dirce de Assis Cavalcanti vê "um homem que mija na paisagem / e enferruja as lâminas do capim" (Cavalcanti, D., 2008, 75).

Mas o ato de mijar pode ser, também, evocado de maneira lírica e em belos versos, como soube fazer Vinícius de Moraes no seu conhecido "Soneto da intimidade":

Nas tardes de fazenda há muito azul demais.
Eu saio às vezes, sigo pelo pasto, agora
Mastigando um capim, o peito nu de fora
No pijama irreal de há três anos atrás.

Desço o rio no vau dos pequenos canais
Para ir beber na fonte a água fria e sonora
E se encontro no mato o rubro de uma amora
Vou cuspindo-lhe o sangue em torno dos currais.

Fico ali respirando o cheiro bom do estrume
Entre as vacas e os bois que me olham sem ciúme
E quando por acaso uma mijada ferve

Seguida de um olhar não sem malícia e verve
Nós todos, animais, sem comoção nenhuma
Mijamos em comum numa festa de espuma.

Sandro Penna introduz na poesia a palavra "mictório" ao evocar o prazer com que abandona alma e corpo "*fra la lucida bianca*

[222] "Ocupado em transportar as mudas, ele vai mijar no arrozal do vizinho".
[223] "Piolhos e pulgas, cavalo mijando, em minha cabeceira".
[224] "Chuva de junho, o teto da latrina onde urino some".
[225] "Cavalos no mercado, seu mijo que fede. Que calor!"
[226] "Quem foi o imbecil que foi mijar sobre essa neve fresca?"

porcellana de um orinatoio" numa estação de trens. Homossexual e pedófilo, Sandro Penna se enche de desejo e paixão à vista de jovens que acha belos. De um deles diz ter encontrado deus nos seus olhos negros. "*Ma il mio dio se ne va in bicicletta / o bagna il muro con desinvoltura*" (Penna, 1989, 24, 26).

A urina pode servir apenas para designar a cor de uma sopa ("*On eut vingt potages dont trois couleurs d'urine*",[227] como diz Apollinaire; 1998, 35). Ou pode ser referida indiretamente quando o poeta vê a "lua diurética", imagem de nosso Drummond que escandalizou o jovem poeta Ferreira Gullar, para quem, à época em que a encontrou, a poesia ainda era província de versos como "hão de chorar por ela os cinamomos".[228] Ou entra na poesia, como quem não quer nada, mera sensação comum e vulgar na vida de qualquer homem, seja ele poeta ou não. Sandro Cohen reproduz essa curiosa mistura de lirismo e vulgaridade num poeta mexicano relativamente desconhecido chamado Agostín Monsreal: "*Te esperé en el cruce celestial de aquella esquina / como un filósofo estoico a la muerte, / y hubiese permanecido allí toda la vida / de no verme violentado, amor, / por estas impiadosas ganas de orinar tan mías*" (1981, 40).

As fezes também encontram espaço na poesia. Em soneto muito adequadamente intitulado "Pronuncia con sus nombres los trastos y miserias de la vida", Quevedo já anotara que "*la vida empieza en lágrimas y caca*". Numa sátira contra o rival culterano Luis de Góngora, diz: "*Esta cima del vicio y del insulto; / éste en quién hoy los pedos son sirenas, éste es el culo, en Góngora, y en culto*". E num misógino "*Romance*" revela tudo o que os poetas não cantam das musas quando lhe fazem o elogio de todas as partes do corpo e não se referem aos cotovelos — até aí tudo bem — mas, se falam das lágrimas, por que não falam, também, dos "*gargajos*" [escarros], das "*flemas*" [ranhos ?] e das "*lagañas*" [remelas] (1981, 143, 226, 177).

---

[227] "Tivemos vinte sopas, das quais três cor de urina".
[228] Entrevista publicada em *Poesia Sempre*, nº 9, março de 1998, p. 391.

Talvez o campeão da introdução de palavras inesperadas na poesia para cantar a musa seja o poeta argentino Baldomero Fernández Moreno, da primeira metade do século passado. Num poema intitulado "*Soneto de tus vísceras*" consegue, como um vivissecionista, cantar quase todos os órgãos internos da amada. De alguma forma, seu soneto é o complemento de três mil anos de louvor lírico ao corpo da mulher, que se limitava ao seu aspecto externo. Não cabia mencioná-lo junto aos que evoquei na seção relativa ao corpo como *topos* da poesia, por sua intenção obviamente humorística. Eis o texto completo:

Harto ya de alabar tu piel dorada,
tus externas y muchas perfecciones,
canto al jardín azul de tus pulmones
y a tu traquéa elegante y anilada.

Canto a tu masa intestinal rosada,
al bazo, al pâncreas, a los epiplones,
al doble filtro gris de tus riñones
y a tu matriz profunda y renovada.

Canto al tuétano dulce de tus huesos,
a la linfa que embebe tus tejidos,
al acre olor orgánico que exhalas.

Quiero gastar tus vísceras a besos,
vivir dentro de ti con mis sentidos...
Yo soy un sapo negro con dos alas.

João Cabral, em "Antíode", que ele precede de uma expressa informação de que se trata de um poema "contra a poesia profunda", elabora uma refutação da poesia poetizada, simbolizada pela flor como metáfora, e defende a concretude das palavras de que se compõe o poema, dizendo: "Poesia, te escrevia: / Flor, conhecendo / que és fezes? [...] Delicado, evitava / o estrume do poema, seu caule, seu ovário, / suas intestinações". Depois descobre que "flor" é a palavra, não aquela flor virtude "disfarçada em urinóis". E então diz, restaurado: "Poesia, te escrevo / agora: fezes, as / fezes vivas que és / [...] Te escrevo / cuspe, cuspe, não mais". Nesse mesmo poema talvez tenha inaugurado na poesia brasileira a palavra "vômito" (1979, 322-327).

Sandro Penna tem um belo poema no qual aparece plenamente justificada a palavra "merda": "*Amore, gioventù, liete parole, / cosa splende su voi e vi dissecca? / Resta un odore come merda secca / lungo le siepe cariche di sole*".[229] Temos aqui mais um caso de plágio involuntário e, talvez, antecipatório. Não sei de quem, se meu ou de Sandro Penna, um poeta que só vim a conhecer trinta anos depois que, durante uma viagem à Grécia, à qual não podia faltar uma peregrinação à fonte Castália, deixei os seguintes versos registrados num poema intitulado "Turismo cultural": "Na Fonte Castália respira-se urina fresca / e merda ressecada. Um exemplar de *Le Monde* / atesta o destino final de todas as letras" (Cavalcanti, G., 1998, 200).

Quevedo, no poema "Visita de Alejandro a Diógenes Cínico", equipara o tonel do filósofo a um "retrete".[230] A "latrina", de Ledo Ivo ("O lugar mais indicado", 1982, 68), *locus* predileto para a inspiração poética, também serviu para o melhor das inspirações teológicas a Lutero. Recorda o historiador William Manchester o dito segundo o qual "o senso de humor do inglês se encontra na sala de estar, o do francês no quarto de dormir e o do alemão no banheiro". E prossegue: "Para Lutero o banheiro foi, igualmente, um lugar de iluminação espiritual. Seus momentos mais sagrados

[229] "Juventude, amor, belas palavras, que coisa brilha em vós e vos resseca? Resta apenas um odor de merda seca, ao longo do caminho ensolarado" (Sandro Penna, 1989, 88, na trad. de Geraldo Holanda Cavalcanti, *Revista Brasileira*, julho-setembro de 2007, 115).

[230] Essas irreverências escatológicas de Quevedo e a crítica dos costumes da época que abunda, sobretudo, na sua poesia burlesca valeram-lhe dissabores aos quais se acrescentaram delações políticas que o levaram à prisão por quatro anos. Uma publicação anônima, dez anos antes de sua morte, se intitulava *Tribunal de la justa venganza erigido contra los escritos de don Francisco de Quevedo, Maestro de Errores, Doctor de Desverguenças, Licenciado en Bufonerías, Bachiller de Suciedades, Cathedrático de Vícios y Proto-Diablo entre los Hombres*. Não se pode julgar o poeta, no entanto, apenas pelo lado satírico e mordaz de sua obra. Quevedo era católico, dono de uma fé militante que convivia em sua complexa personalidade com o espírito cético, desenganado e crítico, como observa José María Pozuelo Yvancos na erudita introdução à *Antología* do poeta preparada para a coleção Bruguera Libro Clássico (1981, xi).

lhe surgiram com frequência quando estava sentado no vaso sanitário na torre do mosteiro de Wittenberg. Ali foi que, *while moving his bowels* [enquanto defecava], concebeu a revolucionária doutrina protestante da justificação pela fé. Posteriormente o próprio Lutero escreveu: 'As palavras *justo* e *justiça* chegaram à minha consciência como raios de Deus... *é a justiça de Deus que nos justifica e nos* salva. E essas palavras tornaram-se uma tranquilizadora mensagem para mim. [...] *This knowledge the Holy Spirit gave me on the privy in the tower*' [Tal conhecimento deu-me o Espírito Santo na privada da torre]" (Manchester, 1992, 139). Henry Miller dizia que todas as suas boas leituras eram feitas no toalete e Proust reconhecia que nos toaletes lia, sonhava, chorava e tinha as maiores volúpias, diz Alberto Manguel (1998, 186). Esse poder inspirador da latrina parece bastante difundido. Jakobson cita do poeta tcheco Nezval os versos: "*Un jardin m'éblouit au milieu d'une phrase / ou une latrine ça n'a pas d'importance*"[231] (1977, 32). Marco Lucchesi vê a lua refletida na boca semiaberta de uma latrina (2000, 209).

Haverá outros, muitos exemplos de um vocabulário escatológico aparecido na poesia mais ou menos a partir do momento em que Duchamp introduziu um mictório na arte. Andrei Vozniessiênski, considerado por Robert Lowell, à época em que sua poesia era reprimida na URSS, um dos maiores poetas vivos do mundo, satirizava num poema ("Antimundos") o camarada vizinho com as cuecas cor de mata-borrão penduradas no varal. Dos delatores disse numa "Ode ao fofoqueiro" terem ouvidos "que parecem vasos sanitários". Em outro ("Os negros cantam") compara os poetas aos negros e fá-los referirem-se aos opressores como homens "brancos como geladeiras, como absorventes íntimos". Em "Oza", fala de uma reunião do Presidium da Seção de Quase Arte na qual um dos oradores, que tinha a cabeça de plástico voltada para as costas, proclama, jubilante: "Avante com a nova arte". Todos

231 "Um jardim me deslumbra no meio de uma frase, ou uma latrina, que importância tem".

concordam, mas, devido à posição da cabeça do orador, ninguém sabia onde estava a frente, salvo por uma seta horizontal que indicava o toalete. Em "Paris sem rima" fala de "motociclistas / de capacetes brancos / que mais pareciam demônios coroados com penicos" (Poesia soviética, 2007, 371, 402, 405, 409, 420).

Tudo indica, pois, que todas essas palavras podem ser recebidas num salão e não estão reduzidas apenas às prateleiras da poesia salaz. São elas as que mais chocam, ou chocaram, o bom espírito burguês, intenção deliberada dos poetas que as usaram. Mas o que caracteriza a poesia moderna surgida no alvorecer do século XX é a abertura do poema para toda palavra, qualquer palavra.

Alguns animais

Os animais são frequentes habitantes de poemas. Há mesmo um subgênero chamado de bestiário, mais praticado na Idade Média e relativo, particularmente, a animais fantásticos. Mas há bestiários recentes e Auden dedica todo um ensaio aos de D. H. Lawrence e Marianne Moore. No Brasil, pode haver outros. O "Microzoo" de Murilo Mendes, em *Poliedro*, não chega a ser um bestiário no sentido técnico poético. Cito o mais recente, de Marco Lucchesi, no qual só são fantásticos a sereia e o dragão, mas o hipopótamo parece visto pelos óculos que Hugo Bali usou para escrever *Elefantenkarawane* (Lucchesi, 2006, 111; Steiner, 1980, 225-226). Diz Auden que há cinco modos pelos quais os animais são acolhidos na poesia: 1) nas fábulas, nas quais os animais são representados com consciência humana (Fedro, La Fontaine); 2) emprestando uma característica sua como símile de uma qualidade humana (X é um leão); 3) como emblema alegórico (o cordeiro, o peixe, a pomba, pelo cristianismo); 4) como evocativo de situações vividas em que o animal estivesse envolvido, nesse caso não havendo relação entre o sentimento do poeta e as características do animal, mas apenas uma ligação fortuita; e 5) quando estão relacionados com o poeta por algum interesse desse ou emoção afetiva. Temos de entender essa classificação como permitindo um amplo espectro de interpretação, que não cobre, no entanto, todos os casos individuais analisados. Alguns exemplos citados de poemas de D. H. Lawrence e Marianne Moore não poderiam ser rigorosamente enquadrados em nenhuma dessas categorias. Lawrence vê a cabeça de uma cabra projetando-se sobre as bordas de um cocho, olhando para o vazio, "[*l*]*ike a belle at her window*"[232] e o poeta sente que não pode se comunicar com ela, concluindo o poema com um verso em italiano: "*Le bestie non parlano, poverine!*" Curioso detalhe, pois o mais famoso poema escrito sobre uma cabra é, precisamente, "*La capra*", do triestino Umberto Saba, no qual diz o poeta exatamente o contrário: "*Ho parlato a una capra*"; e interpreta o barrego que ouve em resposta como um sinal de simpatia do animal com a sua dor: "*In una capra al viso semita / sentiva querelarse ogni altro male, / ogni altra vita*" (2001, 78). Marianne Moore tem, às vezes, o olhar do naturalista, mas recorre, ocasionalmente, a associações emblemáticas como as que faz entre a jamanta e a caridade, certa espécie de pardal e a justiça ou a de um rato africano e a liberdade, o pangolim e a habilidade de proteger-se e as que faz às qualidades morais do elefante. Outros animais entram no seu bestiário sem maiores explicações, como o porco-espinho, o canguru, o pelicano. A poeta fala dos animais que aprecia, mas não, com uma única exceção, daqueles pelos quais nutre algum particular afeto (Auden, 1968, 277-305).

Entre os animais, têm sido muitos os vulgarmente tidos como repulsivos, mas que ao poeta assim não se mostram. Sapos e rãs têm uma longa história, desde Li Po, os primeiros, e Homero ("Batracomiomáquia"), as segundas. Esses chegam a frequentar poetas urbanos do século XX, Marianne Moore com os "*imaginary gardens with real toads in them*"[233] e Sylvia Plath com as rãs de verdade em "*Frog Autumn*" (Wanderley, 2008, 39, 16).

Talvez o mais famoso poema sobre sapos seja o haicai de Basho "*Furuike ya, kawazu tobikomu, mizu no oto*", que cito na translite-

---

232 "como uma mulher bela na janela".

233 "jardins imaginários com sapos de verdade neles" (*toads* que Jorge Wanderley traduz como rãs).

ração para o nosso alfabeto não para exibir uma erudição que não possuo, pois não falo japonês, mas para que o leitor possa apreciar-lhe a sonoridade, elemento constitutivo essencial de todo bom haicai. Como todo haicai, nenhuma tradução pode fazer-lhe justiça. Transcrevo a de Nobuyuki Yuasa, à qual falta, sendo em inglês, toda a atmosfera que se desprende do texto sintético original, tão límpido e enxuto como uma antiga gravura japonesa, segundo os entendidos: "*Breaking the silence / Of an ancient pond / A frog jumped into water — / A deep resonance*"[234] (Basho, 1966, 9).

Se Marianne Moore consegue trazer sapos para a verdadeira poesia moderna, outros poetas só poderão fazer coisa semelhante por galhofa ou como epigrama. É o que faz o chileno Nicanor Parra: "*Algunos toman por sed / otros por olvidar deudas / y yo por ver lagartijas / y sapos en las estrellas*" (em "*Coplas del vino*", de *La cueca larga*[235] [Xirau, 1982, 292]).

As moscas têm aparecido menos. Evoco os divertidos versos do poeta humorista americano Ogden Nash: "*God in His wisdom made the fly / And then forgot to tell us why*"[236] (Nash, 166). D. H. Lawrence tem um poema sobre os mosquitos, "*The mosquitos know*", igualmente numa veia cômica, que Leonardo Fróes traduziu para o português: "O mosquito, pequeno como é, sabe / muito bem que é de rapina. / Mas, afinal / ele só tira o que lhe enche a barriga, / não bota o nosso sangue no banco" (1985, 69).

A barata não deve ter entrado num poema antes de Tristan Tzara ou, pelo menos, inserida numa metáfora para o entardecer: "[q]uando caiu a tardinha lenta qual uma barata".[237]

---

[234] "Rompendo o silêncio do antigo tanque um sapo pula na água, um som profundo".

[235] A *cueca* é uma dança de origem chilena que se popularizou por toda a costa oriental da América Latina e a Argentina. Deriva seu nome do que é dado ao ritual pré-nupcial entre o galo e a galinha, estilizado nos movimentos da dança. Conforme a coreografia, assume diversas denominações (*cueca brava, campesina, cómica, criolla, porteña, robada, valseada* e *larga*). *La cueca larga* é o título de um dos poemas que Nicanor Parra inclui no livro epônimo, um longo poema que começa com as palavras "*Voy a cantarme una cueca / Más larga que sentimiento / Para que mi negra vea / Que a mí no me cuentan cuentos*".

[236] "Deus na Sua sabedoria criou a mosca, e se esqueceu de nos dizer a razão".

[237] Tristan Tzara, "Dúvidas", em *Poesia Sempre*, ano 13, nº 22, janeiro-março de 2006.

Os insetos mais insignificantes podem captar a atenção do poeta e nesse sentido é exemplar o poema de Karl Shapiro citado por Babette Deutsche no qual o poeta americano, com extrema delicadeza, fala do remorso que sentiu após esmagar com o dedo um inseto que lhe havia caído sobre a página em que escrevia um poema: "*Writing, I crushed an insect with my nail / And thought nothing at all. A bit of wing / Caught my eyes then, a gossamer so frail / And exquisite, I saw in a thing / That scorned the grossness of the thing I wrote*".[238] O poeta procura em vão a cabeça do inseto. Tomado pelo sentimento de quão frágil é a vida, conclui o poema dizendo ser o inseto tão pequeno que ele "*could have drowned it with a tear*"[239] (Deutsche, 1963, 77-78).

Os piolhos encontram menção privilegiada em pelo menos dois poemas, "*To a louse, on seeing one on a lady's bonnet at church*", de Robert Burns, e em "*Les chercheuses de poux*", de Rimbaud, que figura na seleta antologia de poesia de *Los complementarios*, de Antonio Machado (1980, 288). Em Burns, na tradução de Luiza Lobo, o poeta surpreende "o animalito feio, malfazejo e rastejante" deslocar-se, estranhamente, por entre a gaze e a renda do chapéu de uma dama que se encontra no banco da frente em uma igreja e se preocupa com o que nele poderá encontrar para alimentar-se (Burns, 1994, 80, 81). Em Rimbaud, é a nostalgia de alguma cena da infância que o faz evocar as lentas carícias de "*doigts électriques et doux* / [que] *Font crépiter* [...] / *Sous leurs ongles royaux la mort des petits poux*",[240] carícias que fazem a criança sentir "[*s*]*ourdre et mourir sans cesse un désir de pleurer*"[241] (1976, 65-66).

Algernon Charles Swinburne, hoje quase esquecido poeta inglês, dedica um poema ao pulgão, uma espécie de piolho das árvo-

---

[238] "Enquanto escrevia, esmaguei um inseto com minha unha, e não dei importância. Então chamou-me a atenção um pedaço de asa, uma gaze frágil e requintada, e nela eu vi uma coisa que zombava da rudeza do que eu escrevera".

[239] "poderia tê-lo afogado com uma lágrima".

[240] "dedos elétricos e suaves, que fazem crepitar sob suas unhas reais a morte das pequenas pulgas".

[241] "surgir e extinguir-se um constante desejo de chorar".

res em decomposição, e a ele se compara: "*Thou art certainly my brother; / I discern in thee the markings of the fingers of the Whole; / And I recognize, in spite of all the terrene smut and smother, / In the colours shaded of thee, the suggestions of a soul*"[242] (1987, 217). Do mesmo poema é uma quadra que parece saída integralmente de algum poema de Augusto dos Anjos, traduzido para o inglês: "*I am thrilled half cosmically through by cryptophantic surgings, / Till the rhythmic hills roar silent through a spongious kind of blee: / and earth's soul yawns disembowelled of her pancreatic organs, / Like a madrepore if mesmerized, in rapt catalepsy*" [e me dispenso, caro leitor, com sua vênia, de tentar-lhe a tradução] (ibid., 218).

As pulgas têm lugar de honra. Já as vimos, junto com os piolhos, em Kikaku, o mestre do haicai do século XVII. Dele, também, é o poema: "*I dreamed of battles / and was slain. / Oh savage samurai! / Insatiable fleas!*"[243] (Poesia japonesa, 1955, 7). Um século depois, outro mestre do gênero, Issa, o poeta das pulgas, como o designa Coyaud, regressa ao tema constantemente: "*Puces de ma hutte / Vous maigrissez / Vous faites pitié*",[244] "*Pour vous aussi, les puces / La nuit est longue / Solitaire sans doute*"[245] (Coyaud, 1999, 56, 104).

Ovídio as tinha cantado, como diz Gregório de Matos no poema em que satiriza o governador Antonio de Sousa de Menezes, o "Braço de Prata", em versos que Paulo Rónai revela serem a tradução literal de trecho de uma das *canciones* de Quevedo, a que é dedicada *A una mujer flaca*.

Num registro completamente diferente, John Donne também fala da pulga. Como não poderia deixar de ser num poeta que trata do desejo amoroso como nenhum outro antes ou depois dele, com a exceção de Shakespeare, Donne o faz de forma elegante

---

242 "Tu és certamente meu irmão; em ti percebo as marcas dos dedos do Todo; e reconheço, a despeito de toda a fuligem e a fumaça terrenas, em tuas cores esmaecidas, as sugestões de uma alma".

243 "Sonhei com batalhas, e fui morto. Oh! selvagem samurai! insaciáveis pulgas!"

244 "Pulgas de minha choupana, emagreceis, me dais pena".

245 "Para vós, pulgas, também, sem dúvida, a noite é longa e solitária".

e inesperadamente lírica. A pulga, que pica o poeta e a musa depois, reúne em seu corpo o sangue dos dois, tornando-se, assim, o leito e o templo matrimonial a que pelo menos o poeta aspira, se não é certo ser da amada, também, o mesmo desejo. O ano estimado da composição do poema é 1638. Curioso, e surpreendente mesmo, 1638 é o ano estimado do óleo de George de La Tour, hoje conservado no Musée Lorrain em Nancy, intitulado, precisamente *La puce*, como se intitula o poema de Donne, "*The Flea*". Nele, o mestre do claro-escuro retrata uma mulher semidespida que mata entre os dedos uma pulga alojada sob seu seio. Se é improvável que exista uma relação qualquer entre o quadro e o poema, é óbvia, ao contrário, a alusão que ao quadro faz Picasso na gravura com o mesmo título por ele feita em 1936. Verlaine não poderia deixar de a ele estar, igualmente, se referindo, em uma das *Chansons pour elle*, quando escreve: "*Lorsque tu cherches tes puces / C'est très rigolo. / Que de ruses, que d'astuces! / J'aime ce tableau*"[246] (1973, 725).

Por sua original beleza, transcrevo, a seguir, um trecho do famoso poema de John Donne:

Marke but this flea, and marke in this,
How little that which thou deny'st me is;
It suck'd me first, and now sucks thee,
And in this flea, our two bloods mingled bee;
Thou know'st that this cannot be said
A sinne, nor shame, nor losse of maidenhead,
    Yet this enjoyes before it wooe,
    And pamper'd swells with one blood made of two;
    And this, alas, is more than wee would doe.

O stay, three lives in one flea spare,
Where wee almost, yea, more than marryed are.
This flea is you and I, and this
Our marriage bed, and marriage temple is.
    (1955, 48)

[246] "Quando caças tuas pulgas, é engraçado. Quanto artifício, quanta astúcia! Eu amo esse quadro".

É um exercício inútil averiguar que animais já mereceram as atenções do poeta. Mas tenho o sentimento de que são os poetas ingleses os que mais lhes dão atenção. E não só aos animais domésticos, o que seria o mais próprio de se esperar, mas, também, aos animais selvagens, o resultado, talvez, do passado colonial inglês em terras tropicais. O mesmo não encontramos, por exemplo, na literatura americana.

A antologia da poesia americana contemporânea de Donald Hall, na edição revista de 1971 (primeira edição de 1962), inclui poetas que publicaram entre 1946 e 1970. Esse período corresponde, aproximadamente, ao coberto pela antologia de poetas britânicos de Al Alvarez, na edição revista de 1966, que abrange os poetas da década de 1950 até a metade dos anos 1960. Nessa são 16 os poemas dedicados a animais: aranhas (Robert Lowell, David Wevill), corujas (George MacBeth, John Fuller), gaviões (Ted Hughes, Charles Tomlinson), hienas (D. J. Enright), lontras (Ted Hughes), melros (R. S. Thomas), patos (Norman MacCaig), porcos (Ted Hughes), rolinhas (Geoffrey Hill), toninhas (Ted Walker) e tubarões (David Wevill). Se ampliarmos a pesquisa consultando a antologia organizada por Philip Larkin para a Universidade de Oxford e publicada em 1976, vamos ainda encontrar, além dos domésticos gatos (A. L. Rowse, Hal Summers, Roger McGough, Stevie Smith) e cães (C. Day-Lewis, Craig Raine), e dos cavalos, *of course* (Edwin Muir, Arthur Boyars, W. H. Davies), bois (Charles Tomlinson, Thomas Hardy), cães de guarda (C. Day-Lewis), camundongos (John Betjeman), cangurus (D. H. Lawrence), cisnes (E. F. Sewell), éguas (Lilian Bowles Lyon), galinhas (Peter Porter), gazelas (D. H. Lawrence), leões (D. H. Lawrence, Patricia Bear), lobos (Ted Hughes, Louis MacNeice), macacos (Padrai Colum), chimpanzés e orangotangos (Siegfried Sassoon), perdizes (John Masefield), ratos (W. H. Davies), touros (Ralph Hodgson), veados (John Davidson) e vespas (George Meredith). Enquanto isso, na mencionada antologia norte-americana encontramos apenas o terno poema dedicado a seu gato pelo autor da antologia, Donald Hall (Alvarez, 1986; Hall, 1986).

Uma antologia que reúne poetas dos anos 1950 da Inglaterra, de um lado, e dos Estados Unidos, de outro (Hall, 1962), permite-nos explorar ainda um pouco mais esse tema. A novidade aqui é que ambos os organizadores são americanos, mas Donald Hall, nosso já conhecido pela antologia de poetas contemporâneos americanos, aqui tem a seu cargo a seleção dos poetas ingleses e, se não encontramos um só poema dedicado a animais na sua seleção anterior de 39 poetas norte-americanos (publicada no mesmo ano da que agora comentamos, 1962), nessa, que nos apresenta 27 poetas ingleses, vamos encontrar nove menções a animais: lesma, raposa, cavalos (duas), gavião, lontra, rinoceronte, coelho e gorila. Já Robert Pack, na seleção de 35 poetas norte-americanos, nos apresenta uma dezena de títulos ou referências a animais cuja nota dominante — ao contrário do que ocorre com a poesia inglesa, de compaixão, ternura e companheirismo — é a violência: uma menina que é comida por um leão num zoológico (John Hollander); uma caçada de búfalos, na qual os caçadores levam como troféus as línguas de dois animais abatidos e deixam os corpos entregues à voracidade dos lobos (Galway Kinnell); um garoto que estrangula um coelho e atropela uma lebre (Melvin Walker La Follette); uma raposa que passa e a voz (do poeta?) que diz: "*Kill it at once or let it go!*" (W. S. Merwin); duas toupeiras apodrecidas (Sylvia Plath). De suave comunhão entre poeta e animal, apenas o poema "*The snake*", de Denise Levertov!

Entre nós, é Ledo Ivo (2004), certamente, o maior evocador de animais, em grande parte os que lhe vêm à memória da infância alagoana, outros de suas viagens. Muitos figuram nos títulos dos poemas e entre eles encontramos o abutre; o boi; a gaivota (duas vezes); a aranha; a lagartixa; a tartaruga; o cavalo (e depois outro, cego); o rato do campo e o da cidade; os morcegos; a lesma (com quem conversa, como Saba com a cabra); a coruja; as formigas; a pulga (a "Ode a uma pulga", e nos lembramos de Donne); os perus; os peixes (e, como os cavalos, dessa vez um cego e, mais adiante, outros que sonham); o jumento; o gavião; o verme; a barata ("Reverencio a barata", 581; "Rainha do mundo", 745; "Quem mata uma barata / mata uma metáfora", 825); a formiga; os caracóis; o lagarto; o sapo-martelo; a aranha caranguejeira ("Pode-se falar a um homem, a uma cadela, a um cavalo / mas não se pode falar a uma caranguejeira", 846. Lembremo-nos, porém, de que o poeta falou a uma lesma); o caranguejo; a cadela; a cobra-coral; o gato; a raposa; os pássaros (um deles, morto); a lacraia; os urubus (duas vezes); a garça; o cordeiro; a coruja branca; os corvos; um inseto. A essa lista podemos acrescentar os animais que figuram no interior de seus poemas, uma listagem seguramente incompleta: abelhas; besouros; maribondos; tanajuras; moscas; cigarras; borboletas; traças; gorgulhos; larvas; cupins; lacraias; formigas brancas e formigas tocandiras; rãs; ratos; ratos-d'água; ratazanas; sapos; grilos; gorgulhos; larvas; vermes; saguins; anêmonas; medusas; moluscos; crustáceos; arraias; baleias; goiamuns; tilápias; trutas; lontras; milhafres; andorinhas; cotovias; faisões; galos; frangos; gansos; pombos; papagaios; rouxinóis; sabiás (um sabiá literário); caga-sebos; cães de caça e cães danados; antas; preás; capivaras; porcos-espinho; vacas; búfalos; bezerros; bodes; cabras; jiboias; lebres; coelhos; ovelhas, todos seguramente de suas mais antigas memórias, aos quais terá acrescentado os que lhe vieram das viagens ou de leituras: albatrozes; fragatas; esquilos; raposas; leões; hipopótamos; jacarés; dromedários e elefantes (talvez para rimar com amantes).

Os de Cecília Meireles são, como se poderia esperar, animais domésticos, companheiros, ou próximos, o pássaro azul, o pardal, a formiga, o peixe de aquário, a borboleta, a cigarra, a pomba, o galo, o cavalo, o jumento e, apenas estranhos, o búfalo e o elefante da Índia, resultados das viagens da poetisa ao Oriente. Bandeira fica, também, num registro doméstico: a aranha, o grilo, o rato, o sapo, a andorinha, o pardal, a cotovia, o porquinho-da-índia, o boi e... o bicho homem. João Cabral, bem nordestino, destaca o urubu, o ouriço, a galinha, a cabra, a rês, a tartaruga e o piolho. Os de Ivan Junqueira são requintados: o grifo, o tigre, o touro, o polvo.

Murilo Mendes tem todo um bestiário em *Poliedro*, mas não o incluímos nesta seção porque se trata, realmente, de pequenas evocações em prosa.

A poesia russa do período soviético presta-se à inclusão de estranhos novos temas e seus correspondentes vocábulos. Numa carta de 9 de janeiro de 1940, dirigida à amiga Ludmila Vepritskaia, Marina Tsvietáieva refere-se, indignada, à conversação que havia tido com um poeta soviético que estava escrevendo um poema sobre a resina sintética. Comenta Marina ter a ele respondido mentalmente parecer-lhe que a resina precisava de usinas, não de poemas, e acrescenta: "Somente aquilo de que ninguém tem necessidade precisa de poesia. É o lugar mais pobre da terra. E esse lugar é sagrado" (2008, 710, ênfase no original). No mesmo ano, em novembro, escreve a outra amiga, Tatiana Kvunina, recordando ter conhecido, em 1918, um poeta que escrevia poemas sobre a cenoura (ibid., 729).

O futurismo italiano é responsável pela introdução de inúmeros termos relacionados ao progresso industrial e tecnológico.

Sem necessidade de afundarmos na leitura dos textos, uma simples consulta aos títulos de poemas revela a abertura moderna para toda sorte de temas. Fiquemos apenas no mostruário da língua portuguesa. Pessoa, pela voz de Álvaro de Campos, tem um poema intitulado "Bicarbonato de soda", outro "Datilografia"; Bandeira tem "Pneumotórax" e camelôs, aeromoças, carvoeiros e brigadeiros; Murilo, o serrote, o fósforo, a gravata, a vassoura e a lata de lixo; Drummond, o sorvete, o sebo, o Elixir de Nogueira; Jorge de Lima, a maleita, o arranha-céu, o cipó, o nadador; Ledo Ivo, a máquina de lavar roupa, a cadeira de engraxate. Tudo isso nos títulos de poemas. Se fôssemos penetrar no seu interior, encontraríamos quase todo o Vocabulário Ortográfico da Língua Portuguesa. Alguns meros exemplos: Mário de Andrade introduziu o bonde, a máquina de escrever, o soldado raso, as mulheres de peito chato e o amendoim. João Cabral traz a paisagem inteira da Zona da Mata nordestina: o canavial, a moenda, o engenho, o alpendre, o coqueiral, a maré; e traz, também, o hospital, a aspirina, a psicanálise, o chiclete, o telefone e, com o automóvel, o automobilista, com o avião, o helicóptero e mais uma quantidade de profissões como o engenheiro, o motorneiro, o ferrageiro, o desembargador. Alberto da Costa e Silva, fiel habitante do país da infância até aos seus mais recentes poemas dos 60 anos, traz-nos um vastíssimo mostruário de palavras encharcadas de tempo, de coisas, de emoções e sensações do seu passado nordestino: o coreto, a varanda e a cancela; a rede, o cafuné e o mormaço; o bilro, a renda e o pião; o caju, a goiaba e o jenipapo; o beiju, a rapadura e a mandioca; o sanhaço e o canário; a jaqueira e o tamarindo; o charque e a cachaça; a quartinha e o alguidar; a vaca amojada, a mosca no esterco, a bosta do cavalo, o cão sarnento, o paludismo, a bicheira, as fezes verdes. E, voltando a João Cabral, é ele que nos oferece o ovo podre, que serve para introduzir a banana podre, contribuição do próximo poeta, Ferreira Gullar. E por aí vamos...

Poderíamos seguir esse exercício indefinidamente, sem precisar buscar uma palavra que jamais tenha sido incluída num poema, embora a preocupação com isso possa ter existido, pelo menos de parte do teatrólogo que observou a Anne Fadimann jamais ter encontrado num poema a palavra "*modem*" (2001, 18). O poeta mexicano Uriel Martínez introduz duas novas, desconcertantes, em duas linhas de seu poema "*La luz sostiene el eco*": "*Se dice de izquierda y usa desodorante / en aerosol*" (Cohen, S., 1981, 246).

Na verdade, não existe mais um vocabulário poético, se é que jamais existiu. O vocabulário da poesia é o do seu tempo e lugar, da cultura em que está imerso o poeta, do público que ele deseja alcançar. Dentro desses parâmetros maiores, os limites para usá-lo são traçados mais pelo bom gosto do que por qualquer outro fator estranho à poesia.

A reinvenção da linguagem

Se a musicalidade do poema é, para muitos, um elemento imprescindível da sua forma no sentido mais amplo, não se pode dissociá-la da melodia que resulta da combinação das palavras no verso, independentemente de agarras sonoras tais como a rima e o ritmo. Há uma fluidez da frase que lhe é a principal característica. Tampouco pode ela ser construída com independência da semântica, como buscaram as experiências futuristas e dadaístas. A pura combinação de sons não gera poesia. Quando muito um canto primitivo, apenas para o ouvido, como pode acontecer se ouvirmos recitado um poema em língua estrangeira, sem qualquer contato vocabular com as palavras que nos sejam conhecidas. Por exemplo, um poema em tupi, como os versos que o jesuíta Cristouão Valente escreveu para catequese dos índios brasileiros traduzindo o mote de um hino a Santa Maria:

Nde resá porausubára
Che rekó katuãoáma
Che ánga remiekára

cujas palavras em português eram "Teus olhares carinhosos / São delícias de minha vida, / Desejada de minh'alma!", o que, de qualquer maneira, não podia fazer o menor sentido para o pobre silvícola, não pelas palavras, que supostamente eram as dele, mas pelas imagens, com as quais não tinha qualquer convivência.

Atarantados, igualmente imagino, não podem deixar de ter ficado os piedosos pentecostais americanos que, ao invocar do Espírito Santo o prometido dom das línguas, dele escutaram palavras que, devidamente gravadas para poder ser interpretadas, não alcançaram ser identificadas a que língua pertenciam pelos mais atilados filólogos: "*Aria ariari isa, akia akiari isa*", ou "*Siai siriai siriai, ai siriai siriai, si siriai siriai, siai sisi ai*"; ou ainda "*Ulalalala galala, takan, dalalalala, undei dalalalala, kani kadilalalala, taka dalala, ukei dalalala*" (Moll, 2003, 38).

Há exemplos, porém, de poemas construídos em língua inteiramente inventada, o mais famoso dos quais é o que Thomas Moore incluiu em sua obra *Utopia, a Dialogue of Comfort* como escrito na língua utópica:

Utopos ha Boccas peu la chama polta chamaan.
Bargol he maglomi baccam soma gymnosophaon.

Agrama gymnosophon labarem bacha bodamilomin.
Volvala barchin heman la lavolvala dramme pagloni.
(Moore, 1995, 140)

Entre as experiências dadaístas, podemos citar a tentativa de um poema fonético destituído de qualquer teor semântico como "*Elefantenkarawane*", de Hugo Bali, que fundou em Zurique o Cabaret Voltaire, em 1916, pedra angular do movimento dadaísta:

jolifanto bambla o falli bambla
groBiga m'pfa fabla horem
egiga goramen
higo bloiko russula huju
hollaka hollala
anlogo bung
blago bung blago bung
bosso fataka
ü ü ü ü
champa wulla wussa olobo
hej tatta gorem
eschige zumbada
wulubu ssubudu uluwu ssubudu
tuma ba-umf
kusa gauma
ba=umf[247]

O experimento teve seguidores e veremos Isidore Isou em meados do século passado inaugurar o letrismo, que reinventa a palavra a partir da autonomia do signo gráfico que é a letra. Seu conhecido poema "*Larmes de jeune fille*" assim se inicia: "*M dngoun, m diahl Θhna îou / Hsn îoun înhlianhl Mpna iou*" e não precisamos seguir com o resto. Entendemos que o poema "hipopótamo", do *Bestiário* de Marco Lucchesi ("*bfftug fitrund / rduff / thvusff etc...*"), não seja mais do que um experimento lúdico (e irônico) do poeta na língua que Isou, ao inventar o letrismo, chamou de *la première vraie* [língua poética] *internationale.*

[247] Texto reproduzido no número de 2007 da revista de poesia *Modo de Usar & Co.*, editada pela Livraria Berinjela, do Rio de Janeiro, p. 69.

Acredito que as palavras do Paráclito teriam obtido sucesso retumbante no Cabaret Voltaire e podemos até, numa breve comparação textual, encontrar similitudes de construção fonética nos dois textos.

Comentando as experiências fonético-musicais introduzidas pelo dadaísmo, observa Heloisa de Araujo Duarte Valente que elas vão desde a do valor da voz por ela mesma, sem interferência da pontuação, fraseado ou dicção, apregoado por Hugo Bali, aos *Poemas para gritar e dançar* de Pierre Albert-Birot, à poesia óptico-fonética de Raoul Hausmann, às sonatas fonéticas de Kurt Schwitters, ao movimento *zaúm*, na Rússia, com as experiências de recuperação das linguagens dialetais e da dos loucos, ao futurismo de Khliébnikov, à integração de elementos sensoriais estranhos à poesia fonética, como os ruídos, por Marinetti, na Itália (o que faz lembrar as invenções de John Cage na música alguns anos mais tarde), para desembocar no letrismo de Isidore Isou, quando a palavra se dissolve não em unidades fonéticas, mas, simplesmente, em signos gráficos sem nenhuma conotação (Valente, 1999, 54 e seg.). Poderíamos continuar a trilha com o concretismo até à final eliminação não só do som, mas da palavra, da letra, de qualquer signo gráfico ligado à literatura, a última etapa da desconstrução do poema literário, como na "Canção noturna do peixe", de Christian Morgenstern, composta apenas de travessões alongados intercalados por parênteses emborcados.[248]

Vejo em tudo isso uma contrafação do próprio conceito de "invenção" aplicado à arte. A invenção é transitiva. Aumenta a realidade social. É possível inventar um novo gênero literário, ou um novo instrumento musical. Mas esse novo gênero só é literário se em sua essência for composto de palavras ordenadas numa linguagem que se insira na corrente da literatura, na qual está implícita a natureza estética do produto final. E o novo instrumento só será musical se for capaz de emitir sons que se insiram na corrente da música, ou seja, da produção de sons articulados capazes de comu-

---

[248] Revista *Modo de Usar & Co.*, já citada, p. 68.

nicar ao ouvinte um determinado tipo de prazer ao qual se denomina de estético. A linguagem inventada para uso pessoal é um divertimento. Seu caráter intransitivo a retira do campo da literatura. A invenção em literatura, que, nesse sentido se confunde com a criação literária, se processa dentro de um universo determinado, com parâmetros predefinidos, no caso um conjunto no qual coincidem, dentro dos mesmos limites, a transitividade da linguagem e a do prazer estético, e não pode usurpar a denominação desse universo se se coloca fora dele.

Nessa ótica, faço minhas as palavras de Richard Palmer Blakmur: "*Good poets gain their excellence by writing an existing language as if it were their own invention*"[249] (1957, 183).

Experimentos formais

Se reduzirmos a poesia àquela produzida pelo Grande Poeta, o Poeta que é a própria Poesia, como dizia, de Rilke, Marina Tsvietáieva, teremos de descobrir outro nome para 99% da produção poética universal e de todos os tempos. Sempre houve na esteira do Grande Poeta seus epígonos e, também, aqueles que tinham da poesia uma concepção bem mais modesta e compatível com uma vida normal, na qual houvesse lugar para o "cotidiano". E também aqueles para quem a poesia era uma alegre tarefa sem maiores consequências para o próprio futuro e menos ainda para o futuro da humanidade. No degrau de baixo dessa escala podemos colocar aqueles que se divertiam fazendo poesia. E é deles que vamos falar agora.

Pirandello não perde a oportunidade de ironizar a respeito das invenções formais com que se ocupam, de todo tempo, os poetas. Pinzone, professor de Mattia Pascal ainda na escola, ele próprio compositor de *rime balzane* [rimas extravagantes], "*aveva una erudizione tutta sua particolare, curiosa e bislacca* [estranha]. *Era,*

[249] "Os bons poetas alcançam sua excelência escrevendo numa linguagem existente como se ela fosse de sua própria invenção".

per esempio, dottissimo in bisticci: conosceva la poesia fidenziana e la maccaronica, la burchiellesca e la leporeambica, e citava allitterazioni e annominazioni e versi correlativi e incatenati e retrogradi di tutti poeti perdigiorni" (1963, 15-16). Com essas breves palavras, Pirandello se diverte evocando algumas extravagâncias da poesia italiana do século XV, como as de Giulio Cesare Croce, cultor de enigmas, gênero corrente na época; de Domenico di Giovanni, conhecido como *Il Burchiello*, do século XVI; de Gerolamo Falengo, monge beneditino, de sólida cultura latinista, que deixou a batina para juntar-se a Girolama Dieda, com a qual viveu errante pela Itália, e cuja primeira obra, publicada com o título *Merlini cocali macaronicon*, popularizou a poesia "macarrônica", assim chamada por ser composta por uma mescla de linguagem erudita, popular e dialetal; e de Fidenzio Glottocrysio Ludimagistro, na verdade pseudônimo de autor não identificado, atribuído a, entre outros, Ippolito Aldibrandini, futuro papa Clemente VIII, embora hoje seja mais corrente atribuí-lo a Camilo Scrofa Vicentino; e do século XVII, Francesco Monetti, outro cultor da poesia enigmática, e Ludovico Leporeo, inventor de um artifício métrico chamado de *il leporeambo*, consistente na manipulação de formas, rimas, aliterações e homofonias inesperadas. Alguns dos procedimentos usados por esses poetas são mencionados na edição de *Il fu Mattia Pascal*, de Arnoldo Mondadori, de 1993, nas notas de Laura Ney, que deles ressalta o artificialismo e o pedantismo grotesco. Pirandello, por seu turno, se faz parodista e põe na boca de Pinzone versos sobre o eco, recitados por seu mestre em San Rechinno, em voz alta, versos cujas sílabas finais são repetidas pelo eco real.

A inventividade dos poetas para esse tipo de criações formais não tem limites, sobretudo a daqueles aos quais Pirandello se refere como *perdigiorni* [mandriões]. Inovações e experimentos sempre existiram e muitos não passaram de excentricidades individuais ou de vaporosas modas. O catálogo dessas é inesgotável. Nele podemos incluir a infinita quantidade de acrósticos, mesósticos, telésticos, atanáclases, aforismos, abecedários, cronogramas, bestiários, bestialógicos, caligramas, centões, a enumeração caótica, fatrasias, homoptótons, jitanjáforas, letrismos, ovilejos, palíndromos (com versos anacíclicos ou por epanástrofe), e estamos longe de esgotar o arsenal de artifícios praticados. Não vamos citar exemplos de cada categoria. Recordemos apenas alguns casos bem especiais.

Camões, por exemplo, no qual encontramos raridades como as "Estanças na medida antiga, que têm duas contrariedades: louvando e deslouvando uma Dama", em que exalta uma senhora, ou a detrai, conforme sejam os versos lidos como linhas corridas ou pela metade (1994, 68), também deixou um raro exemplo de duplo acróstico num soneto. Na verdade um acróstico (*Vos[s]o como cativo*) e um mesóstico (*mui alta senhora*) no mesmo soneto, o 209 da Segunda Parte das Rimas (1963, 559), como se vê na transcrição abaixo:

*V*encido está de amor   *M*eu pensamento,
O mais que pode ser   *V*encida a vida[250]
*S*ujeita a vos servir   *I*nstituída,
*O*ferecendo tudo   *A* vosso intento.
*C*ontente deste bem,   *L*ouva o momento
*O*u hora em que se viu   *T*ão bem perdida;
*M*il vezes desejando   *A* tal ferida,
*O*utra vez renovar   *S*eu perdimento.
*C*om esta pretensão   *E*stá segura
A causa que me guia   *N*esta empresa,
*T*ão estranha, tão doce,   *H*onrosa e alta,
*J*urando não seguir,[251]   *O*utra ventura,
*V*otando só por vós   *R*ara firmeza,
*O*u ser no vosso amor   *A*chado em falta.

Os bestiários poéticos são bem mais raros do que os em prosa. Cito alguns: *El jarro de flores* (1922), de Juan José Tablada; *Estra-*

[250] Sabe-se que o "v" e o "u" eram usados indistintamente em textos antigos. Vimos acima no nome de Cristouão.

[251] O "j" tinha usualmente, na transliteração prosódica do latim, o som de "I".

vagario (1958), de Pablo Neruda; *El gran zoo* (1967), de Nicolás Guillén; "*Los animales saben*", em *No me preguntes cómo pasa el tiempo* (1964-68), de José Emilio Pacheco; *Ínfima fauna* (1962), de Carlo Antonio de Castro. Na minha rede colhi um que Augusto de Campos inclui na coletânea *Poesia 1949-1979*, o *Bestiário para fagote e estômago*, datado de 1955, que, na verdade, trata de um animal apenas, o poeta — "lagartixa / no / escuro / bicho / inodoro / e / solitário / em / seu / labor / atório / sem / sol / nem / sal / ário" (Campos, A., 1979, 88).

Geir Campos registra no *Pequeno dicionário de arte poética* o bestialógico como gênero poético com a sucinta descrição: "Qualquer discurso ou texto literário disparatado, com ou sem intenção", o que não parece descrever com precisão o bestialógico poético como gênero, pois nesse a intenção de produzir um verso disparatado é exigida, e aí, sim, podemos acrescentar, com palavras inventadas ou não. Em português já o encontramos nos "Disparates seus na Índia", de Camões (1963, 461 e seg.). No Brasil, seu maior cultor parece ter sido Bernardo Guimarães, patrono da cadeira nº 5 da Academia Brasileira de Letras. O escritor mineiro tornou-se conhecido por organizar na sua residência, na rua da Forca, em São Paulo, saraus boêmios, que ele intitulava de ceias escolásticas, obrigatoriamente preparada a comida com animais roubados, usualmente frangos ou leitões, durante os quais os convivas liam ou improvisavam bestialógicos. Dado o caráter de improviso e a obscenidade frequente nessa produção regada a álcool, quase nada sobreviveu por escrito dos versos que alguém alcunhou, também, de pantagruélicos. Aqui segue o extrato de um dos bestialógicos publicáveis do poeta:

Gema embora a humanidade,
Caiam coriscos e raios,
Chovam chouriços e paios
Das asas da tempestade,
— Triunfa sempre a verdade,
Com quatro tochas na mão.

O mesmo Napoleão,
Empunhando um raio aceso,
Suportar não pode o peso
Das costelas de Sansão.

Nos tempos da Moura-Torta,
Viu-se um sapo de espadim,
Que perguntava em latim
A casa da Mosca-Morta.
Andava, de porta em porta,
Dizendo, muito lampeiro,
Que, p'ra matar um carneiro,
Em vez de pegar no mastro,
Do nariz do Zoroastro
Fez Ferrabrás um ponteiro

Talvez o bestialógico de mais frequente reprodução no Brasil seja o atribuído a um autor chamado Luís Lisboa, de quem pouco se sabe além de que era maranhense. Elaborado em decassílabos perfeitos, em forma de soneto, nele o poeta, com palavras inventadas, procura dar a impressão de estar usando uma linguagem pedante verdadeira:

Tu és o quelso do pental ganírio
Saltando as rimpas do fermim calério,
Carpindo as taipas do furor salírio
Nos rúbios calos do pijón sidério.

És o bartólio do bocal empírio
Que ruge e passa no festão sitério,
Em ticoteio no partano estírio
Rompendo as gambas do hartomogenério.

Teus belos olhos, que têm balancantes,
São camensúrias que carquejam lantes,
Nas duras péleas do pegal balônio;

São carmentórios de um carcê metálico
De lúrias peles, em que buza o bálico
Em vertimbáceas do cental perônio.

O caligrama está definitivamente associado ao poeta francês Guillaume Apollinaire, embora não tenha sido ele o criador do gênero. Falaremos dele adiante.

Do centão, temos de nos conformar com o único exemplo encontrado, atribuído a Narciso Nery, que figura no dicionário de Geir Campos (1960, 44), assim como, do ovilejo, o exemplo recolhido por Augusto Meyer citado na mesma obra (p. 143).

Da jitanjáfora falo apenas para dizer da minha surpresa ao saber que o termo foi criado por Alfonso Reyes.

O palíndromo, na verdade, não é um gênero poético e não merecia estar incluído nos dicionários de poesia. Referir-me a ele dá-me, porém, a oportunidade de registrar uma das maiores excentricidades literárias jamais realizadas que é o palíndromo de 6.370 letras composto por Georges Perec. Obviamente, a leitura reversa não faz muito sentido, mas é composta integralmente de palavras reais, individualmente dicionarizadas.

Cervantes usa um procedimento oriundo de obras de caráter cômico em sua época que são as "*décimas de cabo roto*", recurso que poderia facilmente ser incluído entre as inovações oulipistas, de que ainda falaremos. Consistem essas décimas na supressão da sílaba ou das sílabas finais de cada verso de um poema que se sigam à última acentuada. Duas delas colocou Cervantes no fim do prólogo de *El ingenioso Hidalgo Don Quijote de la Mancha*, os poemas "*Al libro de Don Quijote de la Mancha, Urganda la Desconocida*" e "*Del Donoso, poeta entreverado, a Sancho Panza y Rocinante*". Urganda, presumida autora do primeiro, é a maga protetora de Amadís de Gaula. Quanto a Donoso, o "*poeta entreverado*", vemos nas notas que figuram na edição do IV Centenário do Quixote poder referir-se a Gabriel Lobo Lasso de la Vega, que teria colaborado com o autor na redação dos versos.

À lista temos de acrescentar os poemas futuristas, o trans-sense russo, a poesia dadá, a poesia concretista. E aqui temos de colocar um etc., que será esclarecido nas observações que se seguem.

A palavra limitada

Regresso por uns instantes às palavras já citadas de Igor Stravinski sobre a forma musical: "Só é possível construir de maneira ordenada por meio de um grupo de convenções." É a obediência a essas convenções que assegura a sequência histórica de um gênero, de uma forma, em qualquer arte. Quer isso dizer que tais convenções sejam inalteráveis? Claro que não. Mas quer dizer que suas transformações, sua evolução — se se quiser usar essa palavra, de todo inadequada no que respeita à arte — que variam em extensão e intensidade, e com o tempo e o lugar, se processam dentro de uma coerência fundamental com o que é geralmente reconhecido como a essência do gênero, da forma ou, no mais amplo sentido, da arte a que se aplicam. Stravinski estava vivo e ativo enquanto Russolo fazia experiências com o som bruto e Cage com a música aleatória. Pensavam esses estar "liberando" o som musical, da mesma forma como os futuristas, os dadaístas, os letristas e, sobretudo, os concretistas pensavam estar liberando a palavra. Quem hoje escuta Russolo ou Cage e que novas escolas musicais inauguraram? Mas a música tonal retoma seu lugar na continuidade da tradição musical.

Tanto quanto na música, a poesia parece querer manter-se fiel em ser uma arte da palavra e as promessas ou aspirações das vanguardas do século passado, que se tomavam como a expressão final da evolução da poesia, parecem ter passado ao arquivo morto.

Renovação existe e continuará existindo, sem que seja necessário haver ruptura. E é essa consciência de continuidade que permite a sobrevivência de certas formas fixas que pareçam ainda não ter exaurido as suas possibilidades.

Toda forma fixa é um sistema de limitações e isso, conforme o caso, não é uma restrição à criatividade do poeta, mas, antes, para ela, uma condição e um estímulo. Obviamente, toda limitação é inicialmente arbitrária, o que não quer dizer absurda. Ao contrário, desde que faça parte das regras do jogo permite ao poeta disciplinar sua obra, assim como na música a escala diatônica, o metro, as regras do gênero musical disciplinam a obra do compositor e a permitem incorporar-se à corrente histórica. Limitações foram todas as formas fixas, ou semifixas, do passado, algumas vigentes até o presente. Foram-se a balada, a cançoneta, o canto real, a copla de arte maior, a écloga, a endecha, a espinela, a fatrasia, o gazal, o lai (e o virelai), o moteto, a ode, o pantum, o rondó (e suas variantes), a seguidilha, a sextina, a tanca, o triolé, a vilanela, o zejel. Algumas parecem invulneráveis. O haicai, por exemplo, embora maltratado, continua vigente e ressurge quando menos se espera. E o soneto.

Qualquer que tenha sido sua origem, provençal ou italiana,[252] a forma soneto é imorredoura, seguramente a maior contribuição jamais oferecida para abrigar a poesia num poema. "Imorredoura", aliás, é a palavra que usa Edwin Muir para qualificá-la (1993, 79). Seria interminável o elogio do soneto. Deixo apenas a bela imagem de Keats: "*Let us find out, if we must be constrain'd / Sandals more interwoven and complete / To fit the naked foot of Poesy*"[253] ("*Sonnet on the Sonnet*", 1966, 115).

Mesmo no interior da forma fixa, é possível ao poeta introduzir limitações adicionais, como vimos as representadas por Camões nos dois de seus poemas acima citados. A ideia de que são as limitações, e não a total liberdade, os fatores mais favoráveis à elaboração do poema nunca foi negada ou rejeitada pelo poeta. Mas

---

[252] A origem do soneto é uma dessas questões indefinidamente discutidas entre os partidários da tese provençal, que dão como inventor do gênero Girard de Boumeuil (1150-1220), e os da tese siciliana, que atribuem a invenção a Jacopo da Lentini (1210-1260). No Brasil, a primeira foi defendida por Olavo Bilac e Guimarães Passos e, originalmente, também, por Alberto de Oliveira, em conferência pronunciada na Biblioteca Nacional, em 1918, posição da qual se afasta mais tarde quando escreve, na introdução à antologia *Os cem melhores sonetos brasileiros*, de 1931, ser o soneto "(f)lor medieval, [que] acredita-se abrolhou primeiro na Itália". Como quer que seja, foi na Itália, nos séculos XIII e XIV, com Dante (1265-1321) e Petrarca (1304-1374), que a forma soneto se consolidou, só alcançando na França o mesmo *status* privilegiado no século XVI, com Melin de Saint-Gelais (1491-1558) e Clément Marot (1496-1544).

[253] "Vejamos se é possível encontrar, se a isso coagidos, sandálias mais entretecidas e completas para ajustarem-se ao pé nu da poesia".

assumiu uma preponderância exagerada a partir do início do século XX, quando se inicia a transição das limitações de caráter prosódico para as de caráter semântico.

A palavra em liberdade

Futurismo italiano

O futurismo italiano foi o primeiro movimento de vanguarda a romper deliberada e consistentemente com a tradição na arte. Como outras das vanguardas do século XX, apresentou-se, também, como o fim da História da literatura. "Chegamos ao último degrau dos séculos! Por que olhar para trás? O tempo e o espaço morreram ontem. Vivemos já no absoluto, visto que criamos a velocidade eterna e o onipresente", proclamou Marinetti. Durou menos de vinte anos e sua maior contribuição para a história das artes foram os mais de trinta manifestos que propiciou. Sua identificação posterior com o fascismo italiano lhe foi fatal.

O futurismo foi concebido e fundado por Fillipo Tommaso Marinetti como um movimento global, abrangendo a arte em geral. Seu primeiro Manifesto, publicado em 29 de fevereiro de 1909, no jornal francês *Le Figaro*, pregava a inauguração de uma nova estética: "Queremos destruir os museus, as bibliotecas e as academias de todas as espécies e combater o moralismo, o feminismo e todas as torpezas oportunistas e utilitárias. Cantaremos as grandes multidões excitadas pelo trabalho, o prazer ou os motins, as marés multicoloridas e de milhares de vozes da revolução em capitais modernas. Cantaremos a incandescência noturna e vibrante de arsenais e estaleiros, resplandecendo sob luares elétricos, as vorazes estações devorando suas fumegantes serpentes... as locomotivas de peitorais robustos que escavam o solo de seus trilhos como enormes cavalos de aço que têm por arreios poderosas bielas motrizes e o voo suave dos aviões, suas hélices açoitadas pelo vento como bandeiras e parecendo bater palmas de aprovação, qual multidão entusiástica. Lançamos da Itália para o mundo este nosso manifesto de violência irrefreável e incendiária, com o qual fundamos hoje o Futurismo, porque queremos libertar esta terra do fétido câncer de professores, arqueólogos, guias e antiquários."

Inicialmente arrebatado pelos artistas plásticos, que, sob a orientação do fundador, publicaram seu próprio manifesto em 1910, o futurismo foi abraçado pelos jovens poetas, que, por seu lado, não deixaram também de produzir um manifesto específico, em 1912, o "Manifesto Técnico da Literatura Futurista". Com o mesmo radicalismo, propunha ele a destruição total da sintaxe e da pontuação, a eliminação do "eu" no poema e a suspensão do adjetivo e do advérbio. O texto do futuro seria composto de "*palavras em liberdade*", um procedimento que, sem alcançar o desejado efeito nas mãos dos próprios futuristas, foi seminal para o aparecimento da escrita automática do surrealismo e o da revolução dadaísta.

Do manifesto dos artistas plásticos é a mais famosa citação do futurismo italiano: "Um carro de corrida, sua carroceria ornamentada por grandes tubos que parecem serpentes com respiração explosiva, um automóvel estridente que parece correr como uma metralha, é mais belo do que a Vitória Alada de Samotrácia", e suas obras mais representativas estão nos quadros de Umberto Boccioni, com títulos como *Dinamismo de un foot-baller* ou *Dinamismo de un ciclista* e, sobretudo, no seu famoso bronze *Forme uniche della continuità nello spazio*, de 1913.

A poesia futurista italiana é menos conhecida e pouco traduzida. Limitamo-nos, a título de exemplo, a reproduzir apenas uns poucos versos do próprio Marinetti, extraído de seu mais conhecido poema, "Bombardamento". Marinetti pode não ser considerado o melhor representante do futurismo italiano na poesia, pois se notabilizou mais como teórico do que como poeta. Em todo caso, "Bombardamento" apresenta todas as inovações formais da poesia futurista e, como tal, é bem representativo do movimento: destruição da sintaxe, eliminação dos conectivos e da pontuação, espontaneidade da linguagem, ausência do discurso, fragmentação das frases, onomatopeias dos ruídos mecânicos, procedimentos todos destinados a imprimir a ideia de presença, movimento e velocidade no texto e, junto com a profusão de exclamações e apelos, destinados a captar a atenção do leitor:

> *ogni 5 secondi cannoni da assedio sventrare spazio con un accordo tam-tuuumb ammutinamento di 500 echi per azzannarlo sminuzzarlo sparpagliarlo all'infinito nel centro di quei tam-tuuumb spiaccicati (ampiezza 50 chilometri quadrati) balzare scoppi tali pugni batterie tiro rapido Violenza ferocia regolarità questo basso grave scandere gli strani folli agitatissimi acuti della battaglia Furia affanno orecchie occhi narici aperti attenti forza che gioia vedere udire fiutare tutto tutto tara-tatatata delle mitragliatrici strillare a perdifiato sotto morsi schiaffffi traak-traak frustate pic-pac-pum-tumb bizzzzarrie salti altezza 200 m della fucileria Giù giù in fondo all'orchestra stagni diguazzare buoi buffali pungoli carri pluff plaff impennarsi di cavalli flic flac zing zing sciaaack ilari nitriti iiiiii scalpiccii tintinnii 3 battaglioni bulgari in marcia croooc-craaac [LENTO DUE TEMPI] Sciumi Maritza o Karvavena croooc craaac grida degli ufficiali sbataccccchiare come piatttttti d'otttttone pan di qua paack di là cing buuum cing ciack [PRESTO] ciaciaciaciaciaak su giù là là in-torno in alto attenzione sulla testa ciaack bello* (etc.)

Sobre a influência da poesia futurista na literatura em língua portuguesa, há pouco a registrar do que se possa considerar genuíno. Encontram-se vestígios em Mário de Sá-Carneiro ("Manucure" e "Apoteose"), Almada Negreiros ("A cena do ódio"), mas é em Álvaro de Campos, um dos heterônimos de Pessoa, que vamos encontrar a mais explícita manifestação de influência marinettiana. Não que fosse Álvaro de Campos um poeta futurista. Sua "personalidade" e sua obra são bem mais complexas. Mas por ter revelado uma atenção especial ao futurismo italiano. Dedica um poema a Marinetti (1960, 385) e, em "Datilografia", deixa esse dístico que é, obviamente, uma paródia da conhecida passagem do Segundo Manifesto futurista que compara (favoravelmente) o automóvel à Vitória da Samotrácia:

> *O binômio de Newton é tão belo quanto a Vênus de Milo,*
> *O que há é pouca gente para dar por isso*
> (1960, 377)

Sua "Ode triunfal" contém versos de clara identificação com a proposta futurista italiana:

Eia! eia! eia!
Eia eletricidade, nervos doentes da Matéria!
Eia telegrafia-sem-fios, simpatia metálica do Inconsciente!
Eia túneis, eia canais, Panamá, Kief, Suez!
Eia todo o passado dentro do presente!
Eia todo o futuro já dentro de nós! eia!
Eia! eia! eia!
Frutos de ferro e útil da árvore-fábrica cosmopolita!
Eia! eia! eia, eia-hô-ô-ô!
Nem sei que existo para dentro. Giro, rodeio, engenho-me.
Engatam-me em todos os comboios.
Içam-me em todos os cais.
Giro dentro das hélices de todos os navios.
Eia! eia-hô eia!
Eia! sou o calor mecânico e a eletricidade!
(1960, 265)

Já nesses versos, porém, os mais "futuristas" de Álvaro de Campos, pressente-se uma dissidência fundamental no poeta português. Embora cante o progresso, não abroga o passado. Esse respeito à tradição é explicitado, ademais, na mesma ode em versos como:

Canto e canto o presente e também o passado e o futuro
Porque o presente é todo o passado e todo o futuro
E há Platão e Virgílio dentro das Máquinas e das luzes elétricas
Só porque houve outrora e foram humanos Virgílio e Platão
(ibid., 260)

Os poetas solidários com as novas ideias provindas da Itália (embora o primeiro manifesto de Marinetti tenha sido publicado em francês e na França) tentaram organizar-se num movimento e em maio de 1917 realizaram uma Conferência Futurista, no Teatro República, em Lisboa, durante a qual foi lido, por Almada Negreiros, o "Manifesto futurista às gerações portuguesas do século XX" e constituído o Comitê Futurista de Lisboa. Seus componentes chegaram a lançar, seis meses depois, a revista *Portugal Futurista*, de efêmera existência, pois seus exemplares foram apreendidos pela polícia à porta da tipografia, sob a alegação de serem subversivos e obscenos.

O futurismo italiano também se fez sentir em alguns poetas brasileiros e compôs, com vários outros movimentos de vanguarda europeus, o mosaico de influências que desembocou no modernismo paulista, cuja ata de nascimento foi a Semana de Arte Moderna, de 1922. Nenhum poeta brasileiro, no entanto, quis arvorar, de forma explícita, dívida com o futurismo, já estigmatizado, na época, por sua associação com o surgente fascismo na Itália.

Oswald de Andrade havia visto de perto o nascimento do futurismo italiano durante sua estada em Paris em 1912, mas, de regresso ao Brasil, não encontrou clima apropriado para a difusão da nova estética poética, num cenário ainda dominado pela poesia parnasiana e a figura de Olavo Bilac. Viu, nos preparativos para as comemorações do centenário da independência nacional, a oportunidade para lançar a ideia de uma independência similar no mundo das artes e, particularmente, no das letras e, em artigo publicado no *Jornal do Commercio* (16/1/1920), assinado apenas com a inicial O., já anunciava a preparação de "um pugilo pequeno, mas forte" para associar àquelas comemorações da independência política outra que significasse, "acima de tudo, independência mental e independência moral" (Brito, 1997, 169). Mas a revolução anunciada por Oswald se orientava por rumos bem diversos daqueles do futurismo italiano e, poderíamos acrescentar, também do russo, embora sejam mais frágeis as associações que se queira fazer entre o experimentalismo russo e o dos modernistas de São Paulo. Oswald não apouca o sentido revolucionário prosódico e semântico do futurismo italiano, aquele que conhecia de perto, mas queria dar, e deu, ao movimento modernista brasileiro outro vetor principal: a nacionalização. Também para isso foi útil a passagem de Oswald por Paris e a constatação da influência que estava tendo sobre as artes plásticas europeias, com o cubismo, o recurso às culturas dos povos primitivos africanos e polinésios, cujos artefatos eram assimilados e se integravam às artes eruditas europeias. Transpondo o fenômeno às possibilidades existentes no Brasil, Oswald viu o enriquecimento cultural que representaria para as artes nacionais a incorporação das tradições indígenas e africanas do país. Os manifestos por ele lançados, o da Poesia Pau-Brasil, de 1924, e o Antropófago, de 1928, vão fornecer o quadro referencial para a nova poesia nacional, no qual o mais importante não é o repúdio caótico à tradição e à influência estrangeira, mas a canibalização da cultura herdada ou alheia para a constituição do homem (da cultura) nacional mais forte e independente.

Futurismo russo

Roman Jakobson observa a diferença radical entre o futurismo italiano e o russo. No italiano é a nova matéria que provoca a renovação da forma, enquanto que no russo é a nova forma que determina o novo conteúdo (Jakobson, 1977, 14). Não seria correto dizer, como já se disse, que, enquanto na Itália o futurismo obteve maior exposição e teve mais ampla repercussão na pintura, mais do que na literatura, na Rússia a situação teria sido o inverso. Na verdade, tanto na pintura quanto na literatura, o futurismo russo teve maior importância do que na Itália e foi, sobretudo, mais seminal. Não vamos falar aqui de artes plásticas, mas não podemos deixar passar sem uma referência a importância que tiveram pintores como Larionov, Goncharova, Kandinski, Malevitch, no surgimento de muitos dos movimentos de vanguarda que caracterizaram as primeiras décadas do século XX.

Na Rússia, porém, o futurismo se expressa principalmente na literatura. Há nele, em todas as manifestações, um sentimento revolucionário que traspassa as fronteiras do fenômeno artístico, estético, para transbordar na esfera social e política, o futurismo italiano dirigindo-se para a direita, o fascismo, e o russo para a esquerda, o bolchevismo.

Na poesia, o futurismo russo está identificado com duas figuras emblemáticas que vieram a representar as vertentes bem distintas em que se desdobrou: por um lado, a poesia social e revolucionária de Vladimir Maiakovski; por outro, o formalismo solipsista de Viélimer Khliébnikov. Sei que estou contrariando quem discorda dessa última qualificação aplicada à poesia do companheiro de Maiakovski na divulgação da plataforma futurista que foi o manifesto "Uma bofetada na cara do gosto público", cujos outros coautores foram o poeta Alexei Krutchôniki e o pintor David Davidovitch Biúrlik. Com essa disparidade entre os dois corifeus do movimento, quero apenas ressaltar o resultado, se não a intenção de cada um deles. Maiakovski via no futurismo a linguagem própria da Revolução proletária e, como tal, teria de chegar inteligível ao homem do povo, o verdadeiro agente da mudança. Renegou seus poemas futuristas iniciais e inaugurou uma poesia de propaganda inteiramente dedicada aos ideais da Revolução. No processo, teve de acomodar-se à tutoria do partido. Disso já tratamos na primeira parte desta obra. Não vamos aqui repetir o que lá já está dito. No fundo, o poeta dentro dele nunca foi inteiramente sufocado e não é estranho a esse sentimento de profunda cisão interior o seu suicídio aos 37 anos. É significativo que o firmante do manifesto que se iniciava com as palavras "Nós, apenas nós somos a face da nossa época. É através de nós que as trombetas do tempo sopram sobre as artes do mundo. O passado é demasiado estreito. A Academia e Pushkin são menos inteligíveis que os hieróglifos. Jogue-se Pushkin, Dostoievski,[254] Tolstoy etc., etc., no mar, por sobre os parapeitos da Nave da Modernidade" tenha se conservado profundo admirador de Pushkin, a ponto de vir a com ele equiparar-se. No poema "jubileu", o poeta dialoga com seu consagrado antecessor e a ele se dirige dizendo: "*Peut-être suis-je le seul à regretter vraiment, qu'aujourd'hui vous soyez mort. / C'est vous vivant qu'il nous faudrait, / Bientôt viendra mon tour et je serais muet. / Après ma mort on nous metttra presqu'à côtê: Vous à la lettre P, moi*

[254] O que praticamente fez o regime que ele ajudou a instalar. Nos quase quatro anos em que vivi em Moscou nunca consegui encontrar numa livraria qualquer obra desse escritor.

à l'M / Qui viendra entre nous? Avec qui fraiera-t-on? / Trop pauvre est en poètes notre pays"[255] (1952, 206).

Khliébnikov e Khutchôniki, partindo embora da mesma plataforma, tiveram da revolução que queriam fazer na arte uma concepção mais exigente, dando prioridade à missão de poetas sobre a que poderia derivar de uma responsabilidade social com a História e com a Revolução proletária. Khliébnikov chegou a alistar-se no Exército Vermelho e a participar da campanha militar na Pérsia, mas não pôs sua poesia a serviço da Revolução social. De regresso ao país, exerceu pequenas funções burocráticas e tentou sem sucesso publicar seus poemas. Morreu cedo, aos 37 anos, como seu companheiro Maiakovski, mas completamente ignorado. Será fora da União Soviética que começará a ser conhecido e respeitado como a grande voz do futurismo russo. Citarei apenas dois poemas seus, o primeiro, um dos mais conhecidos, "O grilo", de 1909, na tradução de Augusto de Campos e Boris Schnaiderman (Campos, A., 1985, 99), o segundo, sem título e sem data, na tradução de Haroldo de Campos, também com Boris Schnaiderman (ibid., 83):

> Aleteando com a ourografia
> Das veias finíssimas,
> O grilo
> Enche o grill do ventre-silo
> Com muitas gramas e talos da ribeira.
> — Pin, pin, pin! — taramela o zinzinber.
> Oh, cisnecanto!
> Oh, Ilumíneos.

E agora, o segundo:

> Cinzerário
> Langorário

[255] "Talvez eu seja o único a hoje lamentar sinceramente que você esteja morto. É você vivo que nos faz falta. Logo virá minha vez e eu estarei mudo. Depois de minha morte nos colocarão quase lado a lado: você na letra P, eu na M. Quem virá entre nós? Com quem estaremos obrigados a conviver? É muito pobre em poetas o nosso país".

Frigidário
Placitudinário
Languesco
Altesco
Profundesco
Horresco
Gigantesco

O leitor talvez concorde comigo que não eram poemas ao alcance do operário ou da colcoziana, ou, talvez, de ninguém mais do que o próprio poeta.

Krutchôniki não se engajou na esfera política; tampouco expôs-se demasiadamente na militância revolucionária futurista, que logo viu incompatível com os rumos da outra revolução, a social. Dedicou-se, já na década de 1920, a escrever histórias policiais em verso e, a partir de 1930, silenciou. Não deixarei o leitor sem uma amostra dos poemas do esquecido (pelo regime soviético) poeta, o primeiro, intitulado "Alturas", entre 1912 e 1913, sem indicação do "tradutor", na antologia dos irmãos Campos e Boris Schnaiderman (ibid., 106):

e u ü
i a o
o a
o a e e i e á
o a
e u i e i
i e o
i i í i i e i i í

O segundo, intitulado "Inmortalidade", na "tradução" de Augusto de Campos (ibid. 111):

M T Z E K H
KHITZI
MUKH
TZL
LAM

MA
TZKE[256]

Quanto a David Biúrliuk, se foi decisivo para levar Maiakovski a definir-se por sua vocação para a poesia, não teve papel na história literária e em 1922 deixou a URSS, definitivamente, rumo ao exílio em Nova York.

Dadá

O movimento Dadá, o mais radical dos movimentos vanguardistas do início do século XX, teve curta vida. Iniciou-se em 1916 e por volta de 1921 havia esgotado sua vitalidade e potencialidade renovadora. Deixou sequelas residuais em outros movimentos modernistas, mas, como filosofia da construção poética, já se havia extinguido. Nem se pode mesmo falar numa filosofia, numa teoria, numa prática *dadá*. Por definição o dadaísmo não era conceituável. Gilberto Mendonça Teles o classifica como uma forma de terrorismo cultural (1985, 130). Talvez seu maior legado tenha sido a série de sete manifestos que produziu, da qual o mais citado é precisamente o último, de 1920, no qual Tristan Tzara oferece a famosa receita para escrever um poema dadá. O romeno Tzara, radicado em Zurique, é o nome correntemente identificado com o movimento e foi, seguramente, o seu mais coerente e persistente animador. Mas do movimento participaram, como idealizadores e corifeus, os alemães Hugo Bali e Richard Huelsembeck, o alsacia-

---

[256] Para conforto do leitor, reproduzo, a seguir, a nota de pé de página que figura na obra citada: "No original, Krutchôniki grafa idiossincraticamente a palavra BESMIÈRTIE (imortalidade) como BEZMIÉRTIE, evidenciando nela a preposição BEZ (sem). Daí a grafia peculiar do título em português IN + MORTALIDADE. A primeira linha do poema, de som estranho em russo, lembra certos nomes georgianos, como *Mitzíri* (asceta, ermitão ou, também, noviço), que é o título de um poema famoso de M. I. Liérmontov; *tzekh* significa oficina. Na terceira linha, MUKH é o genitivo plural de MUKHA (mosca). Na quinta, LAM, agregada à sílaba seguinte, MA, pode lembrar as palavras LAMPA (lâmpada) ou LAMA (no sentido de sacerdote budista)". Com os preciosos esclarecimentos do tradutor, tentei retraduzir o poema, mas a falta de esclarecimentos, nos comentários, sobre o que significam a quarta e a sétima linhas, deixou-me a descoberto: "O ermitão / na oficina / das moscas / [?] / o monge / [?]".

no Hans Arp, o francês Francis Picabia e o chileno Vicente Huidobro. Com ele colaboraram Apollinaire, Max Jacob, Alfred Jarry, Aragon, André Breton, Marcel Duchamp e Man Ray, esses dois últimos a partir de Nova York.

O caráter arbitrário do movimento revela-se de imediato na própria origem do nome, uma palavra que não significa nada, segundo o próprio Tzara, ou pode significar o rabo de uma vaca, um cavalo de pau ou uma ama de leite. Dadá abole o passado e dispensa o futuro. A obra dadaísta "passa a caracterizar-se pela improvisação, pela desordem, pela dúvida, pelo predomínio da percepção, pelo agnosticismo e pela oposição a qualquer tipo de equilíbrio, tanto na forma quanto na homogeneidade de ideias e sentimentos" (Teles, 1985, 132).

Citemos, ao acaso, algumas frases colhidas das traduções que de alguns manifestos dadaístas fez Mendonça Teles. E comecemos por uma do manifesto de Tzara de 1918 que resume de forma perfeita a concepção dadaísta: "Sou por princípio contra os manifestos, como sou, também, contra os princípios". E sigamos com outras: "Necessitamos de obras fortes, direitas, precisas e para sempre incompreendidas"; "Nós rasgamos, vento furioso, o linho das nuvens e das preces e preparamos o grande espetáculo do desastre, do incêndio, da decomposição"; "Eu destruo as gavetas do cérebro e da organização social; eu odeio a objetividade gordurosa e a harmonia"; "Tudo que se observa é falso"; "Nós rechaçamos a tendência choramingueira em nós. Toda filtração dessa natureza é diarreia cristalizada"; "Escarramos na humanidade"; "No fundo é tudo merda, mas nós queremos doravante cagar em cores diferentes"; "Há um grande trabalho destrutivo, negativo, a executar. Varrer, limpar"; "A moralidade é a infusão de chocolate nas meias de todos os homens"; "Eu proclamo a oposição de todas as faculdades cósmicas a essa blenorragia de um sol pútrido saído das usinas do pensamento filosófico"; "Liberdade. Dadá dadá dadá, uivos das dores crispadas, entrelaçamento dos contrários e de todas as contradições, dos grotescos, das inconsequências: a VIDA".

Uma experiência dadaísta

Recapitulemos as minuciosas instruções de Tzara sobre como escrever um poema dadá: Pegue um jornal e uma tesoura. Escolha no jornal um artigo. Recorte-o e dele, com muito cuidado, corte algumas palavras. Jogue os recortes com as palavras num saco, agite-o suavemente e dele retire cada pedaço copiando conscienciosamenre a palavra nele contida na ordem em que forem retirados. O poema está feito e eis você escritor infinitamente original e de uma sensibilidade graciosa, ainda que incompreendido do público.

Seguindo as instruções do poeta, fiz a experiência. Com um detalhe, talvez fatal para desqualificá-la: não recorri a um artigo de jornal, mas ao poema de Manuel Bandeira intitulado "Lua", de *Estrela da tarde*. Recortei, das estrofes em separado, cada palavra do texto e as coloquei, dobradas, num recipiente de onde foram retiradas arbitrariamente e alinhadas de maneira a formar um novo texto. A única liberdade que tomei, com relação à "*contrainte*" dadaísta, ou, melhor dito, à ausência absoluta de "*contraintes*" na regra dadaísta, foi conservar para cada substantivo, adjetivo ou verbo seu complemento preposicional. O resultado foi surpreendente, pois permitiu um conjunto significativo e até harmônico, devido, talvez, ao fato de que o texto de origem foi um poema, e não um artigo sobre a globalização econômica, a guerra no Iraque ou a cura do câncer, enfim uma página tirada ao acaso de um qualquer jornal, como oficialmente prescrito. O produto final da experiência teria sido, seguramente, desabonado pelo criador do procedimento. Pode-se dizer, a rigor, que essa não foi uma experiência dadaísta. Opine o leitor. Trancrevo a seguir o texto original de Manuel Bandeira, seguido do produto final de meu experimento:

Do poeta:

A proa reta abre-se no oceano
Um tumulto de espumas pampas.
Delas nascer parece a esteira
Do luar sobre as águas mansas.

O mar jaz como um céu tombado
Ora é o céu que é um mar, onde a lua,
A só, silente louca emerge
Das ondas-nuvens toda nua.
(1958, 441)

E agora, sua versão manipulada:

Delas, do luar, a esteira abre
a proa reta. Um tumulto
de espumas pampas
no oceano
sobre as águas mansas.
nascer parece

Ora é o céu, onde a lua,
como um céu tombado.
silente louca, emerge, jaz
toda nua,
a só, das ondas nuvens,
o mar
que é um mar.

Nada mau, parece! O leitor poderá experimentar com outros poetas.

A palavra reificada

Umberto Eco fala de pintura, e não de poesia, quando observa que na arte contemporânea o artista busca na obra a *vitalidade*, mais do que a *beleza*, aquela representada pelo uso livre da intenção, essa pela subjugação à forma. Eco aceita que no estado atual da evolução, que ele qualifica de irracional, preferir a vitalidade como negação da forma é uma opção válida, desde que se exclua do objeto de arte seu aspecto de *comunicação*. Vivemos num mundo em que, para obter que o receptor da obra possa fazer associações livres visuais e imaginativas, temos de provocá-las pela organização artificial de um objeto criado em conformidade com um projeto de sugestão, do qual não apenas esperamos que suscite no espectador as associações que pretendemos, mas ainda que ele faça um julgamento da obra no momento da apreciação, julgamento esse que possa retornar intelectualmente *a posteriori* sobre a lembrança do mesmo objeto. Ora, o único critério ao qual pode recorrer o espectador para julgar a obra é a concordância entre as possibilidades de prazer (*jouissance*) estético que ele obtém pela contemplação (ou pela memória) da obra e as intenções implicitamente manifestadas pelo autor. Assim, mesmo numa obra realizada a partir de intenções de predominância da ação, do gestual, da matéria, do acaso, estabelece-se uma dialética entre a obra e a "abertura" de suas leituras a diferentes interpretações. Determinar esse ponto de encontro não é do domínio da estética. É a reflexão crítica que irá estabelecer se as possibilidades de interpretação estão *intencionalmente* presentes na obra, num campo delimitado que oriente a leitura e as escolhas do espectador. Por outras palavras, qual a sua "mensagem". "*Alors, le message a valeur de communication, au lieu de se réduire à un dialogue absurde entre un signal qui n'est plus que bruit, et une réception qui n'est plus que délire solipsiste*" (1965, 135-136).

Toda essa elaborada argumentação não dissipa a realidade de que comunicação e mensagem são, no fundo, a mesma coisa, ou melhor, de que não há mensagem se não há comunicação. Nos anos 1950, Marshall McLuhan tornou famosa a expressão de que, na sociedade contemporânea, *the medium is the message*. Isso podia valer para a publicidade comercial, e até mesmo para outras formas de lavagem cerebral do consumidor. No caso da poesia, é discutível sua validade, se no *medium* não estiver embutida a intenção de produzir um resultado estético com a palavra.

Concretismo brasileiro

Perdoem-me os concretistas se aplico as palavras de Umberto Eco, integralmente, à sua criação poética.

Vejamos o que dela diz Augusto de Campos, um de seus mais representativos cultores: "A verdadeira missão social da poesia seria incorporar as energias latentes na linguagem para derrocar seus dogmas petrificados, vivificando-a; de onde surge a extremada exigência ético-estética da poesia realmente digna desse nome, que prefere ver *desconhecida sua existência* [ênfase do original] a ser etiquetada pelos padrões inquisitórios da linguagem. [...] [É] necessário crer que a poesia possa intervir, ainda que *a posteriori*, na medida em que o tempo permita a absorção de novas formas, no sentido de compensar o atrofiamento da linguagem relegada à função meramente comunicativa. [...] É uma responsabilidade total, aceita como a missão última do poeta com relação à poesia e com relação à linguagem" (*El poeta*, II, 128). A poesia concreta é, assim, "um dique de contenção da degeneração verbal" em virtude dos "requisitos de claridade e objetividade que os poetas concretos reconhecem como cada vez mais indispensáveis para tornar transitivas as novas estruturas formais do poema (ibid., 129-130). [...] [Q]ualquer definição de poesia concreta em relação à sintaxe tradicional deixa de fazer sentido" (ibid., 137).

Estamos diante de uma afirmação peremptória que nega, precisamente, a importância da comunicação e a polissemia da linguagem em benefício de uma obra não digo "fechada", mas opaca, que começa e termina nela mesma. Essa absoluta autonomia do poema concreto representaria um estágio superior e, acredito assim pensam, definitivo da poesia.

"O poema concreto põe em xeque a estrutura lógica da linguagem tradicional porque nele encontra uma barreira para o acesso ao mundo dos objetos", diz seu irmão, Haroldo de Campos. "A poesia concreta, ao buscar um instrumento que a aproxima dos objetos, uma linguagem que tenha sobre a poesia de tipo verbal discursivo a superioridade de envolver, além de uma estrutura temporal, uma dimensão espacial (visual) ou, mais exatamente, que opera espaçotemporalmente, não pretende uma descrição fiel dos objetos, porque não é sua missão desenvolver um sistema de sinais estruturalmente aptos para veicular, sem deformações, uma visão do mundo retificada pelo conhecimento científico moderno. Pretende, por esse rico e flexível instrumento de trabalho mental —

dúctil, próximo da forma real das coisas — servir a um fim inusitado: a criação de seu próprio objeto (*El poeta*, III, 92-93).

Haroldo concede que é com palavras que se constrói o poema, qualquer poema, inclusive o concreto. Mas "a função da poesia concreta não é — como se poderia imaginar — esvaziar a palavra de sua carga e conteúdo, mas utilizar essa carga como material de trabalho e em pé de igualdade com outros materiais à sua disposição. [...] O que o leitor de um poema concreto necessita saber é que a conotação dada [pela palavra no poema] será lícita (inevitável até certo ponto) num plano exclusivamente material, na medida em que reforce e corrobore os demais elementos manipulados; em que participe, com seus efeitos peculiares — uma relação semântica qualitativa e quantitativamente determinada — na estrutura-conteúdo que é o poema" (ibid., 95). "A poesia concreta, que é, como as matemáticas, um sistema não aristotélico da linguagem, possui, também, através do *número temático*, um sistema de controle que evidencia e elimina os elementos que entrem em contradição com sua estrutura rigorosa" (ibid., 100).

Como podemos constatar, faz todo sentido a advertência de Augusto de Campos de que "não faz sentido" querer definir a poesia concreta com a sintaxe tradicional. Ou, como disse Max Jacob em seus "*Conseils à un jeunne poète*": "*La poésie moderne saute toutes les explications*".

Haroldo parece querer manter o vínculo do poema concreto com a palavra. Augusto parece dispensá-lo. Ele próprio diz a respeito de "Olho por olho", que figura em seu livro *Poesia 1949-1979*, na série Popcretos, que o poema "não necessita de 'chave léxica' porque se compõe de signos extraídos da realidade cotidiana: uma esteira de olhos arrancados a personagens conhecidos conduz a um triângulo formado por sinais de trânsito, de significação universal". O poema tem, pois, "uma semântica visível a olho nu" (Campos, A., 1979, 247).

Não vou entrar no debate sobre os fundamentos, a eficácia, a comunicabilidade e as perspectivas como gênero da poesia concreta. Neste livro feito de citações quis apenas deixar as que recolhi tentando entender o fenômeno concretista. E deixo como conclusão as palavras que encontrei de Ferreira Gullar, concretista arrependido, numa entrevista concedida ao jornal *O Globo* (20/12/2008), por ocasião do lançamento de sua *Poesia completa, teatro e prosa*, sobre o período de associação com o movimento, logo após a publicação de *A luta corporal*, em 1954. Diz Gullar que foi "algo passageiro". E explica: "A poesia concreta é uma atitude totalmente objetiva, de uma construção que não tem a ver com a subjetividade, com a lembrança, com a memória, é uma construção arquitetônica. E isso não era o meu terreno. Mesmo onde fiz poesia concreta, como em 'O formigueiro', eu introduzo a subjetividade, um sentimento que os poetas de São Paulo não queriam ter. Por isso, a discordância. [...] Se uma poesia é construída sem discurso, ela se torna abstrata, não concreta. [...] Perde a concretude, a densidade, porque o que dá densidade à linguagem é o discurso. Hegel diz que concreto é a soma de todas as determinações. O gato não é concreto, é algo abstrato. Concreto é este gato que está aqui na minha sala e se chama Gatinho e é siamês. Quanto mais informação eu dou, mais concreto é, mais denso, mais complexo." Cinquenta anos depois, recordando o que foi o seu período concretista, escreve Gullar: "Aquela necessidade minha de que a poesia captasse a complexa vibração da vida afastava-me do formalismo e me estimulava a descer a níveis em que a própria estrutura do discurso perigava. Por outro lado, essa mesma necessidade me levava a querer apreender a experiência descontaminada do passado e, para isso, era necessário repelir toda e qualquer *maneira*, todo estilo pronto, como se fosse possível recriar integralmente a linguagem a cada poema. Terminei por desintegrar o discurso e reduzir as palavras a obscuros aglomerados de fonemas e urros" (2006, 140).

Escrevendo as considerações acima, veio-me à lembrança a pergunta que deixei escrita há muitos anos em uma página de diário: que grau de deformação pode um gênero literário suportar sem mudar de categoria? A pergunta continua sem resposta depois de mais de um decênio de haver sido formulada.

A palavra reengradada

Oulipo

"*Toute œuvre littéraire se construit à partir d'une inspiration (c'est du moins ce que son auteur laisse entendre) qui est tenue à s'accomoder tant bien que mal d'une série de contraintes et de procédures qui rentrent les unes dans les autres comme des poupées russes*"[257] (Oulipo, II, 1990, iv). Essa frase, de acaciano bom-senso, introduz o primeiro manifesto de um dos mais desnorteadores movimentos da história literária. Criado em 1960 por um grupo de literatos franceses capitaneado pelo escritor Raymond Queneau e pelo matemático François Le Lionnais, autor do manifesto no qual se encontra a frase citada, o movimento se propunha a pôr a serviço da criação literária os conhecimentos e mecanismos da reflexão matemática de modo a abrir o campo da literatura a novas formas e conteúdos. Reconhecendo que as "*contraintes*" usadas pela literatura se situavam todas no campo prosódico, propunha-se a estabelecê-las agora, igualmente, no campo semântico. "*Contrainte*" é o conceito básico do movimento. Sua tradução literal seria "constrangimento". O termo português evoca, porém, uma conotação moral que não se aplica à expressão francesa tal como usada pelo movimento. Conservamos, pois, a palavra francesa nas nossas citações, como viemos fazendo.

Desfazendo as predições de que o movimento logo se extenuaria, como tantos que surgiram por todo o século XX, o Oulipo (o nome é o acrônimo das palavras *OUvroir de LIttérature POtentielle*) completou cinquenta anos em 2010, comemorando o cinquentenário com um congresso internacional na cidade de Metz, na França. A seu núcleo inicial francês juntou-se Italo Calvino e formou-se, posteriormente, um grupo italiano, conhecido como OpLePo (*Opificio de Letteratura Potenzialle*). Em setembro de

[257] "Toda obra literária se constrói a partir de uma inspiração [é pelo menos o que seu autor deixa a entender] que é suposta acomodar-se, bem ou mal, de uma série de injunções e de procedimentos que se intrometem uns nos outros como bonecas russas".

2009, uma delegação conjunta, chefiada por Marcel Benabou, representando o Oulipo, e Raffaele Aragona, fundador do OpLePo, esteve no Brasil, no contexto do Ano França-Brasil, e, com os patrocínios da Academia Brasileira de Letras, da Embaixada da França e do Instituto Italiano de Cultura, procurou divulgar a experiência oulipista com vistas a obter o interesse dos poetas locais na criação de uma ObLiPo (*Oficina Brasileira de Literatura Potencial*). Não me consta que hajam obtido qualquer êxito. O uso dos meios de comunicação permitiu ao Oulipo uma presença forte na Internet. É impraticável (e inútil) fazer uma apresentação de suas ideias mestras e do resultado de sua contribuição. Desde 1960, os oulipistas se reúnem duas vezes por mês, produzem boletins periódicos, mas não foram capazes de apresentar até hoje qualquer contribuição realmente relevante para a literatura universal. Três escritores apenas, e todos do núcleo inicial, produziram obras de valor reconhecido: Raymond Queneau (*Exercices de style, Zazie dans le Metro*), Georges Perec (*La disparition*) e Italo Calvino, em alguns momentos de sua obra. Mas ao presente texto não interessam os resultados do esforço nem a crítica da seriedade do movimento, e sim, apenas, o que fez ou pensou fazer pela Poesia.

O segundo manifesto do Oulipo, igualmente de autoria de François Le Lionnais, datado de 1973, começa com a afirmação: "*La poésie est un art simple et tout déxecution*" (Oulipo, II, vii, 1973). A frase é importante porque revela a filosofia do movimento no que respeita ao poema.

A contribuição mais famosa do movimento para a história da poesia foi a publicação da obra de Queneau *Cent mille milliards de poèmes*, em 1961. O livro era composto de dez folhas cortadas em 14 tiras horizontais, cada folha contendo um soneto completo cujos 14 versos estavam distribuídos, linha por linha, em cada uma das tiras. O leitor podia, dessa maneira, "compor" sua leitura combinando as tiras de cada uma das folhas. Baseado na análise combinatória da matemática, o procedimento permitia 10^{14} possibilidades de leitura, ou seja, cem trilhões de sonetos. Explica Queneau: "Contando 45 segundos para ler um soneto e 15 segundos para mudar as tiras, a 8 horas por dia, 200 dias por ano, temos mais de um milhão de séculos de leitura e, lendo o dia inteiro, 365 dias por ano, 190.258.751 anos, sem contar os anos bissextos e outros detalhes."

No extremo oposto desse incomensurável monumento à poesia, temos o poema de "*zéro mot*", esse uma contribuição de François Le Lionnais, que assim o explica: "é uma emoção experimentada como dotada de uma qualidade poética potencial e que tenha sido expressada com menos de uma palavra". Acrescente o inventor: "é verossímil que todos os poemas conhecidos (com algumas poucas exceções) tenham começado por ser poemas de 'zéro mot'" (Oulipo, I, 1990, 52).

Entre um e outro, nas últimas quase cinco décadas, os integrantes do movimento têm sido férteis no desenvolvimento de novas "*contraintes*" (98 até fevereiro de 2009 estão repertoriadas no site do movimento na Internet), nem todas aplicáveis à poesia. Luc Etienne conserva dos poemas apenas as terminações rimadas de cada verso, produzindo, assim, um novo poema, do qual foram eliminadas as palavras anteriores de cada linha (ibid., 65). Paul Braffort imagina poemas que se baseiam no teorema do matemático Édouard Zeckendorf, segundo o qual qualquer número natural pode ser representado pela soma de números da série de Fibonacci (série na qual cada número natural é o resultado da soma dos dois anteriores da mesma série). Exemplo de um poema de Braffort: "*Si nul / ô ce rat / notre cul / a, si / seul, a ton cri*" (nº 9 da *Bibliothèque oulipienne* [ibid., 187]). Um pouco mais complicado é o método submetido por Noël Armand, que será presidente do Oulipo anos depois. Assim o prescreve: pega-se o catálogo telefônico e escolhe-se, ao acaso, uma série de números de assinantes.[258] Desses, dois indicarão o número da página e dois o da linha de um livro qualquer a ser usado como base para o poema, de preferência escolhido entre os de Racine ou Hugo. Os números podem ser combinados aleatoriamente para multiplicar o número de possibi-

---

[258] É preciso levar em conta que à época da formulação dessa *contrainte* os números de telefone na França eram compostos de três letras e quatro algarismos.

lidades. Das linhas indicadas são retiradas palavras ou partes de frases que irão compor o poema. Pode-se, por tal procedimento, chegar a poemas como "Rue de l' Hirondelle", citado pelo inventor do método: "*Par son Samedi / Que son fauteur / Que sa faveur / Et tout son rien / Et que son songe inachevé / prenne les armes / Passage du Plateau / Par quel abandon / Quel sang*"[259] (ibid., 245). Armand tem outras contribuições ainda mais complexas, que nada acrescentariam se incluídas nesta resenha. Michelle Métail é colaboradora assídua. Dela são os "*Cinquante poèmes corpusculaires*", os "*Cinquante poèmes oscillatoires*" e os "*Cinquante poèmes oligogrammes*", dos quais citarei, respectivamente: "*Caressante caresse caresse / moite moiteur moite / désire désirable désir*"; "*obscurité sinueuse / clarté fixe / néboulosité mouvante / lueur constante*"; e "*À cor et à cri / Taratata / Cataracte oratoire, / Trit acéré, critère trié, / Taqri, cet écri / Tacet! / Taire cet état, / Et cetera!*", cujas "*contraintes*" não cheguei a decifrar quais tenham sido. E, para terminar, um poema de uma única letra de François Le Lionnais (1957), o autor, já vimos, do poema de "*zéro mot*", ressuscitado por Harry Mathews numa comunicação do boletim nº 51 (Oulipo, III, 1990, 362): "T". O que nos permite supor que a série completa dos poemas de uma só letra consistiria, na França, em exatamente 26 poemas. E no Brasil, também, o mesmo número, depois da entrada em vigor do novo Acordo Ortográfico da Língua Portuguesa.

Uma experiência oulipista

Recorri ao mesmo poema de Manuel Bandeira ("Lua"), que servira à construção de meu primeiro (e único) poema dadaísta, para testar a aplicação de algumas técnicas oulipistas a um texto em português. O poema me pareceu adequado, pois era suficientemente longo para permitir a experiência de aplicação da técnica dos "*bouts rimés*" (finais rimados) de Luc Etienne e suficientemente curto para não exigir demasiado tempo e paciência na aplicação da

[259] Estão respeitadas as iniciais maiúsculas e as minúsculas, assim como a pontuação.

técnica S+7 de Jean Lescure. Já conhece o leitor o texto de partida. Vejamos o de chegada, aplicando-se a *contrainte* de Luc Etienne (*Bibliothèque Oulipienne*, nº 4, Oulipo, 1990, I, 65), que consiste em guardar apenas as terminações dos versos que contêm as rimas:

No oceano
de espumas pampas
a esteira
[de] águas mansas

um céu tombado
onde a lua
emerge
toda nua.

Esse é um caso de lipograma que deu certo.

Fizemos, em seguida, um ensaio de lipograma com uma versão simplificada de um modelo que parece ser de Michelle Métail e que aparece no nº 23 da *Bibliothèque Oulipienne* (Oulipo, II, 1990, 118), eliminando, numa primeira reescritura do original, a vogal A das palavras do texto, numa segunda A e E, e teria seguido assim por diante, mas, nesse ponto, abandonei o exercício. Dou em seguida o resultado dessa tentativa, limitando-me aos dois primeiros versos de cada estrofe do poema:

Com eliminação do A:

pro ret bre no oceno
Um tumulto de espums pmps,

O mr jz como um céu tombdo.
Ora é o céu que é um mr, onde lu,

E agora com a supressão adicional do E:

pro rt br no ocno
Um tumulto d spums pmps,

O mr jz como um cu tombdo.
Ora o cu qu um mr, ond lu,

E achei conveniente parar por aqui.

Quanto ao método "S+7", consiste ele em substituir cada substantivo (S) de um texto preexistente pelo sétimo substantivo encontrado após seu registro num dicionário determinado. Essa regra geral necessita, obviamente, de um mínimo de bom-senso na sua aplicação. Assim, por exemplo, para a experiência que se segue, procurei o sétimo substantivo do mesmo gênero e não considerei para a contagem todos os substantivos derivados do principal que se lhe seguissem imediatamente. O dicionário usado foi o *Dicionário Houaiss da Língua Portuguesa*. A aplicação do método (com as ressalvas expostas) gerou o seguinte texto para a primeira estrofe:

> A probabilidade reta abre no ocidente
> um túnel de esputações [salivações] pampas
> delas nascer parece a estele [orquídea]
> do lucanário [espaço entre duas vigas numa construção] sobre as
> aguadas mansas.

Entendo, mas não estou certo disso, que o método tem por objeto apenas sugerir novas possibilidades para o texto, e não simplesmente reescrevê-lo com as novas palavras encontradas. Nesse espírito, procurei montar sobre o andaime fornecido pela aplicação automática do método um texto plausível:

> Mais certo é que se abra no Ocidente
> túnel de colorida esputação
> de onde parece surgir a orquídea
> no rego vago das aguadas mansas.

Perdi a rima, mas ganhei o metro (uma "*contrainte*" adicional!). Tenho agora um decassílabo que seria inteligível dentro de um poema de Augusto dos Anjos.

Prosseguindo para a segunda estrofe, encontramos a seguinte matéria bruta:

> O maracá [chocalho, guiso] jaz como um cevadouro [cocho]
> tombado
> ora é o cevadouro que é o maracá, onde a lubrinal [neblina]
> a sobarba. silente loureira, emerge
> das ondinas nylàndtias, toda nua.

Seguindo o mesmo procedimento adotado para a primeira estrofe, podemos ter o seguinte:

O guiso da onda, como um cocho oco
ou é do cocho que vem da neblina,
o som do rosto preso da loureira
da nua flor de Nylandt, da ondina.

Já aqui pude salvar não as rimas originais, mas a presença de rimas. Como não há no dicionário sete substantivos posteriores à palavra "nuvem", tive de valer-me do único substantivo feminino entre os três encontrados — "nylândtia", planta do gênero que recebe o nome do botânico holandês Nylandt, que a descreveu. E mais uma vez me aproximo de Augusto dos Anjos, que deve ter sido um maníaco consultor de dicionários.

Fazendo justiça ao inventor do método, reconhece Jean Lescure, segundo testemunho de Jacques Jouet, que "[*l*]*es textes littéraires de qualité ne semblent pas améliorés — dans le sens artistique — par l'usage de cette méthode*"[260] (Oulipo, III, 1990, 16). O que é uma demonstração de honestidade.

Podemos, com tais tipos de exercícios, continuar indefinidamente, acrescentando "*contraintes*" sobre "*contraintes*", no caso dos lipogramas ir eliminando, cumulativamente, as vogais primeiro e as consoantes depois, até chegar a mais um "poema de zero palavra", introduzindo "*subcontraintes*" no modelo de Lescure, o que, teoricamente, nos poderia levar à construção de um número incalculável de poemas derivados do de Manuel Bandeira, embora longe, provavelmentre, dos mil bilhões de sonetos de Queneau.

Adendo relevante

Encontro num artigo de Giba Assis Brasil, publicado na revista digital *Terra Magazine* (27/4/2006), a pertinente observação, aqui incluída para benefício do leitor que, como eu, não saiba grego,

[260] "os textos literários de qualidade não parecem ficar melhores — no sentido artístico — pelo uso desse método".

que lipograma deriva do grego "*leipo*" (abandonar, deixar para trás, ficar privado de) + "*grama*" (escrito) e nada tem a ver com lipoaspiração, que também vem do grego, mas através de "*lipo*", que significa gordura. Por ele aprendo, também, que não se trata de uma invenção do Oulipo. Tem precedentes na Grécia do século VI a.C., no caso do poeta Lasso de Hermione, que escreveu uma "Ode aos centauros" sem usar a letra sigma, e, ainda na Grécia, no século II da nossa era, o de Nestor de Laranda, que reescreveu a *Ilíada*, eliminando a letra alfa do primeiro canto, beta do segundo, gama do terceiro e assim por diante. Diz ainda Assis Brasil que o lipograma foi bastante apreciado na Espanha do século XVII e cita o caso de Alonso de Alcalá y Herrera (1599-1662), que escreveu cinco novelas curtas em forma de lipograma: *Los dos soles de Toledo* sem A, *La carroza con las damas* sem E, *La perla de Portugal* sem I, *La peregrina hermitaña* sem O e *La serrana de Sintra* sem U. Dele a mais surpreendente informação é que trinta anos antes de Georges Perec, um dos fundadores do Oulipo, publicar seu famoso *La disparition*, um romance de trezentas páginas no qual não aparece a letra E, por sinal a vogal mais comum na língua francesa, o americano Ernest Vincent Wright havia escrito uma novela (*Gadsby*), com mais de 50 mil palavras, também sem usar a letra E, igualmente a de mais frequente ocorrência no idioma inglês. *Nihil novum...*

A História o demonstra: os poetas explorarão todas as possibilidades do poema. Até que limite o poeta e o poema continuarão no domínio da Poesia, a serviço dela, é uma questão em aberto. Alguns dirão que a Poesia já morreu, por falta de autores, por falta de leitores, por falta de poemas. Outros, como François Le Lionnais, que "[*l*]*orqu'ils sont le faît de poètes, divertissements, farces et supercheries appartiennent encore à la poésie*"[261] (1973, 22). É uma questão de opinião. Eu, por mim, me situo entre aqueles que comungam os versos de Théophile Gautier:

[261] "quando são o fato de poetas, os divertimentos, as farsas e os embustes pertencem ainda à poesia".

Point de contraintes fausses!
Mais que pour marcher droit
Tu chausses,
Muse, un cothurne étroit.[262]

Da obscuridade na poesia

Se o pensamento é claro, as palavras o seguem.
Boileau

Não procureis qualquer nexo naquilo
que os poetas pronunciam acordados.
Jorge de Lima, *Livro de sonetos*

Este capítulo talvez encontrasse melhor ubicação mais cedo nesta obra, mas me ocorre agora porque — e isso parece contraditório – quanto mais avançamos na modernidade, mais parece que os poetas se enredam, ou se envolvem, em nuvens de obscuridade. Mas a tradição é antiga e em certos períodos da história da poesia alcançou níveis embaraçosos. Quevedo, com sua língua ferina, dela acusa os poetas cultistas de sua época e diz que, lendo os poemas que compunham, "[*la oscuridad*] *era tanta que no se veía la mano... y acudieron lechuzas y murciélagos* [corujas e morcegos]" (Highet, 1978, 178).

Em "Como fazer versos", diz Maiakovski que "a poesia é uma das atividades produtivas mais difíceis" (*El poeta*, I, 1980, 95). Maiakovski enfatiza o aspecto "produtivo" repetindo: "A poesia é produção. Muito difícil, complexa, mas produção". E elabora uma série de argumentos para esclarecer as "dificuldades" a que quer se referir, que vão desde o estado de alerta para o significado profundo da realidade exterior às obrigações do poeta de trabalhar diariamente, de "acumular provisões poéticas", de estar em dia com os trabalhos teóricos dos "camaradas" filólogos e ser atento às obrigações de colocar-se à vanguarda da classe operária "em todas as frentes". Em

[262] Théophile Gautier, "*L'Art, à M. Théodore de Bainville, réponse à son odelette*".

Maiakovski o poeta e o agitador estão sempre confundidos e o que se pode dizer é que, para ele, a dificuldade da poesia adquiria um grau maior do que para os demais poetas precisamente devido à dupla missão que se atribuía. Mas por que evocar Maiakovski no presente contexto? Porque a dificuldade encontrada pelo poeta para escrever o seu poema é, precisamente, uma das desculpas usadas para sua obscuridade. E desde Horácio: "Procuro ser breve, torno-me obscuro; alguém procura ser simples, mas não tem o fôlego; outro visa ao sublime e encontra o inchaço" (v. 25 e seg.).

Se o poeta acha difícil escrever o poema, mais frequente ainda é a dificuldade do leitor de entendê-lo. E não é raro que o poeta se faça difícil para o leitor por puro esnobismo. O crítico inglês Donald Hall diz mesmo que, na Inglaterra, o hermetismo, importado do Continente, pode ter a ver com a classe social: "*To be obscure in your poem is a form of social climbing*"[263] (1962, 21). Em outro contexto, já criticava Igor Stravinski os snobs "*who boast of an embarassing familiarity with the world of the incomprehensible*"[264] (1956, 15).

R. P. Blakmur reconhece a dificuldade real que o leitor, mesmo o leitor culto, pode encontrar num poema, mas desculpa o poeta quando essa dificuldade é exigência da obra. Cita o caso de "Mauberley", de Ezra Pound, no qual a referência a Capaneus e o uso de palavras gregas fazem parte indissolúvel do poema. A dificuldade não é de substância, não está no texto, mas "*in the reader's mind*".[265] O poeta "presume que o leitor saiba, ou procure saber, que Capaneus foi um dos sete contra Tebas, que ele tinha a presunção de dizer que o próprio Zeus não podia destruí-lo, que Zeus o destruiu com um adequado relâmpago, que, finalmente, o poeta, como Capaneus, tem semelhante *hubris* e, como Capaneus, é susceptível (ou mais, "*is likely*") de ser igualmente destruído" (1957, 83). Temos de reconhecer que é uma presunção descabida.

---

263 "Ser obscuro no poema é uma forma de ascensão social".

264 "que se jactam de uma embaraçosa familiaridade com o mundo do incompreensível".

265 "na mente do leitor".

São de Jorge Guillén os versos: "*¿Poeta fácil? Acaso. / ¿Poema fácil? / Ninguno*" (1977, 34). Nesses simples versos está uma das mais intrigantes realidades da poesia. Para o poeta, o mais hermético de seus poemas é de uma luzida transparência. Fruto de um longo trabalho de aprofundamento e concentração, o poeta vê no seu poema a forma perfeita de seu pensamento. E assim deve o leitor recebê-lo. Num ensaio precisamente intitulado "*The obscurity of the poet*", diz Randall Jarrell: "Se tivéssemos o hábito de ler os poetas, sua obscuridade não nos importaria; e, se não o temos, sua clareza de nada nos serve" (1955, 4).

Mas o que pode "comunicar" o poema que não seja compreendido? No máximo uma certa sensação de que por trás das palavras se esconde alguma coisa inefável, à qual ele não tem acesso. O poema cessa de ser aquela "coisa cordial", de que falava Antonio Machado, "*parole échangée*" (cito-o através de Claude Esteban, 1987, 40).

A obscuridade que acompanha o poeta, por tais testemunhos, é o resultado da dificuldade inerente à poesia de revelar-se de forma acessível à compreensão até mesmo do poeta e, por consequência, muito mais do leitor, ou de uma erudição por parte do poeta que não está ao alcance do leitor comum. Mas a doença que atinge o poeta contemporâneo, à qual me referi ao iniciar estas reflexões, é de outra índole.

J. M. Cohen comenta que as alusões, imagens e metáforas usadas pelos poetas clássicos, hoje tidas como difíceis, assim não o eram pelo leitor culto da época em que foram empregadas, em virtude da familiaridade que tinham com as fontes privilegiadas que eram a Bíblia e a mitologia antiga. "O poeta contemporâneo elabora suas metáforas a partir de incidentes da própria vida ou de leituras casuais" que o leitor não tem como conhecer e com eles se identificar (1959, 22, 142). Essa é a maior dificuldade da poesia contemporânea. Ela está escrita para fruição privada do autor, não para ser repartida com o leitor.

Do lado do poeta, a maior dificuldade se encontra, segundo Spender, na elaboração de uma linguagem que assegure a transmissão das novas realidades "antipoéticas" em termos de poesia (1962, 16, 24, 43). Para Spender, o homem contemporâneo tem para com a realidade envolvente o que ele chama de um "*utility look*". Não assim o poeta, o homem que tem "o comando das palavras", para o qual as coisas, mesmo contemporâneas, estão inseridas num fluir poético.

Com sua clareza habitual, observa Roger Caillois: "Sentimos todos que há uma obscuridade na poesia, mas nos contentamos um pouco apressadamente em aceitar que o poeta dela deve se valer, quando o que devia fazer é procurar dissipá-la. A penumbra da alma humana é o domínio da poesia. Mas devemos esperar do poeta que a procure aclarar, e não aumentar-lhe as trevas" (1978, 109).

Abordando o tema do ponto de vista do leitor, não posso deixar de evocar aqui o que Émile Faguet diz do leitor de escritores obscuros, bastando substituir o termo "escritores" por "poetas". "Há uma categoria de autores que, do ponto de vista da arte de ler, é preciso considerar com muita atenção: os chamados 'autores difíceis', ou seja, aqueles que não compreendemos no primeiro olhar, nem mesmo no segundo [...]. Esses autores desfrutam sempre de enorme reputação. Têm um bando e um sub-bando de admiradores. O bando é composto por aqueles que fingem entendê-los, o sub-bando por aqueles que não ousam dizer que não os compreendem e que, sem os ler, declaram que são primorosos. Os do primeiro grupo são inteiramente fanáticos, sendo sua admiração composta pela admiração que têm pelo que supõem ser a inteligência dos autores obscuros e pelo desprezo que eles têm [os autores difíceis] pela inteligência dos outros. São uns iniciados. Têm toda a arrogância e toda a intransigência dos iniciados nos mistérios. [...] A alegria para alguns [leitores], e mesmo para muitos, é, em primeiro lugar, compreender, mas, sobretudo, compreender o que as pessoas comuns não compreendem. É excitante. Assim se criam, em torno de certos autores, elites que se comprazem por penetrá-los e sabem que eles [os autores] se comprazem em serem impenetráveis" (Faguet, 2009, 84-86).

Dou-me conta, ao transcrever essas palavras do crítico francês, que, ao encerrar esta parte do livro, onde o agente predominante é o leitor, de alguma forma o fiz desconstruindo a figura do leitor, como, na precedente seção, havia desconstruído a figura do autor. Não houve nisso plano expresso ou intenção camuflada. Respeito demais o poeta e o leitor legítimos para querer depreciar o papel que lhes cabe na vida do pensamento e da cultura. Tudo não passa, talvez, da convicção profunda que tenho de que a poesia não deve ser uma barreira que separe e confine seres eleitos, sejam eles autores ou leitores, num universo rarefeito de iniciados arrogantes ou fingidores. Faço minhas as recomendações de Constantino Cavafis no poema "*Quando possas*": "*Evita el excesivo contacto con el mundo / de las palabras sin rumo y sin sentido*" (1979, 69).

Outro adendo relevante

Cai-me às mãos agora o livro *Da poesia à prosa*, do crítico italiano Alfonso Berardinelli, e encontro nele uma classificação do que chama "os caminhos da obscuridade" bem útil para uma visão sistemática da questão. Diz Berardinelli que a obscuridade pode resultar de quatro fatores fundamentais: 1) solidão e singularidade; 2) profundidade e mistério; 3) provocação; e 4) jargão literário. Não seria difícil retomar os exemplos citados precedentemente e inseri-los nas respectivas categorias. Mas prossigamos com os argumentos e os exemplos do autor.

Na primeira categoria, Berardinelli inclui a poesia lírica, tomando para ela a definição que lhe confere Hegel: "Poesia cujo conteúdo pertence ao sujeito singular", em quem se manifesta "a alma com seus julgamentos subjetivos, suas alegrias, seu espanto, sua dor", característica de toda a poesia lírica ocidental a partir da Grécia antiga. Normalmente é uma poesia "que fala a si mesma, ou seja, a ninguém". Para ela, o leitor é "uma imagem especular do eu", portanto habilitado a captar as mensagens cifradas do autor. Esse não se julga, nem tem a intenção de parecer obscuro, embora geralmente assim se torne, pois não tem o leitor o conhecimento de sua mitologia particular ou a chave de suas metáforas individuais (2007, 134-136).

Na segunda categoria estão os poetas do inefável, aqueles que buscam o que está por trás das palavras, nas profundezas do ser, a verdade oculta, intransmissível pelo verbo, só apercebida pelo êxtase, o espanto, o assombro. São multidão e se consideram eleitos. Essas palavras são minhas, não de Berardinelli. Esse cita Baudelaire, Poe, Hölderlin, Leopardi. De Baudelaire reproduz a frase: "Há uma certa glória em não ser compreendido" (ibid., 128). "Se os projetos singulares sensíveis comparecem, é para remeter a outra coisa, à profundidade e ao mistério que se abrem às suas costas, criando efeitos de vertigem. Os objetos se tornam símbolos, epifanias, manifestações momentâneas, inesperadas e radiantes de uma realidade que está além, atrás ou mais adiante. As imagens emergem da totalidade ou da infinidade sem fundo de uma Natureza em vários aspectos divina." E essas palavras agora são de Berardinelli (ibid., 136-138).

Na terceira, o autor coloca aqueles que ultrajam deliberadamente o leitor, pelo qual sentem desprezo ou asco. Inaugura a série com o *poète maudit* (Baudelaire) e a conduz até aos sabotadores da arte, aos iconoclastas futuristas, indo do choque moral ao choque estético (ibid., 138-140).

Finalmente, na quarta categoria fala do "jargão" e esclarece: "O jargão de que falo é [...] o de uma modernidade não cansada de si mesma e ainda confiante no progresso ininterrupto da inovação." Confrontada com a cultura burguesa dominante, a "arte autêntica sente a necessidade de escapar numa linguagem separatista, semiclandestina, de seita, para iniciados. Nasce a língua com que se fala de coisas que a norma burguesa ignora, teme, despreza ou condena. Os poetas falam entre si ou para um círculo diminuto". Berardinelli vê sua origem em Mallarmé e sua esteira em Valéry, no hermetismo italiano, na poesia pura espanhola (Jorge Guillén, Pedro Salinas) e chega ao *New Criticism*, a Barthes, ao grupo *Tel Quel* e mesmo até aos pós-modernistas. "A língua da poesia se especializa. Cria um antimundo. Funciona como uma máquina, procedendo a uma meticulosa abrasão de todo conceito, imagem e valor herdados. O ato poético passa a ser culto e apologia de si mesmo." E, mais adiante: "A arte poética tende a se tornar uma arte sem leitores, uma arte literária apenas para escritores. [...] Trata-se substancialmente de um exercício de ascetismo anticomunicativo e antirrealista, no curso do qual (como escreveu Susan Sontag) 'o artista se purifica de si mesmo e, em última instância, da própria arte'." E conclui: "Assim, essa crítica artística da ideologia burguesa da arte leva à eliminação da ideia de obra, de arte e de obra de arte. Nesse ponto, a arte moderna se transforma em um jargão de puro especialismo estético, em que, por princípio e de acordo com os princípios teóricos, não se pode falar de nada. A linguagem não é veículo, mas objeto obscuro, inquietante, misterioso e, finalmente, ornamental: decoração do habitat cultural pós-moderno. Esse jargão torna cada obra incomparável, por definição, a qualquer modelo da arte ocidental precedente, tradicional; e, desse modo, obtém a vantagem fundamental de desarmar a crítica, vetando-lhe a possibilidade de qualquer confronto com obras do passado, às quais se atribuía qualidade e valor" (ibid., 140-142).

Antes de apresentar seus quatro caminhos, Berardinelli observa, a meu ver muito pertinentemente, que, "[j]ustamente por ser obscuro, o escritor experimental e de vanguarda tinha a certeza de mover-se no bojo da modernidade. Críticos e teóricos já estavam preparados para explicar que o inexplicável, isto é, a inesgotável polivalência do texto, era tudo o que se devia esperar de um texto literário moderno. E o aparato interpretativo se desenvolvia sem limites justamente para justificar a desaparição de enunciados interpretativos nos textos" (ibid., 131).

Parece o autor chegar à conclusão, no entanto, de que suas categorias não esgotam as hipóteses classificatórias, pois dirá que o caso de Celan mereceria uma análise à parte porque nele "a obscuridade, a alusão, a obsessão pelo indizível e pelas experiências não verbalizáveis tiveram como pressupostos os *Lager* nazistas. Assim, em sua poesia, a luta contra o silêncio e a convivência com o silêncio não se enraizam numa ontologia mística ou numa teologia negativa, mas sobretudo numa atroz experiência biográfica e histórica" (ibid., 189).

Poesia moderna, contemporânea e de vanguarda

Algumas observações do crítico de arte Robert Hughes sobre a arte norte-americana dos nossos tempos se ajustam como luvas ao que se pode dizer sobre a poesia contemporânea e seus críticos. Para Hughes, o que se apresenta como arte moderna atualmente é de tal modo malfeito que somente a sua presença num museu pode sugerir ao espectador que se trata de uma obra de arte. Ali chega o objeto precedido dos comentários de algum crítico que o descreve numa linguagem pseudotécnica, hermética e metafórica, "codificada de uma forma tão enredada que, quando o espectador pensa tê-la traduzido, sente-se orgulhoso por considerar-se incluído dentro do que chamamos o discurso do mundo da arte". Para os autores desse discurso, "o mero fato de pedir que uma obra de arte esteja bem feita é um signo de elitismo. Provavelmente, alguns críticos teorizarão que uma obra de arte malfeita é apenas uma metáfora para a porcaria ['*porquería*', na tradução espanhola citada] que é o resto do mundo produtivo, agora que a ética do artesanato quase desapareceu". Os traços dominantes da arte americana contemporânea (e poderia estender sua apreciação a toda arte contemporânea ocidental) são o "pavoneio e a inaptidão". "A disciplina da arte, caracterizada pelo amor à estrutura, à claridade, à complexidade, ao matiz e à ambição imaginativa, é deixada de lado e se reclama o direito à excepcionalidade." Com isso, o próprio conceito de vanguarda perdeu o sentido e o que se vê é uma desordenada competição na produção do inédito, do inesperado, do excepcional (Hughes, 1994, 200 a 207). E aí, acrescento eu, em boa parte equivocadamente, pois a exposição de um aspirador num museu (Palais de Versailles, 2009) ou a de uma cueca suja numa feira internacional de artes plásticas (New York Armory, 2009) nada inova com relação à sacralização de um mictório em 1917.

A mesma crítica, ou percepção, vamos encontrar em Tzvetan Todorov, na recente obra *A literatura em perigo*. A sacralização do objeto como obra de arte por sua entronização no museu faz desaparecer a diferença fundamental entre o artesão, que produz a obra para uso (dele o usufruto, do consumidor a utilização prática) e o artista que a produz para fruição, própria ou do leitor-espectador (2009, 51-52).

Muito do que acima está dito se aplica, *mutatis mutandi*, à produção poética dita moderna, contemporânea ou de vanguarda, palavras todas ambíguas e inapropriadas. No sentido literal, toda produção literária é moderna, com relação às manifestações anteriores, contemporânea de quem a produz ou recebe e, finalmente, de vanguarda sempre que inovou com relação ao que se estava à época produzindo. O pós-moderno simplesmente não existe.

O novo nem sempre é novo. Do verso livre já tratava Du Bellay na sua *Défense et illustration de la langue française*, de 1549. Caligramas já havia feito Símias de Rodes, na Grécia, no século III a.C., e nem sempre são poesia. Tornam-se poesia depois que aparecem numa revista literária de renome (o equivalente da galeria nas artes plásticas) ou na História da Literatura (o equivalente do museu). Frequentemente vem a obra reproduzida acompanhada, igualmente, de um certificado crítico que, com igual pseudocategorias teóricas, a aprova e explica, com palavras incompreensíveis para o leitor. Sua obscuridade é infalível garantia de que o certificado é válido e sua autenticidade indiscutível. Perdida parece estar a lição de Baudelaire quando dizia que "a modernidade é o transitório, o fugitivo, o contingente, a metade da arte da qual a outra metade é o eterno e o imutável" (Esteban, 1984, 10).

Edwin Muir escreve sobre o sentido que se deve dar à palavra "contemporânea". A poesia, em qualquer época, é contemporânea: "O que eu tenho procurado advertir é que a poesia não será verdadeiramente contemporânea, ou verdadeiramente poesia, se tratar meramente do que seja percebido como imediatamente atual, como se isso existisse por si próprio, isolado de tudo quanto o precedeu" (1993, 92). Para Stephen Spender, "*the main task of contemporary poetry* [...] *is to transmute the anti-poetic material of modern life into transparent poetry*"[266] (1962, 43).

Quanto à palavra "vanguarda", são oportunas as advertências que faz, por sua vez, Gilberto Mendonça Teles em *Vanguarda europeia e modernismo brasileiro*, ao traçar o histórico da sua etimologia e precisar o significado teórico que adquiriu no século XX, com isso desativando o impulsivo abuso dela feito pelos que a consideram sinônimo de novidade. Diz Teles que, em sua vinculação com as origens europeias, a vanguarda, mais do que uma tendência, "representa a mudança de crenças experimentadas no pensamento e na arte do mundo ocidental, desde o início deste século [o século XX]. Toda vanguarda sempre se caracteriza pela agressividade, manifestada no antilogismo, no culto a valores estranhos, [...] os poderes mágicos, a beleza da anarquia, o instantaneísmo, o dinamismo, a imaginação sem fio" (1985, 82).

Se me arrepiam palavras como modernismo ou vanguarda, torna-se-me insuportável o epíteto pós-modernismo, tão em voga nas décadas recentes para significar, precisamente, o esgotamento do modernismo. Faço minhas as palavras de Alfonso Berardinelli quando diz que a pós-modernidade, "se olharmos para o passado e para o futuro, se torna uma categoria amplamente supérflua: exauriu sua função ainda recente; o resto, isto é, o presente, permanece *não categorizado* [ênfase do autor] e sem etiqueta" (2007, 190).

Resta a palavra "nova". Em si mesma nada conota além do fato de que aquilo de que se fala é de recente produção.

Existe em todas as literaturas. No Brasil temos, em livros, a *Antologia da nova poesia brasileira*, de J. G. de Araujo Jorge, de 1946, e, de Fernando Ferreira de Loanda, *Panorama da nova poesia brasileira*, de 1951. Talvez outras. Em ambos, o critério para designar

[266] "a principal tarefa da poesia contemporânea [...] é a de transmutar o material antipoético da vida moderna em poesia transparente".

o "novo" parece ser o "recente", e não o surgimento de alguma nova "escola" poética ou a representatividade de algum grupo de poetas com características comuns.

Blake Morrison e Andrew Motion, na apresentação que fazem da antologia *Contemporary British Poetry*, pela primeira vez publicada em 1982, observam que todas as antologias de poesia em língua inglesa desde 1912 se apresentaram como representativas da "nova" poesia naquele idioma. Reconhecem, pois, a inanidade da designação. E criticam Al Alvarez, que popularizou a ideia de que havia uma *New Poetry* com representantes dos dois lados do Atlântico. No entanto, são forçados a reconhecer que existem, na literatura inglesa que desponta no terceiro quartel do século XX, certas características comuns que permitem identificar uma linguagem poética diferente à qual, no entanto, recusam aplicar uma etiqueta: "Atualmente, após um período de letargia, a poesia britânica está mais uma vez experimentando uma transição: uma certa quantidade de obras vem sendo criada que demanda, para sua apreciação, uma reforma do gosto poético." Em que consiste essa nova atitude? "*The new poetry* [e logo aparece a palavra *new*] *is often open-ended, reluctant to point the moral of, or conclude too neatly, what it chooses to transcribe*."[267] Usam uma frase de Seamus Heaney, que consideram o paradigma dos novos poetas, para dizer que esses já não são "*inhabitans of their own lives so much as intrigued observers, not victims but onlookers*".[268] Por outras palavras, abandonam o confessionário que tanto marcou a poesia americana influenciada por Robert Lowell. E evitam muito do obscurantismo elitista que sobreviveu mesmo ao advento da *New Poetry*, assim como certa solenidade congênita à poesia tradicional, ridicularizada pelo poeta James Fenton nos versos: "*He* [o poeta] *tells you, in the somberest notes, / If poets want to get their oats / The first*

[267] "A nova poesia é amiúde aberta, relutante em indicar uma moral ou apresentar uma conclusão muito clara do que pretende dizer."

[268] "habitantes das próprias vidas tanto quanto perplexos observadores, não vítimas, mas espectadores".

step is to slit their throats. / The way to divide / The sheep of poetry from the goats / Is suicide"[269] (Morrison, 1986, introdução).

Em 2004, outra antologia da recente poesia britânica é publicada nos Estados Unidos, com o inevitável título de *New British Poetry*, editada pelos poetas Don Paterson, inglês, e Charles Simic, americano. Nela figuram poetas da Inglaterra, da Escócia e do País de Gales, mas não da Irlanda, onde, talvez, se encontrem os maiores, pela simples razão de que a obra individual dos principais poetas irlandesas já era bastante conhecida nos Estados Unidos. As apresentações individuais que fazem os organizadores da coletânea, se pertinentes na descrição das principais características do que chamam a nova poesia nos dois lados do Atlântico, não chegam a configurar o surgimento de novas correntes de linguagem poética que possam marcar rupturas ou transições acentuadas conducentes a uma periodização das etapas da poesia de um ou de outro lado. Falam menos de uma nova poesia do que de feições discerníveis na poesia mais recente. Simic critica muito da poesia americana contemporânea, formalmente irregular, quando não indisciplinada, prudente nas metáforas, cautelosa no vocabulário, intimista e sem humor. "*The chief strategy of these poems was to conceal that they were poems by avoiding anything that seemed too imaginative or too irreverent*"[270] (2004, xx). Simic estava se referindo, principalmente, à poesia dos autores nascidos após 1945, o ano que ele e Paterson escolheram para separar os poetas que iriam figurar na antologia. Paterson, emendando as suas com as considerações de Simic, vai logo dizendo que a poesia britânica é diferente da poesia norte-americana, e aventa resultar isso de que o poeta (e o público) britânico tende a demonstrar "*an allegiance to more traditional ideas of form and poetic closure than its more freewheeling, loose-lined and open-ended North-American equivalent — and*

[269] "Ele [o poeta] diz a você, com os tons mais sombrios, que, se os poetas querem obter sua aveia, o primeiro passo é cortar suas veias. A maneira de separar, na poesia, a ovelha das cabras [o trigo do joio] é o suicídio".

[270] "A principal estratégia desses poemas era ocultar que eles eram poemas, evitando qualquer coisa que pudesse parecer demasiado imaginativa ou irreverente".

perhaps also to the pure lyric, in the simplest and neutral sense of an abiding interest in the old song-forms"[271] (ibid., xxiii-xxiv). Em seguida, após uma ferina condenação do pós-modernismo, ressalta o que ele chama de "*mainstream*" [principal corrente] da poesia britânica, ou seja, a continuidade de certos valores ligados ao cuidado com a forma, "*compositional procedure*" [procedimentos de composição] nas suas palavras, e uma honesta preocupação de estabelecer um diálogo com o leitor. Os poetas da sua antologia "*understand this relationship and calculate for it; they attempt to reward the reader for their investment*"[272] (ibid., xxx).

Do poema-verso ao poema-imagem

Podemos, *grosso modo*, apreciar a questão da tipografia do verso sob três óticas distintas: a mancha tipográfica como signo lúdico, a distribuição gráfica com a função auxiliar da leitura e a tipografia como elemento estrutural do poema.

Os divertimentos gráficos proporcionados pela mancha tipográfica dos versos na página não são novidade introduzida em épocas modernas. Têm sido usados desde os gregos antigos, inclusive na sua forma mais figurativa, que é o caligrama, cujo primeiro exemplo registrado, já vimos, é o do poeta grego Símias, do século III a.C. Foi praticado pelo poeta metafísico George Herbert, no século XVII (Brookes-Davies, 1997), mas, antes dele, fora já objeto de uma descrição pelo crítico literário inglês George Puttenham, na obra *The Art of English Poesie*, do século XVI. Nesse século deve ter sido popular, pois o vemos praticado em outras artes. Assim, Baude Cordier fez imprimir algumas de suas partituras-caligra-

[271] "uma lealdade às ideias de forma e realização poética mais tradicional do que a equivalente norte-americana, mais espontânea, solta e aberta — e talvez também à lírica, num sentido mais neutro e simples de um perdurável interesse pelas formas antigas da canção".

[272] "compreendem essa relação e a levam em consideração; esforçam-se por recompensar o leitor pelo seu investimento".

mas para piano, tais como uma lírica amorosa, em forma de coração, ou um *rondeau* na forma de um círculo (Larousse, 1975, 110 e 112). Nos tempos modernos, o caligrama foi usado com mestria por Vicente Huidobro, em seu *Altazor*, e desvirtuado, em sua concepção original, pelos futuristas e concretistas, que dele retiraram o conteúdo semântico que permitia a leitura como poema. *Easter Wings*, de George Herbert (Brookes-Davies, 1977, 27-46), em forma de clepsidras, serviu de modelo a muitos poetas posteriores:[273]

Lord, who created'st man in wealth and store,
Though foolishly he lost the same,
Decaying more and more
Till he became
Most poor:
With thee
Oh, let me rise
As larks. Harmoniously,
And sing this day thy victories:
Then shall the fall further the flight in me.

My tender age in sorrow did begin
And still with sicknesses and shame
Thou did'st so punish sin
That I became
Most thin.
With thee
Let me combine,
And feel this day thy victory.
For if I imp my wing on thine.
Affliction shall advance the flight of time.

[273] Um belo exemplo do mesmo recurso tipográfico encontramos no poema "Pouco acima daquela alvíssima coluna", cujos versos fazem aparecer a figura de uma taça, do poeta simbolista Hermes Fontes, publicado em seu livro *Apoteoses*, de 1908, o que faz o caligrama do poeta sergipano preceder aos de Apollinaire. A rigor não deveríamos considerar caligramas os poemas que imitam formas de objetos pela distribuição da mancha dos versos na página, recorrentes na literatura universal, e reservar a designação apenas para os poemas cujas linhas formam desenhos sem conexão com o ritmo da frase.

De Herbert é, também, o poema "*Mary*", no qual o poeta joga com o anagrama proporcionado pela palavra Mary, óbvia alusão à Virgem Maria, poema que muito poeta concretista gostaria de ter sido o primeiro a escrever:

MARY
ANA - *GRAM*
ARMY

How well her name an army doth present,
In whom the Lord of hosts did pitch his tent!

De Herbert é, ainda, o poema "*Paradise*", que, embora ficasse mais bem citado quando se tratou da rima, aqui encontra, igualmente, um lugar adequado:

I bless thee, Lord, because *I GROW*
Among thy trees, which, in a *ROW*
To these both fruit and order *OW,*

What open force, or hidden *CHARM*
Can blast my fruit, or bring me *HARM,*
While the enclosure is thine *ARM?*

Enclose me still, for fear I *START;*
Be to me rather sharp and *TART,*
Than let me want thy hand and *ART.*

When thou dost greater judgements *SPARE.*
And with thy knife but prune and *PARE*
Even fruitful trees more fruitful *ARE.*

Such sharpness shows the sweetest *FREND;*
Such cuttings rather heal than *REND;*
And such beginnings touch their *END.*

O século XX viu o poeta voltar a dar uma importância fundamental à mancha tipográfica do poema, mas agora por razões nada lúdicas, e sim de ordem metodológica, buscando permitir uma melhor leitura ou visualização do poema no papel. O poema deve distribuir-se pela página de acordo com o ritmo respiratório, diz

Allen Ginsberg (*El poeta*, IV, 97). É a proposta e a prática de Maiakovski. Para ele, a pontuação normal é muito pobre de expressividade e requerem-se novos recursos. A medida e o ritmo são muito mais importantes do que o metro e necessitam ser indicados (*El poeta*, I, 92). Gotfried Benn chega a dizer que o poema moderno é inadequado para a recitação. Precisa de ser visto na página. Donde a necessidade de que a mancha tipográfica participe do efeito que se espera o poema produza no leitor (*El poeta*, IV, 92). Elisabeth Bishop o confirma, com muita propriedade, ao dizer que o espaço na página que cerca o poema é "*as musical as the sound*".[274]

O caso de Mallarmé é totalmente outro, original e personalíssimo. Em *Un coup de dés jamais n'abolira le hazard*, busca o poeta que o texto se reproduza na página "*dans sa mise en scène spirituelle exacte*",[275] sem dissociar o fundo da forma e o espírito da letra. No prefácio escrito para a publicação na revista *Cosmopolis* (1897), reproduzido na edição da Pléiade (1979, 455), prefácio que o autor diz que preferiria que o leitor não lesse, escreve o poeta que a distribuição gráfica corresponde não a critérios formais, mas a "*subdivisions prismatiques de l'Idée*". A distribuição do texto na página, as diferenças de tipos de letra, as distâncias entre as linhas (os "silêncios") servem todas para fornecer ao leitor uma "partitura" (já vimos a imagem ser empregada por Valéry): "A diferença dos caracteres de imprensa entre o motivo preponderante, um secundário e os adjacentes dita a importância de sua emissão oral, e sua colocação, no alto ou em baixo da página, indica o aumento ou a diminuição de sua entonação." O efeito que o poeta deseja alcançar é que o poema seja lido como uma sinfonia.

Blanco, de Octavio Paz, é outra composição original e também extremamente pessoal que, como *Un coup de dés*, não pode gerar seguimento. Estruturalmente o poema é mais complexo do que o de Mallarmé e se destina a outro tipo de leitura. Enquanto a de *Un coup de dés* deve ser "musical", do texto por inteiro como uma peça

---

[274] Citada na NYRB, 24/3/2011, p. 16.

[275] "em sua encenação espiritual exata".

sinfônica, a de *Blanco* requer uma leitura analítica, extensiva, fragmentada. Vejamos as instruções do autor: "*Blanco es una composición que ofrece la posibilidad de varias lecturas, a saber: a) En su totalidad, como un solo texto* [possibilidade essa que não existe devido à recorrente superposição de três textos autônomos, cuja leitura não pode ser simultânea]; *b) la columna del centro, con exclusión de las de izquierda y derecha, es un poema cuyo tema es el tránsito de la palabra, del silencio al silencio (de lo "en blanco" a lo blanco — al blanco), pasando por cuatro estados: amarillo, rojo, verde y azul; c) la columna de la izquierda es un poema dividido en cuatro momentos que corresponden a los cuatro elementos tradicionales; d) la columna de la derecha es otro poema, contrapunto del anterior y compuesto de cuatro variaciones sobre la sensación, la percepción, la imaginación y el entendimiento; e) cada una de las cuatro partes formadas por las dos columnas puede leerse, sin tener en cuenta esa división, como un solo texto; cuatro poemas independientes; f) la columna del centro puede leerse como seis poemas sueltos y las de la izquierda y derecha como ocho.*"

O poema foi concebido para ser publicado numa única folha contínua, a exemplo dos antigos rolos, e o desenrolar-se assumiria a sensação de um "*viaje inmóvil al que nos invita un rollo de pinturas y emblemas tántricos: si lo desenrollamos, se despliega ante nuestros ojos un ritual, una suerte de procesión o peregrinación*". Mais ainda, as diversas partes que constituem o poema "*están distribuidas como las regiones, los colores, los símbolos y las figuras de un mandala*" (Paz, 1979, 481-482).

Nada dessas experiências reencaminha o poema. Se bem que o de Paz é, obviamente, uma tentativa de seguir o procedimento de Mallarmé no uso do espaço, como o de seu predecessor não abre caminho para uma nova linguagem poética e os dois poemas ficarão isolados, na história da poesia, como peças interessantes de arqueologia literária.

No limite, essa atenção excessiva com o aspecto visual do poema conduziu à sua substituição pelo grafismo. O poema desaparece e em seu lugar temos o desenho. Décio Pignatari, num artigo intitulado "Teoria da guerrilha artística", publicado no jornal *Correio da Manhã* (4/6/1967), disse que "[o] poeta é um *designer* da linguagem". Sua intenção era bem outra, sei, mas a palavra *designer* bem se aplica a certas produções de Augusto de Campos, como as "serigrafias" de *Xadrez de estrelas* ou os "poemas" das séries Propcretos e Profilogramas de sua *Poesia 1949-1979*.

A essas considerações que dizem respeito à tipografia do poema, acrescento um comentário, cada dia que passa, mais atual, de Leopardi sobre o tamanho das fontes nas edições que lhe eram contemporâneas. Diz o poeta em seu *Zibaldone*: "*La sapienza economica di questo secolo se può misurare dal corso che hanno le edizioni che chiamano compatte, dove è poco il consumo della carta, e infinito quello della vista. Sebbene in difesa del risparmio della carta nei libri, se può allegare che l'usanza del secolo è che si stampi molto e che nulla se legga*" (Guerini, 2007, 60). Leopardi falava do início do século XIX; pudesse ele ver o que ocorre hoje!

Um desabafo ou, talvez, um pesadelo

A revolução na arte produzida nos últimos pouco mais de cem anos permite a pergunta nada perfunctória de saber se estamos tratando da mesma coisa quando escutamos o que nos dizem as sucessivas vanguardas que, desde os últimos anos do século XIX, surgem às catadupas para renegar tudo o que antes se havia passado, dos primórdios das civilizações até o seu aparecimento iconoclástico. São a mesma coisa a música? A poesia? As artes plásticas? Pode-se, por assim dizer, pôr no mesmo saco, digamos, a Vitória de Samotrácia (anatematizada por Marinetti) e o "Puppy", "*the flower dog*", de Jeff Koons, sentado em frente do Museu Guggenheim em Bilbao? A Vênus de Bronzino, no quadro em que aparece com Cupido, a Loucura e o Tempo, e um grafite de Basquiat? Ou a Primeira Sinfonia de Mahler com a peça para piano *4'33* de John Cage? Ou um poema qualquer de John Donne, digamos *The Flea*, para ficarmos no nível mais elementar das invocações poéticas, com, por exemplo, "O grilo", de Khliébnikov?

Não é preciso ver reacionarismo nessas palavras, porque eu não nego o direito de Jeff Koons, Basquiat, Cage ou Khliébnikov de fazer o que bem quiserem e, menos ainda, deles retiro a importância das contribuições trazidas para o surgimento de novas formas (de arte ou de artesanato?), mas apenas o de se apropriar da marca da arte para condenar vinte mil anos de uma visão artística do mundo, de uma concepção da arte como um modo especial e superior de entrar em contato com a realidade e de comunicá-la ao leitor, ao ouvinte, ao espectador. Pode o conceito de arte, que abriga, sim, inumeráveis variações espaciais e temporais, sob uma cúpula única, a de uma tentativa de alcançar o essencial da beleza, mesmo da beleza existente no horrível, abrigar sob o mesmo guarda-chuva semântico a negação de todo esse passado? A história parece demonstrar a precariedade de tais intenções. Quanto têm durado essas revoluções definitivas, destinadas a inaugurar um futuro inédito e desprovido de qualquer vínculo com o passado? Quantas dessas invenções sobreviveram a seus protagonistas e ao pequeno círculo de seus epígonos? Que tenham sido importantes e significativas contribuições para abrir a reflexão sobre os caminhos da arte, ninguém o pode negar. Mas quem pode, hoje, de cara limpa, e seriamente aplaudido, dizer, com Marinetti, ser preciso "destruir os museus, as bibliotecas e as academias de todas as espécies, [...] porque queremos libertar esta terra do fétido câncer de professores, arqueólogos, guias e antiquários" (primeiro Manifesto Futurista); com Luigi Russolo (música bruta) ou Pierre Schaeffer (música concreta), acreditar que os ruídos provocados pelas atividades urbanas ou os manipulados pelas técnicas eletroacústicas, conforme arranjados, possam ser sucedâneos adequados à música modal ou harmônica; ou, com Hugo Bali, achar que, na nova poesia, "um verso é a oportunidade de dispensarmos as palavras e a linguagem" (primeiro Manifesto Dadaísta)? Levar a sério a piada musical de Erik Satie com suas *Vexations*?[276] Ou, no campo das

[276] *Vexations* foi composta em 1883, bem antes, pois, dos futurismos russo e italiano e dos dadaísmos francês e alemão. Constituiu uma antecipação irônica e bem-humorada,

artes plásticas, não ver que reverenciar o quadro "Quadrado branco sobre o branco", de Kasimir Malevitch, é convidar o próximo movimento concretista a defender o "verso branco sobre a página branca" com as mesmas credenciais de nobreza?[277]

Imagino um cenário que pudesse representar a soma total das revoluções no mundo da arte do século XX tal como refletidas numa cena do cotidiano de um de seus arrebatados propugnadores: recostar-me (é impossível dizer "confortavelmente") numa réplica da *chaise rouge et bleue* de Gerrit Rietveld (conheço quem disponha de uma em Copacabana), na sala asséptica de um apartamento feito apenas de ângulos retos, paredes brancas e muros de vidro, diante de um quadro de — eu ia dizendo Mondrian, o "Composition 1929", que inspirou o *designer* holandês da cadeira, mas digo qualquer outro, de preferência um minimalista — Rothko, por exemplo, o da Capela em Houston, com os gigantescos quadros negro sobre negro, ouvindo a peça *4'33*, de John Cage,[278]

---

no campo da música, das críticas que os pintores e poetas daqueles movimentos do início do século XX introduziram em seus respectivos domínios. Com uma partitura de 32 compassos, destinada a ser tocada sem interrupção 840 vezes (tempo total de execução de aproximadamente 28 horas), o compositor francês fazia, na verdade, uma paródia da *unendliche Melodie* wagneriana, uma melodia suportada por uma progressão interminável de acordes complexos sem resolução predeterminada. A música de Russolo, composta de sons de carros, trens e outros produtores de ruído urbanos, durando apenas 24 segundos, tem a vantagem de levar somente cerca de três horas e 14 minutos, se for repetida 840 vezes, a menos que meus cálculos estejam errados.

[277] Aliás, não foi exatamente isso o que o Oulipo alcançou com o poema de *zéro mot* de François Le Lyonnais?

[278] A partitura de Cage é composta apenas de pausas. O pianista não faz absolutamente nada. Ou faz. Por exemplo, David Tudor executa a peça com o piano fechado, mudando as páginas de tempo em tempo, respeitando o que está escrito nas pautas, e abrindo e fechando a tampa do teclado duas vezes para indicar a passagem de um movimento a outro. A peça já foi "executada" em concerto várias vezes, em respeitáveis salas musicais da Europa e dos Estados Unidos, e devidamente aplaudida por um público que se considerava privilegiado pela oportunidade que lhe era conferida de "ouvir" a composição de Cage. Pode ser escutada no YouTube, o que permitirá ao "ouvinte" familiarizar-se com distintas interpretações. Das versões que "escutei", a de Tudor foi a única com o piano fechado. Outros intérpretes preferem "executar" a peça com o piano aberto e o teclado visível, o que me parece uma solução esteticamente mais bem estruturada. A partitura de Cage não tem sequer o mérito da originalidade. Sua peça é de 1952 e Giovanni Papini já a tinha imaginado, eu diria mesmo criado, no

ou, se preferir algo mais excitante, o *Risveglio de una città*, de Luigi Russolo, talvez com um copo de uísque na mão (seria a única coisa boa indiscutível, desde que, evidentemente, o uísque fosse escocês), apoiada numa mesa tulipa de Saarinen, lendo, por exemplo, o poema de dez palavras de Décio Pignatari (aqui reproduzido na íntegra: "caviar o prazer / prazer o porvir / porvir o torpor / contemporalizar"), seguido da explicação que dele dá, em 1.400 palavras (aproximadamente) José Lino Grünewald; e, de preferência, de costas para um pôr de sol, o que só é permitido apreciar agora às pessoas caretas e às manicures suburbanas. E tudo me parece um pesadelo. Se prefaciam o futuro, felicito-me de que já não alcançarei sua plenitude.

O leitor

Que otros se jacten de las páginas que han escrito;
a mi me enorgullecen las que he leído.
Jorge Luis Borges, "*Un lector*", 1974, 1016

Todo o debate acadêmico em torno da comunicação em poesia parece referir-se a um tipo de poesia e a uma qualidade de leitor de nível cultural suficientemente elevado para manipular conceitos que estão muito além da capacidade de entendimento do homem comum. O poeta se considera parte de uma elite intelectual e cultural que o distancia de todo aquele que não seja capaz de compreender o que ele está querendo comunicar, ou simplesmente dizer. Não é preciso que decifre seus enigmas, que perceba todas as suas alusões, mas sim que esteja familiarizado com a natureza de sua linguagem, que tenha alguma capacidade de empatia com suas imagens, alguém cujo aplauso ele possa receber com desvane-

seu livro *Gog*, em 1931. A música de Cage é, portanto, um descarado plágio. O equivalente nas artes plásticas da invenção de Cage é "Quadrado branco sobre o branco", de Kasimir Malevitch, de 1918, a ausência da ausência, no qual o quadrado branco seria "a vontade humana fundindo o homem com o infinito", conforme a explicação de um crítico de artes plásticas.

cimento, pois o elogio do néscio lhe é fonte apenas de impaciência ou irritação.

Émile Faguet faz uma descrição pouco lisonjeira do leitor de poesia. Diz o crítico francês: "O leitor de poesia é um iniciado, ou acredita ser, e se gaba de sê-lo. Há, entre os poetas e os leitores de poetas, uma francomaçonaria que não existe entre os romancistas e os leitores de romances. [...] O leitor dos poetas é, quase sempre, um versejador, ou já foi. Sente-se com isso pertencente a uma classe um pouco superior ao resto da humanidade" (2009, 36-38).

Antes, porém, de abordarmos a tipologia do leitor de poesia, podemos, ou devemos, nos propor algumas indagações preliminares: para quem escreve o poeta? Para si mesmo? Para um público determinado? Para um leitor anônimo?

Para si próprio. Pode ser. Pode ter ocorrido e não sabermos. O poeta português António Manuel Couto Viana diz num poema intitulado "O avestruz lírico": "Ânsia frustrada de espaço e luz, / De coisas frágeis, líricas, leves / [...] / Isto sou (Dói-me a ironia / — Pudor nem eu sei de quê). / Daí a absurda fantasia / De me esconder na poesia, / Por crer que ninguém a lê" (Costa e Silva, 1999, 143). Mas publica o poema.

O mais aparente é que toda boa poesia parece exigir o leitor. E a má também. E a verdadeira questão é saber que tipo de leitor o poeta deseja alcançar. De leitor, e não de um público no sentido que o mercantilismo moderno atribui à palavra. Na verdade, ao entregar a obra ao chamado público o poeta está procurando angariar leitores, os destinatários anônimos de sua obra. No campo literário (e, talvez, da arte em geral) o poeta é, possivelmente, o único autor gratuito. Ele não visa à recompensa material. O poeta não vive de poesia. Outras recompensas, talvez, possam lhe atrair. Diz Flaubert que o desejo de escrever não vem necessariamente da esperança de um lucro qualquer ou de "*avoir le cul dans le berlingot de la gloire*". É algo mais interior, mais profundo, mais individual. O que não quer dizer que, e não é infrequente, a glória não seja uma sedutora recompensa.

Para que um poema seja um autêntico poema deve ser lido por outra pessoa; só assim deixa de ser um simples diário cifrado e é capaz de levar vida autônoma, independente de quem o tiver escrito, diz Milan Kundera (1982, 71). Ferreira Gullar o diz, igualmente, de forma contundente: "O ato de ler [...] funda a verdade na literatura. Porque, de fato, a página é rasa e a palavra não é mais do que um rabisco impresso nela. Só a cadência de outro homem pode oferecer um corpo onde de novo se faça vida o que o poeta falou" (2006, 161-162).

Mas quem vai ler o poema?

Graves diz que o poeta escreve para outros poetas, nisso dando razão a Proust, que, em *Contre Saint-Beuve*, diz que "*toutes les âmes intérieures des poètes* [...] *s'appelent les unes les autres*".[279] Mas Spender o contesta: "Talvez os poetas nunca compreendam os outros poetas, nem mesmo em suas próprias línguas. Eles compreendem apenas o próprio trabalho e aquilo que considerem útil na obra dos outros" (1962,113). Na introdução ao livro citado, diz que os poetas contemporâneos ingleses escrevem para os amigos e raramente se preocupam com o público (op. cit., 9). Para Edwin Muir, os poetas sentem a tentação de se fechar na sua poesia, trancar-se numa espécie de prisão higiênica na qual eles apenas falam entre si e com o crítico que é seu carcereiro (1993, 109).

De qualquer forma, ainda que não seja para os seus pares o poema, o poeta sabe (e talvez mesmo deseje) estar escrevendo para uma elite, um círculo restrito de leitores potenciais. É o que diz Wallace Stevens: o poeta sempre se dirige a uma elite e continuará a fazer isso em qualquer sociedade, mesmo numa sem classes (*El poeta*, II, 82). Esse leitor potencial pode nem mesmo ser contemporâneo do poeta. Há casos em que o poeta não espera reconhecimento no presente, mas de um público num futuro indefinido. É possível que o poeta, ao publicar, nem esteja pensando que vai encontrar o leitor ideal. E quem seria, mesmo, esse leitor ideal?

---

279 "todas as almas interiores dos poetas [...] se buscam umas às outras".

Para Auden, o leitor ideal seria o tradutor, o bom tradutor. O leitor-tradutor quer encontrar o autor, mas sua busca abre-lhe diversos caminhos e ele pode mesmo desviar-se do que parece óbvio, desde que ele saiba o que está fazendo. Não se lê um autor novo, da mesma forma que se lê um autor já conhecido. A leitura do autor inédito deixa o leitor aberto à descoberta e à análise. A do autor renomado impele à comparação com ele mesmo em outras obras e a relação do leitor com sua obra passada. O autor conhecido "*is also a character of our biography*". O caso extremo é a leitura que o poeta faça de outro poeta, conhecido ou não. Não pode deixar de ser comparativa com a própria obra e o poeta-leitor não poderá deixar de maravilhar-se, indignar-se, louvar ou considerar imbecil o autor do poema lido (1968, 3-5).

Alberto Manguel, em suas "Notas para uma definição do leitor ideal", apresenta 67 exemplos de qualidades que poderiam conduzir a compor a definição buscada. Seria abusar do leitor reproduzi-los aqui. Por deformação vocacional, destaco a que se refere ao tradutor como leitor, na qual Manguel se encontra com Auden: "O leitor ideal é o tradutor. Ele é capaz de dissecar o texto, retirar a pele, fazer um corte até a medula, seguir cada artéria e cada veia e depois dar vida a um novo ser sensível" (2009, 33).[280]

Os críticos contemporâneos são unânimes (ou quase) em reconhecer que o público leitor de poesia é uma espécie em extinção. Robert Pack considera que "a mídia (horrenda palavra!), orientada para o fato social, o interesse do público e o sensacionalismo, obscureceu a distinção entre o que é bom e o que é ruim, o que é honesto e o que é pretensioso na literatura e corrompeu a audiência não profissional da poesia moderna, desviando sua atenção do poema para a personalidade do poeta". Um poeta é interessante para a imprensa somente depois que se torna notícia, ou por ha-

---

[280] Não incluiu Manguel na sua relação o caso único do moralista francês Joseph Joubert, mencionado por ele próprio à p. 82 de seu livro, o qual, segundo Chateaubriand, arrancava dos livros que lia as páginas de que não gostava, de modo que, nas encadernações que ornavam sua biblioteca, só se encontravam preservadas aquelas cuja leitura lhe haviam dado prazer.

ver-se tornado famoso ou por seu comportamento social extravagante (Hall, 1962, 177).

O poeta contemporâneo sabe que está escrevendo para poucos e o fato de saber disso influencia a poesia que escreve. É ainda Muir quem o diz (1993, 23). O poeta sabe que não pode falar a linguagem do público; "Que pode o poeta dizer para o público, ou o público para ele? O público parece destinado para um propósito, e o poeta para outro" (op. cit., 102). Confrontado com um público indiferente, o poeta não sabe para quem está falando. E Pack observa que mesmo as boas revistas literárias publicam cada vez menos poemas e cada vez mais resenhas e artigos sobre poetas ou poesia, o que já comentamos em outra parte deste livro.

De quem é a culpa, do leitor ou do poeta?

Não necessita demonstração a afirmação de que a obscuridade de boa parte da poesia erudita, chamemo-la assim, afasta o leitor comum. Por outro lado, não há boa poesia que não seja exigente com relação ao leitor e o leitor tem de estar preparado, intelectual e emocionalmente, para enfrentar sua leitura. Volto a Pack que diz: a ênfase dada à espontaneidade, à leitura fácil, para atrair o leitor, é enganosa. Um bom poema é aquele que engaja o leitor, que o envolve após a leitura, nos seus sentimentos e nas suas reflexões (Hall, 1962, 178). Não há como evitar, portanto, que a leitura requeira inteligência e vontade, o que restringe, inexoravelmente, o seu "mercado".

Já se foi o tempo em que um poeta como Goethe podia antever que um seu poema pudesse levar alegria para sempre a milhares de leitores (1986, p. 141). Hoje o poeta pode, quando muito, dedicar seus livros "*a la inmensa minoría*" de seus leitores, como fez Juan Ramón Jiménez em dedicatória citada por Ivan Junqueira (1988, 103). Minoria minguante. A ela se refere Charles Rosen, em artigo sobre Mallarmé, publicado em *The New York Review of Books* (20/5/1999), como o "curioso, minúsculo e ainda decrescente público apaixonado pelo verso".

O que se confirma com as observações acima é que o leitor é um ser especial, assim como o poeta é um ser especial. Ele participa do poema no momento em que o lê, se se trata, é claro, do leitor ideal que fecha o círculo do poema. O leitor que Ezra Pound queria que não apenas "recebesse" o poema, mas a ele reagisse.

Valéry, já vimos, dá a palavra final ao leitor. Villaurrutia usa a mesma fórmula: "entre a geometria e o sonho, [o poema] é uma partitura que o leitor executa" (*El poeta*, I, 1980, 17). Max Ernst gostava de dizer que o "contemplador" (*le regardeur*) "*faisait le tableau autant que le peintre*" (Esteban, 1987, 32). A hipérbole se aplica, também, ao leitor verdadeiro, aquele que participa do prazer do poeta de compor o poema. Borges chega a dizer, em *Esse ofício do verso*, que a felicidade do leitor é maior do que a do escritor, pois o leitor não tem de sofrer as dores da criação (2001, 106). São frases bonitas, mas não completamente verdadeiras. Raro é o caso em que leitor e poeta se encontrem no mesmo diapasão e, sobretudo, no mesmo universo. Essa é uma percepção imemorável. Bhamaha, poeta sânscrito do século 4 a.C., já dizia que mesmo um homem pouco inteligente pode aprender uma disciplina científica, se bem ensinado, mas a poesia só desperta, magicamente, as pessoas de gênio imaginativo, e, mesmo essas, nem sempre (Sanskrit, 1977, 6). Quatorze séculos mais tarde, vemos outro poeta sânscrito, Abhinavagupta, dar particular importância à palavra *sahrdaya*, o "leitor sensível", para o qual "a literatura, em seu nível mais profundo, é dirigida", porque o leitor, também, deve possuir uma clara imaginação poética. Quanto mais avançamos na modernidade, mais difícil é poder o leitor acompanhar os passos da criaçao do poema, suas alusões e suas intenções secretas. O que pode haver, sim, é um efeito de sinestesia, e, nesse caso, bem se aplicaria o que diz Proust, em algum trecho de *A la recherche du temps perdu*: "*En réalité, chaque lecteur est, quand il lit, le propre lecteur de lui-même*".[281]

O mais que se pode esperar, ou desejar, do bom leitor é aquela atitude de "cortesia" de que fala George Steiner, que consiste em conhecer as regras da linguagem usada para plenamente fruir da

---

[281] "Na realidade, cada leitor é, enquanto lê, o leitor de si mesmo".

experiência estética (1991, 191). Desapareceu a experiência imediata, a que permitia a visão terrível do anjo. Toda "leitura" é hoje mediatizada. Estamos protegidos pelo "*bourdonnement soporifique du journaliste ou du théoricien*",[282] ele próprio um reprocessador de interpretações infinitamente reinterpretadas em leituras sucessivas de falsas "pesquisas" (op. cit., 73). Steiner completa sua análise introduzindo a discussão do problema do mercado, prevalente na intermediação entre a obra e o receptor. Todas as obras de arte, as letras, a música, competem, hoje, para alcançar visibilidade, a clientela nos mercados físicos em que se apresentam (livrarias, galerias, salas de exposição, auditórios). Tal concorrência implica, necessariamente, a publicidade. Apreciar qualquer forma de arte faz parte, hoje, dos atributos do bom (e eu acrescentaria "ou mau") gosto que a classe média ostente. E faz notar o sentido etimológico da palavra "apreciar" (dar preço), com suas conotações de valorização psicológica, mas também financeira. Nesse processo de mercantilagem da obra de arte, assume particular relevância um intermediário, geralmente um jornalista, que exerce o papel de *courtier* (corretor), ao mesmo tempo em que lhe cabe "manter uma distância entre as exigências e as subversões anárquicas, antiutilitárias, da estética, de um lado, e, do outro, as liberdades precautórias da imaginação cívica" (op. cit., 50). A conclusão de Steiner é pessimista. Observa ele que os sistemas educacionais contemporâneos "apagam" todo o papel da memorização, tendência essa exacerbada pela possibilidade crescente de ter disponíveis os indispensáveis bancos de dados, com as informações necessárias, através dos recursos eletrônicos. Além disso, os estímulos e as sugestões se revestem cada vez mais de um caráter mecânico e coletivo. "*La 'consommation' remplace 'l'ingestion'*". O perigo é que o texto, ou a música, perca sua "massa crítica... seu poder de implosão nas câmaras de eco do eu" (op. cit., 20-30).

Para Italo Calvino, "ler" é ir ao encontro de algo que vai acontecer (Manguel, 1998, 41). É com essa expectativa que o leitor deve

---

[282] "zumbido soporífico do jornalista e do teórico".

abordar o poema. Wallace Stevens diz num verso que o leitor a ele deve se apresentar com o espírito virgem, não de conhecimentos que enriqueçam a leitura, mas com a disponibilidade para o maravilhoso que ele pretende revelar. Baudelaire, em *Notes nouvelles sur Edgar Poe*, refere-se ao prazer aportado pela leitura de um poema como o testemunho "*d'une nature exilée dans l'imparfait et qui voudrait s'emparer immédiatement, sur cette terre même, d'un paradis révélé*".[283]

Resta a pergunta: deve o poeta preocupar-se com o leitor enquanto escreve? Se levarmos a sério tudo que escutamos sobre a gênese do poema até agora, seremos forçados a chegar à conclusão de que pensar no leitor é a última coisa que pode passar pela cabeça do poeta durante o processo da composição. Em algum momento, no entanto, o leitor potencial entra em cena. Ao publicar seu poema, o poeta o está, implicitamente, convocando e, queira ou não queira, não pode deixar de preocupar-se com a sua reação.

O autor pode proteger-se isolando-se na sua torre de marfim. Mallarmé achava que a poesia tinha de ser misteriosa e sua dificuldade seria a proteção contra o leitor vulgar ou incompetente (George, 1989, 130). Se você não for Mallarmé, prezado leitor-poeta, a sua preocupação será compreensível e legítima. Como a da poetisa contemporânea grega Maya-Maria Roussou:

> Bem vês que não posso descuidar-me
> Como deixar este poema
> ir-se rua abaixo
> saltitante ou
> choroso?
> Nas mãos de quem irá ele cair?
> É apenas um pequeno
> poema, desprotegido e ingênuo
> Não sabe resguardar-se

---

[283] "de uma natureza exilada no imperfeito e que quisesse apossar-se imediatamente, sobre esta terra mesma, de um paraíso revelado".

Futuro da poesia

Desaparecerá a poesia por falta de leitores?

A pergunta é provocativa. E, claro, a fazemos dando à palavra poesia seu sentido usual de gênero literário, e não de sentimento estético. Ao longo deste texto encontramos, não raras vezes, essa preocupação expressa e em virtude de razões as mais diversas. Em alguns autores, a previsão assume ares de profecia. Edmund Wilson, em *The Triple Thinkers*, chega a admitir que tem-se hoje a sensação de que a técnica da prosa está a caminho de absorver a técnica do verso (1952, 35). E Harold Bloom, em *A angústia da influência - Uma teoria da Poesia*, aponta para uma progressiva decadência da poesia que ele faz suceder ao renascimento inglês, através do iluminismo, primeiro, e, em seguida, do romantismo, para acelerar-se com o modernismo e o pós-modernismo. "A morte do poeta" — escreve — "não será apressada pelas ruminações de nenhum leitor, mas parece justo supor que a poesia em nossa tradição, quando morrer, será autoassassinada, pela sua força passada" (2002, 60). Bloom retira o leitor da ação protagonista e, ao culpar o poeta, está admitindo que é ele, o poeta, que estará afastando o leitor.

Chego ao fim destas notas. Não foi minha pretensão apresentar uma Teoria da Poesia. Acabei, talvez, por trair-me. A simples seleção dos textos citados já constituía uma tomada de posição. Olhando o conjunto aqui reunido, talvez possa dizer, como um testamento pessoal, que sempre acreditei na poesia. Que, para mim, ela é uma forma privilegiada de comunicação com o real, dentro da categoria do estético. Nada tem a ver com o conhecimento da verdade ou com as regras de comportamento social. Não é algo que se aprende. Nasce-se poeta, como se nasce músico. Ou filósofo. Ou cientista. Ou paladino de causas sociais. Mas circunscrevo-me, aqui, ao caso do poeta por sua maior transcendência no universo das artes. Se as circunstâncias de formação, educação, profissão, convívio o permitirem, o poeta escreverá poemas e, com sorte, o leitor saberá apreciá-los. Serão poucos, sempre, uns e outros, os que alcançam os patamares superiores. Como em qualquer ramo do conhecimento, da comunicação e do comportamento social, há gradação na capacidade de apreensão, de produção e de apreciação por parte dos indivíduos, mesmo entre os mais bem favorecidos, em qualquer época ou sociedade. O fenômeno da elite é inerente a todo grupamento social, qualquer que seja a sua natureza. Não é por ser poeta que o poeta é superior a quem quer que seja. Muito menos deve sentir-se ele, legitimamente, "escolhido" por forças superiores para cumprir uma missão em virtude de sua qualidade de poeta. Não existe uma missão do poeta, como não existe uma missão do músico, do pintor, do romancista. Não estão os seus ofícios governados por categorias éticas estranhas ao próprio universo da arte. Não estão seus autores "obrigados" a produzir suas obras como se as potencialidades de sua natureza individual os tornassem devedores para com a sociedade, ou, muito menos, para com algum poder superior causador do privilégio de sua natureza. Nenhuma razão existe, pois, para que o poeta se sinta sagrado, divino, profeta ou o que mais seja que lhe confira o direito a uma especial reverência por parte dos demais seres humanos. Seu compromisso é com a poesia e a literatura. E se adiciono a palavra literatura neste contexto é porque dizer que o compromisso do poeta é apenas com a poesia nada significa. O que é a poesia, afinal, senão uma maneira de ver e sentir o mundo? Daí não decorrem regras para a expressão ou a comunicação. É porque o poema está inserido numa História da comunicação escrita e estética entre os homens, a Literatura, que se pode esperar que o poeta, se dela como *corpus* universal e perene deseja pertencer, saiba, como artesão, antes mesmo de como artista, adequar-se aos pressupostos e inserir-se nos limites que lhe são próprios.

Assim pensando, é lícito esperar que, enquanto houver Literatura, haverá Poesia.

Posfácio: em defesa da citação

Privei-me do prefácio. Não quero privar-me de um posfácio, e digo por quê.

Têm as citações uma má reputação. O que é injusto. Não há livro sério, ou que por tal se tenha, que não venha delas recheado. O problema não está em citar, mas nas razões para citar. E na maneira.

Não quero fazer aqui a defesa do meu livro, mas a da citação como procedimento literário. E fazê-lo recorrendo à História.

Ao examinar os milhares de anotações acumuladas para decidir-lhes a sorte, pude perceber que haviam terminado por ficar mais perto do que, entendo, terem sido os *commonplace books* da Inglaterra dos séculos XVI e XVII. Soube do costume por uma resenha publicada em *The New York Review of Books* do livro *A Certain World: A Commonplace Book*, de W. H. Auden (Viking Press, 1970). Ou mais na linha, talvez, daquilo que os gregos chamavam de *hypomnemata*, palavra que Foucault traduz por "*notes*" e seus tradutores para o inglês por "*notebook*", termo seguramente anacrônico hoje, dadas as modernas condições tecnológicas. Tais apontamentos por escrito recolhiam o que o autor reconhecesse como relevante de suas conversações e leituras, para ulterior reflexão e aproveitamento. Platão reconhecia o valor de tal prática e a recomendava aos seus alunos. Os *hypomnemata* constituíam uma espécie de memória material de pensamentos, de coisas ouvidas ou lidas, que, além de servir de recordatório e de fontes para meditação, permitiam aos seus cultores armazenar matéria para futuras obras mais sistemáticas, sobretudo as de natureza moral ou filosófica.

A prática nunca desapareceu por completo e foi restabelecida, com outro espírito, sobretudo a partir da Renascença, e na Inglaterra, donde o seu novo nome. De início mero registro de informações e observações pessoais, pelo século XVII os *commonplace books* haviam se transformado em instrumento pedagógico, objeto mesmo de classes universitárias. Em Oxford, Bacon e Milton foram ensinados a usá-los. Em Harvard, Emerson e Thoreau. Desses últimos, os *commonplace books* foram objeto de ulterior publicação. Ben Johnson, Coleridge, Mark Twain e Thomas Hardy conservaram *commonplace books* durante suas vidas. Outras fontes citam Erasmo, que chegou a escrever uma obra (*De copia*) sobre como escrevê-los. Encontro entre as minhas notas, sem lembrar como a elas cheguei, mas com particular sentimento de solidariedade, a observação feita por Samuel Eliot Morison, a respeito da vida intelectual da Nova Inglaterra, de que estudantes com gostos literários, numa época em que era difícil obter acesso a livros, conservavam *commonplace books* nos quais copiavam versos ou extratos de prosa que lhes mereciam particular atenção.

Em um artigo igualmente publicado na *NYRB* (e desse guardo a data: 21/12/2000), Robert Darnton dá uma ideia de como tais livros eram escritos e usados. Depois de recolher fragmentos das obras lidas, os praticantes dos *commonplace books* os rearranjavam em diferentes configurações (*patterns*) acrescentando novas citações. Ler e escrever tornavam-se atividades inseparáveis. Faziam parte de um esforço contínuo de dar sentido às coisas.

O *commonplace book* é, destarte, algo muito mais complexo e ambicioso do que o "livro de pensamentos", como quer Marguerite Yourcenar que ele seja e como, em parte, o fez em seus *Sources I* e *II*, publicados pela Gallimard. E muito diferentes do que são o *Zibaldone di pensieri*, de Giacomo Leopardi, ou os *Cahiers*, de Paul Valéry, o primeiro uma coleção de fragmentários ensaios, o segundo um *pot-pourri* de pensamentos críticos e filosóficos, ricos, ambos, de citações. Andreia Guerini, que organizou a seleção dos textos do *Zibaldone* para a edição brasileira, refere-se ao crítico Renato Minori, para quem a citação é "a forma mais explícita e mais literal da intertextualidade" (2007, 154). Nos *Cahiers*, as citações muitas vezes se escondem nas vestes das alusões, conforme anota Judith Robinson nas *Remarques préliminaires* ao segundo tomo, na edição da Pléiade (Valéry II, 1679-1682).

As anotações dos *commonplace books* podem ser citações, mas não necessariamente. Têm mais a natureza de resumos ou de paráfrases. Contudo, não estão os *commonplace books* isentos de sua presença. A difusão do livro propiciada pela revolução industrial e os mecanismos modernos de defesa da propriedade intelectual tornaram obsoleta a prática das grandes transcrições comentadas e abriram o campo à proliferação das citações circunstanciais. Tornaram-se uma praga, hoje difundida pela Internet.

Montaigne, ensaísta e pensador, foi um especialista em citações. Em comentário sobre a recente publicação de seus *Essais*, na Bibliothèque de la Pléiade, Charles Rosen (na *NYRB* em algum número de 2008) observa que Montaigne revia constantemente os ensaios já publicados, neles fazendo, por vezes, extensas interpolações com base em novas leituras e reflexões. Em uma dessas revisões, acrescentadas ao texto de suas "Considerações sobre Cícero", publicadas no Tomo I em 1580, Montaigne faz a defesa da citação como procedimento literário. "Nem as histórias que narro, nem as citações que faço são sempre usadas como meros exemplos, como fontes de autoridade ou como ornamento. Eu não as faço apenas por seu valor de uso. Com frequência elas trazem para o tema em discussão a semente de uma mais rica e ambiciosa matéria." Para George Steiner, usando o mecanismo da citação, e fazendo-o constante, Montaigne prestava uma homenagem à perenidade do sentido, à transmissão do exemplar, sugerindo que toda palavra, toda leitura não é mais do que uma "*entreglose*", uma reedição pessoal e em movimento de um dizer para todo sempre instável (1991, 13). Tomo essas palavras como uma desculpa para o texto que ofereço, que não é nem o de um ensaísta nem o de um pensador, mas o de um leitor ávido e atento de poesia.

Outro amante das citações foi Walter Benjamin. Sobre o gosto do filósofo pelas citações, às vezes truncadas ou não verificadas, diz Hector Biancotti que ele as usava como uma maneira de "escavar no próprio texto perspectivas voltadas para o passado", uma maneira de convalidar o texto e inseri-lo numa corrente de pensamento. Ele próprio dizia das citações serem como "ladrões das estradas que, à mão armada, atacam o leitor, arrebatando-lhe a adesão". E, ao citar Biancotti citando Benjamin, desejo esclarecer que, ao contrário do que ele disse ser prática desse último, as citações que faço foram, na medida do possível, verificadas. Na maioria dos casos guardei-as certificadas pela anotação de sua procedência, com todas as credenciais necessárias para que pudessem ser encontradas e conferidas, nas suas aparentes intenções, com o contexto original de onde partiram. Cerquei-me, tanto quanto possível, das precauções necessárias para reconfirmar a procedência e o sentido sintático no contexto original. Algumas vezes, porém, e espero não terem sido muitas, perdi a fonte onde alguma foi colhida, porque não a anotei oportunamente ou porque a retirei de outro autor que não tive a precaução de registrar. Temos aqui um exemplo disso nas citações que faço do próprio Biancotti, que sei recolhidas de artigo publicado no jornal *Le Monde*, mas arquivadas sem indicação do contexto. Em todo caso, posso garantir ao leitor que todas as citações que neste livro figuram sem cédula de identidade foram recolhidas *bona fide* de leituras minhas, e não garimpadas nos inumeráveis livros que amontoam citações sem certificação, disponíveis a granel.

Entendidas da maneira como o fizeram Montaigne e Walter Benjamin, não podemos estar de acordo com Graham Greene (1972, 108) quando afirma que "as pessoas que gostam de citações amam as generalizações destituídas de sentido". Ao contrário, encontrar a citação certa, para dizer melhor e com mais autoridade do que o faríamos com nossas próprias palavras, pode indicar a preocupação com o detalhe, o esforço para transmitir a ideia exata que se tem, e se teve a felicidade de encontrar bem formulada alhures. Pela mesma razão, não podemos endossar o que diz Anne Fadiman (2000, 87) quando, ao mencionar a preocupação de Wallace Stevens quanto à exatidão do sentido por ele dado a uma citação, observa: "Uma das conveniências de surrupiar palavras alheias é precisamente a de não ter que se preocupar com o sentido original." É verdade que não podemos tomar Anne Fadiman muito ao pé da letra, devido ao espírito jocoso que permeia todo o seu livro. Admito que a tentação de proceder como ela diz fazer é quase irresistível e que a dificuldade de certiificar-se do sentido de uma citação no contexto original é, em muitos casos, insuperável. Pode ocorrer, no entanto, e até por mera *serendipity* (desculpe-me o leitor, mas não encontro tradução para essa palavra), que uma citação fora do contexto faça nela desabrochar um sentido novo que, não sendo o do autor primitivo, lhe aporte reverberações por ele impressentidas. Tal procedimento não deve ser buscado voluntariamente, mas não temos por que condená-lo se o resultado for o enriquecimento do texto de chegada. Pode ser uma maneira de revelar a polissemia de um texto literário.

Não necessito ser tão radical quanto Roland Barthes. Citando Valéry, que afirma que ao fim e ao cabo toda obra se transforma em fragmentos, nada sobrevive inteiro, "o que sobra do Livro é a *citação* (no seu sentido mais amplo)" (2011, 191).

Índice

Obras citadas no texto

ABE, Kobo. *The Face of Another*. Tokyo: Charles E. Tuttle Co. Publishers, 1970.
AGUÉEV, M. *Novela con cocaína*. México: Joaquín Mortiz, 1984.
AKHMÁTOVA, Anna. *Selected Poems*. Trad. D. M. Thomas. Londres: Penguin, 1988.
AL-TIFACHI, Ahmed. *Les delices des cœurs*. Trad. René R. Khawan. Paris: Phébus, 1981.
ALAIN. *Propos I*. Paris: Pléiade, 1978.
ALVAREZ, A. *The New Poetry*. Londres: Penguin, 1986.
ALVIM, Chico. *Lago, montanha*. Rio de Janeiro: e/a., 1981.
ALVIM, Maria Ângela. *Poemas*. Campinas: Unicamp, 1993.
AMIS, Martin. *The Information*. Nova York: Vintage Books, 1995.
ANDRADE, Mário de. *Poesias completas*. São Paulo: Livraria Martins Editora, 1980. 2 v.
ANJOS, Augusto dos. *Eu e outras poesias*. São Paulo: Martins Fontes, 1994.
APOLLINAIRE. *Lettres à Lou*. Paris: Gallimard, 1990.
———. *Alcools*. Paris: Gallimard, 1998.
ARAGON. *Les yeux d'Elsa*. Paris: Seghers, 1966.
ARIDJIS, Homero. *Mirándola dormir*. México: FCE, 1994.
ARISTÓTELES. *Art rhétorique et art poétique*. Paris: Garnier, 1944.
ASSARÉ, Patativa do (Antônio Gonçalves da Silva). *Cante lá que eu canto cá*. Petrópolis: Vozes, 1978.
AUB, Max. *La uña*. Barcelona: Brughera, 1977.
AUDEN, W. H. *The Dyer's Hand*. Nova York: Vintage Book 1968.
AUERBACH, Erich. *Mimesis* – The Representation of Reality in Western Literature. Nova York: Doubleday Anchor Books, 1957.
BACHELARD, Gaston. *El agua y los sueños*. México: FCE, 1978.
———. *L'Intuition de l'instant* – Instant poétique et instant métaphysique. Paris: Gonthier, 1979.
———. *La flamme d'une chandelle*. Paris: PUF, 1980.
———. *La poética de la ensoñación*. México: FCE, 1982.
———. *La poétique de la rêverie*. Paris: PUF, 1984.
BANDEIRA, Manuel. *Poesia e prosa*. V. I – Poesia. Rio de Janeiro: Aguillar, 1958.
BARCA, Calderón de la. *La vida es sueño*. Madri: Espasa-Calpe, 1977.
BARTHES, Roland. *Le degré zero de l'écriture*. Paris: Seuil, 1972.
———. *The Preparation of the Novel* – Lecture Courses and Seminars at the Collège de France (1978-1979 and 1979-1980). Nova York: Columbia University Press, 2011.
BASHO. *Journaux de voyage*. Paris: Publications Orientalistes de France, s.d.
———. *The Narrow Road to the Deep North and Other Travel Sketches*. Trad. Nobuyuki Yuasa. Londres: Penguin, 1966.
BATH, Sérgio. *A morte (fuga) e outros poemas de Paul Celan*. Roma: e/a., 1972.
BATLLÓ, José. *Antología de la nueva poesia española*. Barcelona: Lumen, 1977.
BAUDELAIRE, Charles. *Selected verse*. Londres: Penguin, 1961.
———. *Œuvres Complètes* – II. Paris: Pléiade, 1976
———. *Œuvres Complètes* – I. Paris: Pléiade, 1980.
———. *As Flores do Mal*. (Trad., introd. e notas) de Ivan Junqueira. Rio de Janeiro: Nova Fronteira, 1985.
BAUDRILLARD, Jean. *De la séduction*. Paris: Galilée, 1979.
BEAUVOIR, Simone de. *La vieillesse*. T. I et II. Paris: Gallimard, 1970.

BÉCQUER, Gustavo Adolfo. *Rimas y declaraciones poéticas*. Madri: Espasa-Calpe, 1977.
BENEDETTI, Mario. *Inventario*. México: Editorial Nueva Imagen, 1981.
BERANGER, W. *Pour conaître la pensée de Nietzsche*. Paris: Bordas, 1946.
BERGSON, Henri. *Philosophy of Poetry*. Nova York: Philosophical Library, 1959.
BERMAN, Antoine. *A prova do estrangeiro*. Trad. Maria Emilia Pereira Chanut. Bauru: Edusc, 2002.
BERRY, Adrian. *The Next Ten Thousand Years*. Londres: Jonathan Cape, 1974.
BETJEMAN, John. *Collected Poems*. Londres: John Murray, 1960.
BIERHOST, John. *Cantares Mexicanos:* Songs of the Aztecs. Stanford: Stanford University Press, 1985.
BILAC, Olavo. *Obra reunida*. Rio de Janeiro: Nova Aguilar, 1996.
BIOY CASARES, Adolfo. *Historias de amor*. Buenos Aires: Alianza, 1984.
BLACKMUR, R. P. *Form and Value in Modern Poetry*. Nova York: Doubleday Anchor Books, 1957.
BLAKE, William. *Poems*. Classic Poetry Series Poethunter.com, The World's Poetry Archive, 2004.
BLOOM, Harold. *A Map of Misreading*. Oxford: Oxford University Press, 1975.
———. *The Western Canon*. Nova York: Riverhead Books, 1994.
———. *A angústia da influência* – Uma teoria da poesia. Rio de Janeiro: Imago, 2002.
BLOY, Léon. *Cartas de Léon Bloy a su novia*. Buenos Aires: Interamericana, 1944.
———. *Le Desespéré*. Paris: Union Générale d'Editions, 1983. Col. 10/18.
BODKIN, Maud. *Archetypal Patterns in Poetry* – Psychological Studies of Imagination. Nova York: Vintage Books, 1958.
BOGAN, Louise. *The Blue Estuaries*, Poems 1923-1968. Nova York: The Ecco Press, 1968.
BOILEAU. *L'art poétique*. Internet Archive.
BORDA, Juan Gustavo Cobo. *Antología de la poesía hispanoamericana*. México: FCE, 1985.
BORGAL, Clément. *Jean Cocteau ou De la claudication considérée comme l'un des beaux-arts*. Paris: PUF, 1990.
BORGES, Jorge Luis. *Obras completas*. Buenos Aires: Emecé Editores, 1974.
———. *El libro de arena*. Barcelona: Plaza & Janes, 1977.
———. *Esse ofício do verso*. São Paulo: Companhia das Letras, 2001.
BOSI, Alfredo. *Céu, inferno*. São Paulo: Duas Cidades, 2003.
BOSO, Felipe. *21 poetas alemanes*. Madri: Visor, 1980. 2 v.
BOWRA, C. M. *The Creative Experiment*. Nova York: Grove Press, 1948.
———. *Landmarks of Greek Literature*. Londres: Pelican, 1968,
BOYD, Richard. Metaphor and Theory Change: What is "Metaphor" a Metaphor for?. In: ORTONY, Andrew. *Metaphor and Thought*, q.v.
BRANDÃO, Junito de Souza. *Mitologia grega*. Petrópolis: Vozes, 2002. 3 v.
BRANTÔME, Abbé de. *Tales of Fair and Gallant Ladies*. Trad. Lowell Bair. Nova York: Bantan, 1958.
BRECHT, Bertolt. *Les sept péchés capitaux des petits bourgeois*. Paris: L'Arche, 1961.
BRITO, Mário da Silva. *História do modernismo brasileiro* – Antecedentes da Semana de Arte Moderna. Rio de Janeiro: Civilização Brasileira, 1997.
BROCH, Herman. *La mort de Virgile*. Paris: Gallimard, 1984.
BROOKES-DAVIES, Douglas. *Four Metaphysical Poets*. Londres: Everyman, 1997.
BROOKS, Cleanth. *The Well-wrought Urn* – Studies in the Structure of Poetry. Nova York: Hartcourt, Brace, 1947.

BROWNING, Robert. *Poems*. Classic Poetry Series, Poethunter.com, The World's Poetry Archive, 2004.

BUARQUE DE HOLANDA, Heloisa; ESPÍNOLA, Adriano. *26 poetas ontem*. Rio de Janeiro: Biblioteca Nacional, 1997.

BUCKLEY, Christopher; MERRILL, Christopher (Ed.). *What Will Suffice*, Contemporary American Poets on the Art of Poetry. Salt Lake City: Gibbs Smith, 1995.

BUENO, Alexei. Ver COSTA E SILVA (1999).

BUFALINO, Gesualdo. *Calendes greques*. Milão: Verdier, 2000.

BURNS, Robert. *50 poemas*. Trad. Luiza Lobo. Rio de Janeiro: Relume Dumará, 1994. Ed. bilíngue.

BURNSHAW, Stanley. *The Poem Itself*. Londres: Penguin, 1964.

BYRON, Lord. *The Poetical Works of Lord Byron*. Londres: Frederik Warbe & Co., s.d.

CADAXA, Armindo Branco Mendes (Trad.). *A escadaria de jade* – Antologia de poesia chinesa. Nova Friburgo: Ars Fluminense, 1998.

CAILLOIS, Roger. *Approches de la poésie*. Paris: Gallimard, 1978.

CALASSO, Roberto. *Quarantanove gradini*. Milão: Adelphi Edizione, 1991.

CALVINO, Italo. *Coleção de areia*. São Paulo: Companhia das Letras, 2010.

CAMÕES, Luís de. *Doce canto em terra alheia* – Antologia da lírica camoniana. Santiago de Compostela: Laiovento, 1994.

———. *Obra completa*. Rio de Janeiro: Aguilar, 1963.

CAMPOS, Augusto de. *Xadrez de estrelas*. São Paulo: Perspectiva, 1976.

———. *Poesia 1949-1979*. São Paulo: Livraria Duas Cidades, 1979.

CAMPOS, Augusto de; CAMPOS, Haroldo de; SCHNEIDERMAN, Boris. *Poesia russa moderna* – Nova antologia. São Paulo: Brasiliense, 1985.

CAMPOS, Geir. *Pequeno dicionário de arte poética*. Rio de Janeiro: Conquista, 1960.

CAMPOS, Haroldo de. Ver CAMPOS, Augusto de; CAMPOS, Haroldo de; SCHNAIDERMAN, Boris.

———. Ver POUND, Ezra (1983).

CAMUS, Albert. *Le premier homme*. Paris: Gallimard, 1994.

CANDIDO, Antonio. *O albatroz e o chinês*. Rio de Janeiro: ABL, 2010.

CANETTI, Elias. *Territoire de l'homme*. Paris: Albin Michel, 1979.

CAPRONI, Giorgio. *Racconti della Resistenza* – A cura di Gabriele Pedull. Torino: Einaudi, 2005.

CARONE, Modesto. *A poética do silêncio* – João Cabral de Melo Neto e Paul Celan. São Paulo: Perspectiva, 1979.

CASTRO ALVES. *Poesias completas*. São Paulo: Saraiva, 1953.

CATULO. *The Poems of Gaius Valerius Catullus*. Londres: Harvard University, 1956.

CAVAFIS, Constantino. *Poemas completos*. Trad. Caetano Cantú. México: Diogenes, 1979.

CAVALCANTI, Dirce de Assis. *A pele das palavras*. Rio de Janeiro: 7Letras, 2008.

CAVALCANTI, Geraldo Holanda. *Poesia reunida*. Rio de Janeiro: Record, 1998.

———. *O cântico dos cânticos* – Um ensaio de interpretação através de suas traduções. São Paulo: Edusp, 2005.

———. *Memórias de um tradutor de poesia*. Florianópolis: Escritório do Livro, 2006.

CAHIERS RENAUD-BARRAULT, nº 98, *Voltaire, Diderot*. Paris: Gallimard, 1979.

CERONETTI, Guido. *L'occhiale malinconico*. Milão: Adelphi, 1988.

CERVANTES, Miguel de. *Don Quijote de la Mancha*. Madri: Real Academia Española, 2004. Ed. del IV Centenario.

CESAR, Ana Cristina. *Inéditos e dispersos*. São Paulo: Brasiliense, 1985.

CHAMIE, Mário. *Planoplenário*. São Paulo: Praxis, 1974.

———. *A quinta parede*. Rio de Janeiro: Nova Fronteira, 1986.

CHAR, René. *Dans l'atelier du poète*. Marie Claude Char (Ed.). Paris: Gallimard, 1996.

CHARPIER, Jacques; SEGHERS, Pierre. *L'Art poétique*. Paris: Éditions Seghers, 1951.

CHWIATKOVSKI, Jerzy. *The Da Capo Catalog of Classical Music Compositions*. Nova York: Da Capo, 1996.

CÍCERO, Marcus Tullius. *Selected works of Cicero*. Nova York: The Classics Club, 1948.

CIORAN. *Précis de décomposition*. Paris: Gallimard, 1977.

———. *Le livre des leurres*. Paris: Gallimard, 1992.

CIRICI-VENTALLÓ, Maricarmen. *Erótica*. México: Unam, 1980.

CLOULAS, Ivan. *The Borgias*. Nova York: Barnes and Noble, 1993.

COELHO, Lauro Machado (Sel., trad. e notas). *Poesia soviética*. São Paulo: Algol, 2007.

COHEN, J. M. *Poetry of this Age*. Londres: Arrow Books, 1959.

COHEN, Sandro (Comp., prol. y notas). *Palabra nueva* – Dos décadas de poesía en México. México: Libros del Bicho, Premiá, 1981.

COLERIDGE, Samuel Taylor. *The Poetical Works of S. T. Coleridge*. Londres: Frederick Warne, s.d.

———. *Biographia Literaria*. Disponível em gutemberg.org/etext/6081.

COOPER, David. *Mort de la famille*. Paris: Seuil, 1972.

CORRÊA, Oscar Dias. *Meus versos dos outros*. Rio de Janeiro: ABL, 1999.

CORTESÃO, Jayme. *Sor Mariana* – Cartas de amor. Lisboa: Artis, 1964.

COSTA E SILVA, Alberto da. *Livro de linhagem*. Lisboa: e/a., 1966.

———. *Poemas reunidos*. Rio de Janeiro: Nova Fronteira / Biblioteca Nacional, 2000.

COSTA E SILVA, Alberto da; BUENO, Alexei. *Antologia da poesia portuguesa contemporânea*. Rio de Janeiro: Lacerda Editores, 1999.

COYAUD, Maurice. *Fourmis dans l'ombre* – Le livre du haïku. Paris: Phébus, 1999.

CROCE, Benedetto. *La poésie* – Introduction à la critique et à l'histoire de la poésie et de la littérature. Paris: PUF, 1957.

CUESTA, Jorge. *Antología de la poesía mexicana moderna*. México: FCE, 1985.

CUMMINGS, E. E. *Poems 1923-1954*. Nova York: Harcourt, Brace and Company, 1960.

DANTE. *The Inferno*. Trad. John Ciardi. Nova York: Mentor Classis, The New American Library, 1954.

———. *The Purgatorio*. Trad. John Ciardi. Nova York: Mentor Classis, The New American Library, 1961.

———. *Œuvres completes*. Paris: Pléiade, 1979.

———. *A divina comédia* – Purgatório. Trad. Italo Eugenio Mauro. São Paulo: Editora 34, 2001.

———. *Vita nuova*. Disponível em: http://dante.ilt.columbia.edu/books/vitanuova/vitnuov2.htm#Vita%20nuova.

DARÍO, Rubén. *Poesías completas*. México: FCE, 1984.

DEBENEDETTI, Antoine. *Encore un baiser*. Paris: Alinea, 1988.

DEBRAY-RITZEN, Pierre. *Psychologie de la création*. Paris: Albin Michel, 1979.

DELACAMPAGNE, Christian; MAGGIORI, Robert (orgs.). *Philosopher*. Paris: Fayard, 1980. 2 v.

DELOFFRE, Frédéric. *Lettres portugaises*, suivies de Guilleragues par lui-même. Paris: Gallimard, 1990.

DEMIÉVILLE, Paul. *Anthologie de la poésie chinoise classique*. Paris: Gallimard / Unesco, 1962.
DESCARTES, René. *Cogitationes privatae*. Disponível em Google.books.
DEUTSCHE, Babette. *Poetry in Our Time* – A Critical Survey of Poetry in the English--speaking World 1900 to 1960. Nova York: Doubleday Anchor Books, 1993.
DIAS, José Paulo (Trad.). *Poetas gregos contemporâneos*. Florianópolis: Noa Noa, 1991.
DONNE, John. *John Donne* – A Selection of his Poetry. Londres: Penguin, 1955.
DOUBROVSKI, Serge. *Pouquoi la nouvelle critique*: Critique et objectivité. Paris: Denoël / Gonthier, 1972.
DRUMMOND DE ANDRADE, Carlos. *Antologia poética*. Rio de Janeiro: José Olympio, 1983.
———. *Poesia completa*. Rio de Janeiro: Nova Aguilar, 2001. 2 v.
DUEÑAS, Jorge Ruiz. *Tornaviaje*. México: Premiá, 1984.
DUFREIGNE, Jean-Pierre. *Le génie des orifices*. Paris: Belfond, 1995.
ECO, Umberto. *L'œuvre ouverte*. Paris: Seuil, 1965.
———. *A Ilha do Dia Anterior*. Rio de Janeiro: Record, 1994.
———. *Sulla letteratura*. Milão: Tascabile Bompiani, 2003.
EICHENBERG, Fernando. *Entre aspas* – Diálogos contemporâneos. São Paulo: Globo, 2006.
EL POETA Y SU TRABAJO. *El poeta y su trabajo – I*. Puebla: Universidad Autónoma de Puebla, 1980.
———. *El poeta y su trabajo – II*. Puebla: Universidad Autónoma de Puebla, 1980.
———. *El poeta y su trabajo – III*. Puebla: Universidad Autónoma de Puebla, 1983.
———. *El poeta y su trabajo – VI*. Puebla: Universidad Autónoma de Puebla, 1985.
Ver GIBBONS, Reginald (1979).
ELIOT, T. S. *Four Quartets*. Londres: Faber & Faber, 1944.
———. *Collected Poems 1909-1935*. Londres: Faber & Faber, 1951.
———. *On Poets and Poetry*. Nova York: Noonday Press, 1961.
———. *Obra completa*. V. I. Poesia. Trad. Ivan Junqueira. São Paulo: ARX, 2004.
ELIZONDO, Salvador. *El gatógrafo*. México: Joaquín Mortiz, 1972.
———. *Museo poético*. México: Unam, 1974.
ELLIS, Havelock. *Études de psychologie sexuelle*. T. II. L'odorat. Paris: Mercure de France, 1964.
ELUARD, Paul. *Voir*. Genève/Paris: Trois Colines, 1948.
———. *Poèmes pour tous* – Choix de poèmes 1917-1952. Paris: Les Éditeurs Français Réunis, 1952.
———. *L'amour à la poésie*. Paris: Gallimard, 1964.
———. *Le poète et son ombre (Proses 1920-1952)*. Paris: Seghers, 1979.
EMERSON, Ralph Waldo. *Essays*. Londres: Everyman's Library, 1974.
EMPSON, William. *7 Types of Ambiguity* – A Study of its Effects en English Verse. Nova York: Meridian, 1955.
ERASMO. *Éloge de la folie*. Dijon: Éd. de Cluny, 1941.
ERTEL, Rachel. *Dans la langue de personne*. Poésie yiddish de l'anéantissement. Paris: Seuil, 1993.
ESPEY, John J. *Ezra Pound's Mauberley* – A Study in Composition. Londres: Faber and Faber, 1955.
ESPÍNOLA, Adriano. *Em trânsito: Táxi/Metrô*. Rio de Janeiro: Topbooks, 1996.
Ver BUARQUE DE HOLANDA (1997).

ESTEBAN, Claude. *Critique de la raison poétique*. Paris: Flammarion, 1987.
FADIMAN, Anne. *Ex-libris* - Confessions of a Common Reader. Londres: Penguin, 2001.
FAGUET, Émile. *A arte de ler*. Rio de Janeiro: Casa da Palavra, 2009.
FANTINATO, Antonio. *Efemerário*. Rio de Janeiro: Artenova, 1983.
FERREIRA, Virgilio. *Aparição*. Lisboa: Difel, 1983.
FERREIRO, Manuel et al. *Doce canto em terra alheia* - Antologia da lírica camoniana. Santiago de Compostela: Laiovento, 1994.
FRANCE, Anatole. *Le jardin d'Épicure*. Paris: Calman-Lévy, 1921.
FRANKENBERG, Lloyd. *Invitation to Poetry*. Nova York: Doubleday & Company, 1956.
FUMAROLI, Marc. *La diplomatie de l'esprit*. Paris: Harmann, 1994.
GARBEN, Marjorie. *The Use and Abuse of Literature*. Nova York: Pantheon Books, 2011.
GEORGE, Stephan. *Poèmes / Dichtung*. Paris: Aubier Flammarion, 1969.
GIBBONS, Reginald (Ed.). *The poet's work* - 29 Masters of the 20th Century Poetry on the Origins and Practices of their Art. Boston: Houghton Mifflin Company, 1979.
GIBSON BARBOSA, Mário. *Na diplomacia o traço todo da vida*. Rio de Janeiro: Record, 1992.
GIBSON, Boyce. *Muse and Thinker*. Londres: Pelican, 1972.
GIDE, André. *André Gide-Paul Valéry*. Correspondance 1890-1942. Paris: Gallimard, 1955.
GOETHE. *Poemas*. Trad. Paulo Quintela. Coimbra: Centelha, 1986.
———. Les affinités électives. In: *Romans*. Paris: Pléiade, 1980.
———. *Os anos de aprendizagem de Wilhelm Meister*. São Paulo: Editorial 34, 2006.
GOMBROWICZ, Witold. *Contre les Poètes*. Paris: Complexe, 1988.
GÓNGORA, Luis de. *Romances*. La Rioja: Alianza Editorial, 1980.
GUILLERAGUES, Comte de (Gabriel Joseph de Lavergne). *Lettres portugaises*. Paris: Gallimard, 1998.
Ver DELOFFRE, Frédéric (1990).
GRAVES, Robert. *The White Goddess* - A Historical Grammar of Poetic Myth. Nova York: Vintage Books, 1958.
———. *Oxford Addresses on Poetry*. Nova York: Doubleday & Company, 1962.
GREENE, Graham. *Travels with my Aunt*. Londres: Penguin, 1972.
GROSS, Harvey. *The Structure of Verse* - Modern Essays on Prosody. Connecticut: Fawcett, 1966.
GUERINI, Andreia. *Gênero e tradução no Zibaldone de Leopardi*. São Paulo: Edusp, 2007.
GUILLÉN, Jorge. *Antología* - Segunda serie. México: Plaza y Janes, 1977.
GUILLÉN, Nicolau. *Obra poética* - 1958-1972. La Habana: Editorial de Arte y Literatura, 1974. Edição comemorativa dos 70 anos do poeta. 2 v.
GULLAR, Ferreira. *Toda poesia* - 1950-1980. Rio de Janeiro: Civilização Brasileira, 1963.
———. *Sobre arte, sobre poesia* (Uma luz no chão). Rio de Janeiro: José Olympio, 2006.
———. *Em alguma parte alguma*. Rio de Janeiro: José Olympio, 2010.
HALL, Donald. *Contemporary American Poetry*. Londres: Penguin, 1986.
HALL, Donald; PACK, Robert. *New Poets of England and America*, Second Selection. Ohio: Meridian Books, 1962.
HAMBURGER, Michael. *The Truth in Poetry*. Londres: Penguin, 1972.
HARALD, Weinrich. *The Linguistics of Lying, and Other Essays*. Washington: The University of Washington Press, 2005.
HEANEY, Seamus. *New Selected Poems 1966-1987*. Londres: Faber & Faber, 1988.

———. *Opened Grounds*. Selected Poems: 1966-1996. Nova York: Farrar, Straus and Giroux, 1999.

HEIDEGGER, Martin. *Arte y poesia*. México: FCE, 1973.

HEINE. *Livre des chants / Buch der Lieder*, I e II. Paris: Aubier-Montaigne, s.d.

———. *Romanzero / Romancero*. Paris: Aubier-Montaigne, 1976.

HESÍODO. *Théogonie*. Paris: Les Belles Letres, 1977.

HESSE, Herman. *Der Dichter*. In: *Poemas*. México: Compania General de Ediciones, 1982.

HIGHET, Gilbert. *La tradición clásica* – Influencias griegas y romanas en la literatura occidental. México: FCE, 1978. 2 v.

HILST, Hilda. *Da morte*. Odes mínimas. São Paulo: Massao Ohno, 1980,

HOLANDA, Francisco de. *Diálogos de Roma*. Lisboa: Sá da Costa, 1955.

HÖLDERLIN. *Hölderlin*, Selected Verse with an Introduction and Prose Translation by Michael Hamburger. Londres: Penguin, 1961.

———. *Poèmes / Gedichte*. Trad. Geneviève Bianquis. Paris: Aubier, 1974.

———. *Canto do destino e outros cantos*. Trad. Antônio Medina Rodrigues. São Paulo: Iluminuras, 1994.

HOLYOAKE, S. John. *Introduction to French Sixteenth Century Poetic Theory*. Manchester: University of Manchester, 1972.

HOMER. *The Odissey*. Trad. Robert Fitzgerald. Nova York: Doubleday, 1961.

HORACE. Art poétique. In: *Horace*, Épitres. Paris: Les Belles Lettres, 1995.

HUERTA, Efraín. *Poesía*, 1935-1968. México: Joaquín Mortiz, 1985.

———. *Antologia poética*. Carlos Montemayor (Org.). México: Crea/Terra Nova, 1985b.

———. *Dispersión total*. México: Papeles Privados, 1986. Obra póstuma.

HUGHES, Robert. *La cultura de la queja* – Trifulcas norteamericanas. Barcelona: Anagrama, 1999.

HUGHES, Ted. *Poems*, Classic Poetry Series, Poethunter.com, The World's Poetry Archi ve, 2004.

HUIDOBRO, Vicente. *Altazor*. Jalisco: Departamento de Belas Artes, 1976.

HULME, T. E. *Speculations* – Essays on Humanism and the Philosophy of Art. Londres. Routledge & Keagan, 1960

ISAACS, J. *The Background of Modern Poetry*. Nova York: Dutton, 1958.

IVO, Ledo. *A noite misteriosa*. Rio de Janeiro: Record, 1982.

———. *A república da desilusão*. Rio de Janeiro: Topbooks, 1994.

———. *Poesia completa*, 1940-2004. Rio de Janeiro: Topbooks, 2004.

JAEGER, Werner. *Paideia*. México: FCE, 1980

JAKOBSON, Roman. *Huit questions de poétique*. Paris: Seuil, 1977a.

———. *Ensayos de poética*. México: FCE, 1977b.

JARRELL, Randall. *Poetry and the Age*. Nova York: Vintage Books, 1955.

———. *The Third Book of Criticism*. Nova York: Faber & Faber, 1975.

JEAN, Raymond. *La poétique du désir* – Nerval Lautréamont Apollinaire Éluard. Paris: Seuil, 1974.

JIMÉNEZ, Juan Ramón. *Poesía*. La Habana: Arte y Literatura, 1985.

JOYCE, James. *Dubliners*. Londres: Paladin, 1989.

JOZEF, Bella. *A máscara e o enigma*. Rio de Janeiro: Francisco Alves, 1986.

JÜNGER, Ernst. *Traité du rebelle ou le recours aux forêts*. Paris: Christian Bourgeois, 1981.

JUNQUEIRA, Ivan. *O fio de Dédalo*. Rio de Janeiro: Record, 1988.

———. *O signo e a sibila*. Rio de Janeiro: Topbooks, 1993.
———. *Poemas reunidos*. Rio de Janeiro: Record, 1999.
———. *O tempo além do tempo* – Antologia. Vila Nova de Famalicão: Edições Quase, 2007.
KEATS, John. *Poetical Works*. Moscou: Progress Publishers, 1966.
———. *Poems*. Classic Poetry Series, Poemhunter.com, The World's Poetry Archive, 2004.
KEISERLING, Edward von. *Une expérience amoureuse*. Nîmes: Jacqueline Chambon, 1995.
KOESTLER, Arthur. *The Heel of Achilles*. Nova York: Picador, 1974.
———. *Janus*. Paris: Calman-Lévy, 1979.
KUNDERA, Milan. *La vida está en otra parte*. Barcelona: Seix Barral, 1982.
LA BRUYÈRE. *Les caractères*. Paris: Garnier-Flammarion, 1965.
LA FONTAINE. *Fables*. Paris: Garnier-Flammarion, 1966.
LAFORGUE, Jules. *Poems of Jules Laforgue*. Trad. Peter Dale. Londres: Anvil Press, 1986.
LAKOFF, George; TURNER, Mark. *More than Cool Reason* – A Field Guide to Poetic Metaphor. Chicago: The University of Chicago Press, 1989.
LANGER, Susanne K. *Philosophy in a New Key* – A Study in the Symbolism of Reason, Rite, and Art. Nova York: Mentor Books, 1951.
LARKIN, Philip. *The Oxford Book of Twentieth Century English Verse*. Oxford: Oxford University Press, 1985.
LAROUSSE ENCYCLOPEDIA OF MUSIC (THE). Hamlyn Publishing Group Ltd., 1975.
LAWRENCE, D. H. *Poemas*. Sel., trad. e notas Leonardo Fróes. Rio de Janeiro: Alhambra, 1985.
LEAL, Cláudio Murilo. *13 bilhetes suicidas*. Rio de Janeiro: Batel, 2009.
LEBAS, Martha. *Le marriage de Moscou*. Paris: Laffont, 1964.
LEOPARDI, Giacomo. *Cantos*. Trad. Mariajosé Carvalho. São Paulo: Max Limonad, 1986.
LEVERTOV, Denise. *Poems*. Classic Poetry Series, Poethunter.com, The World's Poetry Archive, 2004.
LIMA, Carlos. *Anatomia da melancolia*. Rio de Janeiro: Civilização Brasileira, 1982.
LIMA, Jorge de. *Invenção de Orfeu*. São Paulo: Círculo do Livro, 1952.
———. *Obra poética*. Rio de Janeiro: Getúlio Costa, 1949.
LINS, Álvaro. *Jornal de Crítica*, 5ª série. Rio de Janeiro: José Olympio, 1947.
LONGFELLOW, Henry Wadsworth. *The Poetical Works of Henry Wadsworth Longfellow*. Londres: Ward, Lock & Co., s.d.
LORCA, Federico García. *Obras completas*. Madri: Aguilar, 1960.
LOSSKY, Véronique. *Chants de femme* – Anna Akhmátova / Marina Tsvétava. Bruxelas: Le Cri, 1994.
LOTI, Pierre. *Les desenchantées*. Paris: Calman-Lévy, 1949.
LOUYS, Pierre. *Aphrodite*, Moeurs antiques. Paris: Éditions Jules Tallandier, 1929.
LUCCHESI, Marco. *Poemas reunidos*. Rio de Janeiro: Record, 2000.
———. *Meridiano celeste & bestiário*. Rio de Janeiro: Record, 2006a.
———. *A memória de Ulisses*. Rio de Janeiro: Civilização Brasileira, 2006b.
———. *O dom do crime*. Rio de Janeiro: Record, 2010.
LUGONES, Leopoldo. *Antología poética*. Buenos Aires: Alianza, 1982.
MACHADO, Antonio. *Poemas*. Luis Izquierdo (Sel. e prol.: "Proverbios y cantares"). Madri: Guadarrama, 1976.

———. *Los complementarios*. Madri: Cátedra, 1980.
MACHADO DE ASSIS. *Obra completa*. Rio de Janeiro: Aguilar, 1959. 3 v.
MAÏAKOVSKI, Vladimir. *Vers et proses*. Sel., trad. e apr. Elsa Triolet. Paris: Les Éditeurs Français Réunis, 1952.
MAILER, Norman. *Death for the Ladies* (and Other Disasters). Nova York: Signet, 1971.
MAÎSTRE, Xavier de. *Œuvres complètes*. Paris: Garnier, 1943.
MALAPARTE, Curzio. *Battibecco*. Firenzi: Vallechi, 1967.
MALLARMÉ, Stéphane. *Œuvres complètes*. Paris: Pléiade, 1979.
MANCHESTER, William. *A World Lit Only by Fire* - The Medieval Mind and the Renaissance, Portrait of an Age. Boston: Little, Brown and Company, 1992.
MANDIARGUES, A. Pievre de. *Le Musée Noir*. Paris: Union Générale d'Éditions, 1963. Col. 10/18.
MANGANELLI, Giorgio. *La littérature comme mensonge*. Paris: Gallimard, 1991.
MANGUEL, Alberto. *Une histoire de la lecture*. Arles: Actes Sud, 1998.
———. *À mesa com o chapeleiro maluco* - Ensaios sobre corvos e escrivaninhas. São Paulo: Companhia das Letras, 2009.
MANN, Thomas. *Traversée avec Don Quichotte*. Paris: Complexe, 1986.
MANRIQUE, Jorge. *Coplas a la muerte de su padre*. México: Editores Mexicanos Unidos, 1980.
MARÍAS, Julián. *Breve tratado de l'ilusión*. Madri: Alianza, 1984.
MARÍAS, Xavier. *Corazón tan blanco*. Barcelona: Anagrama, 1992.
MARINETTI, F.-T. *Mafarka* - Le futuriste. Paris: E. Sansot & Cia., 1910.
MARITAIN, Jacques. *Creative Intuition in Art and Poetry*. Nova York: Meridian Books, 1955.
MARTÍNEZ, José Luiz. *Nezahualcoyotl, vida y obra*. México: FCE, 1980.
MARTINS, Cristiano. *Rilke* - O poeta e a poesia. Belo Horizonte: Movimento Editorial Panorama, 1949.
MEIRELES, Cecília. *Gabriela Mistral & Cecília Meireles*. Rio de Janeiro/Santiago: ABL/ Academia Chilena de la Lengua, 2003.
MELO FRANCO, Afonso Arinos de. *Rosa de ouro*. Org. Afonso Arinos, filho. Belo Horizonte: UFMG, 2007.
MELO NETO, João Cabral de. *Poesias completas* (1940-1965). Rio de Janeiro: José Olympio, 1979.
———. *A escola das facas*. Rio de Janeiro: José Olympio, 1980.
MENDES, Murilo. *Poliedro*. Rio de Janeiro: José Olympio, 1972.
MENDONÇA TELES, Gilberto. *Vanguarda europeia e modernismo brasileiro*. Petrópolis: Vozes, 1985.
MERRILL, Christopher
Ver BUCKLEY, Christopher (1995).
MILANO, Dante. *Obra reunida*. Rio de Janeiro: ABL, 2004.
MILOSZ, Czeslaw. *Poemas*. Barcelona: Tusquets, 1984.
MISTRAL, Gabriela
Ver MEIRELES, Cecília (2003).
MOLL, Adolf. *A mão esquerda de Deus* - Uma biografia do Espírito Santo. Rio de Janeiro: Rosa dos Tempos, 2003.
MONTAIGNE. *Essais*. Paris: Garnier, 1962. 2 v.
MONTALE, Eugenio. *Carnets de Poésie 1971 et 1972*. Poèmes épars. Paris: Gallimard, 1979.

———. *Eugenio Montale*, L'Opera in versi. Torino: Einaudi, 1980.
———. *Poesias*. Sel., trad. e notas Geraldo Holanda Cavalcanti. Rio de Janeiro: Record, 1997.
MOORE, Marianne. *Poems*. Classic Poetry Series, Poethunter.com, The World's Poetry Archive, 2004.
MORE, Thomas. *Utopia*, a Dialogue of Comfort. Londres: Sir Saint Publisher: 1955.
MORIER, Henri. *Dictionnaire de Poétique et de Rhétorique*. Paris: PUF, 1961.
MORRISON, Blake; MOTION, Andrew. *Contemporary British Poetry*. Londres: Penguin, 1986.
MOTA, Leonardo. *Cantadores*. Fortaleza: Imprensa Universitária do Ceará, s.d.
MOTA, Mauro. *Antologia em verso e prosa*. Rio de Janeiro: José Olympio / Fundarpe, 1982.
MUIR, Edwin. *The State of Poetry*. Saint Paul: Graywolf Press, 1993.
MURRAY, Gilbert. *The Classical Tradition in Poetry*. Nova York: Vintage Books, 1957.
MUSSET, Alfred de. *Poésies complètes*. Nouvelles poésies — 1836-1852. Paris: Joseph Gibert, s.d.
NAMORA, Fernando. *Nome para uma casa*. Lisboa: Bertrand, 1984.
NASH, Ogden. *The Pocket Book of Ogden Nash*. Nova York: Pocket Books, s.d.
NEIVA, Saulo. *Avatares da epopeia na poesia brasileira do final do século XX*. Recife: Massagana / Fundação Joaquim Nabuco, 2009.
NEJAR, Carlos. *Obra poética*. Rio de Janeiro: Nova Fronteira, 1980.
———. *Odisseus, o Velho*. Porto Alegre: Companhia Editorial, 2010.
NERUDA, Pablo. *Confieso que he vivido*. Memorias. Santiago: Editorial Planeta Chilena, 1994.
———. *Versos del capitán*. Nova York: New Directions, 2004.
NERVO, Amado. *Prosa y verso*. México: Editorial Pátria, 1985.
NETO, Miguel Sánchez (Org.). *Machado de Assis* - O ideal do crítico. Rio de Janeiro: José Olympio, 2008.
NIETZSCHE, Friedrich. *Ainsi parlait Zarathoustra*. Paris: Mercure de France, 1948.
———. *The Birth of Tragedy*. Nova York: Doubleday Anchor Books, 1956.
NÓBREGA, Mello. *Rima e poesia*. Rio de Janeiro: Instituto Nacional do Livro, 1964.
NOVAES, Adaucto (Org.). *O silêncio dos intelectuais*. São Paulo: Companhia das Letras, 2006.
OBOLENSKI, Dmitri. *The Penguin Book of Russian Verse*. Londres: Penguin, 1965.
ONIS, Federico de
Ver POESIA HISPANO-AMERICANA (1966).
ORTEGA Y GASSET. *Estudio sobre el Amor*. Madri: Revista de Occidente, 1957.
———. *Notas*. Madri: Espasa Calpe, 1975.
ORTONY, Andrew (Ed.). *Metaphor and Thought*. Cambridge: Cambridge University Press, 1979.
OULIPO. *La littérature potentielle*. Paris: Gallimard, 1963.
———. *Atlas de littérature potentielle*. Paris: Gallimard, 1981.
———. *La Bibliotèque Oulipienne*. Paris: Seghers, 1990.
OVÍDIO. *Poemas da carne e do exílio*. Sel., trad., introd. e notas José Paulo Paes. São Paulo: Companhia das Letras, 1997.
OWEN, Gilberto. *Obras*. México: FCE, 1979.
PACK, Robert
Ver HALL, Donald (1962).

PAES, José Paulo (Sel., trad., notas e posfácio). *Poemas da antologia grega ou palatina.* São Paulo: Companhia das Letras, 1995.
PAOUSTOVSKI, Constantin. *Histoire d'une Vie, 1.* Les années lointaines. Paris: Gallimard, 1963.
PAPINI, Giovanni. *Gog.* México: Editorial Época, 1984.
PARAF, Pierre. *Anthologie du romantisme.* Paris: Albin Michel, 1947.
PASCAL, Blaise. *Pensées.* Paris: Garnier, 1964.
PASTERNAK, Boris. *The Last Summer.* Trad. George Reavy. Nova York: Avon Books, 1959.
PATERSON, Don. *New British Poetry.* Saint Paul: Graywolf Press, 2004.
PAYNE, Robert. *The White Pony* - An Anthology of Chinese Poetry. Nova York: Mentor Books, 1947.
PAZ, Octavio. *Poemas* (1935-1975). México: Seix Barral, 1979.
———. *El arco y la lira.* México: FCE, 1981.
———. *La otra voz.* Barcelona: Seix Barral, 1990.
PEIXOTO, Marta. *Poesia com coisas.* São Paulo: Perspectiva, 1983.
PELLICER, Carlos. *Obras* - Poesía. México: FCE, 1981.
PENNA, Sandro. *Une ardente solitude.* Trad. Bernard Simeone. Paris: Orphée La Différence, 1989.
PERKINS, David. *A History of Modern Poetry* - From the 1890s to the High Modernist Move. Cambridge: Harvard University Press, 1979.
PERSE, Saint-John. *Œuvres complètes.* Paris: Pléiade, 1972.
PESSOA, Fernando. *Obra poética.* Rio de Janeiro: Aguilar, 1960.
PETRARCA. *Dal Canzoniere / Le chansonnier.* Paris: Aubier-Flammarion, 1969.
PIGEAUD, Jackie. *Poésie du corps.* Paris: Payot, 1969.
PIRANDELLO, Luigi. *Feu Mathias Pascal.* Paris: Calman-Lévy, 1965.
———. *Il fu Mattia Pascal.* Milão: Mondadori, 1993.
PIRES, José Cardoso. *O delfim.* Lisboa: Moraes, 1979.
PLATH, Sylvia. *The Collected Poems.* Nova York: Harper & Row, 1981.
PLATON. Apologie de Socrate. In: *Œuvres complète*, v. I. Paris: Pléiade, 1977.
———. Ion ou sur L'Illiade. In: *Œuvres complètes*, v. I. Paris: Pléiade, 1977.
———. La République. In: *Œuvres complètes*, v. I. Paris: Pléiade, 1977.
———. Le Banquet ou de l'Amour. In: *Œuvres complètes*, v. I. Paris: Pléiade, 1977.
POE, Edgar Allan. *Poética* (Textos teóricos). Lisboa: Fundação Calouste Gulbenkian, 2004.
POESIA ALEMÃ
Ver BOSO, Felipe (1980).
POESIA ASTECA
Ver MARTÍNEZ, José Luiz (1980).
POESIA CHINESA. *Poems of the Late Tang.* Trad. A. C. Graham. Londres: Penguin / Unesco, 1965.
Ver tb. DEMIÉVILLE, Paul (1962).
POESIA GREGA
Ver DIAS, José Paulo (1991), PAES, José Paulo (1995), YOURCENAR, Marguerite (1979)
POESIA HISPANO-AMERICANA. *Anthologie de la poésie ibero-américaine.* Choix, introd. et notes Federico de Onis. Paris: Éditions Nagel, 1966.

———. *Lecturas universitarias* – Poesía en lengua española, siglos XVI y XVII. México: Unam, 1971.
Ver BORDA, Juan Gustavo Cobo (1985), SUCRE, Guillermo (1985), XIRAU, Ramon (1982).
POESIA INGLESA. *The Penguin Poets*. Londres: Penguin, 1955.
POESIA JAPONESA. *Japanese Haiku*. Trad. Peter Beileson. White Plains: Peter Pauper Press, 1955.
———. *Post-War Japanese Poetry*. Org. e trad. Harry and Lynn Guest and Kajima Shozo. Londres: Penguin, 1972.
———. *The Penguin Book of Japanese Verse*. Trad. Geoffrey Bownas e Anthony Thwaite. Londres: Penguin, 1986.
POESIA QUECHUA. *Poésie quechua en Bolivie*. Géneve: Éditions Patiño, 1990.
POESIA RUSSA. *The Penguin Book of Russian Poets*. Londres: Penguin, 1965.
———. *Literatura clandestina soviética*. Madri: Guadarrama, 1969.
Ver CAMPOS, Augusto de (1985), COELHO, Lauro Machado (2007), SEABRA, Manuel de (1985)
POESIA SÂNSCRITA. *Sanscrit Love Poetry*. Org. W. S. Merwin e J. Moussaeif Masson. Nova York: Columbia University Press, 1977.
POPE, Alexander. *The Poetical Works of Alexander Pope*. Londres: Frederik Warne, s.d.
PORTELLA, Eduardo. *Teoria da comunicação literária*. Rio de Janeiro: Tempo Brasileiro, 1973.
POUND, Ezra. *ABC of Reading*. Londres: Faber & Faber, 1973.
———. *Poesia*. Trad. Augusto e Haroldo de Campos, Décio Pignatari, J. L. Grünewald e Mário Faustino. Brasília: Hucitec, 1983.
PRAZ, Mario. *The Romantic Agony*. Nova York: Meridian Books, 1956.
PREMINGER, Alex. *Princeton Encyclopedia of Poetry and Poetics*. Londres: Macmillan, 1975.
PROUST, Marcel. *À la recherche du temps perdu*. T. II. Paris: Pléiade, 1964.
QUASIMODO, Salvatore. *Poesie e discorsi sulla poesia*. Milão: Mondadori, 1977.
———. *Poesias*. Sel., trad. e notas Geraldo Holanda Cavalcanti. Rio de Janeiro: Record, 1999.
QUEVEDO, Francisco de. *Antología poética*. Barcelona: Bruguera, 1981.
RÉGIO, José. *Obra completa* – Poesia I. Lisboa: Imprensa Oficial, 2001.
RENAULT, Abgar. *Poemas ingleses de guerra*. Belo Horizonte: e/a., 1970.
———. *Sotofulafai*. Belo Horizonte: e/a., 1972.
REPLOGE, Justin. *Auden's Poetry*. Londres: Methuen & Co., 1969.
REYES, Alfonso. *Visión de Anáhuac y otros ensayos*. México: FCE, 1983.
RIBEIRO, João Ubaldo. *O sorriso do lagarto*. Rio de Janeiro: Nova Fronteira, 1989.
RILKE, Rainer Maria. *Poems from the Book of Hours*. Trad. Babette Deutsche. Nova York: New Directions, 1941.
———. *Letters of Rainer Maria Rilke 1982-1910*. Trad. Jane Bannard Greene e M. D. Herter Norton. Nova York: W. W. Norton & Company, 1945. 2 v.
———. *Duino Elegies*. Trad. J. B. Lehman and Stephen Spender. Londres: The Hogarth Press, 1948.
———. *Cartas a um jovem poeta*. Trad. Paulo Rónai / *A canção de amor e de morte do porta-estandarte Cristóvão Rilke*. Trad. Cecília Meireles. Porto Alegre: Globo, 1953.
———. *The Notebooks of Malte Laurids Brigge*. Nova York: Capricorn Books, 1958.
———. *Poems 1906-1926*. Trad. J. B. Leishman. Norfolk: New Directions, 1959.

———. *Sonnets to Orpheus*. Trad. C. F. MacIntyre. Berkeley: University of California, 1961.

———. *Poemas franceses*. Trad. Guillermo Rousset Banda. México: Punto por Punto, 1986.

———. *Senhor é tempo* – Poemas selecionados. Trad. Karlos Rischbieter. Curitiba: Posigraf, 1993.

———. *Os sonetos a Orfeu / Elegias de Duíno*. Trad. Karlos Rischbieter. Rio de Janeiro: Record, 2002.

RIMBAUD, Arthur. *Œuvres complètes*. Paris: Pléiade, 1986.

ROMANO, Lalla. *Jeune est le temps*. Paris: Orphée La Différence, 1994.

RONSARD, Pierre de. *Les amours*. Paris: Garnier, 1963a.

———. *Poésies choisies*. Paris: Garnier, 1963b.

ROSSETTI, Dante Gabriel. *The Early Italian Poets*. Londres: George Routledge & Sons, s.d.

ROUANET, Sérgio Paulo. *Os dez amigos de Freud*. São Paulo: Companhia das Letras, 2003. 2 v.

RUSSELL, Bertrand. *The Autobiography of Bertrand Russell*. Nova York: Bantan, 1968.

SABA, Umberto. *Tutte le poesie*. Milão: Mondadori, 2001.

SÁBATO, Ernesto. *El escritor y sus fantasmas*. Barcelona: Seix Barral, 1963.

SABINES, Jaime. *Nuevo recuento de poemas*. México: Joaquín Mortiz, 1977.

SACHER-MASOCH, Leopold von. *La Venus de las Pieles*. Madri: Alianza, 1975.

SACHNO, Helen von. *Literatura soviética posterior a Stalin*. Madri: Guadarrama, 1968.

SALINAS, Pedro. *Antología*. México: Unam, s.d.

SANCHEZ NETO, Miguel (Org.). *Machado de Assis – O ideal do crítico*. Rio de Janeiro: José Olympio, 2008.

SANTAYANA, George. *Interpretations of Poetry and Religion*. Nova York: Harper & Brothers, 1957.

SARAMAGO, José. *O ano da morte de Ricardo Reis*. Lisboa: Caminho, 1984.

SARASHIMA. *Journal de Sarashima*. Trad. René Seiffert. Paris: Presses Orientalistes, 1978.

SARTRE, Jean-Paul. *Le Diable et le bon Dieu*. Paris: Gallimard, 1951.

SAVARY, M. *Le Koran*. Paris: Garnier, 1948.

SCHNAIDERMAN, Boris
Ver CAMPOS, Augusto de (1985).

SEABRA, Manuel de (Trad.). *Poetas russos*. Lisboa: Relógio d'Água, 1995.

SECCHIN, Antonio Carlos. *Poesia e desordem*. Rio de Janeiro: Topbooks, 1996.

———. *Memórias de um leitor de poesias & outros ensaios*. Rio de Janeiro: ABL / Topbooks, 2010.

SERVIEN, Pius. *Science et poésie*. Paris: Flammarion, 1947.

SEXTON, Anne. *Poems*. Classic Poetry Series, Poethunter.com, The World's Poetry Archive, 2004.

SHAKESPEARE, William. *The Comedies of Shakespeare*, v. I. Nova York: The Modern Library, s.d.1.

———. *The Histories and Poems of Shakespeare*, v. I. Nova York: The Modern Library, s.d.2.

———. *The Histories and Poems of Shakespeare*, v. II. Nova York: The Modern Library, s.d.3.

———. *The Tragedies of Shakespeare*, v. II. Nova York: The Modern Library, s.d.4.

SHELLEY, Percy Bysshe. *Defence of Poetry*. Fac-símile do manuscrito disponível em: www.library.utoronto.ca/utel/rp/criticism/shell-il.html.
———. *Poems*. Classic Poetry Series, Poethunter.com, The World's Poetry Archive, 2004.
SILVEIRA, Tasso da. *Poemas*. Org. e sel. Ildásio Tavares. São Paulo: ABL / Edições GRD, 2003.
SIMIC, Charles
Ver PATERSON, Don (2004).
SINIAVSKI, Andrei
Ver TERTZ, Abraham (1963).
SMEDT, Marc de. *Éloge du silence*. Paris: Albin Michel, 1986.
SONTAG, Susan. *At the same time* - Essays and Speeches. Nova York: Farrar, Straus and Giroux, 2007.
SOSEKI, Natsume. *Oreiller d'herbes*. Paris: Rivages, 1987.
SPENDER, Stephen. *Poetry since 1939*. Londres: Longmans, Green, 1949.
———. *Collected Poems 1928-1953*. Nova York: Random House, 1953.
———. *The Making of a Poem*. Nova York: W. W. Norton & Company, 1962.
SPINA, Segismundo. *Introdução à poética clássica*. São Paulo: Martins Fontes, 1995.
STAMPA, Gaspara. *Poèmes*. Paris: NRF, 1991.
STEINER, George. *Después de Babel* - Aspectos del lenguaje y la traducción. México: FCE, 1980.
———. *Réelles présences* - L'art du sens. Paris: Gallimard, 1991.
———. *Errata:* An examined life. Londres: Weindenfeld & Nicolson, 1997.
STENDHAL. *De l'amour*. Paris: Garnier / Flammarion, 1965.
STRAVINSKI, Igor. *Poetics of Music in the Form of Six Lessons*. Nova York: Vintage Books, 1956.
SUCRE, Guillermo. *La máscara, la transparencia* - Ensayos sobre poesia hispanoamericana. México: FCE, 1985.
SUÉTONE. *Vies des douze Césars* - II. Paris: Les Belles Lettres, 1957.
SVEVO, Italo. *Senilità*. Paris: Seuil, 1996.
SWINBURNE, Algernon Charles. *Selected Poems*. Manchester: Fyfields Books, 1987.
TABUCCHI, Antonio. *Femme de Porto Pim et autres histoires*. Paris: C. Bourgois, 1987.
TENNYSON, Lord Alfred. *Poems*. Classic Poetry Series, Poethunter.com, The World's Poetry Archive, 2004.
TERRÉS, Jaime García. *Poesía y Alquimía* - Los Tres Mundos de Gilberto Owen. México: Editora Era, 1980.
TERTZ, Abraham (SINIAVSKI, Andrei). *Le verglas*. Paris: Plon, 1963.
THOMAS, Dylan. *Quite Early One Morning*. Londres: Dent & Sons, 1969.
TIBON, Gutierre. *El ombligo como centro cósmico:* una contribución à la historia de las religiones. México: FCE, 1981.
TODOROV, Tzvetan. *Introdução à literatura fantástica*. São Paulo: Perspectiva, 1975.
———. *Poétique de la prose*. Paris: Seuil, 1978.
———. *Sémantique de la poésie*, com Empson, Cohen, Hartman, Rigolot. Paris: Seuil, 1979.
———. *Mémoire du mal, tentation du bien*. Paris: Laffont, 2000.
———. *A literatura em perigo*. Rio de Janeiro: Difel, 2009.
TOMLINSON, Charles. *Written on Water*. Londres: Oxford University Press, 1972.
TORGA, Miguel. *A criação do mundo*. Coimbra: e/a., s.d. 4 v.
———. *Antologia poética*. Coimbra: e/a., 1985.

TRIOLET, Elsa. *Maïakovski, vers et proses de 1913 à 1930.* Paris: Les Éditeurs Français Réunis, 1952.

TSVIETÁIEVA, Marina. *Vivendo sob o fogo.* Trad. Aurora Fornoni Bernardini. São Paulo: Martins Fontes, 2008.

TULSI-DAS. *Le Ramayan.* Paris: Les Belles Lettres, 1977.

TURBAYNE, Colin Murray. *El mito de la metáfora.* México: FCE, 1982.

UNGARETTI, Giuseppe. *Vita di un uomo.* Tutte le poesie. Milão: Arnoldo Mondadori, 1986.

URRUTIA, Matilde. *Mi vida junto a Pablo Neruda* (Memorias). Barcelona: Seix Barral, 1994.

VALENTE, Heloisa de Araujo Duarte. *Os cantos da voz entre o ruído e o silêncio.* São Paulo: Annablume, 1999.

VALÉRY, Paul. *André Gide-Paul Valéry.* Correspondance 1890-1942. Paris: Gallimard, 1955.

———. *Œuvres I.* Paris: Pléiade, 1980.

———. *Cahiers.* Paris: Pléiade, 1980.

VALINHO ÁLVAREZ, Reynaldo. *Corta a noite um gemido.* Rio de Janeiro: Myrrha, 2007.

VALLEJO, César. *Obra completa.* Bogotá: La Oveja Negra, 1980.

VEGA, Inca Garcilaso de la. *Poesia completa.* La Rioja: Alianza Editorial, 1980.

VELARDE, Ramón López. *Obras.* México: FCE, 1979.

VERLAINE, Paul. *Œuvres poétiques complètes.* Paris: Pléiade, 1977.

———. *Poesias escolhidas.* [Tradução] Seleção, estudos, notas e apêndices por Onestaldo de Pennafort. Porto Alegre: Livraria do Globo, 1945.

VILLAURRUTIA, Xavier. *Obras.* México: FCE, 1974.

WAGNER, Richard. *Crépuscule des Dieux / Götterdämerung.* Paris: Aubie / Flammarion, 1972.

WEBER, Jean-Paul. *Genèse de l'œuvre poétique.* Paris: Gallimard, 1960.

WEINRICH, Harald. *The Linguistics of Lying and Other Essays.* Washington: The University of Washington Press, 2005.

WILSON, Edmund. *The Triple Thinkers* – Twelve Essays on Literary Subjects. Nova York: Farrar, Straus and Giroux, 1976.

WIMSATT JR, W. K. *The Verbal Icon.* Studies in the Meaning of Poetry. Nova York: The Noonday Press, 1958.

WOOLF, Virginia. *The Common Reader.* Nova York: Harcourt, Brace and Company, 1953.

WORDSWORTH, William. *Poems.* Classic Poetry Series, Poethunter.com, The World's Poetry Archive, 2004.

XIRAU, Ramón. *Poesía y conocimento.* México: Joaquín Mortiz, 1978.

———. *Dos poetas y lo sagrado.* México: Joaquín Mortiz, 1980.

———. *Poesía Iberoamericana contemporanea* – Una antología general. México: SEP-Unam, 1982.

YEATS, W. B. *Selected Poetry.* Nova York: Macmillan, 1970.

———. *Later Poems.* Londres: Forgotten Books, 2007.

YOURCENAR, Marguerite. *La couronne et la lyre.* Paris: Gallimard, 1979.

———. *Mishima ou la vision du vice.* Paris: Gallimard, 1980.

———. *Sources II.* Paris: Gallimard, 1999.

YUPANQUI, Atauhalpa. *Antología.* Buenos Aires: Novaro, 197

Este livro foi composto na tipografia Minion Pro
e impresso em papel off-white,
no Sistema Cameron da Divisão Gráfica da Distribuidora Record